인터넷 때문에

Because Internet
인터넷 때문에

인터넷은
우리의 언어를
어떻게 바꿨을까?

그레천 매컬러

강동혁 옮김

어크로스

인터넷 언어를 만드는 사람들에게
이 책은 그저 지도일 뿐, 영토는 당신이다.

차 례

서문
——

언어사의 혁명적인 순간을 탐험한다는 것

말을 배우는데, 사람이 아니라 기록을 통해 배운다고 생각해보자. 영화를 통해 대화하는 방법을 배운다면 작별 인사를 하지 않고 전화를 끊는 게 보통이고 다른 사람의 말을 자르는 사람은 아무도 없다고 생각하게 될지 모른다. 뉴스 프로그램을 통해 생각을 표현하는 방법을 배운다면, 아무도 머릿속을 뒤지며 "음" 하는 소리를 내거나 손을 휘젓지 않으며 사람이 욕을 하는 일은 드물고 특히나 밤 10시 전에는 절대로 욕을 하지 않는다고 생각할지 모른다. 오디오북을 통해 이야기 전달하는 방법을 배운다면, 지난 수백 년 동안 우리가 쓰는 언어에 새로운 사건이 거의 벌어지지 않았다고 생각하게 될지 모른다. 늘 대중 앞에서만 말을 해왔다면, 말하기에는 으레 속이 울렁거리는 느낌과 청중을 만나기 전까지 거쳐야 할 몇 시간의 준비가 수반된다고 생각할 것이다.

물론, 우리는 이런 식으로 말을 배우지 않는다. 우리는 가정에서 대화를 통해 비공식적으로 말하기를 배운 다음 훨씬 나중에야 뉴스 보도 전체를 듣거나 연설을 할 수 있게 된다. 청중 앞에서 말하는 게 완전히 편안해질 일은 결코 없을지 모르나, 친구에게 날씨 불평 정도야 당연히 할 수 있다. 물론 둘 다 똑같은 신체 부위를 움직여서 하는 말이지만, 같은 기능을 한다고 보기는 몹시 어렵다.

그런데 글을 읽고 쓰는 방법은 기록을 통해서 배운다.

글쓰기 하면 사람들은 책, 신문, 잡지, 논문이나 이런 글을 흉내 내서 썼던(그리고 대부분 실패했던) 학창 시절의 숙제를 떠올린다. 우리가 배운 공식적 언어 독법은 지난 100~200년 동안 언어에 아무 일도 일어나지 않았다고 가정하며, 해당 글이나 책을 쓴 사람들과 단절된 형태일 뿐 아니라, 완벽한 균형을 이루며 생각을 주고받는 두 사람 사이의 화학작용이 간과되어 있다. 우리는 빨간 잉크를 두려워하면서 글쓰기를 배웠고, 쓰고 싶은 내용을 생각해보기도 전에 형식을 걱정하라는 가르침을 받았다. 우아함과 활력보다 기계적 문법을 갖춘 글이 더 좋은 글인 양 말이다. 우리가 텅 빈 페이지를 볼 때마다 대중 앞에서 말할 때만큼 위압감을 느끼는 건 당연하다.

비격식 글쓰기의 폭발

그러니까, 최근까지는 그랬다. 인터넷과 모바일 기기 덕분에 평범한 사람들의 글이 폭발적으로 증가했다. 글은 우리 일상을 구성하는 필수 소통 수단이 되었다. 서기 800년 샤를마뉴 대제는 자기 이름조차 쓰지 못하면서 신성로마제국 황제로 등극할 수 있었

인터넷 때문에

다.[1] 물론 그에게는 법령을 대신 써줄 필경사들이 있었다. 하지만 문맹자가 한 제국을 운영한다니? 오늘날에는 글을 쓸 줄 모르는 사람이 생일파티를 계획하는 것조차 상상하기 어렵다. 한 가지 형태의 글쓰기가 다른 글쓰기를 대체한 것이 아니다. "생일 축하해"라는 문자메시지가 외교 조약에 쓰이는 언어를 없앤 건 아니라는 뜻이다. 변화한 것은, 이제는 글쓰기도 말하기가 아주 오래전부터 그랬듯 격식 형태와 비격식 형태 두 가지로 이루어진다는 점이다.

이제 우리는 늘 글을 쓴다. 또한 우리가 쓰는 대부분의 글이 비격식적이다. 문자메시지와 채팅, 인터넷 게시물은 빠르게 작성되고 구어에 가까우며 편집자의 손을 거치지 않는다. "출간" 작가를 백 명 이상이 읽은 무언가를 쓴 사람이라고 정의한다면, 사실상 SNS를 사용하는 모든 사람이 그 범주에 들어간다. 새로운 직장을 얻었다거나 아이가 태어났다는 게시물로도 충분하다. 온라인에서 정제된 형태의 격식적 글이 사라졌다는 말이 아니다(여전히 인쇄 매체와 거의 비슷하게 글을 쓰는 기업 및 뉴스 사이트는 많다). 단지, 격식적 글이 한때는 오직 구어에만 쓰였던 편집되지 않고 걸러지지 않은 단어의 거대한 바다로 둘러싸였다는 말이다.

나는 언어학자로서 인터넷에 상주한다. 온라인에서 나를 스쳐 지나가는 인터넷 언어의 무한한 창의성을 보면, 그 작동 방식을 이해하고 싶은 마음을 참을 수 없다. 왜 이모지(emoji)는 그토록 빠르게, 그토록 큰 인기를 얻었을까? 서로 다른 세대의 사람들이 이메일과 문자메시지에서 문장부호를 그토록 다르게 사용하는 건 왜일까? 밈(meme)에 사용되는 언어는 왜 그토록 놀랍고 기묘해 보이는 경우가 많을까?

이런 문제들을 고민하는 사람은 나만이 아니다. 나는 인터넷 언어학에 관해 온라인에 글을 쓰기 시작한 지 얼마 되지 않아 독자들의 질문을 마주하게 되었다. 단 한 편의 글로 답할 수 없는 질문들이었다. 나는 학회에 참석하고 연구 논문들을 파고들었으며 직접 몇 가지 조사도 해보았다. 알고 보니 답이 이미 나와 있는 경우가 많았다. 단지 그런 답을 내놓는 사람이 인터넷 언어를 모국어처럼 쓰는 사용자가 아니거나, 그런 답이 뿔뿔이 흩어져 있거나, 언어학에 대해 이미 많은 것을 알고 있다 해도 그리 재미있게 읽을 수 없는 형식으로 쓰여 있을 뿐이었다. 그것이 내가 이 책을 쓴 이유다.

언어학자들이 인터넷에 주목하는 이유

언어학자는 우리가 매일 쓰는 언어 이면의 무의식적 패턴에 관심을 둔다. 하지만 전통적으로, 언어사를 다루느라 글로 된 자료만을 써야 하는 경우가 아니면 언어학자가 글을 분석하는 경우는 별로 없다. 글은 미리 고민해서 쓰이고, 여러 사람을 거쳐 걸러졌을 가능성이 크며, 특정한 순간에 발생한 어느 한 개인만의 언어적 통찰에서 비롯했다고 보기 어렵기 때문이다. 하지만 인터넷 글은 다르다. 인터넷 글은 편집되지도 않았고, 걸러지지도 않았으며, 대단히 일상적이다. 또한 내가 이 책의 모든 장을 통해 거듭 밝히듯, 글로 쓰인 인터넷 언어의 숨겨진 패턴을 분석하면 우리가 쓰는 일반적

언어를 더욱 잘 이해할 수 있다.

인터넷 글이 유용한 또 한 가지 이유는 구어를 분석한다는 게 대단히 악몽 같은 일이기 때문이다. 첫째, 말은 일단 뱉고 나면 사라진다. 메모만으로는 잘못 기억하거나 놓치는 부분이 생길 수 있다. 그래서 녹음을 하게 되는데, 그게 두 번째 문제다. 녹음을 하려면 사람들을 물리적으로 녹음실로 이동시키거나 녹음기를 직접 들고 다녀야 한다. 일단 녹음을 하고 나면 세 번째 문제가 생긴다. 녹음 자료를 처리하는 문제다. 1분 길이의 녹음된 음성을 언어 분석에 사용할 수 있는 형태의 녹취록으로 바꾸려면 숙련된 작업자가 한 시간 동안 일해야 한다. 먼저 전체적인 내용을 받아 적고, 다시 들으며 자세한 음운학적 정보를 추가하고, 일부를 추출해 음성주파수나 문장구조를 분석해야 하기 때문이다. 수많은 언어학과 대학원생들은 한두 가지 구체적 질문에 답하기 위해 이런 작업을 하며 인생 몇 년을 보내는 괴로움을 겪어왔다. 이런 일을 대규모로 수행하기란 힘들다. 게다가 네 번째 난점도 있다. 학자인 면담자와 이야기할 때, 사람들은 친구와 이야기할 때와 다른 방식으로 말한다. 음성언어가 아닌 수어를 분석하고 싶다고? 그러면 1차원적 소리 대신 2차원 영상을 분석해야 한다. 한 단계를 건너뛰고 이미 존재하는 녹음을 활용하고 싶다고? 그러려면 운이 좋아야 한다. 그렇게 녹음된 음성은 대부분 뉴스 보도나 연기 등 공식적인 형태의 말을 담고 있으니 말이다.

인터넷이 출현하기 전에는 비격식 문어(informal writing)를 연구하는 데도 어려움이 있었다. 비격식 문어는 편지나 일기, 엽서 등의 형태로 존재해왔다. 하지만 문서고에 기증되기까지 이런 종이 뭉치들은 보통 수십 년 동안 상자 안에서 썩고 있었던 경우가 다반사다. 물론, 이런 글도 분석 준비 과정을 거쳐야 한다. 찢어지기 쉬운 종이에 오래전에 쓰인 손글씨를 해독하는 일은 음성을 녹취하는 것만큼이나 어려운 일이다. 빅토리아 시대의 편지나 중세의 필사본을 연구하면 특정한 단어가 생각보다 오래되었다는 점을 알아낼 수도 있고, 특이한 철자법을 통해 발음이 변화했다는 증거를 얻을 수도 있다. 하지만 문서고에 기증될 정도의 유명한 사람들이 남긴 대단히 편향된 표본에만 의존하거나 50년 전 자료로 현대 영어를 연구하는 데에는 한계가 있다. 그보다 최근의 자료를 원한다면, 이번에도 실행상의 어려움에 부닥친다. 예컨대, 우리는 사람들에게 연구에 쓰일 표본 엽서를 써달라고 부탁하고 그들이 연구자가 자기 글을 읽는다는 점을 지나치게 의식하지 않기를 바랄 수밖에 없다.

다행히도 인터넷 언어는 이미 디지털화돼 있으므로 작업하기 쉽고, 상당 부분이 트윗이나 블로그나 영상의 형태로 공개되어 있으므로 누군가가 지켜보는 데서 발생하는 왜곡이 일어날 가능성도 작다(단, 인터넷 언어 연구자는 윤리적 문제를 고려해야 한다. 기능적으로는 공개되어 있어도 맥락과 상관없이 배포되는 경우 해당 글의 작성자에게 당혹감이나 피해를 안겨줄 수 있기 때문이다). 온라인에서는 재미있는 언어학 관련 설문조사를 배포하거나 사람들에게 사적인 메시지 기록을 기증해달라고 부탁하기도 쉬워졌다. 인터넷 언어학은 단순히 '쿨한' 최신 밈을 연구하는 것만이 아니다(이

인터넷 때문에

책의 뒷부분에서 밈을 다루기는 하지만 말이다). 인터넷 언어학은 우리가 결코 보지 못했던 수준으로 일상 언어를 깊이 들여다보게 해준다. 인터넷 언어학은 "새로운 단어는 어떻게 사람들 입에 붙는 걸까?", "사람들이 이런 말을 처음 쓰기 시작한 건 언제일까?", "사람들은 어디에서 이런 말을 쓸까?" 같은 고전적인 언어학적 질문에 답할 수 있는 새로운 통찰력을 제공해준다.

인간은 언제나 패턴을 만든다

나는 좋은 책들을 즐겨 읽는다. 짬이 날 때 TED 강연도 몇 편 보았다. 나는 생각을 격식어(formal language)라는 형태로 우아하게 표현하는, 오랜 시간 동안 갈고 닦아야 하는 장인의 솜씨를 무척 잘 알고 있다. 이런 기술에는 감탄할 만한 점이 많다. 하지만 문학이나 웅변술에 감탄할 사람은 나 말고도 많다. 언어학자인 내게 깊은 인상을 남긴 건 우리가 매우 잘 쓰고 있다는 사실조차 의식하지 못하는 언어의 어떤 부분들, 우리가 별로 생각하지 않을 때조차 자연스럽게 출현하는 패턴이다.

심지어 제대로 단어를 입력할 수 없을 만큼 강한 감정을 느끼고 있다는 신호로서 키보드를 아무렇게나 누를 때에도 패턴이 있다. 이런 키스매시(keysmash)는 asdljklgafdljk나 asdfkfjas;dfl 같은 형태인데, 이는 고양이가 키보드를 밟고 지나갔을 때 생길 법한 tfggggg gggggggggggggggsxdzzzzzzzz 등과는 사뭇 다른 모습이다. 아래는 우리가 키스매시에서 관찰할 수 있는 몇 가지 패턴이다.

- 거의 항상 a로 시작한다.

- 대체로 asdf로 시작한다.

- 자주 보이는 글자군으로는 g, h, j, k, l, ;도 있으나 이 순서가 지켜지는 경우는 그리 흔하지 않으며, 대체로 이 그룹에 속하는 글자가 번갈아 나타나거나 반복된다.

- 자주 나타나는 글자들은 타자를 치지 않을 때 손가락이 놓이는, 키보드의 '기본 열'에 속하는 글자들이다. 이는 키스매시를 하는 사람들이 키보드를 안 보고 타자를 친다는 뜻이다.

- 기본 열에 속하지 않는 글자가 나타나는 경우, 그 아랫줄의 글자(zxc 등)보다는 윗줄의 글자(qwe 등)가 나타나는 경우가 많다.

- 보통 소문자와 대문자가 섞여 나타나지 않으며, 숫자가 포함되는 경우는 드물다.

.

물론 이런 패턴은 대체로 우리가 주로 QWERTY 키보드의 기본 열을 두드리기 때문에 나타난다. 하지만 사회적인 기대도 이런 패턴을 강화한다. 나는 사람들이 키스매시를 해놓고서 그 모습이, 뭐랄까, 키보드를 내리친 것처럼 보이지 않을 경우 문자를 다시 입력하는지 살펴보는 비공식 조사를 진행했다.[2] 그 결과 뭐든 입력되는 대로 포스팅하는 순수 키스매시주의자도 소수 있었지만, 대다수 사람이 키스매시 모습이 마음에 들지 않는 경우 해당 문자들을 삭제하고 다시 키보드를 두드려댄다는 사실을 알게 됐다. 한 발 더 나가 일부 글자만을 수정하는 소수파도 있었다. 또한 기본 열이 ASDF

가 아닌 모음으로 시작되는 드보락 키보드를 사용하는 사람들한테서는 이 키보드로 키스매시를 해봤자 사회적으로 그 의미가 전달되지 않아서 하지 않는다는 이야기도 들었다. 하지만 키스매시도 변화할 수 있다. 내가 발견한 두 번째 부류의 키스매시는 asafjlskfjlskf가 아니라 gbghvjfbfghchc 같은 형태인데, 이런 형태는 스마트폰 키보드의 가운데를 엄지로 두드릴 때 나타난다.

우리는 그냥 패턴을 만드는 정도가 아니다. 우리는 자신이 일관성 없이 키보드를 두드려대는 십억 마리의 원숭이 중 한 마리라고 생각하지만, 패턴을 만들 의도 없이 키보드를 두드릴 때조차 사회적인 원숭이다. 우리는 어쩔 수 없이 서로를 의식하고 서로에게 반응한다. 외부자가 보기에 비일관적일지라도, 내부자조차 비일관적이기를 바랄 때도 인간은 사실상 패턴 없이는 아무것도 할 수 없다. 이 책을 통해 내가 하려는 일은 그런 패턴 중 일부를 개략적으로 그려보고, 왜 그런 패턴이 생겼는지 알아보며, 독자에게 패턴 탐색자의 렌즈를 통해 인터넷 언어를 비롯한 최신의 언어 혁신을 살펴볼 도구를 제공하는 것이다.

효율성, 비격식 문어를 이해하는 첫 번째 기준

엄청난 동요가 일어난 시기에는 늘 그랬듯, 비격식 문어의 폭발적 증가 역시 우리가 의사소통하는 방식을 변화시킨다. 우리가 책이나 신문에 쓰려고 만든 기준은 문자메시지나 채팅, 인터넷 게시물에 별로 통하지 않는다. TV 대본의 독백만을 봐온 사람에게 일상적인 대화가 얼마나 이상하게 느껴질지 상상해보라! 우리는 비격식 구어(informal speech)가 어떻게 작동하는지 대략 가늠할 수 있다. 비격식 구어를 써온 기나긴 역사가 있고, 문학과 수사학에서 격식 문어와 구어를 연구하듯, 언어학자들에게는 비격식 구어야말로 주요한 연구 주제다. 하지만 문어와 비격식이 조합되는 경우는 그동안 별다른 주목을 받지 못했다. 인터넷 글은 바로 이 조합이 두드러지게 나타난다. 이것을 표로 나타내면 다음과 같다.

	구어	문어
비격식	💬 대화, 혼잣말	📱 문자메시지, 채팅, SNS, 일기, 메모
격식	🎤 연설, 라디오, 텔레비전, 연기	📖 책, 논문, 정적인 웹사이트

비격식 문어를 들여다보는 한 가지 방법은 효율성이라는 렌즈를 통해 보는 것이다. 모든 언어에서, 짧은 단어는 흔한 단어로, 문장에 소량의 정보를 더해주는 반면 긴 단어는 출현 빈도가 낮고 더 많은 정보를 전달하는 경향이 나타난다.

영어 단어 of와 rhinoceros(코뿔소)를 생각해보자. of가 더 빈번하게 나타나는 건 분명하다. 이 단어가 훨씬 더 짧기도 하다. 이 단어는 모음 하나와 자음 하나로만 이루어져 있으며, sorta(sort of의 준말)나 outta(out of의 준말)에서처럼 하나의 중성 모음으로 축약되는 것도 가능하다. rhinoceros는 길이가 더 길고, 전달하는 정보도 훨씬 많다.

인터넷 때문에

뜬금없이 "rhinoceros!"라는 말을 듣는다면, 무슨 일이 벌어지고 있는지에 대해 꽤 확실한 가설을 세울 수 있다. 이 단어가 실수로 생략되는 경우("I am fond of this ____!(나는 이 ____가 좋아)"), 그 자리에 들어갈 수 있는 단어는 아주 많다. 반면 뜬금없이 "of!"라는 말을 듣는다면 별 의미를 전해주지 못한다. 우연히 생략된 경우에는("I am fond __ this rhinoceros(나는 이 코뿔소_좋아!)") of가 빈칸에 들어가야 한다고 확신할 수 있다(우리말에서 조사 '가'가 들어가야 한다고 바로 파악되는 것과 마찬가지다). of라는 다기능 단음절 단어를 기제목 동물의 한 종류라는 비교적 흔치 않은 개념을 설명하는 데 쓰는 것은 낭비다. 마찬가지로, of의 의미를 rhinoceros처럼 다음절어에 부여하는 것도 확실히 효율성을 떨어뜨린다. 별 뜻 없는 단어에 다섯 배가 긴 단어를 사용하는 셈이다. 이 장에서만도 of라는 단어는 백 번 넘게 쓰였다.

단어의 사용 빈도가 완전히 고정된 것은 아니다. rhinoceros라는 단어는 15세기쯤 영어에 도입됐으나, 영어 사용자들이 일상에서 코뿔소를 더 자주 접하게 되자 1884년에는 rhino로 줄었다.[3] rhino는 긴 단어와 짧은 단어의 특징을 절충한다. 물론 of만큼 짧지는 않고 아무리 동물원 관리사라도 of를 rhino보다는 많이 말한다.

of와 rhinoceros 사례에서는 문어와 구어의 효율성이 같다. 페이지에 더 많은 글자가 적힐수록 입으로 말할 때도 더 많은 소리를 내야 한다. 이와 다른 경우도 있다. 구어에서는 보통 불필요한 음절을 누락하거나 소리를 뭉개는 방식으로 언어를 좀 더 효율적으로 만든다. 설령 그 소리를 글로 적을 수 없더라도 말이다. 우리는 철자를 생각하지 않고 단어를 잘라버린다. usual(평범한)이나 casual(일상적인) 같은 단어는 첫음절만 말해도 사람들이 그 의미를 알아듣는다. 하지만 이런 단어를 yooj나 uzh, cazh, casj 등으로 적을 수도 있을까? 이런 철자는 그야말로 뜻을 알아보기 힘들다. 하지만 구어는 발음을 뭉개도 아무 문제 없이 전달된다.

좀 더 극적인 사례는 영어 사용자가 I do not know(나는 모른다)라는 말을 뭉개버리는 방식에서 보인다. 우리는 여러 세대에 걸쳐서 오랫동안 이 말을 큰 소리로 해왔다. 이 말이 닳고 닳아 I don't know나 I dunno, 심지어 "어-허-어"나 "음-흠-음"처럼 I dunno가 단순한 3음절짜리 낮은음-높은음-낮은음의 멜로디가 될 정도로 말이다. I dunno는 I do not know에 비해 발음하기 쉽지만, 글로 쓸 때는 별로 짧지 않다(구어체를 연상시키기 위해 가끔 이렇게 적기는 한다). "어-허-어"라고 소리를 내는 건 대단히 쉬운 일이지만(심지어 입에 샌드위치를 한가득 물고도 이런 소리는 낼 수 있다), 글로 쓸 때는 설명이 필요하기에 전혀 효율적이지 않다.

또한 우리는 정보 흐름의 속도를 유지하고자 애쓴다. 다시 말해, 예측 가능한 단어들은 더 빨리 말하고, 예측 불가능한 단어들은 천천히 말한다. 예컨대, 한 연구에서는 같은 mind라는 단어도 자주 리메이크된 밥 딜런의 특정 노래 덕분에 내용을 예측할 수 있게 된 "Mama, you've been on my mind(마마, 너를 생각하고 있었어)" 같은 문장에서는 꽤 빠르게 말하지만, 이보다 유명하지 않은 아리스토텔레스의 말인 "paid jobs degrade the mind(유급 작업은 정신을 퇴화시킨다)" 같은 예

측 불가능한 맥락에서는 더 느리게 말한다는 점이 밝혀졌다.[4]

문어에서, 우리는 보통 중요한 글자를 몇 개만 선택해 약자로 쓰거나 기호를 새로운 형태로 욱여넣는 방법으로 언어의 효율을 높인다. 그 결과로 나타나는 형태가 발음할 수 없는 것이라도 말이다. 어떤 개념에 약어나 약자가 붙는지는 사람들이 효율적으로 쓰고 싶어 하는 것이 무엇인지에 따라 진화해왔다. 로마인들은 주화나 조각상에 Senatus Populusque Romanus(로마의 원로원과 대중) 전체를 다 쓰기보다는 SPQR이라고만 새기는 것이 훨씬 더 쉽다는 걸 알게 됐다. 중세의 필경사들은 자주 쓰이는 단어들을 뭉개어 &나 % 같은 새로운 기호를 만들어냈다.[5] 르네상스 시기에 고전과 과학에 관심이 높아지자 학자들은 e.g.(예를 들면)와 ibid(앞서와 같은 문헌에서 인용) 같은 라틴어 구절들을 약자로 썼다. 하지만 약어의 진정한 황금기는 놀라울 정도로 최근에 시작되었다. acronym(약어)이라는 단어 자체가 1940년에야 영어에 들어왔다.[6] 특히 한 단어로 발음되는 약어들은 제2차 세계대전 당시에 번창했다. 이 시기에는 군인들이 AWOL, snafu, WAAF, radar 같은 약어를 사용했다.* 전쟁이 끝난 뒤에도 약어는 계속 번성했으며, 조직이나 새로운 발견, 기타 고유명사를 나타내게 되었다.[7] 그 사례로는 laser, NASA, NATO, AIDS, NAACP, codec, Eniac, UNESCO, UNICEF, OPEC, FIFA, NASDAQ, FDR,

---

* 각각 Absent Without Official Leave(무단이탈), situation normal all fucked up(싹 망했다), Women's Auxiliary Air Force(여성 보조 공군), Radio Detection and Ranging(무선 신호 탐지 및 측량)을 뜻한다.

CD-ROM, MoMA, DNA 등이 있다. 가끔 전문적인 화제에 관해 이야기할 때 이런 약어들을 소리 내서 말하기는 해도, 글로 쓸 때 더 짧을 뿐 말할 때도 반드시 효율적인 것은 아니다. 즉, '앰퍼샌드(&)'나 WWF라는 단어는 and나 World Wildlife Fund(세계야생동물기금)보다 말하는 데 시간이 더 걸린다. 기술 분야의 약어는 격식 문어로서, 그 목적은 행정 업무를 처리할 때나 장황한 고유명사를 쓸 때 효율성을 극대화하는 것이다.

인터넷에서도 url, jpeg, html 같은 기술 용어 일부를 약어로 표현한다. 그러나 우리가 쓰는 약어 중 다수는 비격식 대화에서 사용된다. 새로운 종류의 사회적 약어는 전문용어보다는 대화에서 쓰는 평범한 구절에서 나온다. BAC(blood-alcohol content, 혈중알코올농도)보다는 btw(by the way, 그건 그렇고)를 더 많이 쓰고, OBE(Order of the British Empire, 대영제국 훈위)보다는 omg(oh my god, 세상에)를 더 많이 쓰며, LAX(로스앤젤레스의 공항 코드)보다는 lol(원래는 laughing out loud, 크게 웃음이라는 뜻이었으나 현재는 좀 더 미묘한 뜻을 갖게 됐다. 이 의미에 관해서는 2장에서 다룬다)을 더 많이 쓴다는 말이다. 언어의 일상적인 쓰임새를 다루는 이 책에서 일상적인 쓰임새를 희생하면서 형식적 전통을 따르는 것은 그리 적절하지 않다고 생각하기에, 나는 인터넷에서 쓰이는 사회적 약어는 전부 소문자로 쓰고 전문용어의 약어는 대체로 대문자로 쓰기로 했다. 인터넷에서 사람들은 대체로 LOL과 OMG를 크게 소리를 낸다는 의도를 드러낼 때만 쓰니 말이다.

인터넷 때문에

인터넷 약어는 문어와 비격식성의 교차를 보여주는 완벽한 사례다. 인터넷 약어는 문어에서 유래했다. 약어는 타자로 쳐야 할 글자 수를 줄여주지만, 반드시 발음하는 음절의 개수를 줄여주는 것은 아니다. 예컨대, 말할 때는 I dunno가 효율적인 반면 글을 쓸 때는 idk가 효율적이다(우리말에서는 '안녕' 대신 'ㅇㄴ'을 쓰는 등이 이런 효율적 인터넷 약어의 예가 될 것이다). 이런 약어의 기능은 비격식적이다. idk(I don't know, 모름), wtf(what the fuck, ㅅㅂ 뭐냐), jsyk(just so you know, 그냥 알려주려고), afaik(as far as I know, 내가 알기로는), imo(in my opinion, 내 생각엔), til(today I learned, 오늘 알게 된 건데), tfw(that feeling when, ~할 때의 그 느낌)처럼 개인의 감정과 생각을 표현하는 것이다. 전문용어의 약어는 그 용어와 동시에 만들어지고, 가끔은 어떤 약어가 될지를 고려하면서 용어가 만들어지기도 한다. 반면 사회적 약어는 이미 흔하게 사용되는 표현으로부터 만들어진다. 하지만 우리가 효율성 극대화만을 위해 움직이는 건 아니다. 가끔 우리는 글로 구어를 연상시키고 싶을 때 단어의 철자를 바꾸어 쓰거나, 구어로 글을 연상시키고 싶을 때 약어를 말하기도 한다. 효율성은 그저 특정한 생략이 어디에서, 왜 발생했는지에 관한 한 가지 힌트일 뿐이다.

이미지, 문자의 한계를 뛰어넘는 새로운 규칙

인터넷이 문어와 비격식성을 뒤섞는 또 다른 사례는 시각 요소를 활용하는 방식에서 드러난다. 일상적 대화는 보통 칠흑 같은 암흑 속에서, 서로 등을 맞대거나 등 뒤에 손이 묶인 채 머리에 종이

봉투를 쓰고 로봇처럼 단조로운 목소리로 이루어지지 않는다. 그런 식으로도 의미를 전달할 수는 있겠지만, 뭔가가 빠져 있다. 보통 우리는 몸짓을 사용한다. 다음번에 공공장소에 가면 무리 지은 사람들을 살펴보라. 누가 몸짓을 쓰는지 보면 누가 말하는지 구분할 수 있다. 우리는 메시지를 강화하거나, 메시지에 의미를 한 겹 더하기 위해 몸짓이나 어조를 활용한다. 양손 엄지를 치켜들며 "잘했어!"라고 말한다면 진심이겠지만, 눈을 희번덕거리며 그렇게 말한다면 냉소적인 말일 것이다.

　격식 구어에서는 몸짓이 덜 쓰인다. 쓰인다 해도 더 양식화된 방식으로 쓰인다. 방송 기자도 기상도를 가리키거나 서류를 넘길 수 있다. 하지만 대부분은 손을 가만히 놔두고, 표정은 심각함과 즐거움 사이의 좁은 범위를 오갈 뿐 손을 흔들거나 눈알을 굴려대거나 흐느끼거나 폭소를 터뜨리지는 않는다. 대중 연설을 하는 사람들은 종종 습관처럼 하는 몸짓을 줄이라는 조언을 받는다. 연설 실력을 향상하기 위해서 자신의 연설 영상을 보며 반복적인 몸짓을 의식하고 줄이라는 조언이 늘 따라붙는다. 사람들은 오랫동안 격식을 갖춘 몸짓을 권장해왔다. 로마의 웅변가 쿠인틸리아누스는 다른 웅변가들에게 손가락으로 가리키기, 감탄·경탄·거절·확신·간청을 나타내는 몸짓, "말과 함께 자연스럽게 나오는" 몸짓 등은 허용 가능하지만, 팬터마임이나 자기가 한 말을 연기로 보여주려는 시도는 법정보다는 극장에 어울린다고 조언했다.[8]

　글쓰기는 기술이다. 말하기와 몸짓에 필요한 건 인간의 신체와

　　　　　　　　　　　　　　　인터넷 때문에

우리가 그 신체에 불어넣는 에너지뿐이다. 하지만 글쓰기에는 신체 외적인 요소가 필요하다. 자기 피로 자기 팔에 글씨를 쓴다 한들, 뭔가로 몸을 찔러서 피를 외적인 요소로 만들어야 한다. 그러므로 문어라는 체계는 글쓰기를 가능하게 해주는 도구의 영향을 크게 받는다. 나무나 돌에는 직선을 새겨 넣기가 쉽지만, 잉크로 쓸 때는 획을 굴리거나 돌리는 게 쉽다. 글과 함께 출현한 그림에서도 사용 가능한 도구의 영향이 드러난다. 중세에는 송아지 가죽에 딱정벌레나 돌을 갈아서 만든 안료로 색을 칠했다. 나무에 형상을 새기고 파이지 않는 부분에만 잉크를 묻혀 찍어낸 그림이 판화다. 카메라는 아주 작은 구멍을 통해 들어온 빛이 은 화합물이 발린 필름에 상이 맺히게 하는 장치다.

격식 문어는 격식 구어와 마찬가지로 신체와 분리된다. 뉴스 앵커가 뉴스 생산자라기보다는 전달자로 여겨지듯, 격식 문어에 활용되는 이미지는 작가가 아니라 글의 내용을 나타낸다. 격식을 갖춘 이미지는 때로 그래프나 도표처럼 정보를 보여주고, 때로 지도나 초상화처럼 기록물로서 작용하며, 스테인드글라스나 그림책처럼 시선을 사로잡고 이야기를 전달하기도 한다.

비격식 문어의 멋진 점은, 어떤 이미지든 원하는 곳으로 보낼 수 있는 기술이 생기자마자 그 기술이 글과 신체를 다시 합쳐지게 하고 글쓴이가 누구인지, 그 말을 할 때 어떤 기분이었는지 느낄 수 있도록 하는 데 활용되었다는 점이다. 디지털 메시지에 생기를 불어넣는 이모지라는 작은 그림들을 생각해보라. 이모지에는 동물,

음식, 자연, 가정이나 직장에서 자주 쓰는 물건 등 수천 종류가 있다. 하지만 가장 흔하게 쓰이는 이모지는 미소, 기쁨의 눈물을 흘리는 얼굴, 치켜든 엄지, 교차한 중지와 검지(행운을 빈다는 뜻의 손동작) 등 사람의 얼굴과 손이다. 우리는 주변 세상을 묘사하기보다 온라인 세상에서 좀 더 온전한 우리 자신이 되기 위해 이모지를 사용한다.

gif도 마찬가지다. 이론적으로는 여덟 컷짜리 반복 애니메이션에 어떤 이미지든 넣을 수 있다(1990년대에는 홈페이지가 미완성이어서 미안하다는 뜻으로 안전모와 교통 통제용 원뿔로 꾸민, 해상도가 낮고 움직이는 '공사 중' gif를 사용했다). 그러나 현실을 보면, 오늘날 gif는 반응(reaction)을 나타내기 위해 쓰인다. 특정 상황에 있는 나 자신의 몸을 나타내기 위해 어떤 동작을 하는 사람, 동물, 만화 캐릭터의 무음 반복 애니메이션을 사용하는 것이다. 그로써 우리는 지금 이 순간 내가 gif 안의 바로 그 사람처럼 웃거나 박수를 보내거나 당황해 주위를 둘러보고 있음을 전달한다. 사이버공간을 시각화하던 초기 단계에는 우리가 3차원으로 구현된 우리 자신의 모습을 이용해 가상공간에서 상호작용하고 싶어 하리라고 예상했다. 하지만 알고 보니, 우리가 정말로 원했던 것은 아바타에게 화려한 디지털 옷을 입히기보다 우리 자신의 생각과 느낌을 전달하는 것이었다. 우리는 그러기 위해 약어부터 이모지, 문장부호까지 다양한 도구들을 동원했다.

최초의 문자 체계는 한계가 분명했다. 오직 단어만을 사용했고, 글에는 독자의 기억을 돕는 기능만 있었다. 글을 말로 옮김으로

인터넷 때문에

써 생기를 불어넣는 것은 독자가 할 역할이었다. 수백 년이 지나면서 우리는 점차 문장부호 등으로 활자를 개선했다. 마찬가지로 중요했던 건, 우리가 적힌 글에서 좀 더 미묘한 느낌을 기대하게 되었다는 점이다. 당시에 대부분의 사람들은 글을 쓰기보다는 읽는 입장이었다. 그럼에도 글을 있는 그대로의 말이나 의식의 흐름을 전달할 수 있는 도구로 여기기 시작했다. 인터넷은 중세의 필경사들과 모더니즘 시인들이 시작한 이 과정의 최종 단계였다. 즉, 인터넷 덕분에 우리 모두는 글을 읽는 사람만이 아니라 글을 쓰는 사람이 되었다. 우리는 더 이상 글이란 모두 무미건조하기만 하다거나 그저 우리의 어조를 거칠고 부정확하게 전달할 뿐이라거나, 미묘한 뉘앙스가 담긴 글은 전문가만의 배타적인 영역이라고 생각지 않는다. 우리는 활자화된 목소리에 쓰일 새로운 규칙들을 만들어내고 있다. 높은 곳에서 우리에게 부과된 규칙이 아니다. 오히려 수십억 마리의 사회적인 원숭이가 하는 집합적 실행을 통해 출현하는 규칙, 우리의 사회적 상호작용에 생기를 불어넣는 규칙이다.

이 세상을 더 좋은, 혹은 나쁜 곳으로 바꾸어놓는 다른 변화가 일어나고 있을지는 모르겠지만, 언어의 지속적인 진화는 우리가 가진 모든 문제의 해결책도 아니고 원인도 아니다. 언어의 진화는 그냥 존재한다. 흘러간 강물에 다시 발을 담글 수 없듯, 흘러간 언어에 또 발을 담글 수는 없다. 미래의 역사학자들이 이 시대를 돌아보면, 현재 우리가 셰익스피어나 라틴어나 노르만식 프랑스어의 혁신적 단어를 보고 그러듯 우리의 변화에 매료될 것이다. 그렇다면 그 미래 역사학자들의 관점을 빌려다가 바로 지금, 언어학 역사에서 우리가 살아가는 이 혁명적인 시기를 신나게, 호기심을 품고 탐험해 보자.

당신이 이런 혁명에서 뒤처지고 있다는 염려가 들거나, 너무 최첨단이라서 인터넷을 쓰지 않는 사람들에게 당신 자신을 설명하기가 어렵다고 느낀다면 이 책이 그 틈새를 메우는 데 도움이 될 것이다. 이 책은 우리가 어떻게 이 지점에 이르렀는지, 왜 사람들이 이처럼 길 잃은 마침표 한두 개에 큰 열정을 보이는지, 인터넷에서 일어난 언어 변화가 인간 언어의 놀라운 능력이라는 더 큰 그림에 어떻게 어우러지는지 이해하는 데 도움이 된다. 이제 여러분이 재빨리 써내려간 문자메시지가 다르게 보일 것이다.

인터넷 때문에

1장
인터넷 시대의
사회언어학

계산기의 기능은 중립적이라고 해도, 언어의 기능은
그처럼 중립적이지 않다. '표준어'와 '정확한' 철자법은
영원한 진실이 아니라 집단 합의에 따라 만들어진 것이며,
집단 합의는 변할 수 있다. 우리를 더 많은 사람에게
노출시키는 의사소통 도구는 새로운 단어를 더 빨리
번지게 할 수도 있다.

⏎

당신은 왜 지금과 같은 방식으로 말하는 걸까?

당신은 어딘가에서 살아왔다. 아마 여러 곳에서 살았을 것이다. 친구나 가족이 당신에게 영향을 주었다. 어쩌면 당신은 스스로 어떤 언어적 특징들을 좋아하고, 어떤 특징들을 피하는지에 대해서 생각해봤을지도 모르겠다. 사람들은 오래전부터 이와 같은 요소들이 집단마다 다르게 말하는 데 영향을 끼친다는 사실을 알고 있었다. 하지만 린네식 동식물 분류법과 주기율표를 안겨준 과학적 운동의 일환으로서 체계적인 방언 연구가 시작된 건 겨우 18~19세기부터였다. 누군가 나비를 연구하러 그물을 들고 나가거나 유리병 안의 양초를 태워 기체를 증류하며 목록을 작성하는 동안, 아주 오래된 문헌을 들여다보며 동사의 목록을 작성한 사람들도 있었던 것이다.

우리가 서로 다른 언어를 쓰는 이유: 지역

그런데 살아 있는 언어를 포착하려면 어떤 그물을 사용해야 할까? 독일의 방언학자 게오르크 벵커(Georg Wenker)는 그 답을 알아냈다고 생각했다.[1] 그는 독일어를 사용하는 유럽 여러 지역의 학교 교사들에게 우편 설문조사를 실시해, 40개의 문장("국자로 네 귀를 갈겨주겠다, 이 원숭아!" 등)을 지역 방언으로 번역해달라고 요청했다. 꽤 현명한 생각이었다. 교사들이라면 분명 글을 읽고 쓸 줄 알 테니 말이다. 게다가 벵커가 모든 마을의 교사 이름을 알지는 못하더라도, 예컨대 크베트린부르크의 우체국에서는 당연히 그가 보낸 편지를 크베트린부르크에 있는 학교에 전해줄 수 있을 터였다. 단, 벵커는 교사들에게 굳이 음운 표기법을 알려주려고 하지 않았다. 그래야 교사들이 쉽게 답장을 보낼 수 있을 테니 말이다. 그 말은, 어떤 교사는 Affe(원숭이)라고 쓰고 다른 교사는 Afe나 Aphe라고 썼을 경우 이들이 같은 발음을 표현하려 했던 것인지는 아무도 알 수 없다는 뜻이다.[2]

프랑스 언어학자 쥘 질리에롱(Jules Gilliéron)은 자기 방법이 더 낫다고 생각했다. 그는 편지를 보내는 대신 숙련된 현장 연구자를 보내 모든 설문 응답을 기록하도록 했다. 파리에서 질리에롱은 설문 결과가 들어올 때마다 분석을 시작할 수 있었다. 그가 선발한 현장 연구자는 에드몽 에드몽트(Edmond Edmont)라는 이름의 식료품 상인으로, 유달리 귀가 예민했다고 한다(에드몽트의 청각이 예민했다는 뜻인지, 그가 음운학적 세부 사항에 관심을 기울였다는 뜻인지는 불분명하나 어쨌든 에드몽트는 예민한 귀 덕분에 이 일을 맡게 됐다).[3] 질리에롱은 에드몽트에게 음운 표기법을 가르치고, "컵을 뭐라고 부릅니까?"라거나 "50이라는 숫자를 어떻게 말합니까?" 등 1500개의 질문이 담긴 목록과 함께 그를 자전거에 태워 보냈다. 이후 4년이 넘는 시간 동안 에드몽트는 자전거를 타고 프랑스의 마을 639곳을 돌아보며, 정기적으로 조사 결과를 질리에롱에게 보냈다. 에드몽트는 마을마다 평생 그 지역에서 살아온 나이 든 사람을 면담했다.[4] 그 사람들이야말로 해당 지역 역사를 대표한다고 생각했기 때문이었다.

뱅커와 질리에롱의 방언 지도는 둘 다 꼼꼼하고 흥미로우며 복잡하다. 이 지도들을 읽는 방법만 터득하면, 1900년쯤 수요일을 메르크레디(mercredi)라고 불렀던 북부의 마을들과 디메크레스(dimècres)라고 불렀던 남부 마을들 사이의 경계선을 추적할 수 있다.•[5] 어느 지역에서 '나이 든'이라는 뜻의 단어를 alt, al, 혹은 oll로 발음하는지 보여주는, 뱅커가 손수 그린 독일 지도를 읽을 수도 있다.[6] 학교에서 프랑스어나 독일어를 공부한 사람은 각각의 언어가 단 하나의 통일된 언어라고 생각하기 쉽지만, 우리가 배운 건 표준어일 뿐이다. 지도를 보면 이 언어들이 사실은 방언들로 이루어진 집합체로서, 마을마다 조금씩 달라지는 수백 가지 형태로 이루어져

•   표준어는 메르크레디다.

있음을 알 수 있다.

하지만 이토록 놀라운 언어학 지도에도 한계는 있다. 예컨대, 에드몽 에드몽트가 4년간의 여정이 끝날 때쯤에야 '자전거'를 다양한 지역에서 각기 다른 단어로 나타낸다는 사실을 깨달았다면, 그는 이미 돌아본 마을 639곳을 다시 돌아보거나 기록을 남겨 미래의 학자가 두 번째 프랑스 언어학 기행을 떠나주기를 바랄 수밖에 없었다. 한편 게오르크 벵커의 계획은 지나친 성공을 거두었다. 그는 1876~1926년 사이에 4만 4000건이 넘는 답장을 받았다.[7] 그가 손수 분석할 수 없을 정도로 많았다(벵커가 죽은 후 그의 동료들이 수십 년 동안 분석 작업을 계속했다).

기술이 발전하면서 방언학도 함께 발전했다. 1960년대 《미국 지역 영어 사전(Dictionary of American Regional English)》 제작자들은 현장 연구자들을 접이식 침대와 아이스박스와 가스레인지가 장착된 초록색 닷지 자동차, 일명 워드 왜건(Word Wagon)에 실어 내보내며, 천여 개 마을의 방언을 서류 가방 크기의 오픈릴식 테이프 녹음기에 녹음하도록 했다.[8] 1990년대에는 《북미 영어 지도(The Atlas of North American English)》 제작자들이 자전거 대신 손가락을 사용해, 주요 도시 지역마다 최소 두 명씩 무작위로 762명에게 전화를 걸어 인터뷰를 실시했다.[9] 2002년 하버드 방언 설문조사는 누구든지 온라인에서 채워 넣을 수 있는 언어학 질문지를 만들었다. 〈뉴욕 타임스〉와 〈USA 투데이〉를 비롯한 여러 매체에서 이 소식을 다뤄준 덕분에 3만 명 넘는 사람들이 설문에 응했다.[10]

인터넷 때문에

이 모든 연구는 놀랍도록 멋진 결과를 냈다. 이를 통해 라디오와 텔레비전 등 대중매체가 부상한다고 해서 지역 언어가 박멸되지는 않는다는 점이 입증됐을 뿐만 아니라, 이때 수집된 자료 중 상당 부분을 온라인에서 무료로 사용할 수 있게 된 것이다. 직접《북미 영어 지도》사이트를 방문하면, 탄산음료를 pop이 아닌 coke로, 다시 soda로 부르는 지점이 어디인지 다양한 색깔로 표시한 선을 볼 수 있다.《미국 지역 영어 사전》웹사이트에서는 '아담의 집고양이'(미국 남부 지방에서 쓰이는 관용구 "I wouldn't know him (her) from *Adam's house cat*"은 어떤 사람과 일면식도 없다는 뜻이다)부터 zydeco(미국 루이지애나주 남서부의 음악)에 이르는 흥미로운 어휘들을 살펴볼 수 있다. 하버드 방언 설문 조사 결과는 전체 내용을 내려받을 수 있다. 이 조사는 10년 뒤 전 세계 수천 명의 사람이 이 조사 질문지에 답하는 자기 모습을 찍어 올리는 유튜브 억양 챌린지가 생겨나고, 2013년에 〈뉴욕 타임스〉의 대단히 인기 있는 방언 퀴즈에서도 기초 자료로 활용되면서 새롭게 활기를 얻었다.[11]

하지만 텔레마케터의 전화를 중간에 끊어버리거나 "당신은 어떤 디즈니 공주인가요" 퀴즈에 엉터리 답을 입력해본 적이 있는 사람이라면, 전화나 인터넷 설문조사에서 발생할 수 있는 문제점을 알 것이다. 전화 조사의 경우, 연구자들은 녹음할 수는 있으나 자신이 조사하는 모든 사람과 개별 대화를 해야만 한다. 이런 일을 수행하는 것은 언어광(예를 들면, 나라든지)에게는 아주 매력적인 일이다. 하지만 그런 괴짜들도 인터뷰에 엄청난 시간과 노력을 들이려면 보수를 받아야 한다. 대규모로 실시하기에는 인터넷 조사가 더 빠르고 값도 싸지만, 사람들이 각자 사용하는 언어를 언제나 정확히 보고하는 것은 아니라는 문제가 있다.

모든 설문조사를 관통하는 문제는 관찰자의 역설(observer's paradox)이라고 불린다. 녹음기를 가지고 상대방과 마주 앉거나, 그 사람에게 체크해야 할 질문 목록을 건네주면 격식을 차린 표준화된 취업 면접 스타일의 언어가 나오는 경향이 있다. 그런 언어는 이미 너무 잘 기록되어 있어서 언어학적으로는 가장 흥미가 떨어진다. 기록이 덜 된 종류의 언어를 들여다보려면 연구자는 자신이 어떤 질문을 던져야 하는지도 모르는 채로 그 질문의 답을 찾아야 한다. 때로는 상대방이 자기가 쓰는 말의 가장 흥미로운 측면을 모르거나 의식하지 않고 있어서, 그 점에 대해 명시적으로 말하지 않거나 못하는 경우도 있다.

절망적이지만은 않다. 언어학자는 보다 자연스럽게 들리는 말을 끌어내는 방법을 몇 가지 고안해냈다. 하나는 답이 정해지지 않은 질문을 던지는 것이다("'고모'를 어떻게 발음하시나요?"라고 묻는 대신 "가족들에 관해서 설명해주시겠어요?"라고 묻는다). 다른 방법은 사람들이 단어보다는 말의 내용을 생각하도록 신나거나 감정적인 사건에 관해 묻는 것이다(인기가 있지만 상당히 섬뜩한 질문은, "죽을지도 모르겠다는 생각이 들었던 때는 언제인가요?"이다). 세 번째 방법은 내부자로서 한 공동체를 연구하는 것이다. 수많은 언어학자는 자기 자녀나 조부모, 친척의 말을 분석하거나 지역의 협조자들을 통해 인터뷰를 진행해왔다. '워드 왜건'의 언어학자들은 식료품점에서 흥미로운 언어를 엿듣게 될 경우에 대비해 작은 공책을 들고 다니기도 했다. 흥미로운 언어가 나오면 기억해두었다가, 녹음기를 꺼냈을 때 후속 조사를 해볼 생각으로 말이다.

인터넷으로 지역어를 추적하는 방법

그런데 자의식을 거치지 않은 언어에 접근하는 특별히 효율적인 방법은 바로 인터넷이다. 연구자들은 공개적이고 비격식적이며 자의식적이지 않은 언어의 사례를 동영상에서부터 블로그 포스팅에 이르기까지 수없이 살펴볼 수 있을 뿐 아니라, 많은 경우 이런 언어를 검색까지 할 수 있다. 사례 몇 개를 얻자고 음성 파일을 여러 시간 동안 녹취할 일은 더 이상 없다. 트위터(Twitter)가 특히 소중하다. 아주 편리한 검색 기능을 활용하면 특정 단어나 표현을 찾아보고, 사람들이 그 표현을 어떤 방식으로 사용하는지 감을 잡을 수 있다. 이를테면, 2018년에 smol(작다는 뜻의 small을 귀엽게 표기한 단어)이라는 단어를 썼던 수많은 사람들이 아니메(일본풍 애니메이션)나 귀여운 동물을 무척 좋아하는 것처럼 보인다는 점이나 bae(남자친구, 혹은 여자친구라는 뜻의 단어로, babe의 약어로 추정된다)라는 단어가 주로 아프리카계 미국인들에 의해 사용되다가 2014년쯤부터 백인들의 트윗에서도 나타나고, 그로부터 얼마 지나지 않아 여러 상표에 흡수됐음을 알 수 있다.

연구자의 SNS 관찰은 아직 정립되지 않은 윤리적 영역의 문제다. 기술적으로 누가 자신들의 정보에 접근할 수 있는지와는 무관하게, 사람들은 머릿속에 자기 게시물을 읽을 만한 사람의 모형을 두고 그 모형에 맞지 않는 사람이 게시물을 읽으면 신뢰가 깨졌다고 느끼는 경향이 있다.[12]

미국의회도서관에서 2010년에 모든 트윗을 기록하겠다고 발표하자 트위터 사용자들은 휘발성이 강하다고 생각했던 이 웹사이트의 머릿속 모형을 수정해야 했다.[13] 많은 사람이 미래의 역사학자에게 보내는 반농담조의 명령이나 논평을 올리는 식으로 반응했다. 일부는 이 기회를 활용해 이 위엄 있는 기관에 더 많은 욕설이 기록되게 하였고, 일부는 "잘 지내나, 후손들?"[14]이라고 묻거나 "내 트윗을 저장한다니까, 내 고양이 사진을 전부 kitten뿐 아니라 kitteh 라는 색인에도 적절하게 넣어주세요"[15](n과 h가 비슷하게 생겼다는 점에 착안해 후대의 역사학자들을 헷갈리게 만들겠다는 반농담)라고 적었다. 별다른 결과는 없었다. 의회도서관에서는 2017년에 방침을 바꿔, 좀 더 엄격한 기준을 적용하여 뉴스 가치를 갖춘 트윗만을 기록하기로 했다. 이보다 덜 화기애애한 SNS 데이터 논쟁은 2018년에 벌어졌다. 영국의 정치 컨설팅 회사인 케임브리지 애널리티카(Cambridge Analytica)가 2015년에 페이스북 계정에 성격 테스트 링크를 걸게끔 유도해 페이스북 사용자 수백만 명의 개인정보를 수집했다는 사실이 들통났다.[16] 성격 테스트에서 수집된 개인정보는 표적 유권자를 찾고 선거에 영향을 줄 수 있도록 활용되었다.

의회도서관과 케임브리지 애널리티카는 극단적인 사례이지

만, 이보다 덜 알려진 연구자들은 SNS에서 계속 데이터를 채굴해왔다. 이들을 제약하는 것은 이용약관과 연구자 자신의 양심뿐이다.

이 책에서 나는 인용을 할 때 대체로 개인 사용자와 연결되지 않는 합산 데이터나 이미 연구 논문에서 익명으로 언급된 사례만을 사용했다. 개별 사례를 끄집어내야만 할 때는 의회도서관 문서고 관리자에게 보내는 트윗처럼 글을 쓴 사람이 언어학에 관련된 토론을 한 것이 이미 명확한 사례만을 활용하는 것을 목표로 삼았다. 사람들이 천진하게 나눈 점심 식사 얘기나 대단히 사적이고 진심 어린 교류에 관한 잡담을 인용하는 것이 내게는 불편한 염탐처럼 느껴졌다. 하지만 인터넷 언어에 관한 책에서 인터넷 언어에 관한 논평을 인용하는 것은 그 대화에 참여하는 한 가지 방법이었으면 한다. 어쨌거나 후손들에게 트윗을 전달하고 싶다면, 후손이 답장을 보냈다고 놀라면 안 되지 않겠는가.

트위터 연구가 특히 많은 성과를 내는 까닭은 트위터에 글을 올리는 사람의 1~2퍼센트가 자신의 트윗에 정확한 지리적 좌표를 태그로 달기 때문이다. 그러므로 상당한 실력을 갖춘 데이터 발굴자는 미국인들이 pop 혹은 soda를 트윗하는 곳, 주마다 선호하는 욕설 등을 카운티(주 아래 행정 단위) 단위로 나눈 지도를 짤 수 있다. 에드몽 에드몽트가 파리에서 마르세유까지 자전거를 타고 갔을 때보다 훨씬 짧은 시간 안에 말이다. 간단한 증거로, 언어학자 제이컵 아이젠스타인(Jacob Eisenstein)의 작업물을 살펴보자. 그는 "That movie was hella long(그 영화 엄청 길었어)에서처럼" hella가 들어 있는 트윗이 캘리포니아 북부에서 올라올 가능성이 가장 높은 반면, "I'll see yinz later(나중에 보자)"에서처럼 yinz(너희)가 들어 있는 트윗은 피츠버그 주변에 모여 있다는 사실을 알아냈다. 이 두 가지 발견은 노동 집약적인 면접 방식으로 수행했던 이전의 언어학 연구 결과와도 일치한다.[17] 아이젠스타인이 트위터에서 찾아낸 특성 중에는 면접을 통해서는 발견할 수 없었을 법한 것도 있다.[18] 나중에 아이젠스타인과 그의 동료들이 수행한 연구에 따르면, ikr(I know, right?, 내 말이, 그치?)이라는 약자는 디트로이트에서 유독 인기가 높았고 ^_^ 이모티콘은 캘리포니아 남부에서 특징적으로 나타났으며, something(무언가)을 뜻하는 suttin이라는 철자는 뉴욕시에서 인기가 좋았다.

이전에는 불가능했던 발견

트위터에서 벌어지는 언어학 연구의 일부는 인터넷 없이는 아예 수행할 수 없었던 것이다. 언어학자 잭 그리브(Jack Grieve)는 might could, may can, might should(앞의 둘은 '그럴지도', 맨 뒤는 '그래야 할 수도'라는 뜻) 등 미국 남부에서 사용되는 문장구조를 연구했다. 다른 방언 사용자들이 "Maybe we should close the window(창문을 닫아야 할지도 모르겠어)"라고 말할 법한 상황에서, "We might should close the window(창문을 닫아야 할 수도 있겠어)"라고 말하는 사례 등이다. 그리브는 최근인 1973년까지만 해도 주류 언어학자들이 이런 구조를 연구하는 건 그야말로 불가능하다고 말했음을 지적한다. 이런 문장구조는 편집된 문헌에서는 거의 없다고 할 만큼 희소하고, 자연스럽게 말로 진행하는 면접에서는 한 시간에 한 번쯤 나오면 다행이다. 즉, 아주 적은 데이터를 얻기 위해 엄청나게 많은 음성을 녹취해야 한다. 하지만 트위터에서 그리브와 그의 동료들은 지리 정보가 담긴 거의 십억 건의 트윗을 샅샅이 살펴 수천 건의 사례를 발굴했다. 이들은 이런 식의 이중조동사(double modals)형 문장구조가 존재한다는 직관을 강화하는 데서 그치지 않고, 이런 표현이 두 그룹으로 분류될 수 있음을 보여주는 상세한 카운티 단위 지도까지 만들 수 있었다.[19] 남부를 위와 아래로 나누어 might could나 may can 등의 일부 표현은 위쪽에서 나타나는 반면, might can이나 might would는 아래쪽에 더 흔하게 나타났다.

심지어 전에는 깨닫지 못했던, 다양한 지역에 관한 발견들도 이루어질 수 있다. 예컨대 그리브는 might could를 연구한 다음 욕설로 관심을 돌렸다가, 모든 주의 사람들이 욕설을 하지만 선호하는 욕설이 주마다 다르다는 사실을 알아냈다. 꽤 온건한 단어를 선호하는 미국 남부 사람들은 hell이라는 단어를 유독 좋아했고, 북부 주 사람들은 asshole을, 중서부 사람들은 gosh를, 태평양 연안 사람들은 영국 느낌이 나는 bollocks와 bloody를 좋아했다.[20]

《옥스퍼드 영어 사전(Oxford English Dictionary)》도 트위터를 데이터 원천으로 활용하기 시작했다. 특히 책이나 신문에 실리는 빈도가 낮은 지역색이 강한 단어에 관해서 그렇다. 이 사전은 분기별로 업데이트되는데, 2017년 9월 업데이트된 내용 중에는 mafted의 용례가 있다. mafted는 영국 북동부에서 쓰는 단어로 '더위나 군중 때문에, 혹은 애를 쓴 결과로 기진맥진함'이라는 뜻이다. mafted의 용례는 구식과 신식 사전학을 완벽하게 보여준다.[21] 가장 오래된 인용문은 그 출처가 "1800년경에 수집된 용어"이며, 가장 최근의 인용문은 2010년에 누군가가 트위터에 쓴 "Dear Lord—a fur coat on the Bakerloo line, she must have been mafted(세상에, 모피를 입고 베이컬루 지하철을 타다니, 기진맥진했을 게 틀림없어)"라는 말이었다.

심지어 트위터의 창의적인 철자법을 살펴봄으로써 사람들이 같은 단어를 어떤 식으로 다르게 발음하는지 조사할 수도 있다. 그냥 단어를 검색하는 것보다는 약간 더 힘들지만, 언어학자 레이철 태트먼(Rachel Tatman)은 영어의 여러 형태에서 잘 연구되어온 두 가지 소리를 통해 하나의 사례를 보여준다.[22] 첫 번째 소리는 cot과 caught, 또는 tock과 talk 같은 단어의 발음이다. 일부 미국인들은(주로 서부, 중서부, 뉴잉글랜드 지역의 미국인들) 이런 단어 쌍을 똑같이 발음하는 반면 다른 미국인들(주로 남부 미국인들과 아프리카계 미국인들)은 다르게 발음한다. 이는 음성 녹음을 해온 언어학자들이 오래전에 확인한 경향이기도 하다. 태트먼은 sod와 sawed의 모음을 다르게 발음하는 사람들은 가끔 aw라는 철자를 써서 특정한 모음에 주의를 집중시키고 싶어 할 것이라는 가설을 세웠다. 아니나 다를까, 그녀는 on, also, because처럼 평범한 단어가 awn, awlso, becawse로 표기된 트윗에서는 남부 미국 영어나 아프리카계 미국 영어의 잘 알려진 특징적 철자도 함께 나타나는 경향을 발견했다. 예컨대, for나 year 같은 단어에서 r을 삭제한다든지(각각 foah와

yeah로 쓰인다) the와 that을 da와 dat으로 쓰는 식이다.

하지만 이는 단순한 우연일지도 몰랐다. 검증을 위해, 태트먼은 완전히 다른 지역의 완전히 다른 소리를 살펴보았다. to와 do를 tae와 dae로 발음하는 경우였다. 이는 스코틀랜드 영어와 연관된 것으로, 스코틀랜드 출신의 18세기 시인 로버트 번스(Robbie Burns) 때부터 있었다.[23] 태트먼은 이런 철자를 써서 트윗하는 사람들이 스코틀랜드 영어의 다른 언어학적 특징도 보이는 경향이 있음을 알아냈다. 이들은 you 대신 ye, on 대신 oan 등을 썼다.

하나 확실히 해둘 것은 모든 스코틀랜드계 미국인이나 남부 미국인, 아프리카계 미국인이 이런 철자를 쓰지는 않으며, 이렇게 쓰는 사람이라도 항상 쓰지는 않는다는 점이다. 요점은, 우리가 일상적인 글쓰기에서 단어의 철자를 바꿔 쓰려 할 때는 어떤 목적이 있는 경우가 많다는 것이다. 우리는 두 발로 첨벙 뛰어들어 우리 자신의 말하기 방식 전체를 드러내고자 한다. 철자를 바꿔 어떤 소리를 나타내려는 경향이 늘 이 정도로 분명하게 나타나는 것은 아니지만, 언어학자는 사람들이 철자를 바꿔 쓰는 단어와 소리를 살펴봄으로써 음성 녹음에 필요한 에너지를 어디에 집중해야 할지 감을 잡을 수 있다.

인터넷은 언어학자들이 수백 년 동안 시도해왔던 여러 종류의 방언 지도 그리기와 자연스러운 발화 분석을 할 수 있게 해준다. 심지어 언어학자들은 노트북 앞에 앉아서 편안하게, 관찰로 인한 왜곡을 일으키지 않고 더 많은 데이터를 얻을 수 있다. 전화 연구를 통해 사람들이 여전히 TV나 라디오 방송에 나오는 사람보다는 이웃들과 비슷하게 말한다는 사실이 드러났고, 인쇄물의 표준화가 일어난 지 수백 년이 지나서도 지역의 방언이 유지되었음이 기나긴 자전거 여행을 통해 알려졌듯이, 인터넷 연구는 우리가 SNS를 사용할 때도 지역 특유의 말하기 방식을 유지하는 경우가 많다는 점을 보여준다. 인터넷 방언 관련 퀴즈에 우리가 보이는 열정에서 그 이유를 짐작해볼 수 있다. 우리는 특정한 방식으로 말함으로써 네트워크와 소속감, 공동체를 강화한다.

네트워크

당신의 가족이나 친구들이 고유의 방언을 사용한다는 느낌을 받은 적이 있는가?《주방 식탁의 사투리(Kitchen Table Lingo)》라는 책은 실제로 그렇다고 보았다. 이 책은 언어학자 데이비드 크리스털(David Crystal)이 가족 방언(familects)이라고 부른 것들의 사례를 모아둔 책이다. 가족 방언이란, "모든 가정과 사회집단에서 발견되지만, 결코 사전에 등재되지 않는 사적이고 개인적인 조어"[24]를 말한다(이런 말은 방언 지도에도 기록되지 않는다). 이 책의 저자가 처음 "가족 방언"을 보내달라고 부탁했을 때 전 세계에서 수천 건의 제보가 들어왔다. 이런 제보에는 노래 가사를 잘못 들었다는 이야기나 의성어, 어린이들이 만들어낸 단어에 관한 사연이 담겨 있었다.

TV 리모컨을 부르는 가족 방언은 57개나 됐다. 방언 지도는 언어적 차이를 보여주는 시작점일 뿐이다. 우리는 (비교적 오랜 시간 대화를 나누는) 누군가와 대화를 할 때마다 그 사람과 공통의 어휘를 발달시킬 기회를 갖게 된다. 그 사람이 가족이든, 친구든, 동창이든, 직장 동료든, 취미를 함께하는 사람이든 간에 말이다. 가족이 쓰는 방언은 아이의 입에서 나온 귀여운 단어로 시작되는 경우가 많다 (엘리자베스 2세는 아직 Granny(할머니)를 발음하지 못했던 어린 시절의 윌리엄 왕자에게 Gary라는 별명을 얻은 것으로 보인다[25]). 하지만 내집단(in-group) 언어의 중요성이 가장 높아지는 때는 인생의 다음 단계인 10대 시절이다.

고등학교는 사람들이 소소한 사회적 세부 사항을 의식하는 곳이다. 그런 세부 사항은 쿨한 청바지 브랜드가 될 수도 있고, 누가 누구와 사귄다는 이야기가 될 수도 있고, 모음을 발음하는 방식이 될 수도 있다. 언어학자 퍼넬러피 에커트(Penelope Eckert)는 언어와 고등학교 파벌 사이의 상관관계를 연구하고자 1980년대 디트로이트 교외 지역의 한 고등학교에 잠입했다.[26] 이곳에서 그녀는 주요 그룹 둘을 발견했다. 한 그룹은 학교 대표 스포츠 팀이나 학생 위원회에 가입하는 등의 활동으로 학내 권력 구조에 참여하는 자크(jock, 운동 등 어떤 활동에 참여하길 좋아하는 사람을 뜻하는 속어)였고, 다른 하나는 학교의 권위를 거부하는 번아웃(burnout, 극도의 피로감을 뜻하는 속어)이었다. 오대호 주변의 수많은 미국 도시에서 그랬듯 디트로이트에서도 모음 변화가 일어나고 있었다.[27] 일부 발화자들은 "the busses with the antennas on top(위에 안테나가 달린 버스들)"이라는 문장을 말할 때, 외부인에게는 "the *bosses* with the antennas on *tap*(구두 앞창에 안테나가 달린 상사들)"처럼 들리는 발음을 썼다. 에커트가 연구한 학생들의 경우, bosses라고 발음할수록 "물정을 잘 안다"는 함의가 있었으므로, 번아웃이 자크보다 이런 발음을 쓰는 경향이 높았다. 번아웃이나 자크나 같은 동네에 살고 같은 학교에 다니는데도 말이다. 또 이런 발음의 차이는 학부모의 사회적 계급과도 상관이 없었다. 학생들을 "번아웃-번아웃"에서부터 "자크-자크"까지 더 구체적인 파벌로 나누어도 이들이 사용하는 모음은 위의 분석과 일치했다. 고전적인 하이틴 영화 〈그리스〉의 등장인물들을 빌려 표현하자면 샌디는 bus라고 말하고 리조는 boss라고 말하며 프렌치는 그 사이 어느 발음을 썼으리라고 생각할 수 있다.

다른 고등학교에서 추가 연구를 진행했더니, 다양한 언어적 태도를 가진 여러 집단이 드러났다. 너드(nerd, 세상 물정 모르는 공붓벌레나 특이한 취향을 가진 괴짜)라고 분류되는 캘리포니아의 한 여학생 집단은 자크-번아웃 이분법을 거부했다. 이들은 고등학교 안에서의 인기를 신경 쓰는 사람처럼 말하고 싶지 않았기에 학생들 사이에서 유행하는 은어나 (friend를 frand로 발음하는 등의) '쿨한' 모음을 쓰지 않았다. 대신 이들은 주지주의와 연결되는 언어적 특징인 주의를 기울인 발음과 긴 단어, 언어유희 등을 보였다.[28] 캘리포니아의 다른 고등학교에 다니는 라틴계 학생들을 연구했을 때는 미국인이나 멕시코계 미국인으로서의 정체성을 가지고 있으며 대체로 영어를 쓰는 노르테냐(Norteñas)와 멕시코인의 정체성을 가지고 있으며 대체로 스페인어를 쓰는 수레냐(Sureñas)로 구분됐다.[29] 이런 사례는 계속 들 수 있지만, 잠시 멈추어서 무엇이 '쿨한' 것인지에 관한 느낌이 애초에 어떻게 발달되는지 생각해보자.

당신은 어떻게 욕을 배웠는지 기억나는가? 아마 또래 아이에게 배웠을 것이다. 나이가 많은 형제에게서 배웠을 수도 있지만, 교육자나 권위자에게서 배우지는 않았을 것이다. 또 욕을 배운 나이는 아마 청소년기 초기였을 것이다. 이 시기에 언어적 영향을 주는 집단이 보호자에서 또래들로 변하는 경향이 있다.

언어 혁신도 비슷한 패턴을 따르는데, 이 점을 처음으로 알아챈 언어학자는 헨리에타 세더그렌(Henrietta Cedergren)이었다. 그녀는 파나마시티에서 연구를 진행하고 있었는데, 이곳에서는 젊은 사람들이 ch를 sh로 발음하기 시작한 터였다.[30] 예를 들면, chica(소녀)를 shica로 발음했다. 어떤 연령대가 새로운 sh 발음을 사용하는지 그래프를 그린 세더그렌은 새로운 발음을 구사할 가능성이 가장 큰 집단이 16세라는 사실을 알게 되었다. 12세보다도 높았다. 가장 어린 연령 집단이 sh를 채택하지 않았으니, 이 발음이 유행의 첨단을 달리는 새로운 언어 혁신은 아니라는 뜻일까? 세더그렌은 답을 알아보기 위해 10년 뒤 파나마로 돌아갔다. 유행에 민감하지 않았던 12세들은 자라나 엄청나게 혁신적인 22세들이 되어 있었다. 그들은 이제는 26세가 된 10년 전 유행 선두주자들보다도 높은 수준으로 새 sh 발음을 사용했다. 새로운 16세 집단은 이런 경향이 더 심했다. 반면 새로운 12세 집단은 여전히 좀 뒤처진 것처럼 보였다. 세더그렌은 12세 집단은 아직 언어적으로 더 성장할 여지가 있다고 보았다. 이들이 10대 시절을 거치면서 자신보다 약간 나이가 많고 더 '쿨한' 또래 집단의 언어적 습관을 모방하는 것으로 언어 습관을 형성한 다음, 20대가 되어서야 정체기를 맞는다는 설명이었다.

욕설에 주목해 보면, 세더그렌의 연구 결과는 12세 중 일부가 욕설을 하기는 하지만, 16세들이 훨씬 더 많은 욕을 쓴다는 이야기와 같다. 하지만 욕설 사용은 사회적으로 너무 두드러지는 행동이기 때문에(욕에 관한 법률도 있다) 그 양태가 별로 심하게 변하지 않는다. 욕설 사용은 청소년기에 정점을 이루었다가, 성인이 되면 수십 년에 걸쳐 줄어든다.[31] 우리가 청소년기에 습득하는 (bosses나 shica 등의 새로운 발음과 so나 like 같은 단어의 새로운 활용 방식 등) 다른 언어 유행은 엄청난 사회 금기라기보다 미묘한 사회적 구분의 문제이므로, 어른이 되어서도 유지되는 경향이 크다.

이 나이 곡선과 더불어 젊은 사람들이 SNS를 처음으로 사용하는 시점이 언제인지 생각해보자. 대부분 사이트나 앱의 이용약관을 믿는다면 이들이 SNS를 처음으로 사용하는 나이는 13세이고, 일부 사용자들이 나이를 속인다고 가정하면 그보다 약간 어리다. 이 시기는 10대의 언어가 또래의 은어로부터 어마어마한 영향을 받는 시작점이다. 물론 이보다 어린아이들도 게임을 하고 영상을 보고 음성 도우미에게 질문을 던지기까지 한다. 하지만 어린아이의 사회생활은 여전히 가족이나 읽기 수준에 따라 중재된다. 또래의 영향력과 SNS 접근이 시작되는 시기가 같다는 점은 현재 젊은이들이 말하는 방식이 그들이 말하기 위해 사용하는 도구와 쉽게 융합된다는 뜻이다. 하지만 모든 세대는 부모 세대와 약간 다른 언어를 사용해왔다. 그렇지 않았다면 우리 모두가 지금까지도 셰익스피어처럼 말하고 있었을 것이다. 문제는, 이런 변화 중 얼마만큼이 기술의 영향에 따른 것이며 얼마만큼이 기술과 상관없이 일어났을 언어적 진화인지 구분하는 것이다.

SNS와 청소년 언어의 숨은 상관관계

답은 두 가지 변화가 동시에 일어난 것처럼 보인다는 것이다. 조지아공과대학교와 컬럼비아대학교, 마이크로소프트의 연구자들은 사람이 특정한 단어를 몇 번 봐야 그 단어를 쓰기 시작하는지 살펴보았다.[32] 이들은 2013~2014년에 특정한 도시의 트위터 사용자들 사이에서 특별히 인기가 높았던 단어들을 활용했다. 예상대로, 트위터에서 서로를 팔로우하는 사람들은 서로가 쓰는 단어를 배울 가능성이 컸다. 하지만 사람들이 여러 종류의 단어를 학습하는 방식에는 중요한 차이가 있었다.

사람들은 cookout(실외에서 음식을 요리하고 함께 먹는 파티나 모임), hella(hell of의 준말로, 엄청나다는 뜻), jawn(딱히 뭐라고 부르기 애매한 물건이나 사람 등), phony(가짜) 등 구어에서도 발견되는 단어를 인터넷 친구에게서 배웠지만, 이런 단어를 몇 번이나 보는지는 단어 습득에 별로 중요하지 않았다. tfti(thanks for the information, 알려줘서 고맙다), lls(laughing like shit, 엄청나게 웃기다), ctfu(cracking the fuck up, 엄청나게 웃기다) 등의 약자나 inna(in a/ in the) 혹은 ard(alright) 등 단어를 소리 나는 대로 적은 철자처럼 대체로 글로만 표현되고 구어로는 쓰이지 않는 신조어의 경우에는 이런 단어를 보는 횟수가 대단히 중요했다. 사람들은 이런 단어에 한 번 더 노출될 때마다 그 단어를 쓸 확률이 두 배로 높아졌다. 연구자들은 연구 대상이 구어체 은어를 온라인과 오프라인에서 모두 마주치므로, 트위터를 통한 노출만을 측정할 경우 반 이상의 노출을 놓쳐 경향성이 모호해진다는 점을 지적했다. 그러나 글로 된 은어는 대체로 온라인에서만 마주치므로, 이런 노출의 대부분을 트위터 연구를 통해 측정할 수 있었다. 연구자들은 서로 팔로우하고 있으며 당신과 공통의 친구가 아주 많은 A가 새 단어를 사용한다면 당신 역시 그 단어를 쓸 가능성이 큰 반면, 서로 팔로우하고 있지만 공통의 친구가 한 명도 없는 B가 쓰는 단어를 습득할 가능성은 작다는 것도 밝혔다.

하지만 이런 네트워크는 개별적으로 형성된 것이 아니다. 사람들은 비슷한 관심사를 가지고 있고, 비슷한 인구집단에 속하는 사람을 팔로우하는 경향이 있다. 한 연구에서는 2009~2012년 사이 트위터에서 엄청난 인기를 얻게 된 2000여 개 단어의 지리적 분포도를 살펴봄으로써 이러한 경향을 증명했다. 이 연구는 어떤 용어가 한 도시에서 다른 도시로 전파되는 현상은 지리적 근접성만이 아니라 인구학적 유사성에 근거해 일어난다는 점을 밝혔다. 그러므로 은어는 (둘 다 흑인 인구 비율이 높은) 워싱턴 D.C.와 뉴올

인터넷 때문에

리언스 사이에서 번지고, (라틴계 인구 비율이 높은) 로스앤젤레스와 마이애미 사이에서 번지며, (백인 비율이 높은) 보스턴과 시애틀 사이에서 번지지만 그 사이의 도시에까지 반드시 번지지는 않는다. 예컨대, "word maps are cool af(단어 지도는 끝내준다)"에서처럼 as fuck을 af로 줄여 쓰는 현상은 2009년에 로스앤젤레스와 마이애미에서 낮은 빈도로 출현하기 시작해 2011~2012년에 캘리포니아와 남부, 시카고 인근 등 다른 지역으로 번졌다.[33] 이는 af라는 약어가 라틴계 미국인에게서 아프리카계 미국인에게로 확산했음을 의미한다. 이 연구는 여기에서 끝났지만, 우리가 조사를 이어나갈 수 있다. 2014년과 2015년에는 af가 〈버즈피드〉 기사 제목에 나타나기 시작한다.[34] 이는 주요 기업들이 이런 단어가 아프리카계 미국인의 '쿨함'과 연관되어 있음을 알고 흡수했음을 잘 알려주는 지표다.

우리는 어떤 공동체에 처음 진입할 때 새로운 단어들을 배우는 경향이 특히 높다. 언어학자 댄 주래프스키(Dan Jurafsky)와 그의 동료들은 10년 이상 존속해온 온라인 맥주 동호회인 레이트비어(RateBeer)와 비어애드보킷(BeerAdvocate)의 회원들이 올린 400만 건 이상의 게시물을 살펴보았다. 이들은 회원으로 활동한 기간에 따라 사람들이 사용하는 언어가 어떻게 달라지는지 알아보고 싶었다. 이들이 알아낸 바에 따르면, 오래된 계정은 오래된 맥주 용어를 고수하는 경향이 있는 반면 비교적 최근의 계정은 새로운 용어를 더 빨리 받아들였다. 예컨대, 2003년에 가입한 계정은 맥주의 aroma(향)에 대해 말하는 반면 2005년에 가입한 계정은 smell(냄새)을 나타내는 S를 선호했다.[35] 이 연구가 나이와 또래 집단의 영향을 미세하게 구분한다는 점도 흥미롭다. 이 연구의 함의는 인간의 수명이 오프라인 공동체에서의 80년 수명을 말하든, 온라인 커뮤니티에서의 3년짜리 수명을 말하든, 사람들이 수명의 첫 3분의 1 시기에 새로운 단어를 배울 가능성이 더 크다는 것이기 때문이다.

그렇다면 청소년기의 독특한 점은 언어 유행에 영향을 받기 쉽다는 점이 아닐지도 모른다. 그보다는 청소년기가 한 인구집단이 동시에 새로운 사회집단에 진입하는 마지막 시기라고 볼 수 있다. 성인은 주기적으로 새로운 도시로 이사하거나 새로운 직장에 들어가고 새로운 취미를 갖는다.[36] 이 모든 일이 우리를 새로운 언어의 영향력에 노출한다. 하지만 우리 모두가 정확히 같은 나이에 직업을 바꾸거나 부모가 되거나 맥주 시음 커뮤니티에 가입하는 것은 아니다. 그러므로 청소년기 이후에 일어나는 언어 변화를 연구하기는 비교적 어렵다. 그렇다고는 해도 이런 연구가 불가능한 것은 아니다. 문제는 무엇을 살펴보고자 하느냐에도 달려 있다. 연구자도 사회의 일원이고, 하나의 사회로서 우리는 부모가 가족 방언에 새로운 단어를 추가하거나 기업가가 새로운 사내 유행어를 들여오는 것보다는 10대의 은어 사용을 더 걱정한다. 아마 우리는 태어난 날짜 말고도 새로운 사회집단에 들어간 날짜에 대해서 묻는 식으로 인구학적 의문들을 재고해야 할 것이다.

SNS에서 네트워크를 이루고 있는 언어 패턴을 찾아보는 것은 이례적인 일이 아니다. 오프라인에서도 사람들은 보통 인구조사 기관이 제공하는 딱딱하고 아무 감정 없는 인구학적 집단보다는 친구들과 더 비슷한 언어를 사용한다. 단지, 우리에게는 그런 유사점을 측정할 현실적인 방안이 없다. 예전에 친구나 대화 상대에 관한 네트워크 분석은 대단히 어려웠다. 어느 정도냐 하면, 자전거를 타고 프랑스를 4년 동안 돌아다니는 일이 쉬워 보일 정도였다. 일반적인 언어 설문조사로 시작할 수 있겠지만, 그건 출발점일 뿐이다. 연구자는 사람들이 모든 친구의 목록을 작성하고, 그들과 알고 지낸 기간이 얼마나 되는지, 서로 대화를 나누는 빈도는 어느 정도인지 기록하게 해야 한다. 그런 다음, 어떤 식으로든 대상자가 보고한 모든 친구를 데려다가 그들도 조사해야 한다. 그래봐야 네트워크의 한 겹일 뿐이다. 사람들 사이의 연결망을 만들려면, 이 단계를 여러 차례 밟아야 한다. 사회과학자들은 이런 식의 연구를 종종 해왔다(연구자들은 매사추세츠 프레이밍엄에서 현재까지 3세대에 걸쳐 2000명의 건강 정보와 사회적 관계를 추적해왔다[37]). 하지만 이런 연구가 자주 수행되지 않는 것도 이해할 만한 일이다. 수만, 수십만 명이 매일 쓰는 일상 단어에 관한 연구야 말할 것도 없다. 트위터 네트워크가 당신이 이야기를 주고받는 모든 사람을 절대적으로 대표하지는 못한다 해도, 모두가 트위터를 사용하는 건 아니라고 해도, 트위터는 새로운 단어가 어떻게 사람들의 입에 붙느냐는 아주 오래된 질문에 접근하는 데 도움이 되는 흥미롭고 새로운 방법이다.

젠더 이분법 밖의 세계

SNS에 기초해 언어를 분석하면 다른 전통적 인구통계학 요소, 즉 젠더의 문제도 복잡해진다. 젠더에 관한 전통적인 발견은 헬싱키대학교(University of Helsinki)의 언어학자 테르투 네발라이넨(Terttu Nevalainen)과 헬레나 라우몰린-브룬베리(Helena Raumolin-Brunberg)의 연구에서 드러난다.[38] 이 연구에서는 1417~1681년에 영어로 작성된 6000통의 개인 서간을 살펴보았다. 개인 서간이 훌륭한 언어학 연구 자료인 이유는 트윗과 마찬가지로 편집자의 표준화 작업을 거치지 않기 때문이다. 불행히도 이런 서신은 트윗에 비해 수가 훨씬 적고, 교육받은 유한계급을 과대표하는 경향이 있다. 하지만 그렇더라도 이런 서간은 그 시절의 일상 영어가 어떤 모습이었는지를 보여주는 최선의 기록물이다. 언어학자들은 이 기간에 발생한 열네 가지 언어 변화를 살펴보았다. ye라는 단어가 사용되지 않게 된 것, mine eyes가 my eyes로 변화한 것, -th가 -s로 대체되어 hath, doth, maketh 같은 단어들이 has, does, makes 등이 된 것 등이 그 예다(꽤 놀라운 일이다). 네발라이넨과 라우몰린-브룬베리가 알아낸 바에 따르면, 14건의 변화 중 11건에서 편지를 쓴 여성이 편지를 쓴 남성에 비해 글쓰기 방식을 더 빨리 바꾸었다. 남성이 여성보다 앞서나갔던 세 건의 예외적인 사례에서는 당시 남자들이 교육에 더 많이 접근할 수 있었다는 점과 관련되었다. 달리 말하면, 구어의 변화에 관해서는 여성들이 확실히 우세했다는 뜻이다.

다른 시대와 언어, 지역에 관한 연구에서도 특정 지역의 특정

도시에서 일어난 수십 가지 특정 변화를 살펴보면 여성이 언어 변화를 선도했음이 거듭 밝혀졌다.[39] 젊은 여성들은 주기적으로 미디어 유행 부문을 휩쓰는 언어학적 변화에서도 첨단을 달린다.[40] 업토크(uptalk)에서부터(문장 끝에서 두드러지게 억양을 높인다거나?) 인용문을 도입할 때 like을 사용하거나("And then I was like, 'Innovation'(그래서 내가 막, '혁신이구나' 싶었다니까)") 하는 유행 말이다. 현시점에서 젊은 여성들이 언어를 교란하는 데 수행하는 역할은 너무도 확실하게 확인되어, 이 주제를 연구하는 언어학자들에게는 사실상 지루한 문제다. 저명한 사회언어학자 윌리엄 라보프(William Labov)는 1990년에 작성한 논문에서 언어 변화의 90퍼센트는 여성이 주도한다고 추산했다(나는 특정한 모음이나 어휘의 변화에 관한 사회언어학학회에 몇 차례 참석했는데, 이런 현상은 굳이 완전히 설명되지도 않는다. "예상하다시피, 이번에도 여성들이 이런 변화에 남성들보다 앞서나간다는 것을 알 수 있습니다. 다음 슬라이드 보시죠" 하는 식이다).[41] 남성은 한 세대가 지나고 나서야 이런 변화를 따라가는 것으로 보인다. 달리 말하면, 여성은 또래에게서 언어를 습득하고 남성은 어머니에게서 언어를 배우는 경향을 보인다.

이런 현상이 나타나는 이유는 분명하지 않다. 연구 대상이 된 사회에서 지금까지도 여성이 아동 양육을 대체로 담당하고 있다는 사실에서부터 여성이 상대적인 경제력 부족을 언어에 대한 관심으로 보상하거나 언어를 통해 사회 이동성을 만들어내려 한다는 가설, 여성이 더 많은 사회적 관계를 맺는다는 이론까지 수많은 이유가 제시되었지만, 여러 가지 사례에서 젠더는 (나이가 그렇듯) 우리가 서로와 사회작용을 하는 데 관계된 다른 요소들을 대신 나타내는 것처럼 보인다.[42]

몇몇 인터넷 연구에서는 젠더와 사회적 맥락을 구분하는 것이 중요하다고 강조했다. 언어학자 수전 헤링(Susan Herring)과 존 파올릴로(John Poalillo)는 사람들이 블로그에 글을 쓰는 방식을 살펴보았다.[43] 처음에는 블로그에서 사용된 언어에 유의미한 젠더 차이가 있는 것으로 보였다. 하지만 다시 보니, 실제 차이는 장르에 따라서 나타나는 것이었다. 남성은 주제에 기반한 블로그를 작성하는 경향이 컸고, 여성은 일기 형식의 블로그를 작성하는 경향이 컸다. 물론, 자신의 젠더에 전형적으로 나타나는 장르를 선택하지 않는 사람도 많았다. 연구자들이 각 장르 내의 블로그 글을 비교해보니 최초의 '젠더' 차이는 사라졌다.

트위터 사용자 1만 4000명의 언어 자료를 살펴본 다른 연구에서는 각 사용자의 젠더를 인구조사 데이터에서 나타난 이름의 경향성에 근거해 추측했다.[44] 처음에는 확고한 젠더 차이가 나타나는 것처럼 보였다. 예컨대, 여성이 주로 쓰는 이름을 가진 사람들은 이모티콘을 더 많이 사용하는 경향을 보였고 남성이 주로 쓰는 이름을 가진 사람들은 욕설을 할 가능성이 컸다. 하지만 한 단계 더 깊이 들어갔을 때, 연구자들은 사람들이 가장 자주 트윗하는 단어가 스포츠 팬, 힙합 팬, 부모, 정치 마니아, TV 및 영화 팬, 기술 마니아, 독서광 등등 십여 개가 넘는 관심사 집단으로 자연스럽게 수렴된다는

인터넷 때문에

것을 알게 되었다. 수많은 그룹에 젠더 편향이 있는 것은 사실이지만, 이런 편향 중 절대적인 것은 하나도 없었다. 게다가 이 집단들은 나이나 인종 같은 다른 인구통계학적 요소와도 분명하게 상관관계가 있었다. 집단 전체가 젠더 표준을 거스르는 경우도 있었다. 전반적으로 남자들은 욕설을 더 많이 쓰는 경향이 있었지만, 남성이 주류를 이루는 집단인 기술 마니아 집단은 전혀 욕설을 하지 않았다. 아마 직장 생활의 연장선상에서 트위터를 사용했기 때문일 것이다. 개인 수준에서, 사람들은 젠더보다는 자기가 속한 집단의 기준을 따랐다. 스포츠 집단에 속한 여성이나 부모 집단에 속한 남성은 "평균적인 여성"이나 "평균적인 남성"보다는 동료 스포츠 팬이나 부모들과 비슷한 트윗을 썼다. 나아가 인구조사 데이터상에서 확실한 젠더 편향이 드러나는 이름을 가진 계정만을 분석 대상으로 삼았다는 점은 젠더에 대한 이분법적 시각을 갖기 어렵게 만드는 사용자들, 즉 제3의 성을 가진 사람들이나 일부러 인구통계상 젠더가 드러나지 않는 이름을 선택한 사용자들을 배제한다는 문제가 있다.

왜 인터넷 이후 언어가 빠르게 변하는 걸까

오프라인의 민족지학적 연구 또한 네트워크 요소의 중요성을 시사한다. 언어학자 레슬리 밀로이(Lesley Milroy)는 북아일랜드 벨파스트의 노동자 계급 거주지 두어 곳에서 상당히 표준적인 언어 연구를 하는 중이었다. 많은 공동체에서 그러듯, 이곳에서도 젊은 여성들이 언어 변화를 선도하고 있었다. 이 경우에는 car의 모음을

care와 비슷하게 바꾸는 경향이 보였다.[45] 이런 모음은 북아일랜드의 다른 지역에서 흔하게 나타나지만, 이 공동체에는 새로운 변화였으며 이런 변화를 도입한 것이 바로 젊은 여성이었다. 혼란스러운 점은, 이 여성들이 어떻게 그런 변화를 습득했느냐는 것이었다. 밀로이가 그 여성들에게 누구와 가깝게 지내는지 묻자 그들은 친구와 가족, 직장 동료의 이름을 댔는데, 그들 모두가 같은 동네 사람들이었다. 아직 아무도 그런 모음 변화를 일으키지 않은 동네 말이다.

제임스 밀로이(James Milroy)와 함께 쓴 이후의 논문에서, 두 학자는 언어 변화를 사회과학의 다른 개념과 연결하는 방식으로 그 이유를 알아냈다. 이때의 사회과학적 개념이란, 강한 유대(strong ties)와 약한 유대(weak ties)였다.[46] 강한 유대는 많은 시간을 함께 보내고 친밀감을 느끼며, 함께 아는 친구가 있는 사람들과의 관계를 말한다. 약한 유대란 함께 아는 사람이 있을 수도, 없을 수도 있는 지인 관계를 말한다.[47] 벨파스트 연구의 경우, 얼리어답터에 속하는 젊은 여성들은 모두 시내의 같은 가게에서 일했다. 시내에서는 사람들이 이미 새로운 모음을 쓰고 있었다. 이 여성들은 시내에 가까운 친구가 없었지만, 고객들과 약한 유대에 해당하는 접점이 있었고 그 때문에 새로운 모음에 자주 노출되었다. 자기 동네를 벗어난 곳에 고용된 적이 없는, 이웃 남자들보다 새로운 모음에 자주 노출된 것이다.

레슬리 밀로이와 제임스 밀로이는 이미 같은 것을 알고 있는 가까운 친구들보다는 약한 유대를 맺고 있는 사람들이 소문이나 고용 기회 같은 새로운 정보를 제공할 가능성이 더 크므로, 약한 유대

인터넷 때문에

를 많이 맺을수록 언어 변화가 더 많이 일어난다고 생각했다. 이를 증명하기 위해 둘은 영어와 아이슬란드어의 역사를 비교했다. 영어와 아이슬란드어는 독일어라는 공통의 조어(祖語)를 두고 있으며, 천 년 전의 영어와 노르드어(당시 사용되던, 아이슬란드어 고어의 조어)는 아직 서로 알아들을 만했다.[48] 하지만 그때부터 역사가 갈라졌다. 아이슬란드어는 조금밖에 변하지 않았다. 21세기의 아이슬란드어 사용자는 지금도 별 어려움 없이 아이슬란드어 고어로 적힌 13세기의 사가(북유럽의 영웅전설)를 읽을 수 있다. 그러나 영어는 많이 변했다. 겨우 400년 전에 쓰인 셰익스피어 작품은 주석의 도움을 받아 어찌어찌 읽을 수 있지만, 600년 전 작품인《캔터베리 이야기》만 해도 이해하려면 완역본을 보거나 중세 영어 강좌를 들어야 한다. 이 말은, 영웅서사시《베어울프》가 엄밀히 말해 아이슬란드어 고어라기보다는 영어 고어로 작성되었다고 해도 현대 영어 사용자들보다는 아이슬란드어 사용자들이 이 작품 읽는 방법을 더 쉽게 배울 수 있다는 뜻이다.

영어가 같은 기간에 아이슬란드어보다 빠르게 변화한 것은 분명하다. 레슬리 밀로이와 제임스 밀로이는 그 이유가 약한 유대라고 주장했다. 아이슬란드에 관해 알아야 할 한 가지는 정말로 밀접한 공동체라는 점이다. 아이슬란드인들의 성씨는 여전히 아버지의 이름, 혹은 간혹 어머니의 이름에서 따온다(성이 와야 할 자리에 '~의 딸' 혹은 '~의 아들'이라는 의미의 단어가 오는 형태다. 예컨대 Egil의 아들 Gunnar의 전체 이름은 Gunnar Egilson이 되는 식이다). 이런 방식은 만나는 사람 대부분이 이미

나의 가족을 아는 사회에서 훨씬 더 합리적이다. 광범위한 친인척 네트워크를 언급하면서 자신을 소개하는 경향은 사가가 쓰인 시대까지 거슬러 올라간다. 누군가가 아는 모든 사람이 이미 서로를 안다면, 새로운 언어 형태는 무작위 변형을 통해서만 발생할 수 있다. 새 언어 형태를 빌려올 약한 유대가 없다.

반면 영어는, 역사가 흐르면서 약한 유대가 일어날 만한 유의미한 일들을 몇 차례 거쳤다. 덴마크와 노르만의 침략, 출세를 위해 고향을 떠나 런던으로, 이후에는 다른 도시로 이동하던 전통, 제국주의적 팽창 등이 그 예다. 물론, 영어 사용자의 세계에도 나름대로 끈끈한 관계를 맺고 있는, 모두가 서로의 친척을 아는 작은 공동체들이 있다(나는 지금도 가족 모임에서는 부모님이나 조부모님이 누구인지 말하는 방식으로 자기소개를 한다). 하지만 영어 사용자의 세계에는 군중 사이에서 익명을 유지하거나, 결코 서로를 만나는 일이 없는 친구 집단들을 둘 수 있는 대도시도 많다. 더욱이, 이 장의 첫머리에서 살펴본 지도 연구를 보면 영어 사용자의 세계에서 더 많은 언어학적 변화를 일으키는 곳은 비교적 크고 느슨하게 조직된 도시였다.

그렇다고 약한 유대만이 언어 변화의 유일한 요인일 수는 없다. 다 떠나서, 우리가 같은 사회집단에 속한 사람들과 비슷하게 말하는 건 분명하다. 그 집단이 프랑스의 마을이 됐든, 디트로이트의 주류 학생 집단이 됐든, 가족 방언을 사용하는 집단이 됐든 말이다. 이 모든 관계가 강한 유대의 사례다. 강한 유대와 약한 유대 둘 다 우리가 말하는 방식에 어떻게 영향을 줄 수 있을까? 변화가 일어날 정도로 긴 기간인 몇백 년 동안, 대규모 인구집단에서 정확히 누가 누구에게 무슨 말을 하는지를 어떻게 지도에 담아낼 수 있을까? 이건 자전거 여행이 아니라 시간 여행으로 해결해야 하는 문제다.

언어학자 주전너 퍼절(Zsuzsanna Fagyal)과 동료들은 컴퓨터 시뮬레이션을 활용해 두 가지 문제를 모두 해결했다.[49] 이들은 900명의 가상 인물을 만들어 4만 번 상호작용하게 했다. 각 인물은 네트워크 내의 다른 사람들과 정해진 수만큼 유대관계를 맺고 있었으며, 처음에는 무작위로 할당된 가상의 언어적 특징값을 가졌다. 예컨대, 어떤 사람은 학교에서 물을 마시는 장치를 water fountain이라고 부르지만 이웃은 같은 장치를 drinking fountain이라고 불렀다. 이후 한 번 상호작용을 할 때마다 각 사람은 자신과 연결된 다른 인물을 살펴보고, 일정 비율로 그들의 특징을 도입했다. 예를 들어, drinking fountain이라는 용어를 쓰는 친구가 있는 사람은 그 용어를 쓰기 시작할 가능성이 있었다. 어떤 사람이 특정 단어를 습득하면 그 단어는 그 사람에게도 속한 단어가 되고, 그 사람과 연결된 다른 사람들도 다음 차례에서 해당 단어를 습득할 수 있었다.

언어학자들은 세 종류의 서로 다른 네트워크를 대상으로 이런 상호작용을 4만 번 반복했다. 한 버전에서는 네트워크 전체가 친밀한 관계로만 이루어져 있었다. 모두가 네트워크의 나머지 사람들과 잘 연결된 경우였다. 이 밀접한 네트워크는 아이슬란드와 비슷하게 행동했다. 하나의 언어적 선택지가 매우 빠르게 인기를 얻어서, 시뮬레이션이 지속되는 나머지 기간에도 완전히 지배적인 형태로 남았다. 다른 버전에서는 네트워크 전체가 약한 유대만을 맺었고, 누구도 잘 연결되지 않았다. 느슨한 네트워크는 관광객들로 이루어진 세상처럼 행동했다. 모든 선택지가 그대로 남았고, 그중 어느 하나도 지배적인 형태가 되지 않았다. 한편, 가장 흥미로운 시뮬레이션에서는 일부 인물들이 타인과 긴밀한 관계를 맺고 있는 "리더"가 되고, 일부 인물들은 연결이 덜한 "외톨이"가 되었다. 이 혼합 네트워크에서는 영어와 비슷한 현상이 벌어졌다. 한 가지 선택지가 잠시 유행했지만, 다른 선택지가 완전히 사라지는 일은 결코 벌어지지 않았다. 그러다 다른 선택지 중 하나가 대신 인기를 얻었다. 이런 주기가 몇 차례 반복됐다. 연구자들은 언어 변화에서는 강한 유대와 약한 유대가 둘 다 중요한 역할을 한다는 결론을 내렸다. 약한 유대는 처음에 새로운 형태를 도입하고, 강한 유대는 일단 도입된 형태를 널리 퍼뜨린다.

그렇다면 인터넷은 더 많은 약한 유대를 만들어냄으로써 언어 변화의 속도를 높인다고 할 수 있다. 사람들은 인터넷을 통해 더는 만나지 않는 사람들을 계속 알고 지낼 수 있으며, 다른 방법으로는 결코 알지 못했을 사람들을 알 수도 있다. 해시태그나 웃긴 영상이 대유행하는 현상이 약한 유대의 힘을 보여주는 사례다. 같은 요소라도 오직 강한 유대를 통해서만 공유된다면, 결국 내부자들의 농담으로만 끝나게 된다. 한편, 인터넷은 강한 유대의 붕괴로 이어지지도 않는다. 보통 사람들은 소수의 특정인에게 정기적으로 메시

인터넷 때문에

지를 보낸다. 그 수는 세는 방법에 따라 네 명에서 26명에 이른다.[50] 덧붙이자면, 더 강한 유대를 맺은 사람(이미 아는 사람이나 친구의 친구)과 상호작용하도록 유도하는 SNS 사이트는 언어적으로 혁신을 일으킬 가능성이 더 낮다. 모르는 사람을 팔로우하도록 독려하는 트위터가 오프라인에서 이미 아는 사람과 주로 친구를 맺게 되는 페이스북보다 더 많은 언어 혁신을 일으키는 건 우연이 아니다(밈이나 사회운동이 트위터에서 더 자주 일어나는 건 말할 필요도 없다).

하지만 지리도, 인구통계학적 특성도, 심지어 네트워크도 정해진 운명은 아니다. 우리에게는 어디에 살 것이냐, 누구와 관계를 맺을 것이냐 하는 선택지가 열려 있다. 더욱이 우리는 대화 상대자에게 받는 영향의 정도에 관해서, 다시 말하면 언어적으로 누구에게 우리를 투사할 것인지에 관해서 상당한 통제력을 행사할 수 있다.

태도

캐나다라는 나라를 한 문장으로 요약하고 싶다면, "에(Eh)에서 제드(Zed)까지"(A에서 Z까지를 캐나다식 발음으로 읽은 것)라는 캐치프레이즈를 활용할 수 있을 것이다. 실제로 이 문구는 책 세 권의 제목으로 쓰였고 티셔츠 같은 물건들, 유튜브 영상, 스포츠부터 언어까지 다양한 주제의 신문 기사에서 쓰인다.[51] 하지만 캐나다인을 포함한 많은 사람이 생각지 못하는 점은, 캐나다 아이들이 마지막 알 파벳을 '지'라고 발음하는 경우가 많다는 것이다. 보통 언어학자들 은 부모들에게서 공통적으로 나타나지만 자녀에게서는 나타나지 않는 단어나 문장구조를 보면, 어떤 변화가 일어나고 있다고 결론 짓는다. 한 세대가 흐르면 그 단어가 할머니, 할아버지가 쓰는 단어 가 되었다가 결국 역사 속으로 사라질 것이라고 말이다. 캐나다에 서 chesterfield라는 단어에 일어난 일이 바로 그것이다. 이 단어는 수 십 년에 걸쳐 쇠퇴해 couch라는 단어로 바뀌어갔다(둘 다 소파의 일종을 말한다).

하지만 '제드'는 정말로 이상하게 변화했다. 언어학자 J. K. 체임버스(J.K. Chambers)는 1970년대에 캐나다의 12세 아동에 관한 설문조사를 실시하고, 그중 3분의 2가 '지'라고 말한다는 걸 알게 됐다. 그런데 1990년대에 동일한 인구집단을 조사했을 때는, 그중 대다수가 어른이 되어 '제드'를 쓴다는 걸 알게 되었다. 이후의 여러 세대에도 똑같은 전환이 일어났다. 체임버스는 아이들이 '지'라는 발음을 알파벳 노래나 〈세서미 스트리트〉 같은 미국의 아동용 TV 프로그램에서 배우지만, 나이가 들면서 '제드'가 캐나다인의 정체성과 연관되었음을 알고 태도를 바꾼다고 생각했다. 그도 그럴 것이 '제드'는 미국 출신의 캐나다 이민자들이 가장 먼저 바꾸는 말투 중 하나다.[52] "이 글자를 '지'라고 부르면, 대화 상대로부터 어김없이 한마디를 듣기 때문이다."

나는 열여덟 살 때, 온타리오주 킹스턴에서 캐나다식 영어

인터넷 때문에

에 관한 언어학 수업을 듣던 중 이 현상을 처음 알게 되었다. 이 현상이 방언 지도와 조사 방법론의 바다에서 두드러지게 느껴진 것은, 내 발음이 딱 그런 현상을 거쳤다는 것을 깨달았기 때문이었다. 1990년대에 나는 알파벳 노래 마지막을 '지'라고 발음하는 어린이였다. 그러다가 중학교 시절 언젠가 일관적으로 '제드'를 사용하는 쪽으로 바뀌었다. 그뿐만이 아니라, 나는 여전히 당혹감을 느끼며 이런 변화를 머릿속에서 밀어내려고 최선을 다하고 있었다. 애초에 캐나다인답지 못한 '지'를 쓰다니, 안 될 말이었다. 이 현상을 깨달았을 때, 나는 엄마에게 알파벳의 마지막 글자를 무어라고 부르는지 물었다. 엄마를 제드파로 알고 있었지만, 알고 보니 엄마도 내가 태어나기 한참 전에 똑같은 변화를 거쳤다. 내가 '지'에서 '제드'로 넘어간 시기는 center나 color 대신 centre나 colour 등 캐나다식 철자를 일관적으로 사용하기 시작한 시기와 비슷했다. 그러라고 시킨 사람은 기억나지 않지만, 의식적인 선택이었다는 점은 기억난다. 나의 선택은 체임버스가 설명한 바로 그 사회적 정체성 때문에 더욱 강화되었다. 당시에 나는 대세에 맞춰 부모님과 선생님이 주로 사용하는 언어를 따름으로써 언어학적 민족주의를 터득했다. 성인이 된 나는 특히 인터넷에서 글을 쓰거나 메시지를 보낼 때 캐나다식 철자를 사용한다. 어느 정도는 습관 때문이지만, 어느 정도는 이런 철자가 대세를 거스르기 때문이다. 캐나다식 철자법은 수많은 드롭다운 메뉴(클릭하면 선택지가 아래로 펼쳐지는 형태로, 회원 가입 시 생년월일 기입란이 그 예다)에서 그렇듯 인터넷 영어 사용자에게 선택지는 "미국식"과 "영국식"으로 충분하다는 주장에 맞서서 내 자리를 지키는 미묘한 방식이었다.

우리는 모두 늘 이와 비슷한 언어학적 결정들을 내린다. 가끔은 현재의 권력자들처럼 말함으로써 그들과 동조한다. 부유하거나 교육을 받았거나 상류층으로 이동할 가능성이 있는 것처럼 보일 수 있기 때문이다. 가끔은 권력을 덜 가진 특정 집단에 동조하기로 한다. 우리가 그 집단에 속한다는 점을 보이고 '쿨하게', 반권위적으로 보이기 위해, 혹은 거만해 보이지 않기 위해서다.

R 발음과 묵음의 권력 역학

언어 차이의 사회적 요소에 관한 가장 전설적인 연구는 다양한 사회 계급에 속한 사람 중 얼마나 많은 수가 고정관념대로 New Yawk 억양, 즉 모음 뒤에 R이 생략되는 발음을 사용하는지 살펴보는 것이었다(뉴욕 지역에서는 모음 뒤 R 발음이 생략되는 것으로 알려져 있으며, New York 역시 New Yawk로 들리게 발음된다고들 한다). 1962년 11월, 언어학자 윌리엄 라보프는 뉴욕시의 다양한 백화점에 들어가 어떤 물건(예컨대 신발)이 4층에 있다는 걸 이미 알면서 위치를 물어보았다. 영업사원은 fourth floor라고 답하거나 fawth flaw라고 답했다. 그러면 라보프는 영업사원이 해당 위치를 더 주의 깊게 발음하도록 잘 못 들은 척했다. 라보프는 일러준 방향대로 갔지만 신발을 사기 위해서는 아니었다. 영업사원의 시야를 벗어나자마자 그는 공책을 꺼내 영업사원이 fourth와 floor의 R을 발음했는지 기록했다.

인터넷 때문에

아니나 다를까, 가장 고급스러운 백화점인 색스 피프스 애비뉴 (Saks Fifth Avenue)의 영업사원들은 중간 백화점 메이시스(Macy's)의 영업사원보다 R 발음을 더 많이 했고, 중간 백화점의 영업사원들은 할인 판매점(현재는 존재하지 않는 클라인스(Klein's))의 영업사원보다 R을 더 많이 썼다. 또 사람들은 라보프가 다시 물어서 주의 깊게 말할 때 처음보다 R 발음을 더 많이 썼다. 하지만 영업사원의 봉급으로 색스 피프스 애비뉴에서 쇼핑을 하기란 어려운 일이다. 세 백화점 영업사원 모두 비슷한 계급적 배경을 가지고 있었다. 오히려 이런 차이를 일으킨 것은 영업사원들이 생각하는 고객의 종류였다. 비록 라보프는 잊지 않고 모든 백화점에 같은 옷을 입고 갔다고 말했지만 말이다. 그는 "흰 셔츠에 넥타이를 매고 재킷을 걸친 중간 계급 복장"을 입고 "대학 교육을 받은 뉴저지 출신의 (R을 발음하는) 평소 발음"을 사용했다(그가 옷을 차려입거나 허름하게 입었다면 발음이 더 심하게 달라졌으리라고 추정하는 사람도 있다).[53]

하지만 상류층이나 하류층의 발음이 이러이러하리라는 생각은 대체 어디서 유래한 것일까? 뉴욕시에서 R을 뺀 발음은 명망이 덜하다. 이 발음은 보스턴 영어나 아프리카계 미국 영어, 남미 영어처럼 미국에서 쓰이는 수많은 발음 중 하나다. 그럼에도 언론에서는 이 발음을 선호하지 않는다. 미국인이 "특이 억양이 사라진다"고 말하는 건 보통 fourth floor 같은 단어에서 R을 발음한다는 뜻이다.

대서양을 건너 영국의 백화점에서 같은 연구를 한다면 그 반대 현상을 만날 수 있다. 해러즈(Harrods)와 데번햄스(Debenhams)와 파운드랜드(Poundland)에 간다고 해보자. 상류 중에서도 상류에 속하는 해러즈의 영업사원은 R 발음을 전혀 하지 않는 반면, (거의) 모든 것이 1파운드인 파운드랜드의 직원들은 브리스틀이나 사우샘프턴 등 도시만 주의 깊게 고르면 R 발음을 할지 모른다. R 발음이 잦은 형태의 영어는 스코틀랜드와 잉글랜드 북부를 포함한 영국 일부 지역에서 발견되지만, 런던이나 BBC에서 선호하는 영어는 아니다.[54] 영국 사람들이 "특이 억양이 사라진다"고 말하는 건 보통 fourth floor 같은 단어에서 R을 발음하지 않는다는 뜻이다.

이게 R의 잘못이 아닌 건 분명하다. R은 사소한 인간적 실랑이에 휘말리고 싶다고 한 적이 없는 무해한 자음이다. 오히려 문제는 우리가 서로 다른 맥락에서 R에 부여하는 의미다. 파란색이 스포츠팀, 차가운 물, 하이퍼링크, 피카소의 인생 한 대목 등등을 의미하게 된 것처럼 말이다.[55] R 자체는 좋은 것도, 나쁜 것도 아니다. R이 들어가거나 빠지는 현상의 의미는 사회에 의해 구성된다. 만일 우리 모두가 내일 아침에 모든 모음 뒤에 R을 붙이는 게 낫다고 결정한다면 그런 일이 벌어질 수도 있다(세상에, 그런 세상은 대체 어떤 세상일까?).

하지만 우리는 보통 자고 일어나 R에 관한 생각을 바꾸기로 하지는 않는다. 대신, 우리는 주변 사람들과의 권력 역학에서 사회언어학적 힌트를 얻는다. 이런 권력 역학의 생생한 사례 중 하나는 앞서 잉글랜드와 아이슬란드의 사회적 네트워크를 비교했던 제임스 밀로이에게서 볼 수 있다. 다른 모든 분야에서 그렇듯, 언어의 역사

인터넷 때문에

도 승자가 쓴다. 밀로이는 1927년의 영향력 있는 영어학자 H.C. 와일드(H.C. Wyld)의 전형적인 태도에 관해 이야기한다. 와일드는 "우리가 연구할 만한 가치가 있는 유일한 대상은 표준 영어뿐이라는 주장을 굽히지 않았다. '옥스퍼드 학생 휴게실과 교수 식당에서 쓰는 언어'는 적절한 연구 대상인 반면, '문맹자인 소작농'들의 언어는 그렇지 않다는 것이다."[56] 정말이지 시간을 거슬러 가서 엘리트주의에 한 방 먹이고 싶어진다.

와일드가 최초의 언어학적 엘리트주의자는 아니었다. 옥스퍼드 학생 휴게실 이전에는 로마의 포럼이 있었다. 로마인들은 도로와 수로와 군대의 전문가이기도 했지만, 글에서도 유산을 남겼다. 로마 제국이 몰락하고 천 년도 넘는 세월 동안 식자층은 라틴어를 배웠다. 격식 문어가 라틴어에서 영어로 전환되던 시기에 영국인 작가로 산다는 것은 자기혐오에 빠진 채 영어로 글을 써야 한다는 뜻이었다. 영어를 라틴어에 더 가깝게 바꿔주는 것은 무엇이든 영어를 나아지게 하는 것으로 여겨졌다. 1762년에 널리 사용된 영어 문법책을 쓴 로버트 로스(Robert Lowth)는 셰익스피어와 밀턴의 작품이나 킹 제임스 성서 등 영어로 쓰인 걸작에서 소위 그릇된 조사법(false syntax)의 사례들을 골라 모았다. 영어의 문법이 있는 그대로 괜찮을지 모른다는 암시가 아니라, 가장 위대한 영국 작가도 라틴어에 더 가까운 영어를 써야 했다는 경고를 남기기 위해서 말이다.

마치 누가 더 깐깐하게 구는지 겨루는 경쟁 같았다. 로스는 전치사로 문장을 끝내지 말라는 주장을 내놓은 초기의 인물이다. "우리 언어는 이런 어법을 띠는 경향이 강하다. 이런 어법은 일상 대화에 만연하며, 익숙한 글쓰기 스타일에도 매우 잘 어울린다. 하지만 관계사 앞에 전치사를 두는 것이 더 명쾌할 뿐만 아니라 우아한 방법이다. 이 편이 엄숙하고 고상한 스타일과도 더 잘 맞는다."[57] 로스 자신도 이런 어법에 완전히 반대하지는 않았다(어쨌거나, 그 자신도 "경향이 강하다(strongly inclined *to*)"는 표현에서 전치사로 문장을 끝냈다). 그는 단지 미학적인 판단을 전달했을 뿐이다. 하지만 이후의 문법학자들은 이런 제약을 전면적인 금지 규정으로까지 승격했고, 이와 비슷하게 허울만 그럴듯한 이유를 들며 부정사와 동사 사이에 부사를 넣거나 they를 단수로 사용하는 데도 반대했다. 영어는 수백 년 동안 그렇게 쓰여왔는데 말이다. 라틴어를 숭상하는 전통은 dete, samoun, iland 같은 단어에 쓸데없이 묵음 알파벳을 붙이는 이유가 되기도 했다. 위의 원래 단어들보다 debt, salmon, island가 라틴어인 debitum, salmonem, insula와 더 비슷해 보이기 때문이라는 것이었다. island의 어원이 라틴어가 아니라는 점이나, 이후 수백 년에 걸쳐 학생들이 단어를 익히느라 더 고생을 할 거라는 점은 중요하지 않았다.

자기가 쓰는 언어의 형태를 다른 언어의 형식에 맞게 바꾸려고 결심하기까지 이들이 느꼈을 깊은 자기혐오에 동정심마저 느껴질 지경이다. 이런 문법학자들이 우리까지 감염시키지 않았다면 말이다. 아무튼 이들은 문법 면에서 완전한 성공을 거두지는 못했다. 특히 자신의 귀를 믿거나 자기는 법칙을 어길 만큼 영어를 잘 안다고

인터넷 때문에

생각했던 노련한 작가들이나 영어 구어에 있어서는 말이다. 하지만 이 문법학자들은 글로 적힌 단어 전체에 관해 막연한 불안감을 남겼다. 우리 중 대다수는 잘못 판단한 문법학자들의 유령에 씌어, 글을 여러 해 써왔으면서도 자연스럽게 합리적이라고 생각되는 영어 문장조차 쉽게 신뢰하지 못한다.

디지털 텍스트 속 편향과 저항

현대 언어학자들은 이런 상황에서 벗어났다. 현대의 글쓰기 교본조차 그럭저럭 열정적으로 라틴화라는 두꺼운 페인트를 벗겨내고 있다. 그러나 디지털 기기에는 새로운 형태의 언어학적 권위가 생겨났다. 철자법 확인, 문법 확인, 자동완성, 음성변환 등의 장치는 영어의 법칙에 관한 누군가의 생각을 자동적으로 강요한다. 그 누군가는 우리가 거부할 수는 있어도 피할 수는 없는 보이지 않는 권위자다. 스트렁크와 화이트(Strunk and White)의 글쓰기 교본이나 로스의 교본이 마음에 들지 않는다면야 방 저편에 던져두고 먼지가 쌓이게 놔둘 수 있지만, 예측 가능한 문형에 맞지 않는 단어를 입력하려면 글자 하나하나를 입력할 때마다 기계와 싸움을 해야 한다. 앤 커잔(Anne Curzan)은 자신의 책《영어 고치기(Fixing English)》에서 마이크로소프트 워드의 문장 확인 기능이 신용을 잃은 라틴어 기반의 문법적 조언을 영속화한다고 썼다. 또, 영문학과에 속한 그녀의 동료들이 스스로를 파란 물결무늬를 무시하거나 꺼버릴 수 있는 글쓰기 전문가라고 여기면서도 이런 문법 조언의 출처를 아직 한 번도 궁금하게 여긴 적이 없다고 했다. 문헌의 권위에 의문을 품는 것으로 밥벌이를 하는 영문과 교수들도 이처럼 보이지 않는 전자 문법 학자의 기원을 따져 물을 생각조차 해보지 않았다면, 나머지 우리에게 대체 무슨 희망이 있겠는가?

계산기의 기능은 중립적이라고 해도, 언어의 기능은 그처럼 중립적이지 않다. '표준어'와 '정확한' 철자법은 영원한 진실이 아니라 집단 합의에 따라 만들어진 것이며, 집단 합의는 변할 수 있다. 우리를 더 많은 사람에게 노출시키는 의사소통 도구는 새로운 단어를 더 빨리 번지게 할 수 있다.[58] 그러나 언어 관련 문제를 해결하도록 도와주겠다는 도구들은 이미 기계장치에 프로그램된 형태의 언어로 우리를 몰아감으로써 자연스러운 언어 진화의 속도를 늦출 수 있다.

나는 사람들이 내 성을 계속 잘못 적는 이유가 철자 확인 기능 때문이라고 확신한다. 내 성인 McCulloch는 철자 확인 기능에서 절대 기본으로 검색되지 않고, 이와 매우 유사한 이름인 McCullough가 늘 그 자리를 차지한다. 사람들은 컴퓨터에서 내 이름 철자를 잘못 적고 나면, 늘 철자 확인에서 추천한 그 이름을 선택한다. 반대로, 사람들은 손으로 내 이름 Gretchen을 적을 때는 가끔 실수를 하지만 철자 확인 기능을 쓸 때는 결코 틀리는 법이 없다. 꼭 내 성과 이름이 다른 계급의 디지털 시민권을 가지고 있는 것처럼 보인다. 기계가 지지하는 단어와, 거부하는 단어가 있는 것이다. 내 성은 스코틀랜드식이고 이름은 독일어식이니, 이런 현상이 비교적 무해하

인터넷 때문에

게 보일지 모른다. 하지만 자동교정 및 자동완성 기능에서 발견되는 이름들을 살펴보면, 전형적인 영어 이름은 잘 표현되는 반면 다른 언어권의 이름은 그러지 않으리라고 예상할 수 있다. 사회적인 수준에서, 이는 이미 강력한 사람과 이름을 더욱 강화하는, 기술을 통한 편견 세탁이다.

컴퓨터의 기본 철자법은 1990년대 이후 영국식 영어에서 변화를 일으킬 만큼 강력했다. 미국식 영어는 organize나 realize 같은 단어에서 Z를 선호한다. 반면 영국식에서는 전통적으로 -ise와 -ize라는 철자를 둘 다 사용해왔다. 그러나 철자 확인 기능은 영국식 영어로 설정해두었을 경우 언제나 organise와 realise를 사용하도록 강제하여 사람들이 같은 문서 안에서 똑같은 단어의 철자를 다르게 쓰지 못하도록 막았다.[59] 그 결과, 일반적으로 영국식 영어로 타자를 치는 사람들 사이에서는 -ise로 끝나는 단어가 많아졌으며 -ize는 오직 미국인들만 쓰는 것이라는 인식도 늘어났다.

그러므로 나는 구식 라틴어 숭배를 고수하는 행위는 철저한 문법 무정부주의자가 되기로 하는 것만큼이나 정치적인 결정이라는 점을 강하게 의식하며 이 책을 썼다. 나는 이런 문제를 직접적으로 다루는 것이 중요하다고 본다. 특히 책에서부터 트윗에 이르기까지 모든 것이 나중에 발굴되어 특정한 시기에 특정한 언어 사용이 얼마나 흔했는지, 혹은 받아들여질 만한 것이었는지 증명하는 데 쓰일지 모르는 시대에는 말이다. 물론 나는 당신, 그러니까 독자를 위해서 이 글을 쓰고 있다. 그러나 다른 면에서, 우리 모두는 데이터라는 한 번 깜빡거리지도 않는 눈을 바라보며 글을 쓰는 것이기도 하다. 이 책이 남길 가장 오래가는 유산이 아직 태어나지 않은 누군가가 오늘날의 영어 사용을 분석할 때 선 그래프에 찍을 점 하나의 미미한 변화라면, 나는 내가 그 변화를 어느 방향으로 일으킬지를 신중히 의식하고자 한다.

내가 보기엔, 몇몇 편집자와 사전 편찬자도 우리가 단일폐곡선 안에 점점 갇혀간다는 점을 깨달은 듯하다.[60] 사전과 글쓰기 교본은 '표준' 영어가 무엇인지 결정하기 위해 편집된 산문을 참조하지만, 이때 참조되는 산문을 만든 사람들은 다시 사전과 교본을 보며 편집을 해나간다. 둘 다 상대방이 먼저 움직이기만을 기다린다. 나는 선택의 여지가 있다고 느껴지는 보다 혁신적인 방향을 고름으로써, 이런 편향을 교정하는 내 나름의 역할을 하기로 했다. 나는 이번 세기가 끝날 때쯤 편집된 영어 산문이 띨 모습을 염두에 두고, 과거의 독자보다는 미래 독자의 입맛을 맞추기로 했다. 나는 독자이자 데이터 분석가로서 영어 언어를 보다 거시적으로 살펴보며 우리가 이야기의 시작점도, 끝도 아닌 한복판 어딘가에 있다는 점을 깨달을 때마다 짜릿한 기쁨을 느낀다. 22세기의 글이 어떤 모습일지는 모르겠지만, 나는 20세기 영어에 지나치게 오랫동안 매달리지 않음으로써 22세기 언어학자들에게 21세기 언어의 폭넓은 단면도를 제공하는 데 도움을 주고 싶다.

그러기 위해, 나는 internet이나 lol과 omg 같은 사회적 약어를 소문자로 쓰고 e-mail보다는 email이라고 쓰는 편을 선택했다. 그

인터넷 때문에

외에도 어떤 결정을 내려야 하거나 다른 철자법을 선택해야 하는 경우에, 문법 교본에서 선호하는 것보다는 평범한 사람들의 트윗과 세계 웹 기반 영어 말뭉치(Corpus of Global Web-Based English)에서 좀 더 자주 나타나는 표현이 무엇인지 살펴보았다(내가 이 책을 쓰는 동안에도 연합통신에서는 Internet이 아닌 internet을 사용하라고 권고안을 수정했다. 그러므로 어느 모로 보나, 내가 내린 판단과 유사한 판단들이 10년 내에는 마찬가지로 따분하게 보이리라고 예상한다). 과거에 소문자 i를 쓴 인터넷(internet)은 소규모 네트워크를 칭했는데, 나는 그 대신 컴퓨터 네크워크를 사용하기로 했으며, 젊은 세대나 기술과 무관한 사용자들 사이에서 더 이상 구분하지 않는 the internet과 the worldwide web은 website로 통칭하겠다(나는 현재 완전히 낡은 것처럼 들리는 the Web이나 the Net은 전혀 사용하지 않고, cyberspace(사이버공간)라는 단어는 농담조의 역사적인 언급을 할 때만 사용한다).

또 나는 시대에 관해 말할 때 상대적인 표현보다는 절대적인 표현에 치중했다. '지금'이나 '현재'라고 말하는 대신 내가 가리키는 시점이 21세기 초, 2010년대, 특정 연도 등등에 해당한다고 정확하게 밝힘으로써, 내가 다른 원전을 읽을 때 너무도 여러 번 그랬던 것처럼 출간연도를 확인해 한두 해를 역산하는 수고를 덜어주려는 의도다. 나는 단수로서의 they를 자유롭게 사용했고, 부정사와 동사 사이에 부사를 넣어야 할 때는 그렇게 했으며, 다른 사람들에게서 인용문을 가져올 때 발견되는 모든 철자 및 오타를 보존했다. 다만,

이외의 부분에서는 표준적인 책의 철자법과 대문자 사용법, 문장부호 사용법을 지켰으며 캐나다식 철자를 고쳐 쓰는 노고까지 들였다. 또한 인터넷에서 흔하게 사용되는 방식과는 달리 페이스북이나 트위터, 유튜브 등의 인터넷 회사나 플랫폼의 이름은 소문자로 바꿔 쓰지 않았다.

여러 면에서 반대하긴 하지만, 나는 지금도 철자 확인과 자동 완성 기능을 사용한다. 대부분 이런 기능은 꽤 유용하다! 이런 기능을 쓰면 necessary에 c와 s가 몇 번 들어가는지 기억하거나, "e 앞에 i"가 나오는 규칙에 예외가 되는 단어들을 기억할 필요가 없다. 덕분에 값진 뇌세포에 자유를 줄 수 있다. 그리고 소문자 internet 같은 단어는 내 핸드폰 사전에 넣으면 된다. 하지만 애초에 이런 문제를 아무도 신경 쓰지 않는 세상은 어떤 모습일지 궁금하다. 언어학적 관점에서는 모든 형태의 언어에 똑같은 가치가 있다. 모든 언어와 방언은 한 종(種)으로서 인류가 타고난, 놀라운 인간 언어능력의 발현이다. 아무도 음높이가 낮으니 그 새의 노래는 틀렸다는 식으로는 말하지 않을 것이다. 마찬가지로, 그 자체로 열등한 말하기 방식도 없다. 우리의 엄청난 산출 능력(인간적 능력이든, 기계의 능력이든)을 굳이 18세기 관료 몇 명의 선입견을 지키는 데 써야 할까?

몇몇 기술언어학적 도구는 바로 이런 목적으로 쓰여왔다. 다만 그 결과가 반드시 좋은 것은 아니었다. "모두가 편집할 수 있는 자유 백과사전"이라는 슬로건을 건 위키피디아(Wikipedia)는 헌신적인 자발적 편집자들과 함께 명백한 파괴행위에 맞서 무척 효과적으로

싸워왔다. 그러나 위키피디아에서 전달하는 내용에는 미묘한 편향 문제가 있다. 위키피디아에 끌리는 자발적 편집자의 비율이 부유한 남성 영어 사용자에 편중되고, 이들은 이미 관심 있는 주제만을 편집하는 경향이 있기 때문이다.[61] 내가 이 책을 집필하는 데 쓴 구글독스(Google Docs)에는 인터넷 데이터를 기반으로 작동하는 철자 확인 기능이 있는데, 그 기능이 가끔 놀라운 결과로 이어진다.[62] 한번은 구글독스에서 '론블도어(Ronbledore)'의 더 많이 쓰이는 철자를 제시해 무척 재미있었다(론블도어는 론 위즐리가 사실 시간 여행 중인 덤블도어(Dumbledore)라는, 난해한 해리 포터 팬 이론이다). 다른 경우에는 구글독스가 띄어 쓴 a lot보다 붙여 쓴 alot을 계속 제시했다. 이는 흔한 철자법이긴 하지만, 철자 확인 시스템이 제시하기에는 비격식적인 방법이었다. 아마 편향을 강화하기보다는 그와 맞서 싸우는 가장 전도유망한 컴퓨터 도구는 텍스티오(Textio)일 것이다.[63] 같은 이름의 스타트업에서 개발한 이 프로그램은 구인 공고의 문장을 평가해, 성차별적 표현이나 기업 특유의 전문용어 등 사람들의 지원을 막고 공석을 채우는 데 더 오랜 시간이 걸리게 할 가능성이 큰 단어와 표현이 있는지 찾아준다.

우리는 언어를 사용해 엘리트주의자가 될 수도 있지만, 선거 유세 때 갑자기 토속적인 말을 쓰는 정치가들처럼 연대를 표현하기 위해 언어를 쓸 수도 있다. 언어를 바꾸는 것은 보편적인 현상이다. 직장 동료와 개에게 똑같이 말하는 사람은 아무도 없다("우리 부장님 착하지! 산책 갈까? 월급도 올려주고?"). 그러나 우리가 쓰는 언어의 스타일이 정체성과 맞물린 경우도 있다. 윌리엄 라보프는 마서스비니어드섬의 거주자들을 연구한 결과, 전통적인 섬 문화와 자신을 강하게 동일시하는 사람들이 그렇지 않은 사람에 비해 지역 사투리를 더 강하게 쓴다는 사실을 알아냈다.[64] 그보다 최신 연구에서는 특히 억양이 사회적 정체성과 크게 관련되어 있음을 입증했다. 부모님이 한 명은 흑인이고 한 명은 백인인 워싱턴 D.C.의 젊은 남자들은 자신을 흑인이라고 생각하는지, 혼혈이라고 생각하는지에 따라 다르게 말한다.[65] 애팔래치아 지역 사람들의 말하기 패턴은 그들이 지역 공동체에 얼마나 깊이 '뿌리 내리고' 있다고 느끼는지에 따라 달라진다.[66] 오하이오와 뉴저지 유대인 여성들이 하는 말은 유대인으로서의 정체성에 따라 달라진다.[67]

또 다른 경우에는, 같은 집단 소속이라는 것을 보여주기보다는 다른 집단의 '쿨함'을 빌려오기 위해 동조를 일으킨다. 몇몇 국가에서 이루어진 젊은 층의 언어 사용에 관한 연구에서 그러한 경향이 발견된다.[68] 미국의 도심지, 파리 교외 지역, 리오데자네이루의 빈민가에 이르는 다양한 환경에는 경제적, 인종적 소수자와 연관되는 독특한 언어적 형식이 있다. 이후에 백인 중산층 젊은이들이 이 언어의 요소들을 가져간다. 안정적인 중산계급의 언어로 보이지 않을 정도는 아니고, 부모나 교사 같은 권위적 인물로부터의 자율성을 풍길 정도로만 가져가는 것이다. 물론, lit(쩐다)이나 bae 등의 단어가 주류 문화와도 충분히 연관되고 나면, 이런 단어는 '힙한' '인싸'들에게 매력을 잃고 새로운 주기가 시작된다(특히 기업에서 특정 단어의 유행을 이용하는 경우에 그렇다).

영어에서는 인터넷이 생겨나기 한참 전부터 아프리카계 미국인들의 영어가 '쿨함'과 연관되어 비(非)아프리카계 미국인들에게 사용되는 현상이 나타났다. 블루스, 재즈, 로큰롤, 랩 등 아프리카계 미국 음악과 연관되는 용어는 보다 넓은 서구 문화로 흘러들었는데, 정작 원래 그 단어들을 사용한 화자들은 그러한 말하기 방식 때문에 계속해서 낙인의 대상이 되었다. 온라인 미디어의 탈중심화와 함께 나타나는 한 가지 현상은 최초의 화자가 더 눈에 잘 띄게 되었다는 것이다. 60년대에 엘비스 프레슬리의 노래를 듣던 백인은 엘비스가 B.B. 킹(B.B. King)이나 시스터 로제타 사프(Sister Rosetta Tharpe)와 같은 흑인 가수들에게 심대한 영향을 받은 스타일로 노래한다는 사실을 몰랐을 수 있지만, on fleek(끝내준다)이라는 표현을 미국의 주류 사회에서 받아들이게 된 것이 피치스 먼로(Peaches Monroee)라는 사용자가 바인(Vine, 현재는 사라진 짧은 영상을 공유하는 플랫폼)에 올린 게시물 때문이라는 사실은 쉽게 알 수 있다.[69]

그러나 아프리카계 미국 영어에서 가져와 일반적인 미국 대중 문화에서 사용하는 수많은 단어에 대해, 이런 단어를 쓰는 사람이 젊은 사람이고 젊은 사람이 SNS를 사용한다는 이유만으로, 단어의 진짜 기원은 인정하지 않은 채 'SNS 단어'라는 잘못된 이름표를 붙이고 싶은 충동은 여전히 존재한다. 적절하게도 인터넷에서는 이런 현상을 뜻하는 단어가 생겨났다. columbusing(콜럼버스 짓)은 백인들이 다른 공동체에 이미 자리 잡고 있던 무언가를 발견했다고 주장하는 행동을 뜻하는 말로, 콜럼버스가 이미 수백만 명이 살던 아메리카 대륙을 발견했다며 생색을 낸 데서 따온 비유다.[70]

사용자가 만들어내는 새로운 언어 지형

다른 언어에서는 영어 자체가 폭넓고 세계적인 문화에 대한 관심을 암시하는, 유행을 선도하는 새 언어학적 영향의 원천으로 여겨지는 경우가 많다. 아랍권의 상황이 특히 흥미롭다. 아랍권에는 여러 언어와 방언, 문자가 있다. 대부분의 아랍어 화자들은 아랍어의 두 가지 형태를 알고 있다. 학교에서 쓰는 법을 배우지만 말로 하는 경우는 거의 없는, 정통 아랍어에 기반을 둔 표준화된 다국적 아랍어인 현대 표준 아랍어와 이집트식 아랍어나 모로코식 아랍어처럼 일상적 구어에서 쓰이고 공식적인 글 형태가 존재하지 않는 언어인 지역 방언이 그것이다. 세계의 다른 사람들과 마찬가지로 아랍어 사용자들이 글은 격식적인 것, 말은 비격식적인 것과 연결 짓던 시절에는 이런 방식에 아무 문제가 없었다. 물론 뉴스 앵커들은 표준어로 말했고 광고판은 지역 색채를 조금 더하기 위해 지역 방언으로 쓰였지만, 대부분 아랍어는 언어학자들이 디글로시아(diglossia)라고 부르는 상황에 안정적으로 자리 잡고 있었다. 디글로시아란, 어느 사회에서 거의 모두가 사용하는 언어나 방언이 두 가지 있고 각 언어가 서로 다른 사회적 기능을 하는 경우를 말한다.

그러다가 PC와 인터넷의 시대가 왔고, 상황이 정말로 빠르게, 정말로 복잡하게 변했다. 초기의 컴퓨터와 웹사이트는 영어로 되어 있었다. 이런 컴퓨터와 웹사이트를 사용하는 사람들은 보통 세계의 나머지 사람들과 의사소통할 때 영어를 사용하는, 대학 내 사람들이었다. 또 중요한 건, 이 새로운 장치들에는 보통 아랍어보다는 영어 키보드와 디스플레이가 장착되었다는 것이다. 그러므로 아랍어 사용자들은 라틴어 알파벳을 사용해 아랍어 소리를 쓰는 방법을 생각해냈고, 이 시스템은 아스키(ASCII) 아랍어나 아랍어 채팅 알파벳, 프랑코 아랍어, 아라비(Araby), 아라비지(Arabizi), 아라비시(Arabish) 등 다양한 이름으로 알려지게 되었다.

아라비지에는 몇 가지 뚜렷한 장점이 있다. 대부분 로마자로 표기한 아랍어는 아랍어 글자인 خ를 나타내기 위해 kh를 사용한다. خ의 발음은 영어 사용자들에게 스코틀랜드식 단어 loch의 ch나 스페인어식으로 Mexico를 발음할 때 나는 x 소리와 비슷하다.* 하지만 kh는 이런 소리를 나타내기에는 헷갈리는 표기다. 겉보기에는 그냥 /k/ 소리에 이어 /h/ 소리가 나는 것만 같기 때문이다. 영어에서는 이런 식으로 발음이 이어지는 경우가 드물지만(cookhouse 같은 합성어에서만 발견된다), 아랍어에서는 꽤 자주 나온다. 그래서 비격식적인 글에서는 다른 관행을 따른다. 모양의 유사성에 착안해, 사람들은 이 발음을 숫자 5나 7'(아포스트로피를 붙인 7)로 표기한다. 이렇게 하면 خ를 거울에 비춘 것 같은 모습이 된다. 아포스

---

* 원어민들이 발음할 때는 이 모든 소리가 같은 소리다. 국제음성기호에서는 이를 /x/로 표기한다.

트로피 없는 7은 사용하지 않는데, 이는 7이 이미 ح를 표현하는 데 사용되기 때문이다. 이 글자의 소리 역시 받아 적기 힘들다. 여러 표기법에서 이 글자를 나타내기 위해 h를 사용하지만, 이 글자의 소리는 /h/보다 조금 더 목 깊은 곳에서 나는 소리처럼 들린다. 게다가 아랍어에도 보다 흔한 /h/ 소리가 있다. 7을 사용하면 한 글자로 두 가지 소리를 나타내는 문제가 해결된다.

비슷한 논리에 따라 숫자 9'와 9가 ض와 ص라는 글자를 나타내기 위해 쓰이며, 6'과 6은 ظ와 ط에, 3'과 3은 غ와 ع에 쓰인다. 이 모두가 라틴어 알파벳에 등가물이 없는 소리를 나타낸다. 아라비지의 중요한 점은 아랍어와 유사하다는 점이다. 아라비지는 이 모든 소리가 서로 구분되는 기호로 표기되어야 한다는, 글을 읽을 줄 아는 원어민의 우선 사항에 근거한 풀뿌리 시스템이다. 다른 로마자 표기법은 반대 경향을 띤다. 즉, 아랍어 사용자가 아닌 사람에게 들리는 소리에 기반해 각각을 d와 s, dh와 t, gh와 거꾸로 적은 아포스트로피(혹은, 엄밀히 말하면 3arabi라고 써야 하는 Arabi라는 단어에서처럼 아예 글자를 빼버리는 방식) 등으로 표현한다. 물론, 좀 더 세계적 차원에서 상호작용하기 위해서는 이런 방식이 유용할 때도 있다. 예를 들어, 영어로 된 신문에서 아랍어 사용국의 이름이나 장소 등을 쓸 때가 그렇다. 하지만 그 지역 사람들을 생각해야 하는 경우도 있다. 아랍어 사용자들에게는 이런 구분이 전적으로 필수적인 것이며, 이런 구분을 생략한다는 것은 영어 사용자에게 프랑스 사람은 영어의 이상한 th 소리를 이해하지 못한다며 sing과 thing을 똑같은 철자로 쓰라고 설득하는 것과 같다(마찬가지로, 외국인들이 소리를 잘 구분하지 못하는 한국어 자음으로는 'ㅂ'과 'ㅍ'이 있다).

아라비지가 처음에 필요해진 건 컴퓨터에서 아랍어 알파벳을 지원하지 않았기 때문이지만, 현재는 아라비지에 사회적 차원이 생겼다. 아랍에미리트의 한 대학교에 다니는 영어 사용자 학생들의 채팅 대화를 분석한 데이비드 팰프리먼(David Palfreyman)과 무하메드 알 칼릴(Muhamed Al Khalil)의 논문에는 한 학생이 같은 수업의 다른 학생들을 그린 만화 예시가 나온다. 만화 속 한 학생에게 대학의 공식 로마자 표기에 따라 Sheikha라는 이름이 붙었다. 하지만 같은 이름의 별명에는 공식적으로 인정된 철자가 없었으므로, shwee5라고 적혔다. 아라비지 '5'를 활용해 공식 kh와 같은 소리를 나타낸 것이다. 이 만화는 손으로 그렸다. 두 이름 다 라틴어 알파벳으로 써야 할 기술적인 이유가 전혀 없었다. 하지만 최소한 일부 사람들에게는 이런 표기법이 '쿨한' 것이 됐다. 연구 참여자들은 "우리 나이 사람들만 이런 기호를 이해할 수 있다는 느낌을 받는다"며 이렇게 하면 "단어가 영어보다는 '아랍어' 발음처럼 보인다"고 했다.[71] "예를 들어, 우리는 Khawla란 이름 대신 '7awla라고 쳐요. 이렇게 하면 더 아랍어 같은 소리를 표현할 수 있거든요."

특히, 키보드 작업의 발전으로 아랍어 알파벳을 입력하기가 1990년대보다 쉬워지면서 사람들은 보통 표준 아랍어를 쓸 때 공식 알파벳을 사용하고, 지역 아랍어를 쓸 때 풀뿌리 알파벳을 사용할 수 있게 되었다. 이집트 유명인들이 트위터에서 보여준 언어 선택에 대한 연구를 보면, 이들이 어떤 알파벳을 사용할지 결정하는 방법이 드러난다. 어느 정치인은 주로 현대 표준 아랍어로 트윗을 작성했는데, 이는 그의 많은 나이와 정치인들은 표준어를 사용한다는 전통적인 기대를 반영한 것이었다. 대중가수는 현대 표준어를 일부 섞되 이집트식 일상 아랍어를 써서 대부분의 트윗을 작성했다. 이런 트윗은 아라비지 철자법으로 쓰였는데, 물론 그의 젊은 나이와 팬층을 반영한 것이었다. 고급 레스토랑에서는 영어와 아라비지 철자법으로 쓰인 이집트식 아랍어로 트윗을 작성해, 해외에서 교육받았을 부유한 세계시민 고객을 끌어들이려 했다. 한 문화센터에서는 교육받은 지역 및 전 세계 청중에게 호소하기 위해 영어와 현대 표준 아랍어로 트윗을 썼다. 그러므로, 이집트의 트위터 사용자들은 한 피드에서 네 가지 서로 다른 언어적 관습을 볼 가능성이 있다.[72] 영어와 현대 표준 아랍어, 영어 알파벳과 현대 표준 아랍어 알파벳으로 적힌 이집트식 아랍어 말이다. 게다가 이들은 메시지를 작성할 때도 자신이 누구인지, 누구에게 말을 거는지에 따라 이런 관습 중 하나를 고르고 선택할 수 있다.

우리 모두가 여러 종류의 알파벳을 골라 쓰는 건 아니지만, 청중에 따라 어떤 말을 쓸지 선택을 내리는 건 누구나 마찬가지다. yinz와 hella의 트위터 지도를 그리던 언어학자 제이컵 아이젠스타인과 그의 조지아공과대학교 동료인 우마샨티 파발라나탄(Umashanthi Pavalanathan)은 이번에는 다른 방식으로 영어 트윗을 분류하기로 했다. 장소, 언어, 문자별로 살펴보는 대신 주제에 따라 생겨

인터넷 때문에

나는 트윗의 차이를 살펴보았다. 예컨대, 오스카상에 관해 이야기하는 트윗과 다른 사람과 대화하는 트윗의 차이를 본 것이다. 우연히도 트위터에는 이런 두 종류의 트윗을 자동으로 묶어주는 쉬운 방법이 있다. 트윗에 #oscars 같은 해시태그를 붙이면, 오스카상에 관심이 있는 다른 사람들도 해시태그를 클릭하거나 검색해 #oscars가 들어 있는 다른 트윗을 찾을 수 있다. 트위터 사용자 이름을 @ 뒤에 넣어 @Beyonce처럼 쓰면, 그 사용자는 당신이 보낸 메시지 알림을 받게 되며 똑같은 방식으로 당신에게 답장을 보낼 수 있다.

#과 @가 서로 구분되는 기호인 만큼, 어마어마한 트윗 더미를 자동으로 분류해 둘 다 포함하거나 둘 중 하나도 포함하지 않은 트윗을 걸러내기는 쉽다. 물론, 다소 어려운 점은 있다. 사람들이 #sorrynotsorry(미안안미안) 같은 빈정거리는 해시태그를 붙이는 건 이 주제와 관련된 정보를 전달하기 위해서가 아니고, 비욘세(Beyoncé)는 아마 답장을 보내지 않을 것이다. 하지만 대규모로 보면 꽤 잘 통하는 방법이다.

아이젠스타인과 파발라나탄이 발견한 것은, 사람들이 @을 붙여 다른 사용자를 언급한 트윗에서는 지역 방언인 hella, nah와 cuz 같은 은어나 :) 등의 이모티콘을 더 많이 사용하는 반면, 같은 사람이라도 해시태그가 달린 트윗에는 좀 더 표준화되고 격식을 차린 글을 쓴다는 점이었다. 연구자들은 우리가 직접 얘기를 할 때도 많은 청중에게 말을 걸 때는 일대일로 말할 때보다 더 격식을 갖춘 태도를 보이듯이, 해시태그가 달린 트윗은 불특정 다수를 향해 작성되었기에 이런 차이가 나타난다는 이론을 세웠다. 반면 @멘션은 선택된 소수의 눈에만 띄는, 좀 더 사사로운 트윗이다.[73] 그리고 우리는 소리 내서 말할 때처럼 전자 활자 또한 조정한다.

다른 언어로 트윗하는 사람들에 대한 연구에서도 비슷한 패턴이 나타났다. 네덜란드의 주류 언어인 네덜란드어와 지역의 소수 언어인 프리슬란드어 혹은 림뷔르흐어로 트윗을 작성하는 사람들에 대한 연구를 살펴보면, 해시태그가 붙은 트윗은 더 많은 독자에게 도달할 수 있도록 네덜란드어로 작성되는 경향이 있다. 반면 같은 사람이라도 다른 사람의 트윗에 답장을 보낼 때는 소수 언어로 바꿔 쓰는 경우가 많았다. 반대의 경우는 흔하지 않았다.[74] 즉, 해시태그 트윗을 쓸 때 소수자 언어를 사용했다가, 일대일 답장을 쓸 때 다수자 언어로 바꾼 경우는 드물었다.

또 다른 연구에서는 인도네시아어에서 사람들이 비격식 언어를 사용하는 방식을 살펴보았다.[75] 이 연구는 사람들이 사적으로 일대일 문자메시지를 쓰는 경우와 공적인 트윗을 작성하는 경우를 비교했다. 예컨대, 인도네시아 단어 sip은 "그래, 응, 좋아" 등을 의미하는데, 이를 강조하기 위해서는 siiippp으로 철자를 바꾸어 쓸 수 있다. "고맙습니다"는 terima kasih이지만, 많은 사람이 쓰는 자카르타 지방 방언의 발음에 맞춰 makasi로 적을 수 있다. 트위터에서 해시태그로 공표되는 메시지에 비해 @가 붙은 답장이 좀 더 일상적이라면, 문자메시지는 그보다도 더 친밀한 것이다. 아니나 다를까, 인도네시아 사람들은 트윗보다 문자메시지에서 이런 비격식 철자

쓰기를 네 배나 더 많이 했다. 트윗은 평균적으로 문자메시지에 비해 약 두 배 길었으며, 사용된 복합문의 개수나 어휘의 종류도 더 많았다.

키보드의 한계를 넘어 더욱더 나 자신이 된다

인터넷 언어학의 관점에서 보면, 온라인에서 나타나는 언어의 여러 형태가 중요한 것은 새로운 현상이기 때문이 아니라(언어는 늘 다양했다) 그런 언어가 글자로 적힌 적이 드물기 때문이다. 세계에는 약 7000개의 언어가 있고, 세계 인구의 최소 절반이 두 개 이상의 언어를 사용한다. 하지만 문헌은 소수의 엘리트 언어와 방언만을 선호해왔다.[76] 문헌이라는, 언어의 찬란한 한 형태는 디지털 세상에서 일어나는 분열을 감춘다. 여러 언어를 바꿔 쓰거나 글로 적히는 경우가 적은 형태의 언어를 사용하는 사람들은 인터넷 세상의 주민들이 의지하는 검색이나 음성인식, 자동 언어 탐지, 번역기 등 수많은 자동화된 언어학적 도구를 사용할 때 어려움에 직면한다. 이런 도구들을 개발할 때, 개발자들은 책이나 신문, 라디오 등 격식을 갖춘 원전에서 가져온 대규모의 말뭉치를 활용한 경우가 많으며, 이런 말뭉치는 이미 잘 기록된 형태의 언어로 치우쳐 있다. 이런 격차를 메우는 한 가지 방법은 SNS에 올라온 글 자체를 개발용 자료로 활용하는 것이다.[77] 인터넷에서 생산된 비격식 문어의 양이

격식 문어의 양에 비해 몇 배나 많다는 점을 생각하면 꽤 가능성 있는 방법이다.

아랍어-프리슬란드어-인도네시아어-영어를 모두 쓰는 사중 언어 사용자는 그리 많지 않다. 이 네 가지 언어를 번갈아 쓰는 트윗에 관한 연구가 금방 나올 것 같지는 않다. 하지만 우리가 온라인에서 어느 언어 공동체에 속해 있느냐와는 상관없이, 우리는 모두 인터넷 언어 사용자다. 우리 언어의 형태가 문화적 맥락으로서의 인터넷에 영향을 받기 때문이다. 온라인의 모든 언어는 점점 탈중심화되고, 비격식 문어도 더 많이 표현되고 있다. 알파벳을 바꿔 쓰든, 언어를 바꿔 쓰든, 철자를 바꿔 쓰든, 모든 발화자는 한때 구어에서만 쓰이던 절묘한 사회적 뉘앙스를 적는 방법을 배우고 있다.

그 모든 문자메시지와 트윗이 글로 우리 자신을 더 잘 표현할 수 있도록 해준다. 연구자 이반 스미르노프(Ivan Smirnov)는 페이스북의 러시아 버전이라고 할 수 있는 VK에 2008년부터 2016년까지 거의 100만 명의 사용자가 올린 포스팅을 분석했다. 그는 예상대로 작성자의 나이가 많아지고 교육 수준이 높아질수록 복잡성의 척도인 평균 단어 길이가 길어진다는 것을 알아냈다. 하지만 스미르노프는 시간이 갈수록 메시지 전반이 더 복잡해진다는 사실 또한 발견했다. 그의 표현을 빌리자면, "2016년의 15세 사용자는 2008년 모든 연령대 사용자보다 복잡한 글을 올렸다".[78]

u라고 쓰는 사람 중에 you라고 쓰는 다른 선택지를 모르는 사람은 아무도 없다. 미셸 드루인(Michelle Drouin)과 클레어 데이비스

인터넷 때문에

(Claire Davis)가 수행한 문해력 연구는 문자메시지 표현이 격식적인 표준 언어를 생산하는 능력을 방해한다는 생각이 우리가 아는 기억력 작동 방식과 전혀 맞지 않는다는 점을 지적한다.[79] 은어와 약어는 아주 흔한 단어에 쓰인다. you 대신 u를, your 대신 ur을, I don't know 대신 idk나 dunno를 쓰는 등이다. 그게 중요한 점이다. 보내는 사람은 수고를 약간 덜할 수 있고, 받는 사람은 이런 표현이 무척 자주 쓰이기 때문에 해석할 수 있다. pterodactyl(익룡)이나 "do you wanna start a band?(밴드를 시작하고 싶은가요?)"처럼 길이가 길고 드물게 쓰이는 단어나 표현에는 인터넷 약어가 생기지 않는다. 심리학적으로 말하면, 지름길은 우리가 과잉 학습한 개념에만 생겨난다. 가끔 찾는 고급 레스토랑에 가는 길은 잊을지 모르지만, 반쯤 잠든 상태에서도 침대에서 화장실까지는 찾아갈 수 있다. 우리가 언어의 일부를 잊는다면, grandiloquent(호언장담하는)나 sedulous(근면한)처럼 드물게 쓰는 2달러짜리 단어(쓸데없이 길고 어려운 단어를 말한다)를 잊을 것이다. 우리가 잊어버리는 단어는 시험을 보기 위해 카드에 적어가며 외워야 하는 단어이지, 아주 어릴 때부터 익혀서 약자로나 약자가 아닌 형태로나 매일 마주치는 짧은 단어가 아니다.

대화와 공적 발화가 인류 역사 내내 공존해온 것처럼, 온라인의 비격식 문어는 보다 격식을 갖춘 형식과 공존할 수 있다. 인쇄된 책이나 신문, 회사 소개서의 문장이 서둘러 휘갈겨 주방 탁자 위에 올려둔 쪽지의 문장과 닮지 않은 것처럼, 이북과 뉴스 사이트, 회사 웹사이트 등은 빠르게 쓴 문자메시지와 닮은 구석이 없다. 몇몇 연구에 따르면 인터넷 약자를 많이 쓰는 사람들은 최악의 점수일 때도 철자 시험과 공식적인 보고서 등 문해력 척도에서 약자를 전혀 쓰지 않는 사람들과 비슷한 성적을 보인다.[80] 때로는 그보다 나은 성적을 내기도 한다.

　사람들이 인터넷 은어로 하는 일은 훨씬 더 미묘한 것이다. 언어학자 설리 탈리아몬테(Sali Tagliamonte)와 데릭 데니스(Derek Denis)는 10대가 쓰는 실제 언어를 분석하고자 71명의 10대에게 인스턴트 메시지 대화 기록을 제출하도록 했다. 연구자들은 10대가 인터넷 은어를 사실 별로 쓰지 않는다는 사실을 알아냈다. 거의 모든 단어가 은어로 대체된 과장된 기사에 제시된 사례(r u gna b on teh interwebz l8r?(나중에 접속할거야?))와는 달리 실제 10대들이 작성한 메시지의 2.4퍼센트만이 은어로 되어 있었다.[81] 10대들이 하는 일은 더 정교한 것이었다.[82] 그들은 웃는 표정이나 약어처럼 대단히 비격식적인 특징들을, 구어에서는 거의 쓰이지 않는 must와 shall 등 매우 격식적인 단어와 섞어서 사용했다. 아래는 다양한 대화에서 가져온 예다.

aaaaaaaaagh the show tonight shall rock some serious jam

Jeff says "lyk omgod omgod omgodzzzzzZZZzzzzz!!!11one"

heheh okieee! must finish it now ill ttyl

lol. . as u can tell im very bitter right now

아아아아 오늘 밤 쇼 진짜 끝내줄 거야

제프가 "와 세상에 세상에 세상에에에에에에에!!!"래

히히 오키! 이제 마무리해야 돼 나중에 얘기하자

ㅋㅋ 너도 알겠지만 지금 무척 씁쓸하다

격식 문어의 관점에서 볼 때 이런 문장에서 가장 두드러지는 점은 비격식적인 부분이다. 표현력을 높이기 위해 aaaaaaaaagh를 늘여 쓴 부분이라든가, 감정을 드러내는 !!!11one 같은 문장부호(11one은 흥분한 사람들이 느낌표를 많이 찍다가 시프트 키를 놓쳐 11이라고 입력하는 것을 보고, 1을 one으로 받아 적는 말장난을 하던 것이 굳어진 표현이다), ttyl나 lol 같은 약자 말이다. 하지만 탈리아몬테와 데니스는 이런 문장들이 비격식 구어의 관점에서 보아도 이상하다고 지적한다. 21세기 초반 어느 시점에든, 둘러앉아 큰 소리로 서로 이야기를 나누는 10대들의 말을 녹음한다면 그들이 shall이나 says, must, very 등의 단어를 말하는 일은 거의 없다. 이들은 보다 새로운 표현인 going to, is like, have to, so 등을 선호한다("그때 그 사람이 '가셔야 하나요?'라고 말했습니다. 그래서 제가 '가야 해요. 무척 피곤하거든요'라고 말했지요"라는 말과 "그때 걔가 무슨, '너 갈 거야?' 이러는 거야. 그래서 내가 '가야지, 무지 피곤해' 이랬어"라고 말할 때의 차이를 상상해보라. 전자는 글에서나 나올 법하거나 앞 세대의 대화이지만, 후자는 대체로 우리 자신이 쓰는 말이다).

위의 사례에서, 새로운 비격식어 중 옛 표현에 비해 짧은 것은 하나밖에 없다(2음절의 very 대신 1음절의 so가 쓰였다). 이 점을 보면, 새로운 표현이 게으름의 발현이라는 추정에 의문이 든다. 더 나아가, 10대들이 글을 쓸 때 격식·비격식 스타일을 섞어서 사용한다는 사실은 그들이 하는 일이 일상 구어를 불완전하게 받아 적는 것도 아니고, 격식 문어를 쓰려다가 실패한 것도 아님을 암시한다. 인터넷 문어는 그 자체의 목표가 있는 별도의 분야로, 그 목표를 성공적으로 달성하기 위해서는 언어의 전체 스펙트럼에 대한 섬세한 감각이 필요하다. 언론에서 인터넷 언어 체계를 총체적으로 탐사하는 데 필요한 언어학적 전문성 없이 lol이나 ttyl 같은 낯선 단어만 빌려와서 하는 분석은 공허하다.

철자 바꾸기를 비롯한 인터넷 문어는 비격식성만이 아니라 이해와 수용을 나타낼 수 있다. 인터넷 유머 작가인 @jomnysun은 소문자만 사용하거나 철자를 참신하게 바꿔 쓰는 등 특정한 언어 형식으로 트윗을 올린다. 예컨대, 그는 사용자 이름을 jomny sun(jonny가 아니라 jo'm'ny임을 주목하라)으로 쓰고, "aliebn confuesed about humamn lamguage(인간의 언어에 혼란을 느끼는 외계인)"이라고 소개한다. jomny가 쓰는 특유의 트윗은 그를 다가갈 수 있는 존재, 위협적이지 않으며 가까운 존재로 느껴지게 한다. 그가 aliebn이라는 작은 문제만 차치하면 말이다(그가 만든 가상의 외계인은 지구를 관찰하며 감상을 남기는데, 외계인인 만큼 불완전한 영어를 사용한다. 우리가 바름 나는 대로 써도 아라드를 쑤인는 거꽈 마찬가지다). 그는 수십만 명의 팔로워가 있고, 대학원생이라는 본업이 있지만, 상대방이 오타를 내더라도 제멋대로 판단하지 않을 만한 사람이라는 느낌을 준다. 일부 팔로워들은 심지어 jomny의 구어체로

인터넷 때문에

트윗 답장을 보내기도 한다.

나는 이런 언어 놀이의 감각을 글쓰기 준비 운동으로 활용한다. 방금 논문을 잔뜩 읽어서, '명사화 누적이 초래한 서술 장애'로부터 자유로워지기 어려울 때 말이다. 이처럼 나는 무언가를 정확히 표현할 방법이 생각나지 않을 때마다 잠시 형식과 내용의 문제를 동시에 해결하려 드는 대신 대문자 규칙이나 문장부호는 전혀 활용하지 않고, 약어와 창의적인 철자법을 써서 진창을 헤치며 글을 써나가는 '인터넷 최고존엄' 스타일로 초안을 작성한다. 입력할 공간이라고는 아주 작은 채팅창밖에 없고, 글을 고쳐 쓸 수도 없는 상황에서는 딱딱하고 젠체하는 말투를 쓰기가 훨씬 더 어렵다. 또한 애초에 별로 공을 들이지 않았으니, 어쩔 수 없이 쓴 단어들을 지우는 것도 덜 고통스럽다. 결국 나는 내가 무슨 말을 하려 했는지 알게 된다. 그러면 곧장 원래 쓴 문장에 대문자와 마침표를 추가하고 "ugh idk what i'm doing hereeee(윽 대체 내가 뭘 하는 건지 모르겠네)" 같은 것들을 지우면 된다. 고전적인 형식을 갖추었으나 밀도가 높고 이해하기 어려운 초고에 명료함을 더하는 것보다는, 명료한 내용을 보존하면서 형식에 맞는 장식을 더하는 편이 더 쉽다. 글을 쓰다 막히는 현상에 철자 확인 기능이 끼치는 영향을 분석한 논문도 같은 이야기를 전한다.[83] 뭔가 입력하는 즉시 나타나는 빨간 밑줄은 도움이 되는 것처럼 보일지 모르지만, 복잡한 문서를 작성하는 경우에 이런 밑줄은 전반적인 흐름에서 벗어나 작은 세부 사항을 너무 일찍 생각하도록 만든다. 글 쓰기 스타일에 있어서, SNS로부터 긍정적인 영향을 받는 사람도 나만은 아니다.[84] 특히 트위터 사용자들은 글자 수를 제한하고 즉각적이고 한마디, 한마디 피드백을 받을 수 있는 트윗 형식으로 인해 어쩔 수 없이 자신의 생각을 간결하고 힘찬 진술로 구조화하는 방법을 배워야 했다는 언급을 자주 한다.

에드몽 에드몽트가 자전거에 오르기 한참 전부터 사람들은 지리, 네트워크, 사회 등 인간 경험의 다양한 측면이 의사소통 방법에 어떤 영향을 주는지 알고자 노력해왔다. 물론, 아직 모르는 것도 많다. 하지만 우리는 대화를 할 때 자신의 정체성을 드러내기 위해 언어를 사용하는 방법을 꽤 확실하게 이해하고 있다. 그리고 온라인에서도 언어를 통해 진정한 우리 자신을 표현할 수 있다는 것을 감질나게 느끼고 있다. 말장난이나 여러 언어 및 스타일을 뒤섞어 쓰는 방법 등 오래된 언어 관습이 이제는 문어로, 전자로 표현되고 있다. 하지만 언어의 젊고 지역적이고 디지털적인 측면은 지금도 너무 쉽게 간과된다. 이런 면을 진지하게 받아들일 때 과연 무엇을 배울 수 있는지 알아보자.

2장
인터넷 민족 연대기

인터넷의 인구는 어느 단일 국가의 인구보다도 많다.

이 공동체의 일원을 인터넷 민족이라고 부르자.

사회생활에 적합한 언어가 되려면, 우리의 온라인 언어는

틀이 잡히고 새로 형태를 갖추어야 한다.

다행히도 인터넷 민족은 바로 그런 일을 하고 있다.

⎵

인터넷에서 친구를 사귈 수 있을까?

이는 퇴색한 지 오래된, 낡은 질문이다. 1984년에는 한 연구자가 인터넷이 친구 사귀기와 같은 "언어의 '사회적' 사용에는 부적절한지" 고민했다.[1] 한편, 2008년에 또 다른 연구자는 인터넷이 "기본적으로 소외를 일으키고 충족감을 주지 못하는"[2] 것이라고 여겼다. "타자를 치는 것은 인간적이지 않은 일이고, 사이버공간에 존재한다는 것은 실체를 잃는 것이다. 사실상 모든 것이 허위와 소외이며, 실체의 형편없는 대안이다. 그러므로 사이버공간은 의미 있는 우정의 근원이 될 수 없다."

그러나 이런 토론이 격렬히 펼쳐지는 동안에도 우리는 사회생활의 상당 부분을 온라인으로 하게 되었다. 친한 친구들은 웃긴 자료 링크를 서로 보낸다. 손주들은 할아버지, 할머니와 영상통화를 하고, 배우자들은 일상적인 활동에 관해 끊임없이 문자를 보낸다.

가족과 친구들이 사진을 올리면, 우리는 '좋아요'를 누르거나 댓글을 단다. 게다가 사람들은 특정한 관심사를 중심으로 인터넷 커뮤니티에 가입하고, 결과적으로 서로의 인생에도 관심을 두게 된다.

인터넷 친구와 커뮤니티가 물리적인 세계로 스며 나오기도 한다. 나는 2014년, 〈나이트 베일에 오신 것을 환영합니다(Welcome to Night Vale)〉라는, 골수팬을 거느린 팟캐스트의 초기 생방송을 보러 간 적이 있다. 이때 〈나이트 베일〉의 연기자 메그 배시와이너(Meg Bashwiner)는 "인터넷 아시죠? 심지어 거기서 오신 분도 많다니까요"라는 말로 사전 공연을 시작했다. 청중은 그 말의 의미를 이해한다는 듯 웃었다. 사람들이 인터넷, 특히 텀블러(Tumblr)를 통해 이 프로그램을 공유하고 그 덕에 이 프로그램이 아이튠즈(iTunes) 차트 꼭대기로 급상승해 주류 언론의 관심을 끌면서 유명해졌기 때문이었다.

어느 추산에 따르면, 2005년에서 2012년 사이에 결혼한 부부의 3분의 1은 온라인에서 만났다.[3] 다른 추산에 의하면, 미국 성인의 15퍼센트가 온라인 데이트 서비스를 써본 적이 있으며 34퍼센트는 그런 서비스를 써본 사람을 알고 있었다.[4] 인터넷 데이트를 통해 만나 결혼한 사람들의 소식이 널리 전해지기 시작한 건 1995년부터였다.[5] 그 말은, 인터넷 소개로 만난 최초의 부부들이 낳은 아이들이 (최소한 이론적으로는) 현재 인터넷 데이트를 하고 아이를 낳을 나이가 되었다는 뜻이다. 인터넷 손주라니! "소외를 일으키고 충족감을 주지 못하는" 것과는 정반대다.

인터넷의 인구는 어느 단일 국가의 인구보다도 많다. 인터넷에

거주하는 사람들이 기술 사용자 집단에 불과한 것도 아니다. 이들은 일종의 공동체를 이루고 있다. 이 공동체의 일원을 인터넷 민족이라고 부르자. 지금도 사회생활 전체를 신체적 상호작용과 편지와 유선전화로 하는 비인터넷 민족도 있다. 일부는 자발적으로 오프라인에 머문다. 친구와 가족이 지리적으로 근처에 살거나, 여전히 유선전화를 기꺼이 쓰려는 나이 든 사람들, 혹은 네트워크를 떠나 SNS 사용을 피하며 살기로 한 사람들이 그 예다. 자기 뜻과는 관계없이 오프라인에서 살아가는 사람들도 있다. 외딴 데 사는 사람들, 인터넷에서 잘 쓰이지 않는 언어를 쓰는 사람들, 컴퓨터 장치나 인터넷을 활용할 여력이 없는 사람들이 그렇다. 엄밀히 말해, 세계 인구의 절반만이 인터넷에 접근할 수 있다. 하지만 아주 많은 사람(최근 집계에 따르면, 40억 명)이 온라인에 존재한다.[6] 다만 한 가지 측면에서는 사이버 우정을 회의적으로 본 사람들이 맞았다. 사회생활에 적합한 언어가 되려면, 우리의 온라인 언어는 틀이 잡히고 새로 형태를 갖추어야 한다. 다행히도 인터넷 민족은 바로 그런 일을 하고 있다.

첫 번째 물결: 언제 어떻게 인터넷으로 이주했는가

사람들은 세계 곳곳으로 이주하지만, 1~2세대 안에 이주자의 자녀들은 보통 이웃의 아이들이 말하는 것과 똑같은 방식으로 그 지역의 언어를 쓴다. 언어학자들은 이런 현상을 "창시자 효과 (founder effect)"라고 부른다.[7] 언어학자 살리코코 무프웨네(Salikoko Mufwene)가 생태학에서 빌려온 용어다. 어느 구어 공동체의 초기 구성원들은 이후 그 공동체가 발전하는 방식에 더 큰 영향을 미친다. 책이나 학교, 표지판 등의 제도(institution)가 그 지역의 표준을 강화하는 경우에는 특히 그렇다. 미국에 이민 온 대부분의 가족은 영어를 쓰지 않는다.[8] 그들은 폴란드나 중국, 멕시코, 세네갈 등지의 언어를 쓰는 상태로 미국에 도착한다. 그러나 텍사스나 캘리포니아에서 자란 어린이는 부모가 무슨 언어를 쓰는지와 무관하게 친구나 같은 반 학생들처럼 미국식 영어를 쓰게 된다. 보스턴이나 버지니아 같은 지역의 독특한 억양은 영국의 특정 지역 출신 정주민들에게까지 그 기원이 거슬러 올라갈 수 있다.[9]

하지만 동일한 시기에 동일한 지역으로 충분히 많은 인구집단이 유입되면, 이들이 지역 방언을 바꿀 수도 있다. 노스캐롤라이나주 롤리의 모음은 1960년대에 북부 주 출신의 기술 노동자들이 한 차례 밀려들면서 남부의 특징을 일부 벗었고,[10] 노동자 계급 중심의 런던 영어는 다문화적 런던 영어로 대체되었다.[11] 이 다문화적 런던 영어는 원래 노동자 계급 중심의 런던 영어와 아프리카-카리브계 영어, 인도계 영어, 나이지리아계 영어, 방글라데시계 영어의 혼합물에서 유래했다. 이런 현상은 특히 수많은 런던 토박이가 2차 세계대전 이후 교외로 이주하면서 나타났다.

인터넷 방언을 분석할 때는 창시자 인구와 이민자의 물결이라는 렌즈를 활용하는 것이 합리적이다. SNS 플랫폼에서는 사용자 숫자와 인구통계학적 분포도를 자주 발표하지만, 내가 관심을 두는 핵심 변수는 다루지 않는다. 그 변수란, 사용자들이 해당 플랫폼을 제외한 어느 곳에서 서로 어울리느냐는 것이다. 우리는 앞선 장에서 어린 시절과 청소년기의 또래 친구들이 한 사람의 언어적 토대가 되며, 새로운 사회집단에 가입하는 시기가 그 집단의 말하기 방식을 받아들이기에 가장 좋은 시기임을 알아보았다. 그렇다면, 당신이 인터넷 인격 형성기를 보내며 최초의 인터넷 관계를 맺은 곳은 어디인가? 인터넷은 하나의 인구집단이지만, 이민 기록을 남기지는 않는다. 정보의 자유로운 흐름에는 요긴하지만, 연구자에게는 좀 골치 아픈 일이다.

나는 이 문제를 처리하기 위해 설문조사를 했다. 내게는 인터넷 사용에 관한 흥미로운 질문이 있었고, 직접 인터넷에서 생활하며 관찰해온 내용과 관련 연구에 기반한 이론도 있었다. 그 이론이란, 사람들을 인터넷의 특정 집단으로 조직하는 방법에 관한 것이었다. 내가 처음에 품었던 질문은 알고 보니 그리 흥미롭지 않은 것이었으나, 인터넷 집단에 관해서는 훌륭한 결론이 나왔다. 나는 사람들에게 자신의 나이대를 13~17세, 18~23세, 24~29세로, 또한 그 이후로는 30대, 40대, 50대, 60대, 70대 이상 등 10년 단위로 답하도록 했다. 그런 다음에는 처음 온라인으로 사람을 사귀기 시작했을 때를 가장 잘 대표하는 SNS 플랫폼이 속한 범주를 선택해달라고 했다. 선택지는 네 가지였다.

- 유즈넷(Usenet), 포럼, IRC, BBS, 리스트서브(listserv) 등
- AIM, MSN 메신저, 블로그, 라이브저널(LiveJournal), 마이스페이스(MySpace) 등
- 페이스북, 트위터, G챗(Gchat), 유튜브(YouTube) 등
- 인스타그램(Instagram), 스냅챗(Snapchat), 아이메시지(iMessage), 왓츠앱(WhatsApp) 등

둘 다 답을 해도 되고, 안 해도 되었으며 기타 답변을 기록할 수 있는 빈칸도 주어졌지만, 3000명 넘는 응답자 중 150명만이 응답하지 않거나 다른 답을 적어 냈다. 그 말은 95퍼센트의 사람들이 네 범주의 SNS 플랫폼으로 자신의 경험을 충분히 설명할 수 있다고 느꼈다는 뜻이다. 일반 이메일과 문자메시지는 일부러 뺐다. 이메일 주소나 핸드폰 번호는 다른 모든 플랫폼을 사용하기 위한 전제조건이기 때문이다. 또, 이메일과 문자메시지에는 고유한 세대 간 의사소통 방식이 있는데 이에 관해서는 5장에서 다룬다. 설문조사를 할 때는 10대에서 50세 이상에 이르는 각 연령 집단에서 최소 100건의 응답을 취합했다. 이 중에서 일부가 과잉 집계되었다면 아마 인터넷에서 많은 시간을 보내는 사람들의 숫자가 과잉 집계되었을 것이고, 누가 인터넷에서 많은 시간을 보내느냐는 어차피 내가 살펴보려던 요소다.

나는 2017년에 이 조사를 실시했다. 편리하게도, 그 덕에 우리는 깔끔하게 20년을 빼면 1997년에 이들이 몇 살이었는지 알 수 있

인터넷 때문에

다. 1997년은 인터넷의 주류화가 시작된 바로 그 시기에 속했다. 현재의 10대들은 아직 태어나지 않았고, 20대는 어린이였으며, 30대는 10대였다. 또 우리는 10년을 빼서 2007년 당시 이들의 나이를 알 수 있다. 2007년은 페이스북이 학생만이 아니라 이메일 주소가 있는 모든 사람에게 계정을 만들 수 있도록 했던 바로 다음 해다. 현재의 20대는 당시에 10대였고, 10대는 어린이였다.

인터넷과 인터넷 언어에 대한 경험은 인터넷에 처음 참여했을 때쯤에 당신이 어떤 사람이었는지, 또 당신 주변에 누가 있었는지에 따라 형성되었다. 대화에 참여하려면 얼마나 기술에 통달해야 했나? 온라인으로 간 건 친구들이 이미 온라인 활동을 하고 있기 때문이었나, 아니면 새로운 사람들을 만나기 위해서였나? 당신이 참여한 공동체는 이미 규칙이 확립되어 있었나, 여전히 유동적이었나? 그곳에 몰두함으로써 암묵적으로 규칙을 배운 것인가, 아니면 명시적인 규칙에 따라 배운 것인가? 이런 질문에 대한 답은 당신이 사용하는 인터넷 언어의 종류에 큰 영향을 끼친다. 기술 전문가 제니 선든(Jenny Sundén)의 표현을 빌리자면, 글로 존재하는 세상에서는 글 쓰는 방식이 바로 당신 자신이다.[12]

인터넷 민족이 지금까지 글로써 존재하게 된 방식에는 크게 다섯 가지가 있다.

오래된 인터넷 민족: 기술에 능통한 소수 집단

창시자 인구에서부터 시작하자. 이들은 온라인에 들어선 첫 물결을 이루는 사람들이다. 나는 이들을 오래된 인터넷 민족(Old Internet People)이라고 부르는데, 이들이 옛 인터넷을 기억하는 사람들인 데다가, 그들이 보통 자신들을 칭하는 이름에 가장 가깝기 때문이다. '오래된 인터넷 민족'을 검색하다 보니 직접 코딩한 HTML 웹사이트(최초 제작 1998년, 최종 업데이트 2006년)가 나왔다. 이 사이트는 그래픽이나 탬플릿을 사용하지 않고 직접 사이트를 제작해야 한다는 생각을 옹호했다(여기에는 "우리 '오래된 인터넷 민족'의 설명"[13]이라는 구절이 있었다). 또 위의 웹사이트와 함께 2011년의 포럼 스레드("우리 같은 오래된 인터넷 민족은 SNS에 익숙해져야 한다"[14]), 검색엔진이나 SNS를 거치지 않고 암기한 url을 통해 웹사이트에 직접 접속하는 행위가 줄어들고 있다는 2018년 〈뉴욕〉 기사에 동의한다는 트윗("우리 같은 '오래된' 인터넷 민족은 공감할 듯"[15]) 등도 나왔다. 일부러 '오래된'에 따옴표를 붙인 것은 해당 표현을 자기가 즉흥적으로 만들어내고 있다고 느끼기 때문이다. 하지만 이처럼 따옴표를 사용한 사람이 한 명이 아니라는 얘기는 이제 막 어떤 규범이 출현하고 있으며 내가 그것을 포착했다는 의미다.

오래된 인터넷 민족은 인터넷 나이로 따졌을 때 늙은 세대다. 이들은 실제로 노인이라기보다, 네트워크 컴퓨터가 '쿨한' 것이 되기 전에 접속한 사람들이다. 이들은 대체로 친구나 동년배보다 먼저 온라인으로 갔기 때문에 인터넷에서 낯선 사람들과 상호작용했다. 오래된 인터넷 민족은 사귀고 싶은 낯선 사람들을 찾기 위해 유

인터넷 때문에

즈넷, 인터넷 릴레이 챗(Internet Relay Chat, IRC), 게시판 시스템(Bulletin Board Systems, BBS), 멀티유저 던전(Multi-User Dungeons, MUDs), 리스트서브, 포럼 등 주제 기반 도구를 사용했다.

이 중 모르는 게 있다면, 그 점이야말로 중요하다. 이런 플랫폼 중 다수는 인터넷이 유행한 이후까지도 별로 유명해지지 않았다. 가장 잘 알려진 플랫폼이 유즈넷인데, 유즈넷은 rec.humor.oracle, talk.politics, alt.tv.simpsons 등 다양한 주제를 다루는 다양한 규모의 토론 그룹 내에서 사람들이 토론 스레드를 시작하고 서로의 스레드에 답장을 보낼 수 있게 해주는 '사용자 네트워크(User Network)'였다. 유즈넷은 통째로 구글 그룹에 기록되었다. 지금도 구글에서는 1981년까지 거슬러 올라가는 유즈넷 게시물을 검색할 수 있다. 유즈넷은 레딧(Reddit) 등 이후에 출현한 인터넷 포럼의 조상 격이다.

오래된 인터넷 민족은 '인터넷' 민족이라고 불리는 것 자체에 반대할 수도 있다. 이들은 우리에게 여러 종류의 넷이 존재했던 시절을 기억하고 있으며, 내게 "미안하지만, 당신이 말하는 건 사실 월드 와이드 웹이에요"라고 말하고 싶을 테니 말이다. 역사적으로 말해 이런 주장은 사실이다. 하지만 일반적인 용례가 변했으므로 나도 변한 용례를 따른다. 10~20년 전에는 이들을 다음과 같이 나눌 수도 있었다. 컴퓨터가 거대한 방을 차지했던 시절부터 컴퓨터를 썼던 사람 대 비교적 작은 PC로 시작했던 사람, 초창기 LISP 해커 대 이후의 UNIX 해커, 1960~70년대의 아르파넷(ARPAnet) 사용자 대 1980~90년대의 유즈넷 사용자, 혹은 아르파넷과 유즈넷 사용자 대 1989년 월드 와이드 웹이 발명된 이후의 사용자 등으로 말이다. 하지만 오늘날, 이런 역사 속 라이벌들은 이후의 인터넷 사용자들과 비교했을 때 서로 많은 공통점을 가지고 있다. 이들은 모두시대에 앞서나간 사람들이었으며, 기술의 가능성에 흥분했고, 그기술을 사용하는 방법을 배우려는 의욕이 강한 사람들이었다.

2000년대 초까지 컴퓨터 사용자에게 기술 숙련은 필수조건이었다. 나중에 웹 1.0이라 불리게 된 기술 시대가 도래하기 전까지, 또 그 시대가 이어지는 동안에는 온라인에 접속하는 것이 여전히꽤 어려운 일이었다. 실제로 참여하려면 더욱 기술에 빠삭해야 했다. HTML 홈페이지를 직접 코딩하거나 IRC 명령어를 파악하는것은 아무나 할 수 있는 일이 아니었다. 유즈넷 그룹에 게시물을 올리고, 인스턴트 메시지 전송용 클라이언트 프로그램을 설치하고, 이메일 서버를 설정하는 데도 상당한 노력이 들어갔다. 1998년의코미디 영화 〈유브 갓 메일〉에서는 한 등장인물이 다른 등장인물에게 "너 온 라인이야?"라고 묻는다. 그는 '온 라인'이라는 두 단어를떼어서 발음한다. 맥락을 보면, 이 질문이 "지금 컴퓨터 앞에 앉아있어?"라는 뜻이라기보다 "한 번이라도 인터넷을 쓴 적이 있어?"라는 뜻이다.

이 시대에는 모뎀을 쓰거나 온라인에 접속하는 것이 모두의 통과의례라기보다는 일부가 선택한 취미였고, 이런 취미를 가진 사람들의 나이는 별로 제한되지 않았다. 그 범위는 조숙한 10대 초반부터 온갖 나이의 성인으로 다양했다. 이 집단의 핵심 구성원들은 처

인터넷 때문에

음 온라인으로 갔을 때 대학생 또래이거나 경제활동이 가능한 나이였다. 초기의 네트워크 접근권이 보통 대학의 컴퓨터공학부나 주요 기술 회사를 통해 주어졌기 때문이었다. 내 설문조사 응답자 중에서는 40대 중 약 3분의 2가 유즈넷 그룹을 최초의 SNS 플랫폼으로 선택했다. 30대 중 3분의 1과 50대, 60대, 그 이상의 거의 절반도 마찬가지였다. 물론, 이 말은 노인 인구의 절반이 유즈넷 시절에 온라인으로 갔다는 뜻이 아니다. 내가 2010년대에 실시한 공개적인 인터넷 설문조사에 참여해준 적은 비율의 노인 중 많은 수가 나보다 오랫동안 온라인 세상에 살아왔다는 뜻이다.

오래된 인터넷 민족은 평균 기술 숙련도가 가장 높은 집단이다. 이들은 일반적으로 단축키와 한 개 이상의 프로그램 언어, 그래픽으로 표현된 사용자 인터페이스 이면의 작동 방식을 살펴보는 방법을 알고 있다. 이들은 컴퓨터 하드웨어 조립, 브라우저 암호화, 위키피디아 편집, 포럼 관리 등 다른 특정 분야에도 숙련되어 있다. 이들은 컴퓨터에 수많은 브라우저 확장 프로그램을 비롯한 사용자 최적화 구성 관리 도구를 두고 있으며, 이런 도구 없이 산다는 건 상상도 못 한다. 물론, 인터넷이 두루 사용된 이후에 시류에 올라탄 사람 중에도 이런 기술을 가지고 있는 사람들이 있다. 하지만 그들에게는 이런 기술 숙련도가 당연하게 받아들여지지 않는다. 현재의 평균적인 인터넷 사용자는 더 이상 코딩을 하거나 하드디스크 드라이브를 직접 교체하는 방법을 알 필요가 없다.

프로그래밍 언어에서 인터넷 은어로

오래된 인터넷 민족이 일상적으로 쓰는 기술 언어는 프로그래머들의 전문용어와 많은 부분 겹친다. 처음에는 프로그래밍하는 방법을 알아야만 온라인에 접속할 수 있었으므로, 프로그래밍과 관련된 언어는 모두의 공용어였다. 이런 언어의 상당 부분은 자곤파일(Jargon File)로 알려진 문서에, 그 언어를 사용하는 사람들이 연대순으로 정리해두었다. 처음에 이 파일은 MIT와 스탠퍼드를 비롯해 아르파넷과 연결된 몇몇 대학교의 컴퓨터공학부에 소속된 일련의 자발적 편집자들이 1975년 이후로 작성하고 보존한 '해커 은어' 문서 파일이었다. 1983년에는 이 파일이 최초 편집자 중 한 명에 의해 《해커 사전(The Hacker's Dictionary)》이라는 제목의 종이책으로 출간되었다. 그 이후로는 문서 파일이 몇 년간 방치되다가, 새로운 편집자가 파일을 개정하고 갱신하는 프로젝트를 맡아 1991년과 1996년에 《새 해커 사전(The New Hacker's Dictionary)》이라는 이름으로 출간했다. 자곤파일의 웹사이트 버전은 2003년 후반까지 계속 갱신되었다.[16]

자곤파일은 원래 오래된 전문용어를 최신 용어로 대체하는 것이 관행이었다. 저장장치가 비싸던 시절에는 이런 방식이 합리적이었지만, 역사적 기록 면에서는 이런 방식이 문제가 된다. 2018년에는 1976년까지 거슬러 올라가는 백업 테이프로 아카이브를 복원했는데, 이때 복원된 자곤파일의 다양한 버전을 샅샅이 훑어보는 일은 인터넷 시간 여행 기계에 진입하는 것과 같았다. 복원된 것 중 가장 오래된 버전은 1976년 8월 12일 날짜가 붙은 단순한 문서 파일로, 49개의 단어와 그 정의를 담고 있으며 길이는 5~6페이지쯤 된다.[17] 그중에는 succeed(성공)를 의미하는 win 등 당시에 쓰이던 은어와 feature, bug, glitch 등 나중에 주류에 편입된 컴퓨터 관련 은어가 있다. 사용자(user)를 눈에 띄게 모욕적으로 정의한 부분도 있다. "당신이 무슨 말을 하든 다 믿는 프로그래머. 질문을 던지는 사람"이라는 식이다. 이 밖에는 현재 쓰이는 기술적 프로그래밍 전문용어의 난해한 확장판이다.[18] 예컨대 JFCL은 '취소'를 의미하는데, 프로그램이 하던 일이 무엇이든 빠르게 중지시키는 명령어에서 유래했다.

하지만 최초의 자곤파일에서 가장 흥미로운 부분은 그 안에 무엇이 없느냐일 것이다. 오늘날 우리가 인터넷 언어의 전형이라고 생각하는 것의 흔적은 전혀 없다. lol이나 omg 같은 약어도 없고, 모든 글자를 대문자로 쓰면 소리 지르는 것이나 마찬가지라는 언급도 없다.

바로 다음 해인 1977년의 3월과 4월 사이에는 사회적 약어가 사용되기 시작했음을 알 수 있다.[19] 이 버전의 자곤파일은 이런 약어를 채팅의 초기 형태인 토크(Talk) 모드에서 "타자 치는 수고를 아끼기 위해 사용되는 특수한 전문용어"라고 설명한다. 그중에는 현재 별로 특이할 것조차 없는 R U THERE?(Are you there, 거기 있나요?)도 있지만 현재는 알기 어려운 BCNU(be seeing you, 곧 봅시다), 각기 "예"와 "아니오"를 나타내는 T와 NIL, "see you later(나중에 보자)"라는 뜻의 CUL 등이 있다(자곤파일에서 대문자로 용어를 나열했기 때문에 여기서는 모든 약어를 대문자로 썼다. 하지만 이런 방식이 당시 사람들의 실제 입력 방식을 반영한 것인지, 자곤파일을 만든 사람들이 편집하면서 나타난 특징인지는 확실하지 않다. 내 생각에는 후자인 듯하다). 1977년 12월에 작성된 버전에는 지금도 쓰이는 BTW(by the way, 어쨌든)와 FYI(for your information, 참고로 말하자면)가 들어 갔지만,[20] 1983년에 종이책 버전이 나올 때까지 이외에 다른 사회적 은어는 추가되지 않았다. 또한 80년대의 나머지 기간에는 편집이 전혀 이루어지지 않았다.

1990년에 자곤파일이 다시 갱신되자 그 안에 기록된 내용은 사회적 인터넷의 모습을 닮아가기 시작했다.[21] :-)나 :-/ 같은 이모티콘, 글자를 전부 대문자로 적어 고함을 표현하는 방식, LOL, BRB(be right back, 금방 돌아올게), b4(소리 나는 대로 읽으면 before와 같은 발음이 된다), CU L8TR(소리 나는 대로 읽으면 see you later와 같은 발음이 된다), AFK(away from keyboard, 자리 비움) 등 더 많은 약어가 모두 같은 해에 추가되었다. 물론 이 중 일부는 약간 낡은 표현이 되었고(현재 CU L8R은 실제로 사용되는 은어라기보다 인터넷의 상투적 표현으로 받아들여진다), HHOJ(haha only joking, 하하 농담이야)나 그와 짝을 이루는 HHOS(haha only serious, 하하 진담인데) 등 아예 살아남지 못한 표현도 있다.

하지만 이들은 이후에 나타난 인터넷 언어의 기초가 된 게 분명하다. 오늘날 주류 인터넷 사용자는 이런 약자나 전부 대문자로 작성된 표현, 이모티콘은 모두 알아볼 수 있는 반면 겨우 1~2년 전의 프로그래밍 전문용어는 그렇지 않다. 1990년 버전 자체도 이런 변화를 인지한다. 이 판본에는 은어 중 상당 부분이 유즈넷에

인터넷 때문에

서 유래한 것이며 약자는 "온-라인 '라이브' 채팅"이 흔하게 이루어지는 곳에서 나타나지만, "대학에서는 사용되지 않는다"라고 적혀 있다.[22] "거꾸로, 이런 약어를 아는 사람 대부분은 BCNU, NIL과 T 등에는 익숙하지 않다"라고도 적혀 있다. 하지만 이런 새로운 관행을 일찍이 받아들인 곳 중에 하나가 기술자 공동체다. 1991년의 업데이트에서는 "IMHO(in my humble opinion, 내 보잘것없는 의견으로는), ROTF(roll on the floor, 웃겨 죽겠다), TTFN(ta ta for now, 지금은 안녕)이 이곳에서 쓰이기 시작했다"[23]라고 지적했는데, 이때 '이곳'이란 '대학이나 UNIX 세계'다. 유즈넷 사용자들은 이제 그들만의 언어학 지침을 정리할 수 없을 만큼 다양한 토론 주제에 널리 퍼져 있었기 때문에, 우리는 이런 외부자의 관점에 의존해야 한다. 하지만 큰 문제는 아니다. 초기의 기술자와 기술에 빠삭한 유즈넷 사용자, 채팅방을 자주 사용하는 사람들은 모두 우리의 창시자 인구를 이루고 있으니 말이다.

최초의 인터넷 은어는 사람들이 프로그래밍에 대해 어느 정도 알 것이라고 가정했을 뿐 아니라, 특정한 언어의 특정한 명령어들을 알 것이라고 가정했다. 기술 숙련도와 내부자 집단의 언어학적 배경지식은 함께 움직였다. 더 많은 약어를 해독하는 사람은 온라인에 더 오래 머물 가능성이 크거나 최소한 안내용 문서를 읽고 또 읽었다는 뜻이었다. 그 문서가 자곤파일 같은 언어학적 안내서이든, 오픈소스 프로젝트의 리드미 파일이든, 포럼이나 뉴스그룹의 FAQ이든 말이다.

lol이 보여준 인터넷의 사회적 잠재력

오래된 인터넷 민족의 일부는 블로그나 트위터의 초기 사용자가 되었다. 이들은 인터넷을 매개체로 한 사회적 상호작용 재능 덕분에 대단히 영향력 높은 유명 사용자가 되기도 했다. 일부는 1세대 인터넷 연구자가 되어 자기 공동체의 관례를 만들었다. 또 일부는 그냥 자신들에게 익숙한 인터넷의 뒷골목을 계속 어슬렁거리며, 어느새 건방진 애송이들에게 자신들이 나이가 더 많다고 기술을 모르는 건 아니라고 설명해야만 하는 처지가 되었다. 자신들은 그 애송이들이 태어나기도 전에 컴퓨터 프로그래밍을 해왔고, 전화선을 통해 통신에 접근해왔다고 말이다. 오래된 인터넷 민족의 공통점은 지금까지도 사회생활의 상당 부분을 온라인으로 하고 있으며, 어디서든 쓰는 오래된 닉네임과 현실 공간의 친구보다도 오래 알고 지낸, 인터넷에서 처음 만난 친구들이 있을 가능성이 크다는 점이다. 이들은 페이스북을 한 번도 사용해보지 않았거나 거의 사용해보지 않았을 확률이 높다. 이들에게 인터넷은 지역 공동체를 강화하기 위한 공간이라기보다는 전 세계적 공동체에 참여하기 위한 공간이기 때문이다(2010년대 후반에 이 중 다수는 마스토돈(Mastondon)이라는 SNS 플랫폼으로 갈아타는 방법을 고민했다. 마스토돈은 탈중앙화되고 주제 기반으로 돌아가는 구조를 갖추었으며 사용자 친화성이 떨어지는데, 이 모두가 초기의 인터넷을 떠올리게 한다).

일상생활에서 인터넷의 역할이 성숙하면서, 누가 오래된 인터넷 민족인지는 굳이 물어보지 않는 한 구분하기가 어려워졌다. 나

인터넷 때문에

이나 온라인상의 지인 같은 요소만 고려하는 경우, 오래된 인터넷 민족의 일부를 다음 물결에 온라인 세계로 들어온 두 집단 중 하나로 혼동할 수 있다. 오래된 인터넷 민족이 쓰던 어휘 대부분은 주류에 채택되거나(by the way를 나타내기 위해 btw를 쓴다거나, crash를 "my computer crashed(컴퓨터가 빡났어)"의 맥락에서 쓰는 등) 더 이상 쓰이지 않게 됐다("use the source, Luke!(소스 코드를 써, 루크!)"를 줄인 약어인 UTSL이 그 사례다.[24] 이 말은 〈스타워즈〉 대사를 패러디해 사람들에게 질문을 던지기 전에 소스 코드를 읽어보라고 권하는 것이다). 컴퓨터광 어휘의 일부는 특정한 기술자 집단, 해커 집단, 기타 오래된 인터넷 공동체에만 남아 있고, 일반 인터넷에서는 흔하게 쓰이지 않는다.

오래된 인터넷 민족이 세운 가장 큰 언어학적 공헌은 특정한 단어를 만든 것이 아니라 어떤 정서를 보여준 것이었다. 인터넷이 "언어의 '사회적' 사용에는 부적절하다"라고 보았던 부정론자들을 기억하는가? 인터넷 태동기의 언어 공동체는 바로 이 문제, 즉 비격식 문어에서 감정을 전달하는 방법을 놓고 씨름했다. 1990년대에는 독일에서 채팅 기반의 온라인 롤플레잉 게임을 하는 사람들에 관한 연구가 수행됐는데, 이 연구에 따르면 비격식 문어와 감정이라는 요소가 깊이 얽혀 있다.[25] 채팅을 통해 가장 친구를 많이 사귀었다는 사람들은 미소 이모티콘을 비롯한 인터넷 은어를 가장 많이 사용하는 사용자였으며 인터넷의 사회적 잠재력에 관해 회의적인 태도를 가장 덜 보여주었다.

lol이라는 약자가 laughing out loud(큰 소리로 웃기)를 뜻하게 된 사연은 인터넷에서 물리적 세계로 감정이 뛰쳐나온 훌륭한 사례다. lol이 만들어진 경위에 관해 가장 흔하게 받아들여지는 설명은 캐나다 앨버타주 캘거리에 사는, 웨인 피어슨(Wayne Pearson)이라는 남자의 진술이다. 그는 1980년대에 한 채팅방에서 이 말이 만들어졌다고 기억한다.

> 스프라우트라는 닉네임을 쓰던(아마 지금도 쓸 거예요) 제 친구가 원격회의를 하며 너무 웃긴 얘기를 해서, 저도 모르게 진짜 큰 소리로 웃었어요(laughing out loud). 주방 벽이 쩌렁쩌렁 울릴 정도였죠. LOL을 처음 쓴 게 그때예요.
>
> 물론 그전에도 채팅방에서 즐거움을 표현하는 방식은 여럿 있었죠 (>grin< >laugh< *smile*). 온갖 미소 짓는 얼굴도 있었고요. 하지만 저는 그중 어느 것도 누군가 때문에 혼자 있는 공간에서 큰 소리로 웃어 바보가 된 것만 같았다는 사실(다른 방에 다른 가족이 있었다면 얼마나 이상하다고 생각했을까요!)을 제대로 전달하는 건 없다고 느꼈어요.[26]

lol이 만들어진 정확한 시간과 날짜는 사이버공간 속에 영원히 묻힐지 모르겠으나, 피어슨의 설명은 우리가 확인할 수 있는 사실과 일치한다. 언어학자 벤 짐머(Ben Zimmer)가 발견했듯, 1989년 5월 발행된 〈피도뉴스(FidoNews)〉라는 온라인 신문에 이미 온라인에서 흔하게 쓰이는 인터넷 약어 중 하나로 LOL이 처음으로 언급되었다.[27] 아무튼 피어슨의 이야기는 오래된 인터넷 민족의 시대를 떠올리게 한다. 인터넷에서 처음 사귄 친구, 오래 써온 닉네임, 컴퓨터를 보며 웃는 행위, 기술을 사용하지 않는 가족들이 느낄 당혹감 등이 그렇다. 다음 물결의 인터넷 사용자들이 도착하면서, 사람들은 온라인에서 친구를 사귈 수 있고 우스운 일이 일어날 수 있다는 사실에 별로 놀라지 않게 된다.

두 번째 물결: 사회적 인터넷의 시작

온라인에 들어간 두 번째 물결의 사람들은 영어권에 가장 많았다. 1990년대 후반~2000년대 초반이라는 짧은 세월 동안 인터넷은 주류가 되었다. 인터넷에 접근할 수 있는 건 더 이상 기술 관련 회사와 대학, 몇 안 되는 컴퓨터광만이 아니었다. 평범한 사람들이 집과 고등학교, 직장에서 온라인에 접속하기 시작했다. 퓨 리서치(Pew Research)에 따르면, 미국인의 절반 이상이 인터넷을 사용하기 시작한 해는 2000년이다.[28] 다만 대학 교육을 받았거나 18세에서 29세 사이인 인구의 인터넷 사용률은 당시에 이미 70퍼센트를 넘었다. 1995년에는 미국인의 겨우 3퍼센트만이 웹페이지를 방문해본 적이 있었으며, 인구의 3분의 1만이 개인 컴퓨터를 가지고 있었다.[29] 1998년 영화 〈유브 갓 메일〉은 이런 주류화의 초기 단계에 나온 것이다. 등장인물 중 일부만 온라인에 접속하며, 채팅방에서 낮선 사람을 만나기 위해서였다. 하지만 이들은 기술자가 아니라 서점 주인이었다. 1999년 롭 스피겔(Rob Spiegel)이라는 기자가 이렇게 말했다. "1년 만에 참으로 많은 것이 달라졌다. 12개월 전만 해도 나는 인터넷 사용이 1999년 11월쯤 완전한 주류가 되리라고 결코 예측하지 못했다. 내가 '온라인'이나 '웹' 같은 말을 하는데 모두가 이해한다니, 사실 아직도 적응이 안 된다."[30]

인터넷의 주된 서사는 해커들 이야기에서 디지털 이주자와 디지털 원주민에 관한 이야기로 바뀌었다.[31] 나이 든 세대는 온라인에 접속해, 대체로 나이 든 세대의 자녀이던 인터넷 세대가 날 때부터 디지털과 친숙한 것을 보고 놀랐다. 인터넷 세대는 숨 쉬듯 쉽게 컴퓨터를 사용하는 것처럼 보였다. 연구자들은 이런 서사에 의문을 제기했다.[32] 2000년대 초반에 대학생들을 상대로 실시한 한 연구에서는 스프레드시트를 편집하거나 디지털 사진을 편집하는 등의 능력은 20세 학생과 40세 이상의 학생 사이에는 유의미한 차이가 없음이 밝혀졌다. 디지털 원주민이라는 개념을 지지하거나 반박하는 증거를 비판적으로 검토한 논문에서는 이 서사가 근거 없는 신화라고 설명한다. "'도덕적 공황'(moral panic)의 학문적 형태"[33]라는 것이다. 도덕적 공황, 즉 어떤 집단이나 행위가 사회에 위협이 되는 것으로 인지될 때, 실제 증거보다는 선정적인 언론 보도가 중요한 역할을 한다. 모든 사람이 부모/자식의 이분법에 깔끔히 맞지는 않는다는 점은 말할 필요도 없다. 10~20년 정도 일상적으로 인터넷을 사용하다 보면, 디지털 세계에서 누구보다 허우적거리던 사람도 상당

인터넷 때문에

히 숙련될 수 있다는 점도 그렇다.

이 시기 온라인에 접속한 두 집단의 진정한 차이점은 기술적 숙련도가 아니라 사회적 선택에서 나타났다. 한 집단은 인터넷을 사회생활의 매개체로 완전히 받아들였다. 이들은 내가 온전한 인터넷 민족(Full Internet People)이라고 부르는 존재가 되었다. 다른 집단은 인터넷을 도구로 사용했지만, 사회생활의 대부분은 예전대로 유지하며 나중에야 인터넷을 매개로 하는 우정에 비교적 점진적으로 흘러들어왔다. 이들은 준인터넷 민족(Semi Internet People)이다. 이러한 두 집단은 연령과 상관관계가 있으나 연령만으로 완전히 정의되는 것은 아니다. 온전한 인터넷 민족은 나이가 더 어리고 아직 학교에 다니며 새로운 유행 및 또래가 쿨하다고 여기는 것을 받아들이기 쉬운 경향이 있었던 반면, 준인터넷 민족은 나이가 많고 직장에 다니며 이미 확립된 사회생활을 하고 있는 경향이 컸다. 하지만 중요한 구분은 이들의 연령보다는 이들이 인터넷에서 하는 행동에 따라 이루어졌다. 1999년에, 새로운 사람을 만나기 위해 주제 기반의 게시판을 찾아다니던 인터넷 신입은 오래된 인터넷 민족의 문화적 표준을 상당수 물려받았다. 반면 이미 존재하는 친구들과 매일 메시지를 주고받기 시작한 두 번째 신입은 온전한 인터넷 민족이 되고, 웃긴 내용이 담긴 체인 이메일(특정한 명단에 속한 사람들이 자신이 받은 이메일을 다음 사람에게 전달하는 식으로 공유하는 이메일)을 전달하는 세 번째 신입은 준인터넷 민족이 될 터였다. 이들은 모두 같은 나이일 수 있지만, 이들이 참여하는 언어 공동체는 무척 달랐다. 일반화를 할 때면 늘 그렇듯, 여러 상황을 잘 보여주기 위해 이런 집단을 선명한 용어로 칭할 만한 가치가 있으나 두 집단의 경계선에 속하는 사람들도 존재한다.

온전한 인터넷 민족: 일상의 경계가 확장되다

온전한 인터넷 민족은 1990년대 후반과 2000년대 초반에 사회적 인터넷이 시작될 때 성년이 되었다. 이들은 수많은 의사소통 규칙이 이미 확립된 인터넷에 합류했으며, 이런 규칙을 자곤파일이나 FAQ을 통해 명시적으로 받아들인 것이 아니라 같은 시기에 인터넷에 합류한 또래로부터, 어떤 음악이 쿨하고 어떤 청바지가 멋진지를 전달하는 것과 동일한 문화적 화학작용을 통해 암시적으로 받아들였다. 이 집단에게 인터넷은 '온전한' 것이다. 이들은 인터넷의 사회적 잠재력을 한 번도 의심해본 적이 없다. 어떻게 그럴 수 있겠는가? 이들은 이미 아는 사람들과 더 많은 의사소통을 하기 위해 인터넷을 쓰기 시작했는데 말이다. 점심시간에 다들 지난밤에 인터넷으로 메시지를 보내다가 헤어진 커플 이야기를 하는 마당에, 인터넷이 사회적 상호작용과는 관계가 없다거나 인터넷 민족이란 개념이 어떤 식으로든 현실적이지 않다고 주장하는 건 이상한 일이다.

AOL 인스턴트 메신저(AIM), MSN 메신저, ICQ(I seek you, 너를 찾는다) 등 인스턴트 메신저(IM이라고도 한다)는 새로운 경험이자, 온전한 인터넷 민족의 첫 인터넷 사회 경험의 핵심이었다. 지오시티(GeoCities), 앤젤파이어(Angelfire), 장가(Xanga), 네오펫(Neopets), 라이브저널, 마이스페이스 등 네온색 배경과 깜빡이는 작은 gif를 추가할 수 있는 개인 홈페이지, 프로필 페이지도 마찬가지였다. 내가 수행한 2017년의 설문조사에 따르면, 이 집단의 중심은 24~29세였으며, 이 중 4분의 3 이상이 AIM, MSN 메신저, 블로그, 라이브저널, 마이스페이스 등을 최초의 SNS 플랫폼으로 선택했다. 18~23세와 30대의 절반 정도, 40대의 4분의 1가량도 이런 SNS 플랫폼으로 시작했다. 1990년대 후반과 2000년대 초반 당시의 10대, 20대 상당수가 사용자였던 것이다.

이 집단은 오래된 인터넷 민족이 자곤파일을 만든 것과 달리 은어 목록을 만들지 않았다. 본성상 온전한 인터넷 공동체는 거대하고 탈중심화되어 있으며, 자신들의 말하기 관행을 당연하게 받아들였기 때문이다(하지만 타임머신이 있었다면, 나는 14세의 나 자신에게 목록을 만들어보라고 말했을 것이다!).

어른이 된 지금, 이 집단은 미디어 플랫폼에 충분히 접근할 수 있으며 자신들의 인터넷 경험 초창기에 관한 향수에 문득 사로잡히곤 한다. 니나 프리먼(Nina Freeman)의 비디오게임 〈로스트 메모리 닷 넷(Lost Memories Dot Net)〉은 자신의 청소년기 셀카와 기억을 사용한다. 이 게임에서 플레이어는 14세 소녀가 되어 당시의 인터넷 익스플로러와 닮은, 탭이 있는 인터페이스에 일본 애니메이션 팬사이트/블로그를 만들고, 가장 친한 친구와 둘이서 같이 좋아하는 남자아이에 관해 인스턴트 메시지를 나눈다.

2000년대 초반 10대 인터넷을 추억하는 어느 기사에서는 그

것이 오프라인의 사회구조를 그대로 복제했다는 점을 강조한다.[34] 당시에는 친구들끼리 웹링(webring, 주제나 목적이 같은 웹 페이지를 모은 링크집)이나 클리크(웹링과 유사하나 서로 아는 사람들끼리만 공유하는 링크집)로 각자의 홈페이지를 공유하고, 그 홈페이지를 밝은색이나 파스텔톤의 HTML 표와 귀엽고 작은 동물 만화 gif로 꾸몄다. 이 집단도 인터넷에서 모르는 사람들과 어울리기도 했는데, 대체로 네오펫이나 Petz.com처럼 가상 펫 웹사이트에서였다.[35] 기자 니콜 카펜터(Nicole Carpenter)는 애정 어린 논조로 이런 사이트를 "비우호적인 경우가 많은 인터넷에서 소녀들이 놀 수 있는 안전한 공간"인 "다마고치와 포켓몬의 혼합물"이라고 설명했다.[36] 2009년 야후(Yahoo)에서 무료 웹호스팅 서비스 지오시티의 사이트들을 폐쇄한 이후, 보존 활동가들이 이 사이트들을 보존하기 위해 허둥거렸을 때[37]와 2017년에 인터넷기업 AOL이 PC용 인스턴트 메신저 AIM 서비스를 영구적으로 종료했을 때는 향수의 물결이 밀어닥쳤다.[38] 기술 문화 분야의 한 기자는 AIM이 문을 닫자, 중학교 시절 남자아이들과 나누었던 AIM 대화를 출력해, 친구들과 함께 분석해보곤 했다고 회상했다.[39]

온전한 인터넷 민족은 사회적 인터넷에 합류하고 몇 년 지나 최초의 페이스북 및 트위터 이용자가 되었다. 이와 관련해서 나의 설문조사에서 이 집단이 존재하지 않는 것으로 나타난 인구통계학적 지점도 똑같이 흥미롭다. 우리는 이들이 페이스북의 최초 이용자였다는 점을 분명히 알고 있다. 2004년 처음 서비스를 시작했을 때 페이스북은 하버드 학생들에게만 개방되었고, 이후 일반 대학으로 확장되었다가 고등학생들에게로, 2006년에는 일반 대중에게로 확장되었으니 말이다. 흥미로운 점은, 이 연령대에 들어가는 사람 중 극소수만이(10퍼센트 미만) 최초의 사회적 경험을 페이스북을 통해서 했다는 사실이다. 유즈넷 집단과 인스턴트 메시지 집단의 창시자 인구는 둘 다 새로 온라인에 들어온 사람들이었다. 반면 페이스북의 창시자 인구는 오래된 플랫폼에서 새로운 플랫폼으로 갈아탄 사람들이었다.

초기에 페이스북은 온라인의 정체성을 오프라인의 이름과 사회 관계망과 연결했다는 점에서 SNS 플랫폼 중 이례적이었다. 오래된 인터넷 때부터 사람들은 으레 새로운 사람들을 만나고 정체성을 실험하고자 온라인에 접속한다고 생각했는데, 그런 면에서 페이스북은 괴상한 파열로 보였다. 하지만 사실, 페이스북은 그저 초창기 페이스북 사용자들이 중학교 시절부터 보이던 양상을 명시적으로 드러냈을 뿐이다. 인스턴트 메시지를 사용하는 사람들은, 겉보기에는 오래된 인터넷 민족이 유즈넷이나 채팅방에서 쓰던 것과 비슷하게 화려한 닉네임을 가지고 있었다. 하지만 이런 닉네임의 실제 기능은 완전히 달랐다. 1980년대에 lol을 발명한 웨인 피어슨에게는 '스프라우트'라는 이름으로만 알려진 인터넷 친구가 있었다. 반면, 〈로스트 메모리 닷 넷〉에 나오는 니나 프리먼의 자아는 TarnishedDreamZ가 같은 반 친구 케일라라는 사실을 완벽하게 알고 있었다.

새로운 사람을 만나기 위해 인터넷에 참여했던 사람들은 인터넷 친구들이 자신을 찾을 수 있게 하려고 여러 플랫폼에서 몇 년, 심지어 몇십 년 동안 같은 사용자 이름을 썼다. 하지만 이미 아는 사람들과 어울리기 위해 인터넷에 참여한 사람들에게 화면상의 이름은 정체성을 흐리기보다는 연출하는 방식이었다. 사용자 이름은 가장 좋아하는 밴드나 좋아하는 영화 대사를 표현한 것일 수도 있었고, 몇 달 뒤 관심사가 변하면 함께 변할 수도 있었다. 친구들이야 이름이 바뀌어도 같은 사람이라는 걸 알 테고, 다른 사람이 바뀌는 이름을 추적하다 놓친다면 오히려 더 좋은 일이었다. 중요한 사회적 관계를 생각할 때 온라인과 오프라인의 자아가 효과적으로 연결된 세월이 몇 년이나 됐으니, 페이스북에서 실명을 사용하기 시작한 것도 그리 대단한 확장은 아니었다. 사실, 더 이상 사용자 이름을 통해 정체성을 연출하지 않는다는 것이 '성숙함'의 징표로 느껴지기도 했다.

오래된 인터넷 민족과 온전한 인터넷 민족의 이런 태도 차이를 매우 잘 보여주는 사례가 《복잡해: 네트워크를 이룬 10대들의 사회생활(It's Complicated: The Social Lives of Networked Teens)》에 잘 나타나 있다. 기술 전문가 데이나 보이드(danah boyd)가 쓴 이 책은 2005~2012년까지 미국 전역에서 인터넷을 사용한 10대들에 관한 상세하고 흥미로운 민족지적 연구를 담고 있다.

나는 10대 시절을 온라인에서 보낸 첫 세대에 속했다. 하지만 지금과는 다른 시절이었다. 1990년대 초반에는 내 친구 중 컴퓨터에 관심을 두는 아이들이 드물었다. 그리고 내가 인터넷에 가진 관심은 지역 공동체에 대한 불만족과 연관되어 있었다. 인터넷은 내게 더 큰 세상, 나의 독특한 관심사를 공유하며 밤이나 낮이나 언제든 그에 관해 토론할 준비가 된 사람들이 사는 세상이었다. 나는 온라인에 접속하는 것이 탈출의 한 방법이던 시기에 어린 시절을 보냈으며, 간절히 탈출하고 싶었다.

내가 만나는 10대들은 완전히 다른 이유로 페이스북이나 트위터 등 인기 있는 SNS나 앱, 문자메시지 같은 모바일 기술에 끌린다. 나를 비롯해 채팅방과 게시판에서 어울리며 지역 공동체를 피하던 초기의 사용자들과 달리, 오늘날 대부분의 10대는 공동체 안의 사람들과 관계를 맺기 위해 온라인에 접속한다. 이들의 온라인 참여는 괴짜 같은 행동이 아니다. 이들에게는 온라인에 접속하는 것이 전적으로 평범하며, 심지어 당연한 행동이다.

이 책에서 쓰는 용어로 설명하자면, 이런 태도 차이가 나타나는 이유는 보이드가 오래된 인터넷 민족이고 그녀가 조사한 10대들은 더 어린, 온전한 인터넷 민족이기 때문이다. 보이드가 책에서 다루는 사이트는 마이스페이스에서 인스타그램까지 범위가 넓다. 보이드는 젊은 사람들을 온라인 사회생활로 내보내는 추동력을 쇼핑몰이나 공원 같은 곳에서 물리적으로 사회생활을 할 기회를 감소시키는 배회금지법 및 차가 없으면 이동하기가 힘든 환경 등의 제약과 연결한다. 이와 유사하게, 2000년에 캘리포니아 공립학교 학생들을 대상으로 실시한 설문조사에 따르면 10대들은 이미 아는 친구들과 온라인에서 개인적으로 나누는 대화를 낯선 사람들과 공개 채팅방이나 게시판에서 나누는 대화보다 선호했다.[40]

한 가지 확실히 해두자면, 온전한 인터넷 민족 중에도 데이트를 위해서든, 직업적인 인맥 쌓기를 위해서든, 공통의 관심사를 통해 관계를 맺었기 때문이든 인터넷에서 새 친구를 사귀는 경우가 있다(반대로 오래된 인터넷 민족 역시 결국 자신의 온라인과 오프라인 정체성을 연결하게 되었다). 인터넷 사용자 1세대에게는 어떤 자부심, 인터넷 예외주의, 인터넷 민족이 평범한 사람들보다 낫다는 확신이 있었다. 이들은 인터넷이란 사회적 상호작용에 관한 기존 규칙들이 꼭 적용되지 않아도 괜찮은 공간이라고 생각했다. 이들은 그곳에서 쓰이는 언어가 약간 조잡하고 오해의 여지가 있다고 해도 문제 삼지 않았다. 오히려 그 말을 못 알아듣는 사람들을 배제할 수 있어 좋았다. 그러나 대대적으로 사회적 인터넷에 참여한 첫 세대에게는 다른 동기가 있었다. 이들은 세계적 공동체에 참여하기보다는 지역 공동체 안에서의 우정을 유지하고 싶어 했다. 이들은 의사소통의 방법을 새로 발명하려는 게 아니었다. 활용 가능한 의사소통 수단을 써서 그저 평소의 생활을 계속하려던 것뿐이었다. 평범하게 썸을 타고 헤어지고 각종 위기를 겪으면서 말이다. 하지만 이들은 동시에 인간사의 평범한 드라마들을 전달하기 위해 비격식 문어를 활용했다. 그 결과, 비격식 문어는 인간 감정의 모든 영역을 깊이 전달할 수 있는 무언가로 변화하기 시작했다.

인터넷 때문에

온라인 삶에 익숙하되 기술과 멀어진 사람들

공교롭게도, 인터넷을 사용해 집단으로 부모들을 당황시켰던 첫 세대인 온전한 인터넷 세대는 자녀 세대와 인터넷의 관계 때문에 혼란을 느낄 마지막 세대이기도 하다. 온전한 인터넷 민족은 자신의 10대 시절을 떠올리며 채팅 앱은 인스턴트 메시지와 비슷한 것이고, 텀블러는 지오시티와 비슷한 것이라고 이해할 수 있다. 하지만 이들에게는 디지털 어린 시절이 없었다. 이들은 유아가 아이패드를 몇 시간 사용하면 지나친 것인지, 어린 자녀가 어린이 만화의 충격적인 패러디와 마주쳤을 때는 어떻게 해야 하는지, 먼 곳의 친척들이야 재미있어하겠지만 아이가 자라서 부끄러움을 느낄 만한 사진이나 어린 시절 이야기를 SNS에 올려도 될지 같은, 익숙하지 않은 질문들을 고려해봐야 하는 첫 세대다.

인터넷 기능에 관해서라면, 온전한 인터넷 민족은 초기의 기술에 대한 약간의 향수와, 자신보다 어린 사람들이 온라인에서 하는 일과 연결점을 잃고 있다는 어느 정도의 불안감을 느낀다. 하지만 이들은 SNS 사이트나 직업적인 전자통신 양면에 모두 잘 적응한 상태다. 이들은 최소 한 개의 SNS 계정을 가지고 있으며, 여러 개 가지고 있을 수도 있다. 또한 페이스북이 됐든, 트위터나 인스타그램, 레딧, 넷플릭스, 팟캐스트가 됐든 뉴스와 재밌거리를 온라인에서 찾는 경우가 흔하다. 이들은 청소년기 이후로 가족의 기술 지원 팀 역할을 해왔으며, 새로운 기술이 주류로 여과되어 들어가는 주요한 매개체다. 이들은 다양한 핸드폰과 컴퓨터 등의 기기를 편하게 다룬다. 이메일과 인스턴트 메시지, 인터넷 서핑, 워드프로세서 사용도 익숙하다. 아마 스프레드시트나 프레젠테이션 같은 다른 오피스 도구에도 친숙할 것이다. 온전한 인터넷 민족은 집에 인터넷이 연결되어 있지 않던 시절을 기억할 수도 있고, 기억하지 못할 수도 있으나 기초적인 인터넷 은어가 없던 시절의 인터넷은 기억하지 못할 게 확실하다. lol이나 wtf 같은 약어, :-)와 <3 등의 이모티콘, 고함을 나타내기 위해 모든 문자를 대문자로 표현하는 등의 관행은 이미 자리 잡고 있었다. 이들은 인터넷 은어 대부분을 문맥이나 또래를 통해 습득했으며, 이런 은어를 어조와 연관 지어 이해한다.

이 밖의 다양한 기술에 대한 이들의 숙련도는 사람마다 다르다. 미국 대학생의 기술 친화성에 관한 신화와 현실을 살펴본 2004년의 연구에 따르면, 이들 모두가 사실상 앞서 언급된 기술을 가지고 있었다.[41] 그러나 그래픽을 만들거나 오디오 혹은 영상을 편집하고 웹사이트를 만들 줄 아는 사람은 소수에 불과했다. 영국, 오스트레일리아, 남아프리카공화국 등에서 수행된 이후의 조사에서도 같은 결과가 나왔다.[42] 1980년 이후에 태어난 사람들은 거의 모두 사회적 목적의 기술에는 숙련되어 있었으나 비교적 전문적인 기술(코딩, 위키피디아 편집, 블로그 운영, RSS 피드 팔로우 등)은 약 2~30퍼센트의 소수만 가지고 있었다. 이는 컴퓨터 시대 초창기의 기술에 빠삭한 단일 소수 집단 대 기술에 관해서는 아무것도 모르는 대규모 집단이라는 구도를 나타낸다기보다, 사람들의 지식 수준이 비일관적이고 단편적임을 보여준다. 사람들이 알아야 할 필요가 있을 때마다 기술을 배웠던 것이다. 이런 조사가 대학에 진학하지 않는 인구에 비해 이미 기술 활용도가 높을 가능성이 큰 대학생들을 상대로 이루어졌다는 점도 고려해야 한다.

　디지털 원주민들에 관한 예측은 부분적으로만 정확하다. 기술 전문가와 비기술 전문가 사이의 구분은 흐려졌지만, 그건 인구 전체가 기술 전문가로 바뀌었기 때문이 아니다. 2000년대 초반에 이루어진 기술 관련 조사들에서 한창 유행한 단어는 ICT, 즉 정보 통신 기술(information and communications technologies)이었다. 하지만 정보 기술과 통신 기술은 개별적으로 분석해야 한다. 날 때부터 인터넷이 있던 세대가 온라인 사회생활에 친밀감과 편안함을 느끼는 것은 사실이다. 전화나 자동차가 존재하는 세상에 태어난 세대들이 전선을 타고 전해지는 지직거리는 목소리에 생경함을 느끼거나 시속 100킬로미터 이상의 속도로 움직인다는 생각에 경계심을 느끼지 않는 것과 마찬가지다. 하지만 오래된 인터넷 민족과는 달리, 온전한 인터넷 민족이 컴퓨터를 통해 사회생활을 할 수 있는 능력과 그들이 컴퓨터 자체에 말을 걸 수 있는 능력 사이에는 거의 아무런 연관이 없다. 최초의 자동차 운전자들은 모두 숙련된 정비공이었다. 자동차가 너무 자주 고장 났기 때문이다. 하지만 자동차가 주류가 되려면, 오일펌프와 카뷰레터조차 구분하지 못하는 사람들도 운전할 수 있어야 했다. 컴퓨터도 마찬가지였다. 컴퓨터가 "보닛을 열어본 적이 없는" 사람들까지 쓸 수 있는 물건이 되면서, 기술 숙련도와 인터넷 사회작용의 관계는 느슨해졌다. 이 장의 나머지 부분에서는 이러한 발전을 추적하겠다.

준인터넷 민족: "부모님이 페이스북에 가입했어요"

온전한 인터넷 민족과 마찬가지로, 준인터넷 민족은 1990년대 후반~2000년대 초반, 사회적 인터넷이 시작될 때 온라인에 들어왔다. 하지만 이들은 온전한 인터넷 민족의 문화적 표준 대부분을 몰랐다. 온라인에 들어온 이유가 달랐기 때문이다. 준인터넷 민족은 보통 일 때문에 온라인에 접속하기 시작했고, 그로부터 얼마 지나지 않아 뉴스를 읽거나 정보를 찾아보고 쇼핑을 하고 여행 계획을 짜는 등의 다른 기능적 활용으로 영역을 넓혀나갔다. 사회적 측면은 나중에, 비교적 점진적으로 발가락을 담근 영역에 불과했다. 이들이 '준' 인터넷 민족인 이유는 인터넷 사회생활에 부분적으로만 참여하기 때문이다. 이들에게는 인터넷을 통해 유지하는 관계가 일부 있을 수 있다. 예컨대, 젊은 가족 구성원과는 그런 식으로 소통하되 오랜 친구 등 다른 사람들과는 인터넷이 아닌 수단을 통해서 관계를 유지할 수도 있다. 아무튼 이들은 온라인을 통해 새로운 사람을 사귀는 경우에 관해서는 조심스러운 태도를 유지해왔다. 이들은 편지와 전화통화를 통해 관계를 유지하는 경험을 생생히 기억하고 있다.

2007년에 영국에서 인터넷 사용자와 비사용자를 상대로 실시한 설문조사에 따르면, 일반적인 인터넷 사용 양태에서 가장 큰 차이는 성년 초기와 중년 사이가 아니라 55세 이상과 미만 사이에

인터넷 때문에

나타났다.[43] 55세 이상에 관해서는 나중에 다시 다루겠다. 하지만 55세 미만의 이용자들 간에도 인터넷을 이용하는 방식에서 흥미로운 차이가 나타났다. 25세 미만 사용자의 약 3분의 2는 최소 한 개의 SNS 사이트를 이용했지만, 25~44세의 사용자 중에서는 약 절반만이, 45세 이상 사용자 중에서는 약 3분의 1만이 그랬다.

2007년 이후에는 고연령 집단 대다수가 SNS 사이트를 이용하기 시작했다.[44] 언론에서는 이를 "부모님이 방금 페이스북에 가입했어요"라고 표현했다. 2017년, 퓨 리서치에 따르면 55~64세의 미국 성인 중 60퍼센트 이상이 페이스북 사용자였다.[45] 다른 SNS 서비스를 제외하고도 그 정도였다. 이런 연구 결과는 처음으로 이용한 SNS 플랫폼이 어디인지 질문한 내 설문조사 결과와도 일치한다. 우리는 페이스북, 트위터, 유튜브, G챗 사용자 가운데 중년에 해당하는 범위가 이상하게도 비어 있다는 점을 이미 살펴보았다. 그까닭은 최초에 이런 서비스를 사용했던 사람들이 다른 곳에서 이곳으로 옮겨 온 것이기 때문이다. 이런 곳에서 인터넷 사회 경험을 쌓기 시작한 사용자들의 숫자는 50대 이상과 23세 미만이라는 두 지점에 몰려 있다. 물론, 2008년에 첫 SNS로서 페이스북에 가입한 45세와 13세가 같은 경험을 하지는 않았을 것이다. 그러므로 SNS 사이트 중 페이스북을 가장 먼저 써봤다는 집단들 가운데 젊은 집단의 이야기는 이 장의 뒷부분까지 미뤄두기로 하자.

온전한 인터넷 민족이 1990년대 후반~2000년대 초반에 인터넷에 몰두하면서 그 언어를 학습했다면, 같은 시기에 온라인에 들어온 진짜 어른들은 여행 안내서를 원했다. 자신들이 부분적으로만 발을 담근 사회적 환경에 대한 설명서가 필요했던 것이다. 하긴, 이들이 DIY식 인터넷과 컴퓨터를 매개로 하는 사회적 그룹에 끌렸다면 이보다 앞서 온라인에 접속해, 오래된 인터넷 민족이 되었을 것이다. 이런 안내서 중 가장 포괄적이었던 것이 《와이어드 스타일(Wired Style)》이다.

《와이어드 스타일》은 1993년에 탄생한 기술 전문 잡지, 〈와이어드〉의 스타일 가이드였다. 보통 잡지와 신문은 《연합통신사 스타일북(The Associated Press Stylebook)》, 《시카고 스타일 매뉴얼(The Chicago Manual of Style)》과 같은 스타일 가이드를 따른다. 옥스퍼드 콤마(단어를 나열할 때, 나열되는 마지막 단어 앞에 쉼표를 찍는 방식)를 쓸 것인지, 약어에 마침표를 포함해야 하는지, 여러 철자가 모두 인정되는 단어가 있다면 어떤 철자를 써야 할지 등 특정한 출간물 안의 모든 글이 일관성을 지키도록 하기 위해서다. 하지만 기존의 스타일 가이드는 〈와이어드〉가 다루는 기술 혁신과 보조를 맞추지 못했다. 고전적인 스타일 가이드에 권고안이 있다 한들, 그 권고안은 최첨단에 서 있다고 자부하는 기술 잡지가 보기에는 지나치게 보수적인 경우가 많았다. 좀 더 전통적인 신문에서야 독자 대부분이 website나 email을 쓰게 된 이후 몇 년이 지나서까지 Website나 E-mail을 계속 사용해도 괜찮았다(〈뉴요커〉의 정체성은 부분적으로 coöperate 같은 단어에서 일부러 보수적인 분음 부호를 사용하는 것으로 정의된다). 하지만 〈와이어드〉에서는, (이 책이 그렇듯) 인터넷 형식에 뒤처지는 스타일을 사용하는 것이 잡지의 신빙성을 심각하게 떨어뜨렸을 것이다.

그래서 〈와이어드〉의 편집자 콘스턴스 헤일(Constance Hale)과 제시 스캔런(Jessie Scanlon)은 email에 대문자나 대시를 적용할 것인지(둘 다 안 하기로 했다), 인터넷 약어에 대문자와 대시를 어떻게 적용할 것인지(대문자는 쓰되 마침표는 찍지 않기로 했다. 예를 들어 L.O.L.이나 lol이 아니라 LOL을 쓰기로 했다) 등의 문제에 관한 일관성 있는 매뉴얼을 제시하고자 사내 스타일 가이드를 만들었다. 출판업자들은 이 가이드에 보다 많은 사람의 관심을 끌 잠재력이 있음을 알아보았고, 헤일과 스캔런의 스타일 가이드는 개정과 확장을 거쳐 1996년에 《와이어드 스타일》이라는 제목으로 출간되었다. 1998년에는 2판이 나왔다.

그 시절, 인터넷 언어에 관한 논문도 나왔다. 하지만 《와이어드 스타일》이나 자곤파일 같은 문서들이 특히 중요한 이유는 일반 독자층을 대상으로 쓰였으며 인터넷의 관행을 다시 그 사용자들에게 제시했기 때문이다. 〈와이어드〉의 내부 스타일 가이드는 자신도 기술에 정통해 있으며, 기술에 정통한 독자들을 대상으로 글을 쓰던 필자들의 글쓰기 형식을 표준화하기 위해 만들어졌다. 그러나 《와이어드 스타일》은 주류가 된 인터넷을 겨냥하고 새로운 '네티즌'들에게 언어적 '네티켓' 가이드를 제공했다. 준인터넷 민족이 처음 온라인에 접속했을 때 반드시 《와이어드 스타일》을 읽은 것은 아니었다. 하지만 이 책은 복사본으로나 당시의 신문이나 잡지의 짧은 코너를 통해 전달된 수많은 가이드 중 가장 종합적인 것이었다. 이런 가이드들은 사람들에게 모든 글자를 대문자로 쓰면 고함치는 것과 같고, B, 4, 2, U, LOL은 각기 be, for, to, you, laughing out loud의 약자이며, 업무용 이메일은 편지로 보낼 때만큼 격식을 차려서 쓰지 않아도 된다고 알려주었다. 하지만 이런 지식은 가끔 실제 쓸모가 있기보다는 이론 차원에 머물렀다. 준인터넷 민족은 대체로 같은 세대의 구성원들과 이메일을 주고받았기 때문이다.

기술에 대한 양가감정과 오프라인 선호

앞서 디지털 원주민들을 다룰 때도 그랬듯, 온라인에 접속한다는 행위의 기능적 측면을 사회적 측면과 혼동하면 안 된다. 준인터넷 집단은 디지털 이민자라고 불렸다. 이 말은 이들이 기술에 대해 느끼는 뿌리 깊은 불편감과 이메일을 굳이 인쇄하려 드는 경향을 나타내는 것이었다. 하지만 10~20년쯤 인터넷을 쓰면서 준인터넷 민족은 개인적, 직업적 인터넷에 대체로 편안함을 느끼게 되었다.

오래된 인터넷 민족과 마찬가지로 이들이 인터넷 은어에 대해 느끼는 편안함의 수준은 이들이 다른 인터넷 도구에 느끼는 편안함의 수준과 상관이 있었다. 둘 다 이들이 얼마나 오랫동안 온라인에서 생활하는지, 또 그곳에서 편안함을 느끼는지를 나타내는 지표였다. 온라인에 접속하는 것이 정말로 어려웠던 시절의 사람들과 평균적인 기술 숙련도를 견줄 수 있는 세대는 없다. 그러나 온전한 인터넷 민족 등 비교적 젊은 인터넷 민족이 가진 지식이 광범위하다면, 준인터넷 민족은 깊이 있는 지식을 가진 경향이 있다. 이들은 오랫동안 해온 몇 가지 기술 문제에 보통 높은 수준으로 숙련되어 있다. 포토샵, 마이크로소프트 오피스 등 10년 내내 직장에서 사용해온 도구가 그 예다.

이들은 익숙한 도구에 능숙하고, 젊은 사람들에게서 기술 지원을 받았듯 현재는 자신의 노부모나 나이 많은 친구들에게 기술 지원을 해주고 있을 가능성이 크지만, 여전히 자신을 "딱히 컴퓨터형 인간은 아니라고" 생각한다. 이들이 새로운 기술 과제를 맞닥뜨렸을 때 처음으로 보이는 반응은 미성년 자녀나 젊은 직장 동료 등 오프라인에서 아는 사람에게 도움을 청하는 것이다. 가장 가까운 곳에 있는, 당장 말을 걸 수 있는 오프라인의 사람에게 도와달라고 하는 경우도 있다. 한번은 어느 카페에 중년 부부가 내게 자기들 핸드폰에 깔린 무슨 앱을 고쳐달라고 했다. 내가 노트북 컴퓨터를 가지고 그 사람들 옆에 앉아 있었다는 이유만으로 말이다. 이게 딱히 비효율적인 전략이라고는 할 수 없다. 어쨌거나 나는 실제로 문제를 성공적으로 해결해주었다. 하지만 나 역시 한 번도 그 문제를 접해본 적이 없었다. 내가 그 문제를 해결한 건 "기술 지원 비법 노트"라는 제목의 〈xkcd〉 만화에 설명된 절차를 통해서였다.[46] 그 만화에는 "메뉴 항목 또는 하려는 일과 관계된 것으로 보이는 버튼을 찾는다 → 클릭한다 → 문제가 해결되었는가? → 아닌가? → (반복한다) → 전부 해봤다 → 프로그램 이름과 하려는 작업을 함께 구글에서 검색해본다"라고 적혀 있었다. 나는 카페 사람들에게 와이파이

비밀번호를 물어보거나 메뉴를 보여줄 수 있는지 물어본 적은 있어도, 기술 관련 문제라면 디지털 세상의 사람들에게 의지한다. 친절한 전문가가 종합 안내서를 써두었기를 바라면서 구글 검색을 하되, 5년 전에 같은 문제를 겪었던 사람이 쓴 글에도 얼마든지 만족할 생각으로 말이다.

오래된 인터넷 민족이 기술에 대한 지식과 기술을 통해 다른 사람들을 만날 때의 흥분으로 자신을 정의했듯, 오래된 인터넷 민족과 같은 세대이나 준인터넷 민족이 된 사람들은 기술에 대한 양가감정과 온라인보다 오프라인 인간관계를 선호하는 성향으로 자신을 정의한다. 페이스북이 준인터넷 민족 사이에서 성공을 거둔 이유는 그들에게 인터넷에서 새 친구를 사귀라고 부추기는 대신 오프라인 네트워크를 복제할 수 있도록 해주었기 때문이다.

나는 2017년 후반에, 앞서 설문조사에 참여했던 동일 연령 집단을 상대로 추적 조사를 실시했다. 단, 이번에는 링크를 트위터에 먼저 올리고 며칠 뒤에야 페이스북에 올렸다. 트위터를 통해서 설문조사에 응답하는 40대와 50대가 부족했던 것은 아니다. 하지만 이들은 거의 모두 유즈넷 혹은 그 이전 시기부터 인터넷을 활용해 온 오래된 인터넷 민족 집단에 속했다. 페이스북에 링크를 올리고 몇 시간이 지나서야 페이스북을 최초의 SNS 플랫폼으로 활용한 사람들이 충분히 포함되면서, 40대 이상에서 첫 번째 설문조사와 같은 양상이 나타났다(내가 트위터를 페이스북과 같은 범주에 집어넣었는데도 말이다). 페이스북이 대학생 이외의 사람들에게 공개되고 10년이 지났지만, 여러 플랫폼 중 페이스북을 선호하는 사람들은 여전히 온라인 관계에 관해 상당히 특이한 태도를 보여준다. 동시대의 다른 SNS 플랫폼과 비교하더라도 말이다.

그러나 준인터넷 민족이 페이스북으로 사회적 인터넷을 처음 사용하기 시작한 건 아니다. 이들은 이메일로 인터넷 사회생활을 시작했다. 내가 설문조사에서 일부러 이메일을 빠뜨린 것은 인터넷이 주류가 되기 전부터 이메일은 모든 사람에게 널리 인기를 얻었기 때문이다. 1995년 퓨 리서치 연구에 따르면, 미국 성인 중 이메일을 일상적으로 사용하는 사람은 웹사이트를 일상적으로 방문하는 사람의 세 배이며,[47] 이메일 사용은 2002~2011년까지 인터넷을 사용한 인구의 90퍼센트 수준에 이르는 등 포화 상태를 이루었다.[48] 준인터넷 민족은 이메일을 매우 잘 사용하는 경향을 보이며, 초기에 정립된 고도의 이메일 에티켓을 따르는 경우가 많다. 이런 에티켓에는 거대하고 복잡한 폴더 시스템과 답장할 때 받은 이메일 내용을 문단별로 끊어 사이사이에 해당 문단에 대한 답장을 끼워 넣는 방식, 이메일 주제가 달라질 때마다 제목을 바꾸는 행위 등이 포함된다(일부 오래된 인터넷 민족도 이런 에티켓에 따른다. 반면 온전한 인터넷 민족은 이런 일에 경악하는 경향을 보인다. 이런 에티켓에 따르면, 제목에 따라 이메일을 자동으로 엮으며 반복되는 텍스트 덩어리를 감추는 지메일 스타일에서는 엉망이 되기 때문이다). 준인터넷 민족의 초기 인터넷 문화 표준은 온전한 인터넷 민족의 조잡한 플래시 애니메이션 영상보다는 체인 이메일로 전달되는 농담으로 이루어져 있다.

발달하기까지 더 오랜 시간이 걸리기는 했지만, 현재 준인터넷 민족에게도 기술을 통해 유지하는 관계가 있다. 이들이 특히 많이 쓰는 기술은 이메일, 문자메시지, 채팅 앱, 페이스북, 그리고 스카이프나 페이스타임 같은 영상통화다. 이들은 보통 인터넷 은어를 알고 있다. 특히 1990년대 후반에, 이들이 처음으로 온라인에 접속했을 때 인기를 얻은 은어들을 잘 안다. 이들은 좀 더 인터넷 친화적인 집단에 비해 이모티콘에 열광하지는 않았다. 언제까지나 :-) 만 쓰려 드는 경향이 컸다. 하지만 이들은 중간 단계를 건너뛰고 바로 이모지를 사용하게 되었다. 준인터넷 민족에게 인터넷 언어란 단지 "나는 이 메시지를 인터넷을 통해 보냈습니다"라는 뜻일 뿐이다. 이들이 보내는 메시지는 전부 액면 그대로의 의미만을 띠고 있다. 좀 더 미묘한 사회적 의미를 전달하고 싶다면 음성으로 대화하면 된다. 이들은 글이란 근본적으로 사회적 상황을 온전히 다 전할 수 없다고 가정한다. 온전한 인터넷 민족의 생각과는 정반대다.

LOL과 lol을 자세히 살펴보면 두 번째 물결을 이루는 집단 간의 이런 차이가 더 잘 드러난다. 준인터넷 민족은 인터넷 은어 목록에서 대문자로 쓰인 LOL을 배웠다. 이들은 젊은 사람들에게, 혹은 인터넷 매뉴얼을 통해 LOL은 laughing out loud의 약자이지 더 이상 Little Old Lady(아주머니)나 Lots of Love(큰사랑)를 뜻하지 않는다는 얘기를 들었다. 하지만 언어란 미끄덩거리는 생명체다. 온라인에서는 특히 그렇다. 온전한 인터넷 민족은 또래에게서, 인터넷이라는 사회적 장 안에서 lol을 배웠다. 이곳에서는 단어를, 특히 시간을 아끼게 해주는 약자들은 강조하려는 게 아닌 이상 늘 소문자로 쓴다. 게다가 lol은 처음에 웃음을 나타냈지만, 빠르게 더 많은 의미를 띠게되었다. 즉, lol은 엄밀히 말해 웃고 있지는 않더라도 어떤 농담을 알아들었다는 티를 내거나 약간 어색한 상황을 무마하는 한 가지 방법이 되었다. 2001년에 이미 언어학자 데이비드 크리스털은 얼마나 많은 lol이 실제로 큰 소리로 웃음을 터뜨렸다는 의미를 나타내는지 의심하기 시작했다.[49] 널리 공유된 레딧의 한 게시물에 따르면 "우리는 'lol'을 'ne'(nose exhale, 코로 숨을 내쉬며 살짝 웃기)로 바꿔야 한다. 온라인에서 웃긴 것을 봤을 때 우리가 실제로 하는 일은 그것뿐이니까".[50]

나는 2017년에 사람들이 lol을 사용하는 방식을 조사해보고 이 단어가 변화하고 있음을 알았다. lol은 대문자로 쓰이는 경우가 꾸준히 줄어들었을 뿐 아니라 의미도 진화하고 있었다. 준인터넷 민족의 절반 이상은 큰 소리로 웃었음을 나타내기 위해 lol을 사용했다고 말했지만, 상당 비율의 사람들이 꼭 실제 웃음을 동반하지는 않는 보통의 즐거움을 나타날 때도 lol을 쓸 수 있다고 말했다. 단, 이들이 lol로 비웃음이나 냉소 등 다른 의미를 나타내는 경우는 드물었다. 오래된 인터넷 민족과 온전한 인터넷 민족에게는 세 가지 경향이 모두 나타났다. 이들은 주요 의미를 골라보라는 압박을 받았을 때는 즐거움을 고르는 경향이 있었으나, 반어적 의미를 담은 가짜 즐거움과 진짜로 소리를 내서 웃는 웃음으로 그 의미를 확장할 수 있었다(후자는 특히 LOLOLOL이나 actual lol (진짜 lol)이라고 확장하는 형태로 썼다). 가장 어린 집단은 lol을 대문자로 쓰는 것도, 이 표현을 활용해 진짜 웃음을 나타내는 것도 단호하게 거부했다. 심지어 LOLOLOL로 확장하더라도 그렇다고 했다. 대신, 이들은 즐거움, 아이러니, 심지어 수동적 공격성 등의 의미를 선호했다. lol의 새롭고도 미묘한 사회적 기능은 여기서 아이러니의 의미가 정확히 무엇이냐는 등의 또 다른 의문을 불러일으키므로, 인터넷 이후 민족에 관해 이야기할 때 이 문제를 다시 다루기로 한다.

세 번째 물결: 모두가 인터넷에 산다

인터넷 민족의 세 번째 물결이 온라인에 스며든 것은 전체 인구가 이미 온라인에 들어온 다음, 인터넷이 피할 수 없는 것이 된 다음이었다. 이 물결에 속하는 사람의 절반은 인터넷 이전의 삶을 기억하기에는 너무 어리거나 읽고 타자 치는 방법을 배울 때부터 온라인에 접속하기 시작한 사람들이다. 이들이 인터넷 이후 민족(Post Internet People)이다. 나머지 절반은 그보다 나이가 많으며, 인터넷과 관련된 이 모든 일을 그냥 무시하고 지낼 수 있다고 생각했으나 결국 뒤늦게 합류하기로 한 사람들이다. 우리는 이 사람들을 인터넷 이전 민족(Pre Internet People)이라고 부르겠다(아직도 오프라인에 머무는 사람들은 비인터넷 민족(Non Internet People)이라고 할 수 있을지

인터넷 때문에

모르겠다).

오래된 인터넷 민족과 준인터넷 민족, 인터넷 이전 민족은 인터넷이 소개된 방식에 따라 형성되었다. 다양한 나이의 기술광들은 훨씬 이른 시기에 온라인에 진입했고, 다소 회의적인 대다수는 인터넷이 평범한 것이 될 때까지 기다렸으며, 기술 공포증이 가장 심한 사람들은 최대한 진입을 늦추었다. 이런 일은 더 이상 일어나지 않는다. 물론 개인이야 계속 기술을 거부하며 살아갈 수 있다. 전기가 들어오지 않는 숲속 오두막에서 살기로 선택하는 식으로 말이다. 하지만 부유한 사회에서는 모두가 인터넷에 노출되게 되었고, 전 세계적으로도 그런 경향이 커졌다. 아이들은 모두 똑같은 어린 나이에 온라인에 접속해, 10대 초반부터 온라인에서 사교 생활을 한다. 이 시기는 또래 집단이 오프라인 인생에서 아주 큰 중요성을 차지하기 시작하는 나이이기도 하다. 그러므로 미래 세대에는 나이, 성별, 인종, 계급, 인간관계 등 늘 언어에 영향을 주었던 인구통계학적 특성이 언제 처음 온라인에 접속했느냐보다 중요한 문제가 될 것이다.

세 번째 물결의 두 집단을 이전의 집단들과 구별하는 쉬운 방법은 이메일과 맺는 관계를 살펴보는 것이다. 더 정확히 말하면, 이메일과 아무 관계도 맺지 않았는지 살펴보면 된다. 오래된 인터넷 민족과 온전한 인터넷 민족, 준인터넷 민족은 모두 SNS가 아직 태동기이고 이메일이 개인적, 직업적 의사소통에 필수적이었을 때 온라인에 접속했다.[51] 지금까지도 이들 다수에게는 이메일이 그런 역할을 한다. 2000년대 후반과 2010년대에 온라인에 들어온 사람들에게는 SNS가 이미 보편적이다. 이 사용자들은 보통 이미 은퇴한 사람이거나, 직업적인 이유로 이메일을 사용하기에는 너무 어린 사람들이다. 이들은 이메일을 건너뛰고 바로 SNS와 채팅 앱으로 진입했다.

인터넷 이전 민족: 어쩔 수 없이 이주한 사람들

가장 나이가 많은 이 집단의 구성원들은 (드문드문) 인터넷에 접속하지만, 인터넷에 완전히 속한다고 할 수는 없다. 인터넷 이전 민족은 첫 번째와 두 번째 물결이 밀려올 때, 그러니까 인터넷이 생겼을 때와 주류가 되었을 때도 존재했다. 하지만 당시에 이들은 인터넷이 없어도 아무 문제 없이 지낼 수 있을 거라고 보았다. 2010년대에는 이 중 다수가 점진적으로 온라인에 접속했다. 너무 많은 정보 전달과 사회생활이 온라인에서 이루어졌기 때문이었다. 퓨 리서치에 따르면, 성인 인구 절반이 온라인에 접속한 첫해인 2000년에는 65세 이상 미국인의 14퍼센트만이 인터넷을 사용했다. 하지만 2012년에는 그 수가 50퍼센트로 증가했다.[52] 이 수치는 해마다 1~2퍼센트 포인트 상승했다. 퓨 리서치에서는 또한 2017년에 노인 인구 3분의 1이 SNS를 사용하고 있다고 밝혔다. 2010년에는 겨우 10분의 1이었다.[53]

인터넷 이전 민족 모두가 65세 이상인 것은 아니다. 65세 이상인 사람이 모두 인터넷 이전 민족인 것도 아니다(2015년에 65세였던 사람은 1980년대에 팔팔한 30세였으며, 얼마든지 얼리어답터가 될 수 있었다). 그러나 인구통계상 가장 나이 든 집단이 가장 뚜렷하게 인터넷과 SNS 사용에 늦는 경향을 보이는 것은 사실이다. 재밌게도 인터넷 이전 민족은 비슷한 시기에 온라인에 들어온 인터넷 이후 민족과 몇 가지 공통점이 있다. 이들은 둘 다 페이스북, 유튜브, 와이파이, 터치스크린이 없었던 시대의 인터넷을 모르며, 가족들이 쓰다 버린 전자기기를 사용하는 경향이 불균형적으로 높다.

인터넷 이전 민족은 보통 좀 더 숙련된 인터넷 사용자가 대신 설정해준 계정을 한 개 가지고 있다. 그 계정은 이메일 계정일 수도 있고, "그 페이스북이라는 거"의 계정일 수도 있으며, 왓츠앱 같은 문자 기반 채팅 앱이나 스카이프 혹은 페이스타임 같은 영상 채팅 앱의 계정일 수도 있다. 이들은 이런 계정을 통해 메시지를 보내거나 받는 등의 기본적인 활동을 하는 방법을 알지만, 로그아웃되거나 앱의 인터페이스가 바뀌면 다시 도움을 청해야 한다. 이들은 오직 스마트폰이나 태블릿 같은 터치스크린 장치를 통해서만 인터넷을 활용할 수도 있다.[54] 만약 컴퓨터를 사용한다면, 아마 바탕화면에 편리하게 '인터넷'이나 '이-메일'이라고 적힌 바로가기 아이콘이 있을 것이다. 이들은 코딩을 할 줄 모르는 게 확실하고, 복사-붙여넣기를 하는 방법조차 모를 수 있다. 그러나 이 중 일부는 키보드를 안 보고 타자를 칠 수 있다. 실제 타자기를 통해 타자 치는 방법을 배웠기 때문이다.

기술을 즐겁게 활용하는 젊은이들이나 얼리어답터들에 비해 뒤늦게 인터넷에 진입한 사람들은 연구 대상이 되는 경우도 별로 없고, 그다지 사회적 관심사가 되지도 않는다. 다만 사서이자 오래 된 인터넷 민족으로서 2007년 이후로 버몬트주 시골에서 매주 기술 수업을 해주는 제서민 웨스트(Jessamyn West)가 정보를 제공한 바 있다. 웨스트는 인터넷 사용 인구 전반이 이 사람들을 더 잘 이해할 수 있도록 자신의 수업을 온라인에 정기적으로 기록한다.[55] 웨스트가 돕는 사람들 대부분은 55~85세다. 인터넷을 사용하지 않는 인구의 비율은 계속해서 떨어져왔으나 2015~2018년에는 그 수치가 미국인 중 11퍼센트 정도에 계속 머물렀다.[56] 인터넷 연결 속도가 느린 시골에 사는 사람들, 영어가 아닌 언어로 인터넷을 사용하는 편을 선호하는 사람들, 시력이 나쁜 사람들, 청력이 떨어지는 사람들 사이에서는 그 비율이 더 높다. 이 모든 특성이 나이 든 사람들 사이에 더 흔하게 나타난다.[57] 웨스트는 오늘날 누군가가 인터넷을 사용하지 않고 있다면 그건 우연이 아니라고 강조한다. 웨스트가 돕는 사람들은 컴퓨터에 노출된 적이 있으나 자신에게는 컴퓨터가 맞지 않는다고 생각했던 사람들이다. 그런데 이제 그들은 정부 서비스나 손주의 사진 등 오직 온라인으로만 접근할 수 있는 대상에 맞닥뜨리게 되었다. 웨스트의 작업은 당장의 구체적인 과제를 처리하는 것만이 아니라, 이들이 기술에 대한 불안이나 혼란스러운 사용자 인터페이스를 헤치고 나아갈 수 있도록 가르쳐주는 것이기도 하다.[58]

인터넷 때문에

20세기 말줄임표와 21세기 이모지의 공통점

준인터넷 민족은 인터넷 은어를 '기술을 통한 비격식 의사소통'과 연관 짓는다. 더 어린 나이의 인터넷 민족들은 인터넷 은어를 활용해 어조를 전달한다. 하지만 인터넷 이전 민족은 LOL 등의 인터넷 약어를 전혀 쓰지 않고(이보다 '힙한' 소문자 버전은 더더욱 쓰지 않는다), 아예 알아보지 못할 수도 있다. 앞선 장에서 살펴보았듯이, 특정한 공동체의 언어를 받아들인다는 것은 단지 그 언어에 노출되었다는 의미일 뿐 아니라 그 공동체의 구성원이 되는 것이 바람직하다고 생각한다는 뜻이기도 하다. 인터넷을 사용하기는 해도, 인터넷 이전 민족은 인터넷을 사회적 영향을 주기에 적절한 원천이라고 보지 않는다. 이들은 한번 인터넷에 합류하더라도 다시 떠나는 주된 집단이다. 이들에게는 인터넷 관련 장비를 고치는 작업이 별로 우선순위가 높지 않기 때문이다. 이들이 은어를 사용한다면, 그 은어는 be, you, too를 뜻하는 B, U, 2처럼 인터넷 이전부터 존재해온 같은 발음을 이용한 형태이거나 자동완성 키보드가 제시하고 즉시 해석할 수 있는 작은 그림 형태의 이모지뿐이다.* 약어나 이모티콘 같은 인터넷 은어를 사용하는 일은 이들에게 익숙하지 않을 뿐 아니라, 전혀 참여하고 싶어 하지 않는 집단에 속한다는 의미이기도 하다. 1년 정도 페이스북을 사용한 뒤 나와 이야기를 나누었던 노년의 한 분은 이렇게 말했다. "사람들이 계속 콜론 뒤에 괄

---

* 단, 4장에서 살펴보겠지만 이모지의 표면적 의미를 그대로 믿을 수만은 없다.

호를 쓰던데요. 그게 무슨 뜻입니까?" 하지만 내가 웃음 :)을 뜻한다고 설명을 해준 다음에도("아, 그거 똑똑하네요!") 나는 그분이 웃음 기호를 쓰는 걸 한 번도 보지 못했다.

이 집단에게는 인터넷 민족으로서의 언어 표준이 없을지 모른다. 하지만 그렇다고 해서 이들이 온라인에 접속한 다른 누구보다도 신문에 나올 법한 격식을 갖춘 영어를 입력한다는 건 아니다. 당연히, 이 사람들은 대규모 인터넷 조사로도 발견되지 않는 인터넷 주민들이지만, 내가 직접 계속해서 보고 다른 인터넷 민족들에게서도 들어온 이 사람들의 공통된 언어학적 일화는 이들이 분리 문자(seperation characters, 구절이나 문장을 끊어주는 기능을 하는 문자를 말한다)를 사용한다는 것이다.[59] 이 집단의 수많은 사람은 대시나 마침표 여러 개, 혹은 쉼표 여러 개를 사용해 생각의 단위를 구분한다. "i just had to beat 2 danish guys at ping poong.....&..they were good....glad I havent lost my chops(덴마크 사람 두 명을 탁구 경기에서 이겨야 했는데.....잘 치더라구.....내 한 방이 아직 살아 있어서 다행이지)"[60]라거나, "thank you all for the birthday wishes — great to hear from so many old friends — hope you all are doing well ── had a lovely dinner(생일 축하 고마워 ─ 오랜 친구들 소식을 이렇게 많이 들으니 좋네 ─ 다들 잘 지냈으면 좋겠어 ── 저녁 즐거웠어)",[61] 혹은 "Happy Anniversary,,, Wishing you many more years of happiness together,,,,(결혼 기념일 축하합니다,,, 앞으로도 오래 행복하시길,,,,)" 하는 식이다.

대시나 말줄임표를 일반적인 분리 문자로 사용하는 경향이 정확히 얼마나 퍼진 것인지에 관한 통계는 없지만, 최소한 영어권에

인터넷 때문에

서는 이런 경향이 두루 발견되는 것으로 보인다. 내가 트위터에서 더 많은 일화를 요청하자, 어떤 사람이 "우리 시부모님이랑 문자 하셨어요?"라는 댓글을 남겼다. 주로 젊은 가족 구성원들과 연락하기 위해 온라인 활동을 시작한 이 모든 사람이 대화하는 상대방보다는 서로와 비슷한 방식으로 글자를 입력하는 이유가 뭘까? 첫 번째 단서는 제서민 웨스트가 도서관 기술 교실에서 녹화한, 어느 노인이 생애 최초의 이메일을 보내는 장면에서 얻을 수 있다. 던(Don)이라는 이 남자는 카메라를 든 웨스트에게 "키보드로 글을 써본 게 평생 처음입니다"라고 말한다. 그런 다음 그는 잠시 멈추어서 이렇게 말한다. "손으로 글을 쓸 때 나는 평범한 마침표를 찍지 않아요. 한 생각이 끝날 때마다 '점점점'을 찍죠." 그는 컴퓨터를 가리킨다. "저게 그냥 마침표, 마침표, 마침표인가요?" 웨스트가 그렇다고 말하자 던은 키보드를 다시 보며 의기양양하게 점, 점, 점을 찍는다.[62]

던이 보인 의기양양함은 젊은 인터넷 민족이 분리 문자에 대해서 보인 당혹감과 날카로운 대조를 이루었으므로, 나는 이를 힌트 삼아 더 많은 손글씨를 찾아 나섰다. 그 결과 나는 엽서들을 보게 되었다. 유독 도움이 되었던 자료는 비틀스의 다른 세 멤버가 링고 스타에게 보낸 엽서를 스캔해둔 책이었다. 존 레넌과 폴 매카트니는 비교적 표준적인 문장부호를 달아가며 더 긴 메시지를 쓰는 경향이 있었지만, 길이가 짧은 조지 해리슨의 메시지는 거의 인터넷 이전 민족의 문자메시지와 똑같았다.[63] 해리슨이 1978년 스타에게 보낸 메시지에는 다섯 개의 점이 찍혀 있다.

하와이에서 큰 사랑을 보내며.....

조지+올리비아

이 책에 실린 다른 엽서에는 이모지와 비슷한 스케치가 들어 있다. 말풍선이 달린 곰이라든가, 서명 밑에 그려진 웃는 얼굴 같은 것들 말이다. 나는 경매 사이트들에서 해리슨이 보낸 엽서를 더 찾아냈다. 아버지에게 보낸 한 엽서에서는 대시를 얼마든지 찾을 수 있었고, 문장 끝에서는 입맞춤을 뜻하는 xx도 볼 수 있었다. 이 표현은 영국의 문자메시지에서는 지금도 흔하게 쓰인다.

안녕하세요 아빠 — 에일린 —
잘 지내시길, 또 무사히 돌아가셨길 바랍니다. 저희는 1주일 동안 스웨덴 북부에 와 있어요 — 꽤 춥네요. 하지만 아주 좋아요 — 변화도 주고요 — 다음 주에 돌아가요 — 그때 연락할게요

사랑을 전하며 조지+올리비아 xx[64]

이건 비틀스만의 특징도 아니고, 심지어 영어만의 특징도 아니다. 1950년대부터 2010년대까지 발송된 500통 이상의 스위스어 엽서 말뭉치를 연구해보니, 이 장르의 두 가지 공통점이 드러났다.[65] ......, ???, !!!처럼 문장부호를 반복적으로 쓰는 경향과 웃는 얼굴,

인터넷 때문에

하트 등 이모티콘과 비슷한 낙서를 사용한 것이다. 사실, 엽서에서 나타난 이런 특징이 인터넷으로 옮겨가기만 한 것이 아니라 인터넷의 표현 양식도 엽서로 옮겨갔다. 2003년에 핀란드 청소년들의 엽서와 문자메시지를 비교한 한 연구에서는 청소년들이 엽서를 쓸 때도 :) 같은 가로형 이모티콘 표정을 쓰기 시작했다고 지적한다.[66]

비격식 문어의 다른 장르에서도 분리 문자로 쓰인 대시와 말줄임표가 나타난다. 공간이 제한적일 때 특히 그렇다. 예를 들어, 조이스 비엘(Joyce Viele)이라는 사람이 타자기로 썼다는 "보니 둔 오티스(BONNIE DOON OATIES)" 쿠키 조리법 카드의 스캔본에는 다음과 같이 반복적으로 점이 등장한다. 이번에는 점 사이에 빈칸이 넓다. 다른 손글씨 조리법에서는 각 단계를 구분하기 위해 대시를 활용하기도 한다.

쇼트닝, 설탕, 달걀, 소금, 바닐라, 비트를 완전히 섞는다 . . . 밀가루와 베이킹파우더를 함께 체로 쳐서 함께 거른다; 첫 번째 혼합물에 코코넛과 귀리를 넣고 잘 섞는다 . . . . 반죽을 숟가락으로 떠서 기름 바른 베이킹시트에 올린다 . . . 오븐에서 중간 온도(350℉)로 10~15분간 굽는다. 쿠키 36개를 만든다.

엽서와 조리법 카드에는 SNS 게시물과 두어 가지 중요한 공통점이 있다. 이런 글은 모두 한 사람이, 편집 없이 작성한다. 출판된 요리책이나 편지 형식으로 쓰인 소설과는 다르다. 둘 다 글 쓸 공간이 제약되어 있고, 이 때문에 어느 정도 글이 간명해진다. 둘 다 특정한 한두 사람을 위해 쓴 것이지만, 암묵적으로 훨씬 더 큰 집단이 볼 수 있다는 면에서 반(半)공개적이기도 하다. 이런 유사점은 노년의 인터넷 사용자들이 lol 같은 인터넷 약어보다 이모지를 차용하는 속도가 놀라울 정도로 빠르다는 점은 물론, 일반적으로 분리 문자를 사용하는 현상도 설명해준다. 인터넷 이전 민족('점점점'을 사용하는 준인터넷 민족과 오래된 인터넷 민족도 일부 있지만, 인터넷 이전 민족만큼 광범위하게 존재하지 않는다)은 자신들이야 유창하게 쓰지만 디지털 시대의 젊은 독자들은 잃어버린 어느 장르의 관행을 충실하게 재생산하고 있는 것이다. 이 장르에는 이미 작은 낙서가 들어가는 정신적 틈이 있고, 이모지가 그 틈에 딱 맞게 들어간다. 디지털 시대와 아날로그 시대의 비격식 문어 간 격차는 이런 방식으로 흥미롭게 메워진다. 첨단 기술과 관련된 것들을 전혀 모르는 사람들조차 사회적 틀을 정확히 인지하고, 자신이 이미 알던 언어적 관습에 그 틀을 겹쳐놓은 것이다.

여러 면에서, 가장 나이가 많은 이 인터넷 집단은 젊은 집단보다 흥미롭다. 우리는 젊은 사람에게 인터넷을 통해 친구를 사귄다는 게 무슨 뜻인지 어느 정도 알고 있다. AOL 인스턴트 메신저를 통해 일상적이지만 중요한 새 소식을 끊임없이 보내고 마이스페이스의 친한 친구 목록 8위에 누구누구가 들어 있느냐를 놓고 아침 드라마 한 편을 찍어대던 1990년대 후반의 10대와 스냅챗을 통해 일상적이지만 중요한 새 소식을 끊임없이 보내며 누가 누구의 인스타그램 셀카 사진에 '좋아요'를 눌렀느냐를 놓고 아침 드라마 한 편을 찍어대는 2010년대 중반의 10대 사이에는 별 차이가 없다. 하지만 우리는 꽤 오랜 기간, 노인 세대가 단체로 새로운 의사소통 기술을 쓰는 모습을 본 적이 없다. 아마 전화가 발명된 이후로는 그런 일이 없었을 것이다. 아직 우리는 노인 집단 전체가 장기적인 인터넷 민족이 된다는 것의 의미를 어렴풋하게만 이해할 뿐이다. 하지만 우리는 노인들에게 인터넷을 사용하는 방법을 가르치려는 소소한 노력으로 그들에게 사회적으로 더 연결되었다고 느끼게 할 수 있다.[67] 젊은 층과 노인층의 엽서와 문자메시지를 비교하는 본격적인 말뭉치 연구가 나왔으면 좋겠다. 그러면 세대와 매체를 넘어서는 비격식 문어를 한데 모아 무언가 알아낼 수 있을 것이다.

인터넷 이후 민족: 삶의 완전한 일부가 된 인터넷

어린 시절, 우리 집에는 텔레비전이 없었다. 그래서 나는 또래 친구들 사이에서 별 볼 일 없는 괴짜 아이가 되었다. 그래도 나는 문화적 삼투작용과 잠깐씩 본 남의 집 텔레비전을 통해서 TV 문화의 본질을 습득했다. 리모컨을 작동하는 방법, 〈제퍼디!(Jeopardy!)〉쇼의 주제곡, 〈세서미 스트리트〉 시리즈가 최고의 프로그램에서 아이들이나 보는 프로그램이 되었다가 최고의 추억의 프로그램에 이르기까지 사회적으로 진화하는 모습 등을 모두 보았다. 나 자신의 참여 여부와는 관계없이, 나는 텔레비전 이후 세대에 어린 시절을 보냈다. 인터넷 이전 민족은 인터넷을 사용할 때도 인터넷과 사회적으로 연결됐다고 느끼지 않는다. 인터넷 이후 민족은 그 반대다. 이들은 자신이 인터넷을 사용하는 수준과는 무관하게 인터넷의 사회적 영향을 받는다. 이들은 처음으로 컴퓨터를 쓰거나 온라인으로 뭔가를 해본 게 언제인지 기억하지 못한다. 앞선 세대가 처음으로 텔레비전을 보거나 전화기를 사용한 게 언제인지 기억하지 못하는 것과 마찬가지다. 게다가 이들은 특정 플랫폼에 계정이 없거나 SNS를 아예 사용하지 않을 때조차 팔로우나 '좋아요'의 사회적 함의에 관해 이야기할 수 있다. 인터넷 이후 민족에게 이런 것들은 사회적 환경의 한 부분이다.

사실, 온전한 인터넷 민족과 인터넷 이후 민족을 선명하게 가르기 위해 던질 수 있는 질문은 페이스북 계정을 부모님보다 먼저 만들었느냐, 나중에 만들었느냐는 것이다. 좀 더 일반적으로 표현하면, 사회적 인터넷이 이미 보편화된 이후에 인터넷 사용을 시작했는지, 아니면 사회적 인터넷이 여전히 틈새시장의 영역이거나 젊은 사람만 하는 일이었을 때 인터넷 사용을 시작했는지 물어보면 된다. 내가 2017년에 한 조사에서는 13~17세 응답자들이 처음으로 사용한 SNS 플랫폼이 페이스북, 트위터, 유튜브, G챗 범주와 인스타그램, 스냅챗, 아이메시지, 왓츠앱 범주로 거의 동등하게 나뉘어 있었다. 18~23세 집단의 약 3분의 1이 페이스북 범주를 선택해 인터넷 이후 민족에 들어갔다(18~23세의 절반은 인스턴트 메시지 묶음을 골라, 온전한 인터넷 민족으로 분류되었다).

디지털 세계에서의 삶은 9~14세 경에 시작되는 경향을 보인다. 어린이들은 게임을 하거나 동영상을 볼 미디어 장치로 터치스

인터넷 때문에

크린을 사용한다. 하지만 의사소통 수단으로 인터넷을 사용할 때는 여전히 보호자의 중재를 거친다.[68] 아이들이 오프라인에서 관계를 맺을 때와 마찬가지다. 부모는 아이와 함께 놀거나 함께 공원에 갈 친구를 고를 책임이 있는 것과 마찬가지로, 아이들이 조부모나 다른 집 아이와 영상 채팅을 할 수 있도록 준비한다. 어느 정도는 실용적인 이유에서 그러는 것이다. 인터넷 의사소통을 하려면 지금도 읽고 타자 치는 법을 알아야 하는 경우가 많다. 인터넷으로 접하는 내용이 연령대에 적합한지 걱정되기도 한다. 또, 대부분 SNS 사이트는 연령 제한을 두고 있다. 하지만 문자메시지 같은 오픈 플랫폼을 쓰는 경우를 고려하고 일부 사용자들이 나이를 속인다는 점을 생각하더라도, 일상적으로 모바일 기기를 들고 다니며 자율적인 의사소통의 수단으로 직접 사용하는 식의 변화는 10대 초반에 일어난다.

인터넷 이후 세대는 가장 어린 집단이므로, 이들의 SNS 관행을 예언의 도구로 삼아 우리 모두가 앞으로 10~20년 뒤에 무슨 일을 하고 있을지 알아보고 싶다는 생각이 들기 마련이다. 하지만 10대를 통해 예언하려고 시도할 때는 반드시 주의해야 한다. 이 생애주기에 나타나는 언어적, 사회적 특징과 이들이 나이가 들어도 유지할 특징을 구분해야 하기 때문이다.

"SNS에 중독된 게 아니라 서로에게 중독"

요즘에는 10대가 SNS를 어떻게 활용하는지 그 유행을 설명하는, 일종의 장르가 된 기사가 두 달에 한 번씩 나온다.[69] 이런 기사에서는 10대 친척을 인터뷰하기도 하고, 몇 안 되는 청소년들을 대표 삼아 프로파일링하기도 한다. 가끔은 10대인 필자가 친구들의 사용 방식을 살펴보는 경우도 있다. 이런 프로파일링이 여지없이 찾아내는 것은, 인기 있는 10대들은 별 이유도 없이, 성인인 필자로서는 도저히 이해할 수 없는 빈도로 서로 문자나 스냅챗 등 메시지를 주고받는다는 것이다. 한 달에 수천 건의 메시지라니! 이들은 한 발 더 깊이 들어가, 수줍음이 많거나 괴짜 성향이 강하거나 내성적인 10대들이 이 모든 일을 덜 한다는 사실도 알아낼지 모른다.

하지만 이런 현상 중 인터넷에서만 독특하게 나타나는 것은 하나도 없다. 언어학자이자 인터넷 연구자인 수전 헤링이 짚어냈듯, 그녀가 속한 베이비붐 세대는 10대였을 당시 쇼핑몰과 공원 등에서 '아무 목적 없이' 어울렸다.[70] 이들은 암호를 만들고 글자를 거꾸로 적어 쪽지를 돌렸다. 인터넷 세대의 아이들이 문자를 보내기 위해 창의적인 언어를 만들어낸 것과 같은 방식이었다. 또 베이비붐 세대는 뒷세대의 아이들이 SNS 프로필에 엄청난 공을 들이듯 사물함과 침실을 꾸몄다. 유선전화를 잡고 몇 시간을 보내든, 페이스북이나 마이스페이스나 인스타그램에 '중독되든', 모든 세대의 10대들이 하고 싶어 하는 일은 연애를 시도하고 또래와 서열을 다투며 엄청난 시간을 비체계적으로 보내는 것이다.

헤링은 1981년에 프랑스에서 이루어진 사회학 연구도 이야기한다.[71] 이 연구에서는 사교성이 10대와 성인 초기에 가장 높았다

인터넷 때문에

가 나이가 들수록 줄어든다는 사실을 알아냈다. 헤링은 이렇게 썼다. "그러므로 다른 모든 조건이 같다면, 젊은 사용자와 나이 든 사용자의 디지털 사교성 차이는 앞으로 디지털 미디어 사용자의 사교성이 증가할 것을 뜻한다기보다 생애주기 때문에 나타나는 현상으로 해석해야 한다."[72] 10대가 20대에 비해 모든 SNS를 더 높은 비율로 사용한다는 사실 또한 반드시 이들이 온라인에서 어울리기를 더 좋아한다는 의미는 아니다. 여러 연구에서 지속적으로 드러나는 점은, 대부분의 10대가 친구들과 직접 어울리는 편을 선호한다는 것이다.[73] 그 이유를 통해 많은 것을 알 수 있다. 10대들이 오프라인 상호작용을 선호하는 이유는 "그게 더 재미있기" 때문이며, "사람들이 하는 말의 뜻을 더 잘 알아들을 수 있기" 때문이다.[74] 하지만 교외 지역의 고립된 입지 조건과 공공장소에서 무리 지어 배회하는 10대에게 공공장소가 드러내는 적대감, 과외 활동으로 가득 찬 일과 등의 이유로 직접적으로 어울리기가 어렵기에, 10대들은 (부모는 없고) 친구가 있는 SNS나 앱에 기대는 것이다. 데이나 보이드가 표현했듯, "대부분의 청소년은 SNS에 중독된 것이 아니다. 오히려 이들은 서로에게 중독되어 있다".[75]

쇼핑몰의 푸드코트나 유선전화에 매달려 몇 시간을 흘려보내던 10대들이 쇼핑몰과 전화통화에 매우 합리적인 정도만 시간을 쓰는 성인이 되었듯, 현재의 10대들이 SNS나 핸드폰에 쓰는 시간이 반드시 10년 뒤 그들이, 혹은 우리 모두가 하게 될 일의 전조는 아니다. 어쨌거나 성인에게는 훨씬 더 나은 사회적 선택지들이 있다. 성인은 통행금지 없이 밖에 나갈 수 있다. 바에도, 콘서트에도, 식당에도, 클럽에도, 파티에도 갈 수 있다. 친구나 룸메이트, 연인과 함께 집 안에 머물 수도 있다. 심지어 부모의 허락을 받지 않고 사람들을 초대하는 것은 물론 침실 문을 닫아둘 수도 있다!

인터넷 사교 생활 전반에 끼치는 인터넷 이후 민족의 진정한 영향력은 반짝거리는 새 SNS 플랫폼보다 절묘하고 중요하다. 부모가 이미 참여한 뒤에 사회적 인터넷에 참여한 이들은 특히 끔찍한 형태의 '맥락 붕괴(context collapse)'[76]에 직면했다. 맥락 붕괴란 서로 겹치는 친구 집단들 모두가 삶의 여러 다른 맥락에서 공유된 모든 게시물을 보게 되는 경우를 표현하는 데이나 보이드의 용어다. 직장 동료의 개인적 사진이나 정치적 게시물을 이따금 보는 성인들에게 맥락 붕괴는 사소한 문제다. 이들에게는 맥락 붕괴가 그저 특정한 개인이 경솔하게 행동한 상황으로만 보인다. 그러나 어린 사람들에게는 맥락 붕괴가 집단의 문제다. 이들은 자신이 누구이고 권위적 인물이 지속적으로 감시하지 않는 공간이 어디인지 알아낼 여유가 필요하다.

온전한 인터넷 민족은 부모가 사용하지 않는 사회적 도구를 사용함으로써 이런 문제를 해결했다. 이들은 몇 년에 한 번씩 배를 갈아타며 새로운 네트워크를 만들고, '흑역사'를 더 이상 쓰이지 않는 플랫폼에 묻어버렸다. 프렌드스터(Freindster)는 마이스페이스에, 마이스페이스는 페이스북에 자리를 내주었다. SNS 플랫폼은 사람들이 개인정보 설정을 하고, 개별 게시물을 공유할 사람들을 선택할 수 있도록 해줌으로써 이 문제를 해결하고 자기 서비스가 버려지지 않도록 노력했다. 하지만 몇 년에 한 번씩 플랫폼을 갈아타거나 모든 친구를 분류하는 작업은 피곤하다. 인터넷 이후 민족은 대신 세 가지 원칙을 중심으로 좀 더 오래가는 전략을 세웠다.

첫째, 이들은 많은 것이 더 쉽게 사라지기를 바랐다. 읽은 뒤에 사라지는 개인 간 메시지, 실시간 동영상 스트리밍, 오래된 게시물의 직접 삭제, 24시간만 보이는 게시물은 모두 메시지가 의도된 맥락 밖에서 읽힐 가능성을 줄여준다. 둘째, 모든 SNS가 모든 사람의 모든 것이 될 필요는 없다. 단 하나의 지배적인 SNS 플랫폼을 사용하거나 모든 SNS에 계정을 유지하는 대신, 인터넷 이후 민족은 맥락을 통제하는 데 도움이 되도록 플랫폼을 고르고 선택한다. 학교 친구들과는 인스타그램으로, 팬클럽 친구들과는 트위터로 상호작용할 수 있을 것이다. 또는, 이력서에 올려도 안전한 활동은 실명으로 된 공식 계정으로 하되 보다 사적인 활동은 비밀 계정이나 익명 계정으로 할 수 있다. 마지막으로, 사회집단은 플랫폼보다 작고 유동적인 알갱이 수준에서 조직되어야 한다. 그러기 위해 인터넷 이후 세대는 해시태그나 공개 그룹 같은 크고 개방된 집단과 그룹챗이나 비밀 그룹 등의 소규모 폐쇄적 선택지를 모두 활용한다.

lol은 30년간 어떻게 진화했을까

인터넷 이후 민족은 lol의 의미론적 변화도 이어갔다. 소문자 lol이 꼭 폭소를 의미하지는 않는다는 사실은 2000년대 초반 이후로 명백했다. 그렇지만 페이스북과 인스타그램을 사용하는 젊은 층이 쓰는 이 표현에서 반어법, 수동적 공격성 등 다양한 의미가 있다고 하는 건 무슨 뜻일까? 언어학자 미셸 맥스위니(Michelle McSweeney)는 이 문제를 탐구해보기로 했다.[77] 그녀는 18~21세의 뉴욕시 거주자 중 스페인어와 영어를 모두 사용하는 이중언어 사용자 15명이 제공한 문자메시지 4만 5597건의 말뭉치를 만들고, 제공자인 젊은 층과 협력해 lol이 어떻게 사용됐는지 분석했다.

맥스위니와 협력자들이 처음으로 알아차린 것은 lol이 한 구절당 한 번만 등장한다는 사실이었다. 사람들은 "feeling a bit sick lol(좀 아파 ㅋㅋ)"라고 말했지만, 단순한 말을 하면서 그 말을 감싸는 괄호처럼 lol을 사용하거나("lol sounds good lol(ㅋㅋ 그거 좋은데 ㅋㅋ)") lol을 가운데에 넣지는 않았다("sounds lol good(그거 ㅋㅋ 좋은데)"). 단일한 메시지 안에 lol이 한 개 이상 들어간다면, 그 메시지는 따로 있어도 말이 되는 여러 부분이 각기 lol을 갖춘 셈이었다. "Yeah lol / my mom was annoyed when I said it lol(그러게 ㅋㅋ / 내가 그러니까 엄마가 짜증 내더라 ㅋㅋ)"라는 식이었다. 맥스위니는 또한 lol이 썸 타기, 공감을 구하거나 전달하기, 대화상 드러나지 않은 정보를 암시하기, 앞선 메시지의 수정, 갈등 상황 무마하기 등의 감정과는 함께 나타나지만 사랑 표현, 정보 교환, 인사말 등의 감정과는 함께 나타나지 않는다는 사실도 알아냈다. 사람들은 "got a lot of homework lol(숙제 엄청 많다 ㅋㅋ)"이나 "you look good in red lol(넌 빨간색이 잘 어울려 ㅋㅋ)"라고는 말했지만 "i love you lol(사랑해 ㅋㅋ)"라거나 "good morning lol(좋은 아

인터넷 때문에

침 ㅋㅋ)"이라고 말하지는 않았다. 젊은이들 말에 따르면, 굳이 따지자면 실제로 오후인데 누군가를 놀리는 한 가지 방법으로는 "good morning lol"이라고 말할 수 있지만(이 경우에는 단순히 인사를 한 것이 아니라 대화상 드러나지 않은 정보를 암시한 것이다), "i love you lol"이라고는 정말 말하면 안 된다고 했다. 그건 사람을 놀리는 아주 못된 방법이라는 것이다.

맥스위니는 lol이 구절 전체에 관한 메시지를 전달하는 게 틀림없다고 생각했다. 썸 타기, 갈등 무마하기, 공감과는 관계가 있으나 사랑, 직설법, 확인과는 관계가 없는 어떤 의미가 lol에 담겼다는 것이다. '썸 타기'와 "사랑해"라고 말할 때의 차이는, 썸을 탈 때는 호감을 표현했다가도 그럴싸하게 부정할 수 있으나 "사랑해"라고 말하면 그럴 수 없다는 것이다. 마찬가지로, lol을 사용하면 다른 경우 갈등으로 해석될 만한 말을 부드럽게 전할 수 있지만("what are you doing out so late lol(늦었는데 밖에서 뭐해 ㅋㅋ)"), 진지하고 직접적인 말의 효과를 떨어뜨릴 수 있다("you hurt me so much in our relationship(우리 관계가 나한테는 너무 상처가 돼)"). lol은 미묘하게 공감을 요구할 수 있지만("lol I'm writing an essay :'((ㅋㅋ 나 숙제중 ㅠㅠ)") 직접 질문을 던질 때는 불필요하다("Can you tell me your schedule so I know when to text you(스케줄 알려주면 그때 문자 보낼게)").

어떤 진술은 직접적이다. 또 어떤 진술은 여러 겹으로 그 의미를 감싼다. 말에 lol을 포함하는 것은 그 말에 찾아봐야 할 두 번째 의미가 있다는 뜻이다. 메시지를 받는 사람에게 당신이 하는 액면 그대로의 말 이면을 보라는 것이다. 이 두 번째 층의 정확한 성격은 첫 번째 층의 의미에 따라 달라진다. lol이 없을 경우 무례하거나 빈 정거리는 것으로, 혹은 시비를 거는 것으로 보이는 진술이라면 쓰 길 잘한 것이다. 하지만 "사랑해"는 이미 최대한도로 따뜻하고 간 질간질한 표현이니 여기에 한 겹의 의미를 더해봐야 상황이 나빠질 뿐이다.

어떤 면에서, lol의 의미는 웃음이라는 기원과 별로 멀지 않 다. 물론, 우리는 농담을 듣고 웃을 때도 있다. 콕 짚어 "저거 웃긴 데"라고 말할 수 있는 것에 대해서 말이다. 하지만 웃음에는 초조 한 웃음, 사교적인 웃음, 정중한 미소도 있다. 우리는 코미디 공연 을 볼 때도 함께 웃을 다른 사람들이 있을 때 더 많이 웃는다. 스튜 디오의 관객들이나 녹음된 웃음소리도 도움이 된다. 현실의 대화에 관한 한 연구에 따르면, 웃음의 10~20퍼센트만이 실제 유머에 대 한 반응으로 나왔다.[78] 썸 타기는 별 이유 없이 짓는 웃음과 연관되 는 경우가 많지만, 누군가가 평생 처음 "사랑해"라고 말한다면 듣 는 사람은 그 말을 하는 사람이 진지한 표정을 짓기를 바랄 것이다. 인터넷에서 진짜로 웃으려면, 지나치게 많이 쓰여 진부해지지 않 은 표현이 필요하다. 내가 2017년에 실시한 조사에 따르면, 사람들 은 hahahaha(하하하하)처럼 점점 길이가 길어지는 반복 표현이나 "I actually just spat water on my keyboard from laughing(방금 웃다가 키보드 에 물 뿜음)"처럼 상술된, 즉흥적인 표현을 선호했다. 어쩔 수 없이 우 리가 진짜 웃음을 표현하는 방식은 계속해서 변한다.

인터넷 때문에

새로운 과제

세 번째 물결에 속하는 노년의 사용자들은 온라인에 접속했을 때 별다른 기술 없이도 온라인 사교 활동에 참여하는 데 성공했다. 마찬가지로 젊은 인터넷 민족의 사회적 능숙함이 반드시 기술 숙련도를 보장하는 것은 아니다. 인터넷 이후 민족은 멋진 최신 앱을 알고 엉뚱하게 찍힌 쉼표나 마침표에서 말투를 읽어낼 수 있다. 하지만 이들의 기술 관련 지식은 개인별 편차가 매우 크다. 어떤 인터넷 이후 민족은 디지털 기술 숙련도가 높은 나이 든 사람들에게 기초적인 것으로 보이는, 문서를 폴더에 정리한다거나 스프레드시트의 한 열에 있는 숫자들을 더하는 등의 기술을 모르는 채로 직장 생활에 뛰어든다. 반면 일부는 직접 앱이나 웹사이트를 코딩한 경험이 있다. 일부는 인터넷 문화와 SNS 전략에 관한 세련된 지식을 가지고 있으며 수백만 명이 본 밈이나 계정을 만들었을 수도 있다. 일부는 이메일 제목에 적당한 정보를 집어넣는 방법조차 모른다. 일부는 한 분야에 대단히 숙련되어 있으나, 다른 분야에서는 자기가 뭘 모르는지도 모른다. 많은 상황에서 보이는 양극화와 마찬가지로, 최신 기기를 사주고 코딩 학원에 보내주고 업무 에티켓에 관해 조언해줄 수 있는 부모를 둔 아이들이 중고 핸드폰과 학교나 도서관에 있는, 필터링을 거친 컴퓨터만 써야 하는 아이들보다 잘하는 경우가 많다.

인터넷 이후 민족 내에서 나타나는 이런 고도의 다양성이야말로 부모와 교사가 이해하기 가장 어려운 문제다. 오래된 인터넷 민족에게 온라인에서 보이는 사회적 능력과 기술적 능력은 사실상 같은 것이었다. 온전한 인터넷 민족과 준인터넷 민족에게도 그 두 가지 능력은 여전히 느슨하게나마 연결된 것이었다. 하지만 인터넷 이후 민족에게 이 두 가지 기술은 완전히 분리된 것이다. 이런 현상은 디지털 원주민들이 말하기를 배우듯 쉽게 기술을 습득할 수 있으리라는 예측을 거스른다. 오히려, '컴퓨터 기술'은 '전기 기술'만큼이나 의미 없는 범주가 되었다. 오프라인의 이민자 자녀처럼, 인터넷 2세대는 크면서 또래의 의사소통 방식을 유창하게 쓸 수 있게 된다. 하지만 그 어떤 세대도 멘토의 도움 없이 성인의 기술을 완벽하게 익히지는 못한다. 인터넷 이후 세대의 도전 과제는 사교 생활을 하는 중에 우연히 습득되는 기술(tech skill)은 무엇이고, 10~20년 전에는 우연히 습득되었으나 현재는 그렇지 않으므로 배워야 하는 기술이 무엇인지 분석하는 것이다.

나이에 따른 차이의 또 한 가지 측면을 보자면, 인터넷 이후 민족은 실생활에서 만난 나이 든 사람들이 페이스북과 문자메시지 사용에 익숙해 보이므로 그들 역시 lol이나 문장부호 등 의사소통 신호의 의미에 관해 기본적으로 같은 가정을 하리라고 생각하는 경우가 많다는 것이다. '점점점'이 특히 위험하다. 오프라인에서 비격식 문어를 써본 경험이 있는 사람들에게는 '점점점'이 앞서 살펴보았듯 일반적인 분리 문자다. 하지만 인터넷 필자들에게는 행갈이나 새 메시지 보내기가 분리 기능을 한다. 그 바람에 '점점점'은 나아가 무언가를 말하지 않고 남겨두었다는 의미를 띠게 되었다. 윗 세대와 이야기할 때, 인터넷 이후 민족은 의미를 과하게 부여하는 경우가 많다. 이들은 나이 든 사람들이 보낼 생각조차 없었던 사소한 신호에서 감정적인 의미를 읽어낸다. 문장부호와 대문자를 통해 전달되는 이런 수준의 뉘앙스는 너무도 다양하고 흥미로워 한 장을 통째로 할애해서 분석해야 하는데, 그 분석은 다음 장에서 하겠다.

하지만 세대와 집단에 관해 이야기할 때, 인터넷 필자를 구분하는 가장 선명한 선은 다음과 같다. 당신이 문자메시지에 구두점을 찍는 방법을 선택할 때 염두에 두는 상상 속 권위자는 누구인가? 옛 영어 선생님이나 사전 같은, 오프라인의 권위자가 세운 규칙인가? 아니면 온라인 또래 집단의 집합적인 지혜, 당신이 글로 전달한 말투에 그들이 보이리라고 예상되는 감정적 반응인가? 인터넷 시대의 소통 방식 차이는 결국 태도라는 근본적인 문제로 돌아온다. 당신의 비격식 문어는 온라인 세계에 속하는 규칙을 지향하는가, 오프라인 세계에 속하는 규칙을 지향하는가?

3장
문자의 목소리가
들리는 세계

초기 컴퓨터 의사소통에서 여러 표현을 살펴본 인터넷 연구자들은 인터넷이란 고함 지르기나 소외로만 이루어졌을 뿐, 그 사이에 좀 더 부드러운 건 아무것도 없는 공간으로 남을 수밖에 없는 운명이 아닐까 생각했다. 하지만 초기 인터넷의 차가움은 불변의 상태라기보다는 학습 곡선상의 일시적인 지점이었다.

"처리할 수 없습니다." "음성사서함으로 연결됩니다." "죄송하지만 못 알아듣겠어요." 단어 자체는 제대로 발음되더라도 기계의 음성은 밋밋하다. 로봇이 무슨 생각을 하고 무슨 감정을 느끼는지 알아볼 만한 말의 높낮이나 속도, 목소리의 변화, 특정 단어의 강조, 이를 악물거나 낄낄거리는 등 언어 이면의 흐름이 없기 때문이다.

우리는 인터넷 친구들에게 로봇처럼 말하고 싶지 않다(심지어 로봇 자체도 덜 로봇처럼 말하고 있다).[1] 전통적으로 글과 감정의 틈을 메우는 것은 소설가와 시인이 하는 일이었다. 그들은 어떤 등장인물을 짜증 나기보다는 공감 가는 인물로 만들어줄 대사를 쓰거나, 너무 오랫동안 이름 붙일 수 없었던 감정을 완벽하게 표현하는 통찰력을 제시했다. 감정을 묘사하는 예술적 글은 쓰기 어렵지만, 어떤 면에서는 위험도가 낮다. 형편없는 시나 뻣뻣한 등장인물을 써냈다면, 작품을 개선하기 위해 노력하거나 책상 맨 아래 서랍에 원고를 처넣고 대신 언어학자가 될 수 있다(그래, 그게 나다). 하지만 오늘날에 글로 사교 생활을 할 수 없는 사람은 지독히 외로운, 서랍 속에 버려진 원고 자체가 될지 모른다.

보통의 인터넷 이용자가 비격식 인터넷 문어를 활용해 뉘앙스를 표현하는, 그토록 중요한 일을 해내는 방법은 무엇일까? 격식 문어를 쓸 때는 도움을 받을 수 있다. 시간을 들여 고쳐 쓰고 다른 사람들에게 편집을 맡기는 것도 가능하다. 하지만 비격식 문어로 하는 의사소통은 거의 실시간으로 이루어진다. 여러 번 고쳐 쓰기가 어려울 뿐 아니라, 아직 감정에 사로잡힌 상태에서 그 감정을 표현해야 한다. 최고의 실력을 갖춘 작가조차도 자신이 채팅창에 뭔가를 입력하고 있다는 걸 다른 사람이 볼 때는 그들만의 도구와 비법을 모조리 가져다 쓸 수 없다.

활자로 표현된 어조

감정을 전달하려면 먼저 기준선을 세워야 한다. 이렇게 설정된 평범한 의사소통에서 어느 쪽으로든 벗어나면 감정적 효과가 생기는 것이다. 말을 할 때 우리의 기준선은 발화(utterance)다. 멈추거나 끊기기 전까지 쏟아지는 말의 뭉치 말이다. 발화는 완전한 문장일 때도 있고, 그렇지 않을 때도 있다. 대체로 발화는 단어의 연속이지만, 한 단어를 말하는 도중에 말을 멈추기도 한다(예를 들…). 오직 완전한 문장들로만 이루어진 발화는 미리 준비한, 공식적인 연설이 아니면 으스대는 것으로 느껴진다. 우리는 매일 쓰는 문어에도 발화를 사용한다. 인터넷 언어를 자신의 언어 기준으로 삼는 사람에게 발화를 의미하는 가장 일반적인 방법은 행갈이를 하거나 메시지를 끊는 것이다. 모든 문자와 채팅 메시지는 자동적으로 구분된 발화를 나타낸다. 아래가 그 예시다.

안녕

어떻게 지내

이번 주에 잠깐 얘기 좀 할까 해서

화요일 어때?

아무 제약 없이 아래로 확장할 수 있는 디지털 매체에서는 이것이 효율적인 방법이다. 종이를 이런 식으로 쓰면 낭비겠지만 디지털 매체에서 행갈이는 공짜로 할 수 있다. 행갈이를 한다고 마침표를 찍거나 한 칸 띄는 것보다 바이트가 더 소모되는 것도 아니다. 게다가 가독성은 훨씬 더 높아진다. '행갈이'와 '메시지 전송'을 하려면 둘 다 키보드를 한 번 누르기만 하면 된다. 보통 똑같은 엔터키를 누른다. 그러므로 근육 기억도 쉽다. 또한 발화를 한 번 할 때마다 '전송'을 누르는 편이 긴 글을 다 작성하고 통째로 보내는 것보다 대화의 흐름에 더 도움이 된다. 그래야 읽는 사람이 답장을 더 빨리 생각할 수 있다. 신문 기사 등 온라인의 더 격식을 갖춘 장르에서도 문단은 점점 짧아지고 있다. 종이 신문에서와는 달리, 온라인 신문 기사에서는 들여쓰기로 공간을 절약하기보다 한 줄을 통째로 비워 문단을 구분한다.

언어 기준이 오프라인 세상에 맞춰져 있는 사람들에게 한 발화를 다음 발화와 구분하는 가장 일반적인 방식은 대시나 점을 연달아 찍는 것이다. 발화마다 행갈이를 한다면 엽서의 공간이 네 배는 더 들 테니까! 위에서 든 사례에 오프라인 중심의 문장부호를 적용하면 다음과 같다.

안녕...어떻게 지내...이번 주에 잠깐 얘기 좀 할까 해서...화요일 어때...?

여기에도 논리가 있다. 전통적으로, 문장부호 중 일부(마침표)는 독립절을 서로 연결하기 위해 쓰고, 다른 부호(쉼표)는 종속절을 연결할 때 쓰도록 되어 있다. 그러나 말줄임표와 대시는 가장 보수적인 스타일에서도 독립절과 종속절 중 어떤 것을 연결할 때 써도 괜찮은 것으로 받아들여진다. 그러므로 비격식 문어를 쓸 때 당신이 쓴 게 독립절인지, 종속절인지 굳이 판단하고 싶지 않다면 서로 다른 발화를 구분하는 방법으로 모호한 문장부호를 사용하면 된다. 다시 말해, 말줄임표나 대시를 쓰면 된다. 물론 말줄임표는 글이 생략되었다거나 말꼬리를 흐렸다는 뜻으로 사용하는 게 정통이지만, 괜찮다. 구어로 말할 때도 우리는 가끔 가벼운 효과를 내기 위해 문장 끝을 흐린다. 그리고 물론, 말줄임표를 문장 중간에 쓸 때는 점을 세 개 찍어야 하고 끝에 찍을 때는 네 개를 찍되 세 개만 찍을 때와는 띄어쓰기를 약간 다르게 하는 것이 전통이지만, 이런 규칙은 교정자들이 신경 쓰는 것이지 키보드에 말줄임표가 따로 없는 보통의 이메일 작성자가 관심을 가질 문제는 아니다.

앞선 장에서 보았던 비틀스의 엽서에서처럼 오프라인 규칙을 중심으로 생각하는 비격식 문어의 필자들은 자신이 절에 맞춰진 문장부호만을 쓰는 허식을 떠는 사람이 아니라는 점을 보여주고자 글 여기저기 점과 대시를 흩뿌린다. 젊은 사람들이 행갈이를 하거나 메시지를 끊어서 발화를 구분하는 것과 정확히 같은 동기로 그러는 것이다. 사실, 제인 오스틴이 현대 독자의 눈에는 이상할 정도로 많은 쉼표를 원고 곳곳에 흩뿌려놓은 것[2]이나 에밀리 디킨슨의 시에 엄청나게 많은 대시가 들어가 있는 것[3]도 같은 이유다. 편집으로 이런 문장부호들을 빼지 않은 판본을 구해 읽어보면 알 수 있다.

문제는 여러 가지 규칙을 결합할 때 생겨난다. 예컨대 나이 든 사람이 10대 친척에게, 혹은 베이비붐 세대의 상관이 밀레니얼 세대의 직원에게 아래와 같은 메시지를 보낸다면 무엇을 일반적이라고 생각하는지에 따라 상당히 다르게 읽힌다.

안녕.

어떻게 지내....

이번 주에 잠깐 얘기 좀 할까 해서... 화요일 어때...?

어떤 사람에게는 이 메시지가 새로운 문자메시지의 행갈이 스타일과 오래된 '점점점' 스타일이 섞인 것으로 보인다. 하지만 행갈이 진영에 완전히 속한 사람에게는 행갈이 혹은 메시지 끊기만으로 충분했을 공간에 찍힌 단 하나의 점조차 과잉으로 보이며, 필요 이상의 노력을 들인 모든 요소는 잠재적 메시지로 생각된다. 점들은 말하지 않은 무언가를 뜻한다. "어떻게 지내 [내가 너한테 말하지 않은 뭔가가 있어]" 하는 식으로 말이다. 또래가 보낸 메시지라면, 말하지 않은 뭔가가 '썸'을 의미할 수도 있다. 하지만 나이 든 친척이 그렇게 보냈으니 이상하게만 느껴진다. 또 어떤 숨겨진 메시지가 있을까? 가장 흔한 경우, 이들은 상대의 메시지에 수동적 공격성이 감춰져 있다고 생각하거나 말 그대로 혼란에 빠진다.

마침표를 딱 한 개 찍었을 때 수동적 공격성이 전달될 수 있다는 기사가 나오기 시작한 것은 2013년 〈뉴욕〉의 한 기사에 언급되면서부터다.[4] 같은 해 더 늦은 시기에 〈뉴 리퍼블릭〉에는 이 주제를 전면으로 다룬 기사가 실린다. 이후 몇 년에 걸쳐 다른 간행물 몇 곳에도 비슷한 이야기가 간간이 나왔다.[5] 연속으로 찍은 점에 관해서는 최소 2006년부터 댓글을 통해 몇 차례 언급이 이루어졌지만,[6] 해설 기사가 나온 건 2018년의 일이다.[7] 한편, '점점점'의 친척이라고 할 수 있는 대시와 연속되는 쉼표는 그만큼 광범위하게 다루어지지 않아도 블로그와 인터넷 포럼에서는 기나긴 댓글 스레드를 만들어냈다.[8] 기사의 제목들이 두려움을 살포하기는 했지만,[9] 수동적 공격성이라는 의미가 마침표의 다른 모든 용도를 완전히 없애버

인터넷 때문에

린 것은 아니다. '점점점'의 전성기에 살았던 세대와 비교하면 확실히 어린 언어학자 타일러 슈노벨렌(Tyler Schnoebelen)은 자기가 보내거나 받은 15만 7305건의 문자메시지에 쓰인 마침표를 연구했다.[10] 그는 마침표가 짧고 비격식적인 메시지, 그러니까 17자가 채 안 되는 메시지나 lol, u, haha, yup, ok, gonna 등의 표현을 포함하는 메시지에서 드물게 나타난다는 점을 알아냈다. 하지만 72자 이상의 메시지나 told(말했다), feel(느끼다), felt(느꼈다), feelings(느낌), date(데이트), sad(슬픈), seems(~인 것 같다), talk(말하다) 같은 단어가 포함된 메시지에서는 여전히 자주 발견됐다. 마침표로 무게감을 더하는 것은 무거운 주제를 이야기하는 자연스러운 방법이었다.

그럼 어떤 마침표가 수동적 공격성이나 슬픔을 드러내는지, 아니면 그냥 구두법을 따른 것인지는 어떻게 알 수 있을까? 내가 마침표의 뒤죽박죽 의미를 선명히 구분할 수 있게 된 건 마침표를 '활자로 표현된 어조(typographical tone of voice)'라고 해석하기 시작했을 때였다. 질문이 아니더라도 물음표를 쓰면 말끝을 올렸음을 표현할 수 있듯이(그래서?), 마침표는 문장을 마치는 역할을 하지 않을 때도 말끝이 내려가는 억양을 나타낼 수 있다(그래서.). 뉴스 앵커 같은 목소리를 내려 할 때 나는 모든 문장 끝을 내린다. 엄숙하게. 진중하게. 하지만 일상적인 대화에서 우리는 완전한 문장을 말하지 않고, 확실하게 말끝을 내려 모든 문장을 마무리 짓지도 않는다("And now over to: The Weather(다음은, 날씨입니다)."). 대신 우리는 발화 형태로 말한다. 우리의 어조는 높아지지도, 낮아지지도 않는다. 기본적으로 우리의 어조는 밋밋하거나 흐려진다. '점점점'이나 마침표를 붙이지 않은 행갈이처럼 말이다.

'점점점'을 찍는 사람들과 행갈이를 하는 사람들은 문장부호의 시초를 생각하게 한다. 최초의 문장부호들은 발화 사이의 단절을 표시하는 것이었고, 이를 처음으로 사용한 사람은 중세의 필경사들이었다. 중세 시대의 중요한 문장부호 중 하나는 푼크투스(punctus)라는 점이다.[11] 푼크투스는 현대의 쉼표가 들어갈 만한 자리에는 짧은 호흡을 표시하기 위해서, 문장 중간에는 중간 정도의 호흡을 표시하기 위해서, 글자 위쪽의 아포스트로피가 들어갈 만한 자리에는 긴 호흡을 표시하기 위해서 들어갔다. 그보다 전인 고대 그리스와 로마에서는 글이 숨은 단어 찾기 퍼즐과 같았다.[12] 문장부호도 없고, 문장도 나누어지지 않았으며, 단어 사이에 띄어쓰기도 되지 않은 데다 전부 대문자이거나(조각된 경우) 전부 소문자였다(잉크로 쓴 경우). 독자는 퍼즐을 풀 때처럼 한 단어가 끝나고 다른 단어가 시작되는 곳이 어디인지 알아내야 했다. 역시 퍼즐을 풀 때처럼, 독자들은 낮은 소리로 중얼거리는 방법을 써서 그런 일을 해냈다. 다행히도 단어 찾기 퍼즐에서와는 달리 단어가 대각선으로 적혀 있지는 않았으며, 헷갈리라고 일부러 집어넣은 글자도 없었다.

16~17세기에는 인쇄 기술과 사전이 발전하면서 철자법과 문장부호가 더욱 복잡해지고 표준화됐다.[13] 필경사들은 저마다 특이한 방식으로 철자와 문장부호를 썼지만, 인쇄공들은 조판 과정에서 자신들이 인쇄하는 다른 모든 것과 어우러지도록 상황을 바꿀 수

인터넷 때문에

있었으며 실제로 그렇게 했다. 사람들이 개인적인 편지를 주고받을 때도 이처럼 정교한 지침을 완전히 따른 것은 아닐지 모른다. 제인 오스틴, 에밀리 디킨슨, 비틀스는 확실히 그렇게 하지 않았다. 하지만 인쇄 기술이 더 많은 독자를 만나기 위한 가장 쉬운 방법이 되자, 사람들은 편집되고 표준화된 문장부호를 주로 보게 되었다. 반면, 인터넷은 우리가 개인적으로 선호하는 문장부호를 공개적인 공간에 내놓았다. 이에 따라 다른 우선순위가 생겨났다. 인터넷의 문어는 직관적이고 쉽게 생산할 수 있어야 하며 생각이나 말하기만큼이나 빨라야 했다. 우리는 이런 조건들을 모아, 활자로 표현된 어조라는 시스템을 만들어냈다.

대문자로 고함 지르기

전부 대문자로 쓰면 소리치는 것처럼 들린다.

강한 감정을 나타내기 위해 대문자로만 글을 쓰는 것은 아마 활자로 표현된 어조 중 가장 유명한 사례일 것이다. 하지만 강한 감정에는 여러 종류가 있다. 언어학자 마리아 히스(Maria Heath)는 인터넷 사용자들에게 같은 메시지를 전부 대문자로만 작성한 경우와 표준적인 대문자 규칙을 적용한 경우에서 느껴지는 감정의 차이를 평가하도록 하는 횡단면 분석을 실시했다.[14] 그녀는 전부 대문자로만 작성된 글이 즐거운 메시지를 더욱 즐겁게 느끼도록 하지만(IT'S MY BIRTHDAY!!!(**내 생일이야!!!**)가 It's my birthday!!!(내 생일이야!!!)보다 더 즐겁게 느껴진다) 슬픈 메시지를 더 슬프게 느껴지도록 만들지는 않는다는 사실을 알아냈다 (i miss u(보고 싶어)도 I MISS U(**보고 싶어**)만큼 슬프게 느껴진다). 분노의 경우는 뒤섞인 결과가 나온다. 대문자는 분노 점수를 높일 때도, 아닐 때도 있었다. 히스는 그 이유가 '뜨거운' 분노(FIGHT ME(**덤벼**))와 '차가운' 분노(fight me(덤벼))의 차이라고 했다.

반면 단어 하나에만 대문자를 적용하면, 그야말로 **강조가** 된다. 히스는 트위터에서 전부 대문자로만 작성된 단어들을 살펴보고, 가장 흔하게 대문자로 표현되는 단어에 WIN(경품)과 FREE(공짜) 같은 광고용 단어만이 아니라 NOT(아니다), ALL(전부), YOU(너), SO(그래서) 등이 포함된다는 사실을 알아냈다. 구어 대화(혹은 TV 광고)에서도 강조되는 바로 그 단어들이었다. 구어에서 뭔가를 강조하고 싶을 때, 우리는 보통 그 단어를 더 크게, 빠르게, 혹은 높은 어조로 발음한다. 세 방법을 동시에 쓸 수도 있다. 대문자로만 쓰는 것은 글자로 동일한 단서들을 전달하는 방법이다.

강조를 위해 쓴 대문자는 인터넷 어조의 전형적인 사례처럼 느껴진다. 이런 방법은 당연하게도 온라인 초창기부터 존재해왔다. 언어학자 벤 짐머는 오래된 유즈넷 그룹에 속한 사람들이 1984년부터 대문자로만 글을 쓰는 것은 고함을 지르는 것과 같다고 설명했음을 알아냈다. 더 흥미로운 것은, 인터넷이 생겨나기 한참 전부터 강조를 위해 대문자를 쓸 수 있었다는 것이다. 언어학자 존 맥워터(John McWhorter)는 소리치는 대문자의 기원을 1940년대의 피아니스트 겸 작가인 필리파 스카일러(Philippa Schuyler)에게까지 추적해 올

인터넷 때문에

라가고,[15] 작가 L. M. 몽고메리(L.M. Montgomery)는 1920년대에 쓴 소설에서 한 캐릭터가 일기에 강조를 위해 대문자와 이탤릭체 둘 다 사용하도록 했다.[16] 이 소설에서 다른 캐릭터는 그것이 "빅토리아 시대 초기"에나 하던 일이라고 비판한다. 그 시절의 기준으로도 구식 신파 느낌이 났다는 것이다. 그보다 더 과거로 돌아가면, 1856년의 한 신문에 "이번에 그는 대문자로 소리쳤다"라는 표현이 담긴 대화가 나온다.[17]

개인 편지의 전성시대에는 대문자로만 쓰는 방법이 강한 감정을 표현하는 더 넓은 감정적 생태계의 일부분일 뿐이었다. 이 생태계에는 이탤릭체, 밑줄, 큰 글자, 빨간 잉크 등 다양한 장식적인 형식이 포함됐다. 오직 감정을 나타내기 위해서만 대문자를 쓴 것도 아니었다. 대문자로만 이루어진 표현은 너무 개성적인 손글씨를 피하기 위해 만화에서나 서류 양식("진한 대문자로 이름을 적어주십시오")에서도 쓰였고, 변호사나 건축가, 기술자가 쓰는 공식 문서에서도 널리 사용되었다. 이와 비슷하게, 앞선 장에서 살펴보았던 일부 엽서도 진한 대문자로 적혀 있었다. 특히 주소 부분이 그랬다. 타자기와 초기 컴퓨터 단말기 덕분에 손글씨를 읽기 힘들다는 문제는 어느 정도 해결되었으나 새로운 문제가 생겨나기도 했다. 타자기와 초기 컴퓨터로는 이탤릭체로 글을 쓰거나 밑줄을 긋거나 글자 크기를 조절할 수가 없었다(하긴, 현재의 수많은 SNS도 마찬가지다). 이로써 생겨난 빈 공간에 이미 존재하고 있었으나 비교적 흔하지 않던, 소리치는 대문자가 발을 뻗었다.

알쏭달쏭한 일이다. 자곤파일이나 《와이어드 스타일》, 웹사이트의 FAQ 같은 인터넷 지침서에는 대문자로만 적힌 표현이 언급되어 있으나 이는 고함치기를 가능하게 해주려는 것이 아니었다. **양옆에 별표를 쳐서 진하게 하기**나 _밑줄로 이텔릭체 만들기_가 강조를 표현할 수 있는 다른 형식이 없을 때 쓸 만한 보완책으로 권고되었고, 웃는 얼굴이 비웃음이나 농담에 추천되었다. 사실 인터넷 지침서는 보통 대문자로만 된 표현의 사용을 자제시키려고 했다. 그 말은, 80~90년대의 컴퓨터 사용자 중 상당수가 일상적인 연락을 전부 대문자로 하고 있었다는 뜻이다.* 메시지 전체를 진한 대문자로 써도 괜찮다는 생각은 어디에서 유래한 걸까? 어쨌거나 사람들은 천 년 넘게 소문자 손글씨를 써왔고, 신파적인 빅토리아 시대 초기의 사람들조차 모든 것을 대문자로 쓰지는 않았다. 왜 컴퓨터를 사용하면서부터 갑자기 모든 글자를 대문자로 쓴단 말인가?

아마 어느 정도는 전보를 보내기 위해 쓰인, 대시와 점으로 가득한 모스부호 때문에 그랬을 것이다. 모스부호는 모든 글자를 점과 대시의 조합으로 나타낸다. 길거나 짧게 두드리는 신호로 전송하기에 적합하기 때문이다. A는 점 대시, B는 대시 점 점 점이다. 나머지 26개의 글자도 모두 최대 네 개의 점이나 대시, 혹은 그 둘의 조합으로 나타낼 수 있다. 하지만 소문자를 포함하고 싶었다면, 대

---

* "세상에, 우리 상사는 마침표가 수동적 공격성을 나타낸다는 걸 몰라"의 90년대 버전은 "세상에, 우리 상사는 대문자만 쓰면 소리 지르는 것과 같다는 걸 몰라"였다.

여섯 개의 점이나 대시가 필요했을 것이다. 52개의 글자를 나타내야 했을 테니 말이다. 그리고 전신 기사들은 두 배나 많은 부호를 암기해야 했을 것이다. 당연하게도 사람들은 굳이 그럴 필요는 없다고 생각했다. 모든 문자를 대문자로 썼던 로마인들에게 별문제가 없었다면, 전보를 전부 대문자로 쓰는 것도 괜찮을 터였다.

초기 컴퓨터도 비슷했다. 초기 컴퓨터 일부는 정보를 전송하거나 출력하기 위해 텔레타이프 기계(전신 기사의 '기계 후손'이라고 할 수 있다)를 사용했다. 코딩을 시작할 때 배우는 고전적인 첫 명령어는 PRINT("HELLO WORLD") 같은 것인데, 이 명령어는 컴퓨터가 HELLO WORLD를 화면에 표시하도록 한다. 지금은 이 명령어를 친다고 해도 컴퓨터가 HELLO WORLD를 종이에 인쇄하지 않는다. 하지만 옛날에는 그랬다.[18] 화면이 존재하기 전에, 텔레타이프 기계에 단어를 입력함으로써 컴퓨터에 명령을 내리고 컴퓨터의 답이 두루마리 종이에 인쇄되어 나오던 시절에 말이다. 컴퓨터에 화면이 생긴 다음에도 저장공간은 여전히 비쌌고, 전신 기사의 뇌세포만큼이나 소중했다. 그래서 애플II 등 아주 많은 컴퓨터가 모든 것을 오직 한 가지 형태의 문자, 즉 대문자로만 표현했다. 이런 설정의 흔적이 몇몇 상업용 컴퓨터 시스템에는 아직도 남아 있다. 텔레타이프는 흔하지 않지만, 식료품점의 영수증이나 은행 거래내역서, 비행기표는 돌돌 말린 광택지에 전부 대문자로 인쇄되어 나온다.

컴퓨터가 소문자를 지원하기 시작하던 시점에 우리는 대립되는 두 가지 표준을 마주하게 되었다. 한쪽 사람들은 전부 대문자를 사용하는 것이 컴퓨터에 글을 쓰는 방식이라고 으레 생각했고, 다른 쪽 사람들은 대문자만 사용하는 것이 고함을 의미한다며 물러나지 않았다. 궁극적으로는 감정적 의미가 승리를 거두었다. 기능의 변화는 이름의 변화와 함께 일어났다. 구글 북스(Google Books)에 스캔된 수백만 권의 책에 따르면,[19] 전부 대문자로 썼다는 뜻의 all caps와 all uppercase라는 단어 사용이 1990년대 초반부터 가파르게 증가했다. 반면, 이 세기 초반에 선호되던 용어는 block letters 혹은 block capitals였다. 사람들은 소리치는 글자에 관해 말할 때 all caps라는 표현을 쓰는 경향이 있었다. 반면, block capitals는 표지판이나 서류 양식 등 공식적인 데 쓰이는 대문자를 가리키는 경우가 더 흔했다.

하지만 어조를 표현하는 대문자로만 쓰기가 추가되었다고 해서 공식적임을 나타내는 대문자 사용이 사라진 건 아니었다. 이런 용도는 EXIT(출구) 표지판이나 CAUTION(주의) 테이프, CHAPTER ONE(1장) 등의 제목에 남아 있다. 이런 표현은 강조를 의미하는 것일 수는 있으나 시끄러운 것으로 해석되지는 않는다. 오히려 우리의 해석은 해당 글자를 공식적인 것으로 읽느냐, 비공식적인 것으로 읽느냐에 따라 달라지는 것으로 보인다. 웹사이트 메뉴의 HOME은 그냥 그래픽 디자인상의 선택일 뿐이지만, "ugh I want to go HOME(으 집에 가고 싶어)" 같은 메시지의 HOME은 활자로 표현한 어조다.

　　　　　　　　　　　　　　　　　　　　인터넷 때문에

늘여 쓰기의 변천사

온라인에서 강조를 나타내는 또 한 가지 방법은 그으으으을자를 반보오오옥하는 것이다. 특히 yayyy(얏싸아)나 nooo(안돼애애) 같은 감정적인 단어에서 그렇다. 소리치는 대문자와 마찬가지로, 이런 관행의 기원은 인터넷보다 휘어어얼씬 오래됐다. 나는 같은 글자가 최소 세 번 연달아 나오는 경우를 찾아 〈역사 속 미국 영어 말뭉치(Corpus of Historical American English)〉[20]를 검색했다(세 번으로 정한 건 book이나 keep 같은 흔한 영단어를 제외하기 위해서였다). 이 말뭉치에는 1810~2009년의 글이 포함되어 있는데, 놀랍게도 그중 전반의 말뭉치에서는 아무런 결과가 나오지 않았다. 초기의 드문 사례들은 대부분 commmittee 같은 오타이거나 XXXIII 같은 숫자였다. 내가 찾을 수 있었던 가장 오래된 진짜 사례는 1848년에 출간된 어느 소설에서 한 등장인물이 사탕 장수인 척하는 장면이다.

> "사탕이에요, 사탕." 그는 점점 더 큰 목소리로 외쳤다. 그 목소리가 종소리처럼 맑고 깊게 앞으로 울려 퍼졌다. "사탕!" 그러더니 그는 기괴하게 목소리를 조절했다. "사타아아아아아아앙!(Confecctunarrry!)"
> "세상에, 이렇게 하니까 런던에 있던 한 녀석이 생각나네. 이러다간 완벽한 사탕 장수가 되겠어. 진짜 그럴 수 있겠는데."
> "신사 숙녀 여러분! 훌륭한 캔디와 사과, 오렌지, 케이크, 타르트가 있어요! 기회가 와아아았어요!(Heeeere's your chance!)"[21]

1840년대의 가짜 사탕 장수가 썼던 이 "기괴한 목소리 조절"은 이상한 것, 시대를 앞서나간 것이었다. 작가는 현대의 작가와는 다르게, confectionary를 늘일 때 원래의 철자를 보존하는 대신 io를 u로 바꾸어 썼다. ahhh(아아아아), oooh(오오오), hmmm(흐음), ssshh(쉬잇)나 brrr(부르르)처럼 현재는 흔하게 쓰이는 늘인 소리도 이 역사 속 말뭉치에 나타나지 않다가, 1900년대 전후 10년이 되어서야 이후 100년 동안 꾸준히 늘어나며 ahem(흠)이나 hush(쉿) 같은, 완성된 단어 형태들을 대체한다. confecctunarrry, evvveryone(모오오두), damnnn(제에엔장)처럼 실어(實語)의 한 부분을 늘여 쓰는 드문 경우도 수십 년 뒤에는 상당히 많이 보인다. 이런 현상은 1950~60년대에 늘어나기 시작해, 1990년대와 2000년대에 큰 인기를 얻는다. 단어 늘여 쓰기가 인기를 얻은 시기는 축음기, 녹음기, 카세트테이프, CD 등으로 녹음된 구어가 증가한 시기와 일치한다. 우연일지도 모르지만, 우리가 녹음된 구어를 재생하고 또 재생할 수 있게 되면서부터 그 소리를 정확하게 표현하는 데 더 큰 주의를 기울이기 시작한 걸지도 모른다. 아무튼, 반복된 글자의 목표가 글로 구어를 표현하는 것이었다는 점은 분명하다. 초기의 사례들이 허구의 대화, 특히 연극 대본과 소설에 등장하기 때문이다.

글자를 반복하는 것은 인터넷 외 다른 비격식 문어 분야에서 100년 넘게 성장세를 보여온 표현 도구다. 그리고 무작위로 벌어지는 현상이 아니다. 한 연구에서는 트위터에서 늘여 쓰는 빈도가 가장 높은 단어들을 살펴보고, 이런 단어가 지금도 감정을 나타내는 단어인 경우가 많다는 사실을 알아냈다. 늘여 쓴 빈도가 가장 높은 단어 상위 20위는 감정으로 넘쳐흐르는 듯하다.[22] 이 단어들은 nice(좋아), ugh(웩), lmao(laughing my ass off, 아 웃겨), lmfao(laughing my fuck off, 아 존나 웃겨), ah(아), love(사랑), crazy(미쳤네), yeah(오예), sheesh(쳇), damn(젠장), shit(제기랄), really(진짜), oh(아), yay(얏싸), wow(와), good(좋아), ow(악), mad(화나), hey(야), please(쫌)였다. 몇몇 연구에서는, 언어학자 타일러 슈노벨렌이 이름 붙인 이러한 '표현적 늘이기(expressive lengthening)'[23]가 사회적 맥락에 민감하게 반응한다는 사실을 알아냈다. 사람들은 공식적인 게시물을 쓸 때보다는 사적인 메시지를 보내거나 채팅을 할 때 늘여 쓰기를 하는 경우가 더 많다.[24]

사람들은 언어학적 단서에도 민감하다. 나는 언어학자 제프리 라몬테인(Jeffrey Lamontagne)과 함께 한 연구에서 사람들이 한 단어의 가장 오른쪽 글자를 늘이는 경우가 보통이지만, 소리의 작은 단위 안에서 가장 오른쪽에 있는 글자를 늘이기도 한다는 점을 발견했다. 예컨대, dream(꿈)이라는 단어에서 ea는 합쳐져 특정한 모음 소리를 나타낸다. 그러므로 사람들은 이 단어를 dreammm 혹은 dreaam으로 줄인다. 하지만 both(둘 다)라는 단어에서는 가운데 두 개 글자 ot가 하나의 단위를 이루지 않는다(t는 대신 h와 묶인다). 그러므로 사람들은 이 단어를 bothhhh로 줄이거나, 간혹 boooth로 줄일 수는 있어도 결코 bottttth로 줄이지는 않는다.

그렇다고 사람들이 음운학적 타당성에 완전히 매여 있는 것은 아니다. 이들은 stahppp(stop을 강조한 stap을 늘인 것)이나 omggggg 같은 단어를 자주 쓰지만, ppppp나 ggggg 소리를 잠깐 이상 유지하는 건 물리적으로 불가능하다. 더욱 개연성에서 어긋난 것은, 사람들이 가끔 묵음인 글자를 "늘여서" dumbbb이라거나 sameee이라고 쓴다는 사실이다. 표현적 늘이기의 멋진 점은, 이런 현상이 더 긴 소리를 문자로 나타내기 위해서 시작됐지만 결국은 구어에는 등가물이 있을 리 없는 감정적 표현을 나타내는 한 형식이 되었다는 것이다. 덕분에 표현적 늘이기 역시 대문자로만 쓰기나 이탤릭체와 비슷해졌다.

전체적으로, 강력한 감정을 나타내는 지표는 인터넷 초창기는 물론 지난 100년의 대부분 기간에 놀랄 만큼 안정적으로 유지되었다. 로마 시인 카툴루스와 14세기 영국 작가 초서는 당황할지 몰라도, 1920년대의 작가 L. M. 몽고메리는 흥분이나 강조를 표현하는 현대의 문자메시지를 알아보는 데 별다른 어려움을 겪지 않을 것이다. 어쩌면 이런 안정성은 강한 감정에 사로잡혀 있을 때 우리가 창의성을 발휘하기 어려워서 나타나는 것일지도 모른다. 아니면, 강한 감정이 **너무도 명확하게 중요해서** 우리가 **뭐라도** 해야 했기 때문인지도 모른다.

더 친절하고 온화한 인터넷

상호 비방전과 소리치는 대문자, 초기 컴퓨터 의사소통에서 빈정거림으로 오해된 여러 표현을 살펴본 인터넷 연구자들이 인터넷

이란 고함 지르기나 소외로만 이루어졌을 뿐, 그 사이에 좀 더 부드러운 건 아무것도 없는 공간으로 남을 수밖에 없는 운명이 아닐까 하고 생각한 것은 당연한 일이다.[25] 하지만 초기 인터넷의 차가움은 불변의 상태라기보다는 학습 곡선상의 일시적인 지점이었다. 수전 브레넌(Susan Brennan)과 저스티나 오헤어리(Justina Ohaeri)는 1999년 연구에서 사람들이 협력해서 한 가지 이야기를 다른 사람에게 재전달하는 방식을 분석했다.[26] 직접 전달하는 경우와 인터넷 메신저 채팅으로 전달하는 경우 둘 다 분석 대상이었다. 구어로 전달하는 경우에는 모두가 거의 비슷한 양의 말을 했으며, 자신의 의견만이 유일한 선택지인 양 대담하게 선언하는 대신 kind of(일종의)라거나 thingy(~랄까)처럼 예의를 차리기 위한 방어 장치를 두었다. 글로된 형태에서는 전반적으로 예의를 차리기 위한 방어 장치가 더 적었고, 언뜻 사람들이 타자를 칠 때면 정말로 더 둔감하게 구는 것처럼 보였다. 하지만 연구자들이 더 깊이 파고들어 개인을 살펴보았을 때 발견한 것은 상당히 달랐다. 개인이 입력한 단어의 수나 입력한 사람의 예의 수준은 매우 다양했으나, 많은 단어를 입력한 사람일수록 예의를 차리기 위한 말을 입력하는 비율이 유의미하게 높았다.

다시 말해, 타자 치는 솜씨가 좋은 사람들은 이처럼 향상된 기능을 예의 바르게 구는 데 썼다. 구어로 대화할 때처럼 예의 바르게 굴려고 한 것이다. 물론, 사람들을 실험실로 데려와 몇 달러 정도를 쥐여주고 이야기를 하게 하는 것은 무례한 행동을 유발할 만한 시나리오가 아니다. 하지만 이 연구를 본 나는 희망을 얻었다. 의식하지 않고도, 사람들은 필요한 입력 기술을 갖추자마자 예의 바르게 굴려고 했다. 우리가 어조를 전달하는 방식은 타자를 칠 때와 말을 할 때 달라지지만, 인터넷이 꼭 무례하거나 고함이 넘쳐나는 공간이 될 필요는 없었다.

더 큰 규모에서 보면, 우리는 모두 1999년 이후로 타자 치는 연습을 아주 많이 해왔다. 20년의 경험은 가장 느린 '독수리 타법'조차 두 손가락의 매우 빠른 타자 기법으로 바꾸어놓을 수 있다. 타자를 치는 이유가 지루한 보고서를 입력하는 것이 아니라 대화를 나누는 것일 때는 특히 그렇다. 온전한 인터넷 민족 모두 이런 경험을 했다. 나는 학교에 제출할 과제를 하기 위해 타자 연습을 하긴 했지만, 인스턴트 메시지로 친구들과 연락을 제때 잘하려고 노력하면서 비로소 타자 속도가 엄청나게 빨라졌다.

타자 실력이 나아지면서, 우리는 온라인에서도 친절하고, 유머 감각이 있고, 예의 바른 사람이 될 수 있는 비격식 문어의 뉘앙스를 만들어내고 제대로 이해할 능력을 키웠다. 예의를 갖춘 문헌들은 온라인에서 친절하게 구는 몇 가지 주요 전략을 제공한다. 하나는 방어 장치와 경어, 때로는 그냥 더 많은 단어를 사용하는 등 좀 더 신경 써서 노력을 기울이는 것이다. "선생님, 실례지만 혹시 창문을 좀 열어주실 수 있으실까요?"와 "창문 열어!"는 다르다. 또 하나는 애정 어린 말이나 내집단 어휘를 사용해 상대와 내가 같은 편이며 격식을 갖출 필요가 없음을 보임으로써 연대를 나타내는 것

인터넷 때문에

이다. "여보/친구야/야/자기야, 창문 좀 열어줄래?" 하는 식으로 말이다. 이 두 가지 모습이 모두 온라인에서 나타난다. btw, iirc(if I recall correctly, 내 기억이 맞는다면), imo, afaik(as far as I know, 내가 알기로는) 등 수많은 인터넷 약어는 타자 속도가 느린 사람들조차 예의를 차리기 위한 방어 장치에 접근할 수 있도록 해준다. 한편, 이런 약어 자체가 내 집단 어휘이기도 하다. 이런 약어를 쓰면 "우리는 모두 인터넷 민족이야. 네가 내 말을 알아들을 거라고 믿어"라고 말하는 셈이다.

인터넷 커뮤니티에서의 예절에 관한 연구에 따르면, 인터넷 예절의 수많은 요소가 오프라인 예절을 반영하고 있다. 권력이 강할수록 예의가 없어진다는 건 잘 알려진 사실이다. 자녀보다는 상관에게 예의를 차리게 된다. 한 연구회에서는 위키피디아의 자발적 편집자들 사이에서 오간 메시지에서, 또는 Q&A 웹사이트인 스택 익스체인지(Stack Exchange)에서 "감사합니다" 혹은 "훌륭한데요" 같은 예의 바른 말과 "미안하지만" 혹은 "아, 그런데요" 같은 간접적인 예의 전략을 살펴보았다. 오프라인의 권력관계와 마찬가지로, 힘이 큰 위키피디아 관리자일수록, 스택 익스체인지의 "카르마" 점수가 높은 사람일수록, 일반 사용자에 비해 예의를 덜 차리는 경향이 있었다.[27] 더 나아가, 오프라인과 온라인 예의 모두 상황에 따라 좌우됐다. 카르마 레벨을 통제할 경우, 스택 익스체인지에서는 질문을 던지는 글이 답하는 글보다 더 공손했다. 온라인 예의범절에는 실제적인 효과도 있다. 위키피디아의 관리자들은 관리자로 선출되기 전, 평범한 편집자였던 시절에 더 예의 바른 모습을 보였다. 그러니까 관리자 선거에 출마했지만 낙마한 동료 편집자들보다 말이다.

느낌표와 이모티콘의 사회생활

느낌표는 자주 용도가 바뀌어 흥분만을 나타내기보다는 따뜻함이나 진정성을 나타내게 되었다. 하긴, 누군가를 만나거나 도울 수 있게 되어 신났다는 것은 그만큼 진정성을 품는다는 뜻이기도 하다. 이러한 변화는 오래전부터 진행 중이었다. 캐럴 와셀레스키(Carol Waseleski)가 수행한 2006년의 연구에 따르면, 이메일에서 느낌표가 흥분을 나타내기 위해 사용된 경우는 드물었다.[28] "이 빌어먹을 프로그램은 전혀 현실성이 없어!" 같은 강한 표현을 할 때나, "의견을 남겨주셔서 정말 감사합니다. 정말 큰 도움이 되었고, 자료 목록도 훌륭하네요!"처럼 과장된 감사 인사를 할 때만 겨우 9.5퍼센트 비율로 나타났다. 이에 비해, 느낌표가 친절함을 나타내는 경우는 32퍼센트였고("거기서 봐요!" "도움이 됐으면 좋겠네요!") 사실에 대한 진술을 강조하기 위해 쓰인 경우는 29.5퍼센트였다("아직 등록할 시간이 남아 있습니다!").

풍자 신문 〈어니언〉에는 진정성이라는 느낌표의 준-의무적 성질을 아래처럼 과장해서 표현한 기사가 실렸다.

월요일에 들어온 제보에 따르면, 돌처럼 차가운 마음을 가진 얼음 마녀 레슬리 실러는 대단히 잔인하고 악마적인 생략을 저질러 친구에게 느낌표가 한 개도 없는 통명스러운 감사 이메일을 보냈다. "있잖아,

인터넷 때문에

어젯밤엔 정말 즐거웠어." 이 냉혈한은 느낌표에 인색한 이 편지로 천 년 겨울의 한기를 불러일으켰다.[29]

이런 문제를 해결하기 위해, 돌처럼 차가운 마음을 가진 얼음 마녀들은 이모셔널 레이버(Emotional Labor, 감정 노동이라는 뜻)[30]라는 프로그램을 설치하는 게 좋을 듯했다. 이모셔널 레이버는 "모든 이메일의 어조를 밝게 만들어주겠다고" 장담하는 지메일의 추가 기능으로, 대체로 모든 문장 끝에 느낌표를 더하는 방식으로 이런 일을 처리한다. 고백하는데, 최근에 나는 느낌표를 사용하지 않는 사람들이 보낸 이메일에 답장을 보낼 때 평소 업무 메일을 쓸 때처럼 한두 문장마다 느낌표를 찍는 대신 일부러 느낌표를 하나도 찍지 않으면서 쾌감을 느꼈다. 처음에는 이런 방식이 딱딱하게 느껴졌다. 과연 내가 냉혈한이 된 걸까? 하지만 조금 시간이 지나자, 느낌표를 떼어낸 이메일이 더욱 진지하게 보여 마음에 들기 시작했다. 어쨌든 내가 불균형한 글자 감정 노동을 참아줘야 할 이유도 없고 말이다.

느낌표를 너무 많이 찍으면 안정성이 떨어진다. 과장된 형용사는 지나치게 많이 쓰면 힘이 떨어진다("awesome(경이롭다)"이라는 말에서는 더 이상 경이가 느껴지지 않는다). 과장된 문장부호도 똑같다. 느낌표를 여러 개 찍는 행위는 리트스피크(leetspeak)[31]라는 초기 인터넷 은어의 일부로 여겨졌다. 리트스피크란 숫자나 특수문자로 비슷하게 생긴 글자를 대체하는 방식이었다. 예를 들면, leet를 표현하기 위해 1337이라고 쓰거나 "1 4m 133t h4x0r!"라고 써서 "I am an elite hacker!(나는 엘리트 해커다!)"를 표현했다. 여기에 the 대신 teh를, own 대신 pwn을 쓰는 흔한 오타도 포함되었다. 키보드는 보통 느낌표와 숫자 1을 같은 키에 배치하므로, 느낌표의 흔한 오타는 숫자 1이었다. 이후에는 !!!!1!11!이라는 오타를 !!!one!!eleventy!!와 같이, 숫자를 다시 온전한 단어로 쓰는 방식으로 패러디되었다. 리트스피크와 여러 개의 느낌표는 둘 다 1980~90년대의 인터넷 언어에서 컴퓨터 활용 능력과 신나는 감정을 보여주는 진정한 지표였다. 그러나 둘 다 계속 쓰이면서 아이러니를 띠게 되었다. 2005년에는 리트스피크와 온라인 게이머들의 은어에 관한 한 논문에서 "OMG, D@T is teh Rox0rz!!!111oneeleven(oh my god, that rocks!!!, 세상에, 저거 끝내준다!!!)" 같은 문장을 "풋내기나 따라쟁이가" 쓰는 특징이라고 했다.[32] 찔린다. 그 뒤, 2018년의 한 해설 기사에 따르면 여러 개의 느낌표는 휴식기를 거친 뒤에 진정한 열정을 나타내는 표시자로서 다시 출현하게 되었다("Sounds good!!!(좋은데!!!)").[33] 하지만 역사를 살펴보면, 이 진정성이 영원히 변치 않을 것 같지는 않다.

예의를 차리는 또 하나의 방법은 유쾌한 미소를 담아서, 글을 쓴 사람의 몸짓을 직접 연상시키는 것이다. 받는 사람이 이를 악물고 썼다고 생각지 않도록 말이다. 앞선 장에서 살펴봤듯, lol이 순수하게 재미있음만을 나타내지 않고 사회적 윤활유로서의 예의 바른 웃음 기능을 맡았던 것이 한 사례다. 언어학자 에리카 대릭스(Erika Darics)가 직장 의사소통에서 이모티콘 사용에 관해 수행한 연구에서 알 수 있듯, 미소 이모티콘에도 비슷한 효과가 있을 수 있다. 대

인터넷 때문에

릭스가 직장 메시지 말뭉치에서 편집해 인용한 사례에는 아래와 같이 상사가 마감일을 일깨워주는 가상의 상황[34]이 들어 있다.

딴 사람들은 보고서 다 냈어요. 님이 **꼴찌**래요! :)

대릭스의 말에 따르면, "상사와 관계가 아주 좋다 한들, 여기에 쓰인 이모티콘이 미소나 농담을 의미하지 않는 것은 분명하다. 대문자도 고함으로 읽히라고 쓴 것이 아니다." 오히려, "이 메시지는 친근한 재촉이나 놀림으로 읽힐 수 있다. 이모티콘은 완전한 미소를 전달하는 것이 아니라, 메시지의 어조를 누그러뜨린다."[35] (감정에 관한 문제는 다음 장에서 더 자세하게 다룬다.)

문어에서의 예의가 전자식 의사소통에만 나타난다고 하기는 어렵겠지만, 인터넷 이전에는 유쾌하고 비공식적이며 일상적인 요청이 보통 구어로 이루어지거나 종잇조각에 휘갈겨 쓴 쪽지로 전달됐다("전에 부탁했던 책이야!" "강아지 밥 줬어."). 사람들이 포스트잇 쪽지를 남길 대상과 어느 정도 친밀한 관계를 이미 형성했을 가능성이 큰 건 사실이지만(물리적 공간을 함께 쓰고 있으리라는 건 말할 필요도 없다), 그 점을 감안하더라도 그들이 가족이나 룸메이트에게 남긴 수십 장의 스캔된 쪽지를 살펴보면 하트나 웃는 얼굴, xo가 서명처럼 남겨져 있다. 보이지 않는 타인과 거의 실시간으로 관계를 맺고 싶어 하는 바로 그 순간에 명랑하고 사교적인 글자 레퍼토리가 확장되는 것을 우연이라고 보기는 어렵다.

프로그래밍 언어부터 해시태그까지, 기호로 연대하기

온라인에서 연대를 맺는 또 한 가지 방법은 농담을 던지며 오직 내집단 사람만이 진짜로 이해할 수 있는 공통의 참고자료를 만드는 것이다. 내부자 농담이 인터넷에만 나타난다고 보기는 어렵다. 하지만 내부자 농담 중 특별히 인터넷에서만 나타나는 형태가 있다. 우리는 확립된 텍스트의 기능적이고 기술적인 도구들을 왜곡함으로써 좀 더 사회적인 목적을 이룰 수 있다. 우리가 특정한 도구를 가지고 놀 수 있을 정도로 그 도구를 잘 아는 사람임을 나타낼 수 있는 것이다.

내부자 농담을 만드는 한 가지 방법은 컴퓨터 언어 자체를 사용해 우스꽝스러운 유사 코드를 작성하는 것이다. 예컨대, HTML에서 일련의 문자를 이탤릭체로 표시하고 싶다면 이탤릭체를 시작하고 싶은 부분에 〈i〉를 넣고 끝내고 싶은 부분에 〈/i〉를 넣으면 된다. 이런 형식은 자연스럽게 창의적인 활용으로 이어졌다. 예컨대, sarcasm(비아냥)이란 단어로 코드 모양을 만들어 〈sarcasm〉난 뭐가 문제인지 모르겠는데〈/sarcasm〉로 쓸 수 있다. 컴퓨터는 유머 감각이라고는 없는 짐승인지라 명령어를 알아듣지 못한다. 하지만 컴퓨터와 대화하는 데 익숙한 동료 인간들은 당신이 꽤 영리하다고 생각할 수도 있다. 특히 당신이 이런 표현을 사용할 창의적인 방법을 찾아낸다면 말이다. 대단히 컴퓨터광다운 사례는 LISP라는 프로그래밍 언어에서 찾을 수 있다. LISP에서 예/아니오로 답할 수 있는 질문을 던지는 방법은 끝에 -P를 적는 것이다. 예를 들어, TRUE-P

라고 적으면, "사실인가?"라는 뜻이 된다. 전해오는 이야기에 따르면, 언젠가 LISP 프로그래머 몇 명이 외식을 하러 나갔는데 그중 한 명이 2인용 메뉴를 나눠 먹고 싶은 사람이 있는지 알고 싶어져서 "Split-p soup?(수프 나눔-P?)"[36]라고 물었다고 한다.

앞선 장에서 보았듯, 보통의 인터넷 사용자는 더 이상 코딩 방법을 모른다. 그러므로 코드를 기반으로 한 인터넷 은어는 오래된 인터넷 민족이나 기술 관련 하위문화에 속한 사람들에게만 남아 있다. 이보다 흔하게 쓰이는 활자 도구는 제대로 된 볼드체나 이탤릭체를 지원하지 않는 환경에서 *별표*와 _밑줄_을 강조의 방법으로 활용하는 것이다. 하지만 별표는 작은 별처럼 보이기도 한다. 초기 인터넷 사용자들도 이 기호가 가진 장식물로서의 잠재력을 알아보았다. 특히 화려한 ~물결표~와 결합할 때 그랬다. 1990년대 후반과 2000년대 초반, 별다른 글씨체를 적용하지 못하는 인스턴트 메신저의 상태 표시줄을 살펴보면, 물결표와 별표를 ~*각기 하나씩 쓴 것*~에서 ~~~~~~~******~~~~~~~여러 개씩 쓴 것~~~~~~~******~~~~~~~, ~*~*~*~번갈아 쓴 것~*~*~*~, ~**~~*~~혼합형~~*~~**~~까지 반짝이 문장부호가 다양하게 나타났다. 여기에 wOrDs iN mIxEd cAPiTaLiZaTiOn(대문자를 혼합한 단어들)과 띄 어 쓰 기 추가, ◇·˚: ☆ *◇·˚:* ★별 기호 추가 ◇·˚: ☆ *◇·˚:* ★까지 뒤섞였다.

기술이 발전하면서 사람들은 미적인 효과를 위해 글자에 다양한 색깔을 넣고, 글자를 ㄲㄹ ㅏㅑ이ㅋㄶ, 이모지를 사용하거나, **내장된**

글씨체를 사용하거나, ⓦⓞⓡⓓ를 쓰거나, ØBSCURe SYMbolS (모호한 기호)를 활용했다. 그렇다면 정교한 낙서나, 한때 교실에서 돌려 보던 복잡하게 접힌 쪽지의 디지털 버전이라고 할 수 있는 인스턴트 메신저와 마이스페이스와 텀블러를 사용하던 이후 세대들에게 이처럼 장식적인 활자가 특히 인기를 끈 것은 놀랄 일이 아니다. 반짝이 기호의 전성기는 1990년대와 2000년대 초반이었을지 모르나, 특정한 맥락에서는 지금도 간혹 다시 출현한다. 아래에 제시된 2017년의 한 사례에서는 어느 트위터 사용자가 참가신청서에서 Mr/Ms 말고도 대장님, 각하 등 엄청나게 많은 호칭을 포함한 드롭다운 메뉴를 우연히 발견하고 반짝이 문자를 담아 흥분을 표현했다.

registering for a conference in the UK is

,-~*˜‥`\*‥~-MAGICAL-~\*˜‥`*~-,[37]

영국 학회에 참가 신청을 하는 것은

,-~*˜‥`\*~-마법 같은 일-~\*˜‥`*~-,

공동의 참고자료는 프로그래밍이나 서식이 아니라 사회적 네트워크를 중심으로 형성될 수도 있다. 여기서 가장 두드러지는 사례는 해시태그다. 해시태그는 비슷한 주제에 관한 SNS상의 대화를 찾아서 묶어주는 실용적인 방편으로 시작됐다. 내가 "방금 도착한 #이모지학회"라고 게시물을 올리면, #이모지학회를 검색하거나 클릭한 사람은 누구나 이 학회와 관련이 있는 것으로 태그된 모

인터넷 때문에

든 게시물을 볼 수 있다. 실제로 내가 참석한 이 학회는 완전히 이모지만을 다루는 학회였다(#emoticon이라고 입력하려던 사람들의 오타도 일부 다루었다). 미식축구 행사에 관한 대화에 끼고 싶을 경우 "#슈퍼볼_보는_중!"이라는 게시물을 올릴 수도 있다. 〈sarcasm〉과 마찬가지로, 내가 쓴 문장에 #sarcasm이나 #awkward(#어색어색), #NovelWittyHashtag(#센스참신해시태그) 등 문장에 관한 의견이나 부연 설명을 해시태그로 달 수도 있다. 이런 꼬리표는 범주를 제공하기보다는 반어적인 느낌을 더한다.

숫자 표시나 파운드 표시, 옥터소프(octothorpe) 등 다양한 이름으로 알려진 # 기호는 그 기원이 수백 년을 거슬러 올라간다. 원래 이 기호는 라틴어 libra pondo, 즉 "무게로 1파운드"를 의미하는 약자인 lb를 서둘러 휘갈겨 쓴 형태였다. 인터넷 초기에는 # 기호가 QWERTY 표준 키보드에서 비교적 덜 쓰이는 기호였기에 다양한 기술적 기능으로 재활용되었다. 그중 하나가 분류 기능이었다. 채팅방에서는 캐나다 사람들이나 아마추어 무선(ham radio) 동호인들과 이야기하기 위해 join #canada 혹은 join #hamradio라고 입력할 수 있었다. 초기의 즐겨찾기 공유 사이트인 del.icio.us와 초기의 사진 공유 사이트인 플리커(Flickr)에서는 링크나 사진에 범주에 따라 #웃김 #노을 등을 '태그(tag)'할 수 있었다. 셔츠에 붙은 태그가 셔츠의 가격이나 제조사에 관한 정보를 알려준다는 데서 따온 은유였다. 그리고 보면, 트위터 사용자들이 관련 트윗을 한데 모을 방법을 찾아 헤매고 있을 때 기술자 크리스 메시나(Chris Messina)가 2007년

8월 23일 트윗에서 #에 손을 뻗은 것도 놀랍지 않은 일이다.[38] 트위터는 2009년까지 해시태그 기능을 공식적으로 지원하지 않았으나,[39] 메시나가 제안하자마자 거의 즉시 #sarcasm을 비롯한 농담조의 해시태그들이 올라왔다.[40]

분류 목적으로 쓰는 해시태그를 소리 내서 읽는 건 별로 의미 없는 일이다. 우리가 말로 하는 모든 대화를 키워드에 따라 검색하게 해주는 기술은 (아직) 없으니 말이다. 사생활 보호 측면에서는 아마 이편이 나을 것이다. 하지만 게시물에 관한 의견을 다는 해시태그는 처음부터 검색을 위한 것이 아니었기에 가끔은 소리 내서 말하는 대상이 되었다. 사생활 보호에 좋은 것이 역사 연구에는 별로 좋지 않다. '해시태그'를 소리 내서 읽은 첫 사례를 추적하기란 어렵다. 이르면 2009년부터 일부 사람들이 해시태그를 말로 해왔다는 건 확실하다. 이 해는 블로거 마리아나 와그너(Mariana Wagner)가 "다른 트위터 사용자들과 IRL(In Real Life, 실생활)에서 어울릴 때, 내가 한 말을 강조/분류하기 위해서 실제로 그 앞에 '해시태그'라고 **말할** 거야. 바보 같다고? 맞아. 당연하지. 하지만 내 트위터 친구들은 전부 '알아들어'. 그게 재미있는 점이야"[41]라고 쓴 해다.

2010년대 중반에는 자기가 한 말에 대한 의견을 나타내기 위해 '해시태그'라고 말하는 일이 아직 온라인에서 활동하지 않는 사람들 사이에도 퍼져나갔다. 부모들이 예닐곱 살짜리 자녀에게서 이 말을 들었다는 것이다.[42] 언어학자인 어느 부모는 자기 아이가 "해시태그 엄마 농담"[43]이라고 말하자 기뻐했지만, 다른 부모는 자기

인터넷 때문에

아이가 '해시태그'라는 말을 쓰자 아래처럼 반농담조로 못마땅한 기색을 보였다.

> 방금 우리 딸이 말끝에 '해시태그 어색어색!'이라고 하더라.
> 여덟 살인데. 내 자식이 이럴 리 없어.[44]

얼핏 이런 식의 해시태그 재활용이 순전히 인터넷에서 탄생한 발명품으로 보일지 모른다. 실제로도 그렇다. 우리에게 코드 조각이나 해시태그가 존재하지 않았을 때는 사람들이 구어에 이런 양념을 뿌리지 않았으니 말이다. 하지만 영어에는 문장부호를 소리 내서 말하는 오랜 역사가 있다. "그게 사실이야, 마침표(that's the facts, period)"나 "이 따옴표 열고, 전문가, 따옴표 닫고, 라는 사람들 말입니다(these quote-unquote experts)" 같은 표현을 생각해보라. 아니면 현대에 아슬아슬하게 가까운 시기인 1890년대의 두 사례를 살펴볼 수도 있다. "그 사람은 법에서 쉼표 하나도 빼지 않을 거야"[45]라거나 "그녀의 목소리에는 아주 커다란 물음표가 붙어 있었다"[46] 같은 표현 말이다. 말로 하는 "해시태그"는 은연중에 뜻을 전달하거나 맥락을 더하고 정보의 흐름을 통제하거나 뭔가가 꽤 중요하다는 사실을 나타내기 위한 수많은 창의적 전략 중 가장 새로운 전략일 뿐이다.

모든 창의적 활자가 아이들의 입에까지 들어가는 것은 아니다. 일부는 그저 특정한 공동체의 사회적 연대를 강화하는 기능만을 한다. 예컨대, 일본어 구어에서는 사람들이 단어나 구절 끝을 늘이는

말투를 귀엽고 장난스럽다고 생각한다. 그러나 일본어 문어에서는 글자 하나가 영어의 알파벳과 달리 하나의 음절을 나타낸다. 그리고 사람들은 보통 음절 전체를 반복해서 쓰지 않는다. 때문에 영어 필자들이 글자를 반복해서 쓰는 방법으로 단어를 늘이는 반면, 일본어 필자들은 완전히 다른 기호를 덧붙인다. 물결표 ～를 쓰는 것이다. 일본어로 "네"에 해당하는 단어는 はい라고 쓰고, "하이"라고 발음한다. 물결표 늘이기로 yesss 혹은 haiii에 해당하는 글을 쓰고 싶다면 yes～～, hai～～, 또는 はい～～라고 써야 한다. 단어 끝에 물결표를 붙여 말의 늘임을 표시하는 방법은 동남아시아 전체와 일본어, 중국어, 한국어에서 인기를 얻었으며 라틴어 문자를 사용하는 인근의 언어인 타갈로그어와 싱가포르 언어에서도 유행하게 되었다. 하지만 영어에는 이미 길이를 표현하는 나름의 방식이 있기에, 영어에서 말 늘임 물결표는 이런 언어 중 하나를 쓰는 이중언어 능력이나 아니메 혹은 망가 같은 일본식 문화 수출품을 좋아한다는 뜻과 연결될 수 있다. 심지어 물결표가 귀여운 반짝이와 부차적으로 연결될 뿐, 말 늘임은 완전히 무시될 수도 있다.

　　장난스러운 의견을 덧붙이기 위해 재활용되는 또 하나의 기술적 도구는 특정한 개인의 다양한 모습을 지칭하기 위해 느낌표!합성어를 사용하는 것이다.[47] past!me(과거!나) 혹은 CAPSLOCK!Harry(대문자!해리)* 등이 이에 해당한다. 느낌표!합성어를 따라가다 보면 기

---

*　　대문자로 소리를 지르며 많은 시간을 보내는, 시리즈 5권의 해리 포터를 의미한다.

술사의 매력적인 한 대목에 이르게 된다. 우리 모두가 철저하게 직조된 단일한 인터넷에 들어오기 전에는 누군가에게 이메일을 보내기 위해 이메일이 지나가야 하는 컴퓨터들의 경로를 정확히 지정해야 했다. 프린스턴대학교 수학부의 알렉스에게 이메일을 보내려면 princeton!math!alex!라고 써야 컴퓨터가 그 이메일을 프린스턴대학교의 대형 서버로 보내고, 대형 서버가 '알렉스' 계정이 있는 '수학부' 컴퓨터로 다시 이메일을 전달할 수 있었다. 이를 뱅 경로(bang path)라고 한다. 이 시스템이 개인에 관한 설명으로 쉽게 확장되었다. 알렉스라는 이름을 가진 친구들이 여러 명 있어도 관심사에 따라 그들을 분류할 수 있듯이(수학자 알렉스 대 예술가 알렉스), 그들의 컴퓨터 경로를 기초로 둘을 구분하는 것도 가능하다(art!alex 대 math!alex).•

　　엄밀히 말해, 이 시스템은 엉성하다. 메시지 한 통을 보내겠다고 네트워크 컴퓨터의 경로를 외우고 싶은 사람이 누가 있겠는가? 대부분의 사람이 온라인에 접속하게 되었을 때쯤 인터넷 구조는 훨씬 빽빽한 그물망으로 얽혔고, 사용자들에게는 보이지 않게 되었다. 이제 해야 할 일이라고는 어느 도메인의 사용자 이름을 특정하는 것뿐이었다. 그러면 숨겨진 기술이 적절한 경로를 통해 메시지를 전달할 방법을 찾았다. 하지만 1990년대에 히트한 TV 프로그램

•　이 시스템은 수많은 사람에게 흔한 성을 부여한 시스템과 그리 다르지 않다. 예컨대 '알렉스 스미스(Alex Smith)'나 '알렉스 우드(Alex Wood)'는 '대장장이 알렉스'나 '숲 근처에 사는 알렉스'라는 뜻이다.

〈엑스 파일〉의 팬들은 뱅 경로 이메일 주소의 전성기 동안에 유즈넷 토론 게시판에서 채팅을 시작했으므로, 주요 등장인물의 다양한 버전을 Action!Mulder(액션!멀더)나 Action!Scully(액션!스컬리) 등으로 지칭하여 등장인물들이 그냥 서서 이야기를 나누는 장면과 구분했다. 〈엑스 파일〉은 마침내 종영되었고, 팬 커뮤니티들은 유즈넷에서 라이브저널로, 라이브저널에서 텀블러로 이동했으며, 이메일 주소에는 user@domain.com이라는 형식이 생겼다. 하지만 팬들은 다양한 버전의 사람과 등장인물을 angst!Draco(고뇌!드레이코)나 future!me(미래!나)라고 지칭하는 사회적 관행을 고집했다. 해리 포터 등 비교적 최근 이야기의 팬들 상당수가 뱅 경로 이메일 주소를 본 적도 없는데 말이다.

말로 하는 해시태그나 반짝이 문장부호 같은 일부 표현적 활자(expressive typography)는 주류로 흘러들었다. 코드로 말장난하기나 말 늘임 물결표, 느낌표!합성어처럼 특정한 공동체의 상징으로 남은 것들도 있었다. 그 외의 활자들은 여기에 정리되지 않았거나 아직 발명조차 되지 않았다. 어쨌든, 기술적 도구를 사교적인 내부자 농담으로 재활용하는 방식은 인터넷을 싸늘하고 비인간적인 공간이나 고함만 지르는 공간도 아니고, 단순히 기운 차게 예의를 차리는 공간도 아닌, 소속감을 느낄 수 있는 공간으로 만드는 데 큰 역할을 했다.

반어법, 쓰지 않은 것을 읽는다는 것

비아냥은 오프라인에서 그렇듯 온라인에서도 실제 뜻하는 바와 반대되는 말을 하면서도 진짜 의견을 전달하는 방법이다. 나쁜 소식을 듣고 "와, 그거 끝내주네!"라고 말하거나, 뻔하디뻔한 추리에 대한 반응으로 "명탐정 납셨어!"라고 말하는 식이다. 글을 쓸 때는 직접 말을 할 때와는 달리 적절한 순간에 말을 멈출 수도 없고, 목소리에 굴곡을 줄 수도 없고, 눈썹을 찡긋거릴 수도 없고, 입술을 비죽거릴 수도 없으므로 진짜 의도가 표면적인 의미를 넘어서 빛나게 만들기가 더 힘들다. 반어법은 미묘하며 맥락에 따라 발생하는 것으로서, 궁극적인 내집단 농담이라고 할 수 있다.

사람들은 인터넷이 출현하기 한참 전부터 이 문제를 알고 있었다. 그 문제를 고치려고 시도한 사람도 여럿이다. 키스 휴스턴(Keith Houston)의 책 《수상한 글자들(Shady Characters)》에 기록된 역사에 따르면 그렇다. 1575년에는 수사적인 의문문을 구분하기 위해 거울에 비춘 형태의 물음표(⸮)를 사용한 영국의 인쇄공 헨리 데넘(Henry Denham)이 있었고, 영국의 자연철학자인 존 윌킨스(John Wilkins)는 1668년에 반어법을 표시하기 위해 뒤집힌 느낌표(¡)를 사용하자고 제안했다. 이후로 300년 동안 프랑스 작가들이 다양한 형태의 '반어법 표지자(points d'ironie)'를 제안했다. 장 자크 루소는 1781년에 그런 기호가 필요하다고 지적했고, 알캉테 드 브람(Alcanter de Brahm)은 1899년에 다른 형태의 ⸮를 제안했으며, 에르베 바쟁(Hervé Bazin)

은 1966년에 그리스 문자 ψ 밑에 점을 찍자고 제안했다. 비교적 최근에는 20세기 후반의 미국 칼럼니스트 몇 명이 '반어체(ironics)' 혹은 '풍자체(sartalics)'로 알려진, 반대 방향으로 기울어진 이탤릭체를 제안했으며 2004년에는 〈어니언〉의 전직 필자가 뒤집힌 느낌표(¡)를 다시 한번 제안했다. 2010년에는 가운데에 점이 찍힌 소용돌이 기호에 사크마크(SarcMark)라는 이름으로 특허가 부여되었으며, 1.99달러라는 할인가(՞)에 비상업적으로 사용할 수 있도록 판매되었다.

전부 소용없는 일이었다.

새로운 반어법 문장부호를 적용할 때의 문제점은 글을 읽는 사람이 그 기호를 모를 경우 기호가 없는 것이나 다름없다는 점이다. 새로운 풍자용 문장부호를 사용했다는 사실을 알려주는 것은 농담을 설명하는 것만큼이나 재미없는 일이다. 비아냥거리는 메시지를 받는 사람이 농담 설명이나 들으려고 2달러를 내고 새로운 글씨체를 설치해야 한다면 상황은 더 나쁘다.

가짜 〈/sarcasm〉 코드나 #sarcasm 해시태그에는 설명도, 비용도, 글씨체 설치도 필요 없다. 실제로 이런 방식은 어느 정도 퍼져나갔다. 하지만 둘 다 너무 뻔하게 드러나서 시시했다. 어쨌거나 비아냥거리기의 진가는 이중 의미, 빗대어 말하기, 생략된 뜻이 있을 때 발휘된다. 우리가 모든 메시지를 완전히 명료하게 만들고 싶었다면, 효과적인 도구는 이미 존재한다. 바로 비아냥거리지 않는 것이다. 우리가 쓰는 모든 반어법 문장을 장식할 선명한 깃발을 세우기

인터넷 때문에

보다는 처음 볼 때는 몰랐던 의미가 더 있을지 모른다고 은근히 암시하는 다양한 방법이 필요하다.

다행히, 다양한 표현적 문장부호는 바로 이런 일을 할 수 있을 만큼 확장되었다. 권위 있는 활자 표시를 가지고 노는 반어법 표시자는 인터넷 이전에도 존재해왔다.[48] 예를 들면, '겁주기 따옴표'(scare quote, 어떤 단어나 말에 따옴표를 붙여 그 내용을 못마땅해한다는 뜻을 나타내는 방법)나 단어 뒤에 트레이드마크(TM)를 붙이는 식이다. 대문자로 강조함으로써 아이러니를 표현하는 사례는 정말로 오래되었을지 모른다.[49] 아래에 인용한 1926년작《곰돌이 푸》가 한 사례다.

> "고마워, 푸." 이요르가 대답했다. "넌 진짜 친구야." 그가 말했다. "**누구**랑은 다르게(Not like Some)."

물결표로 비아냥거리기

사회적 인터넷에서 탄생했다고 말할 수 있는 반어법 문장부호는 ~비아냥 물결표다. 이 기호는 넓은 의미에서 볼 때 AOL과 MSN 메신저의 상태 표시줄이나 마이스페이스나 장가의 프로필을 장식했던, 열정 넘치는 ~*반짝이*~에서 유래했다. 어쩌다 이 표시가 아이러니를 의미하게 되었는지 파헤치려면, 이 사회 한구석의 역사를 살펴보아야 한다. 〈도시어 사전(Urban Dictionary)〉에서부터 시작하자.

이 사이트는 사용자가 직접 작성하는 은어 웹사이트로, 아무리 머리를 굴려도 도저히 뜻을 알 수 없는 새로운 인터넷 약어를 검색하다 보면 도달하는 곳이다. 하지만 도시어 사전을 자료로 사용하기 위해서는 그 한계부터 인정해야 한다. 도시어 사전의 표제어는 최소한의 자발적 편집 확인 과정을 거치지만, 그래 봐야 스팸과 완전히 말도 안 되는 헛소리를 걸러내는 수준이다. 위키피디아와는 달리 도시어 사전에는 '출처'가 필요하지 않다. 둘 다 사용자가 편집하는 프로젝트인데도 말이다. 도시어 사전의 이런 개방성은 엄청난 강점인 동시에 약점이다. 전통적인 사전과 달리, 도시어 사전에는 어떤 단어가 주류 언어에 도달하기 몇 년 전에 추가될 수 있다. 단 하나의 친구 집단에서만 인기를 얻은 단어라도 도시어 사전에 등재될 수 있는 것이다. 하지만 일부 단어는 영영 인기를 얻지 못하거나, 애초에 장난으로 입력한 것이다. 그 말은 도시어 사전을 활용해 그 단어가 진짜로 쓰이고 있음을 증명할 수 없다는 뜻이다. 사실상 아무 사람 이름이나 입력하면 온갖 표제어가 나오는데, 대단히 기분 좋거나 모욕적인 이런 내용은 전부 미지의 특정인을 대상으로 쓴 글인 듯하다. 친구들이 이름 주인에게 "봐, 사전에 네가 이런 사람이라고 적혀 있어!"라고 말해주고 싶었던 것이다.

우리 중 많은 수가 때때로 그러듯, 이미 다른 데서 봤던 단어를 찾아보면 이런 문제를 피할 수 있다. 우리가 이미 아는 맥락에 비추어 그 정의의 무게를 가늠할 수 있기 때문이다. 그렇다 하더라도 유의해야 할 점이 있다. 이곳의 수많은 정의는 드러내놓고 인종차별이나 성차별을 부추기거나 다른 방식으로 모욕을 행한다. 단지 친구를 놀리려고 그랬다고만은 할 수 없다. 흑인이거나 여성이거나 둘 다에 해당하는 유명인사들 이름의 정의에서는 유튜브 댓글로도 상대할 수 없는 수준의 독설이 난무한다. 젊은 여성이나 아프리카계 미국인과 연관된 은어 표제어도 마찬가지다. 예를 들어, bae라는 표제어에 대한 설명을 보면 이 단어를 정확하게 babe(아가)나 before anyone else(다른 누구보다도 먼저)라고 연결하는 정의도 나오지만, bæ가 덴마크어로 '똥'이라면서 변태적인 기쁨을 느끼는 정의도 많다. 한 단어가 진짜로 얼마나 인기를 얻는지와, 도시어 사전의 표제어 작성자가 그 단어나 그 단어를 쓰는 사람들을 얼마나 경멸하는지 사이에는 상관관계가 있는 듯하다.

비아냥 물결표를 분석할 때, 나는 도시어 사전을 한 단계 더 깊이 파고들고자 한다. 우리는 이미 이 물결표와 그 의미를 알고 있다. 우리가 찾고자 하는 것은 그 둘이 처음 연결된 날짜뿐이다. 이 날짜 표시는 자동으로 생성되어 조작이 불가능하다. 이 사이트가 1999년에 만들어졌으며 기초 수준의 표제어를 축적하기까지 몇 년이 걸렸다는 것을 감안하면 2000년대 초반 이후 영어에 들어온 은어의 역사를 추적할 때 유의미한 정보를 제공해줄 수 있다. 핵심은 도시어 사전에 다양한 특수문자 표제어가 포함돼 있다는 것이다. 덕분에 도시어 사전은 다른 용도로 오랫동안 쓰였던 기호들이 새롭게 얻어가던 의미를 추적하는 데 특히 유용하다.

개념 증명을 위해, lol과 마침표의 수동적 공격성에 대해 쓴 도시어 사전의 표제어 연대표를 비교해보자. 2003년에는 한 사용자가 마침표를 "문장 끝낼 때 쓰는 거다 ㅅㅂ(Ends a fucking sentence)"라고 정의했다. 하지만 2009년에 다른 사용자는 마침표란 "(보통 재수 없는) 비아냥을 강조하는 새롭고 쿨한 방법(the new cool way to emphasize (usually moody-ass) sarcasm)"이라고 정의했다. 여기서 우리는 필자의 경멸감이 단어의 인기와 어떻게 연결되는지 볼 수 있다. 2003년의 경멸감은 은어로서의 의미가 없는 마침표를 찾아보는 독자를 향한 것이었지만, 2009년에는 경멸의 대상이 그 은어를 사용하는 사람에게로 옮겨갔다. 일단 비아냥거리기라는 의미가 언급되자 다른 사용자들이 입력한 정의에서도 이 의미가 다시 나타났다. 마침표가 비아냥거리기와 연관되는 풍조가 자리 잡고 있었던 것이다. 2013년에 〈뉴욕〉이 마침표에 수동적 공격성이라는 의미가 생겨나고 있다는 기사를 싣기까지는 족히 몇 년이 걸렸다. 반면 앞선 장에서 1980년대에 부상하여 2001년에는 진정성에 의심을 받게 된 lol에서는 이러한 변화가 보이지 않는다. 최초의 정의에서부터 사용자들은 이 말이 공식적으로 "크게 웃음"을 뜻하지만, "이 말을 하면서 진짜로 웃는 사람은 아무도 없다"라고 지적했다.

물결표에 관해서는 2008년 이전에도 도시어 사전에 몇 개의 정의가 올라와 있었다. 2007년에 올라온 "말의 길이를 늘이기 위해 단어 끝에 쓴다"라는 정의가 그 사례다. 하지만 이 중 어떤 것도 비아냥거리기를 언급하지는 않았다. 처음으로 비아냥거리기를 언급한 건 2008년의 일이다. 이 정의에서는 "세상에 그거 끝내준다 ~(OMG that's so cool~)"를 사례로 들었다. 이어 2009년에도 비아냥거리기를 언급한 정의 두 개가 더 등록됐다. 이게 우리의 시각표다. 하

인터넷 때문에

지만 의미 면에서, 비아냥거리기 물결표의 진화 과정이 재미있는 건 도시어 사전을 전혀 쓰지 않고도 그 진화 과정을 알아볼 수 있었다는 점이다.

사실, 이 진화 과정을 알아챈 사람들이 다수 있다는 증거가 있다. 2010년과 2012년의 라이브저널 스레드 두 건에서 물결표의 새로운 용법을 토의했다.[50] "야, 그거 ~특별한데(Well, isn't that ~special)"나 "그 프로그램에 나오는 모든 캐릭터에게는 ~비극적 과거~가 있다(Every character on that show has a ~tragic past~)" 등의 사례에 관한 것이었다. 두 스레드 모두 질문자가 자신들이 보아온 물결표의 새로운 용법이 뜻하는 바를 물으며 시작됐다. 그런데 두 질문자 모두 질문을 하면서 이미 그 의미를 알맞게 해독했다. 한 사람은 "일종의 반어법이나, 실제로 한 말에 대한 반대를 뜻하는 것으로 보인다"[51]라고 말했고 다른 사람은 "내 생각에는 겁주기 따옴표와 같은 것 같다"[52]라고 말했다. 이어진 토론 스레드에서, 몇몇 사람은 여전히 물결표의 주된 의미를 이전 몇 년 동안 써온 대로 (~20에서처럼) '대략'이라는 뜻으로, 혹은 유쾌한 장식체, 일본어의 귀여운 말 늘임이라고 인식했으나 비아냥거리기로 인식한 사람도 많았다. 어떻게 반짝이 비아냥거림이 600년에 걸친 철학자들의 제안을 넘어설 수 있었을까? ⸮, ¡ 등의 동료 기호들은 모두 실패했는데 왜 이 기호만 이토록 빠르게 성공을 거두었을까?

비결은 타자 치기가 쉬울 뿐 아니라, 의미 또한 여러 겹이라는 데에 있다. 반짝이 비아냥은 반짝이 호들갑에서 유래하는데 이런 연결은 다음과 같은 반의식적 계산에 따라 일어난다. "당신이 이 단어를 진지하게 썼을지언정 신나게 한 말은 아니지. 그런데도 반짝이를 붙였으니 진지한 것 또한 아냐. 진지하게 한 말도 아니고, 신나서 한 말도 아니라면, 반어적인 흥분을 표현한 게 틀림없어"라는 식이다. lol처럼 반짝이도 진지함을 없애는 표시이지만, 구체적인 의미는 맥락에 따라 결정된다. 원래 가진 의미와 반의식적 계산 단계 덕분에 반짝이는 공식적으로 제안된 온갖 반어법 기호 대신 살아남았다. '겁주기 따옴표', 반어법 대문자와 함께 말이다. 이들은 모호하고 맥락 의존적이다. 반어법 자체가 그렇다.

왜 하필 물결표일까? 어쨌거나, 별표 또한 ~*~반짝이 생태계 ~*~에서는 중요한 부분인데 말이다. 하지만 혼자 쓰이는 별표는 *볼드체*나 *3인칭으로 자신의 행동을 서술하는 행위* 등 오래전부터 다른 의미에 쓰여왔다. 더 흥미롭게도, 물결표가 비아냥거리는 어조의 특정 형태와 시각적으로 닮았다는 점 또한 도움이 되었을지 모른다. 2010년 라이브저널 스레드에 참여한 사람들은 계속해서 물결표가 "비아냥거리는, 노래하는 듯한 목소리"라고 설명했다.[53] 나도 이런 직관을 공유하지만, "노래하는 듯하다"라는 표현은 전업 언어학자가 보기에 딱히 정확한 용어는 아니다. 그래서 나는 좀 더 구체적으로 그 목소리를 특정하려고 시도했다가, 문득 깨달음이 찾아오자 하마터면 흥분해서 의자에서 넘어질 뻔했다. 실제로 노래하는 듯한 비아냥거리는 어조로 "그래애애?(sooooo?)"같은 단어를 말하면, 음 높이가 말 그대로 올라갔다가 내려가고, 다시 약간 올라간

인터넷 때문에

다. 달리 말하면, 어조가 물결 모양이 된다.

2015년에 〈버즈피드〉의 기자는 반짝이 비아냥거림의 완성된 모습은 "단어나 구절의 의미를 넘어서는, 비아냥거림과 자조적 당혹감 사이"[54]라고 설명했다. 이론적으로, 반짝이 비아냥거림은 반짝이 호들갑만큼이나 많은 활자 형태를 띨 수 있다. 하지만 실제로는 절제된 모습을 띠는 경향이 있다. 한 쌍의 ~물결표~는 물론 ✨반짝이 이모지✨나 ~*별표가 더해진 물결표*~도 쓸 수 있겠지만, 보통은 그냥 앞에만 물결표를 붙인다. 사뭇 진지한 비판에 ~*~*반짝이 홍수*~*~를 일으킬 공간은 별로 없는 걸지도 모르겠다.

미니멀리스트 활자의 등장

더 진지한 반어법은 문장부호와 대문자를 아예 쓰지 않을 때 만들어진다. 나는 이를 미니멀리스트 활자(minimalist typography)라고 부른다. 전부 대문자로만 쓰거나 느낌표를 여러 개 쓴 글의 정반대에 해당하는 이런 활용은 어떻게 검색할 수 있을까? 전부 대문자로 쓴 글에는 올캡스(all caps)나 블록캐피털(block capital) 같은 확립된 이름이 몇 가지 있다. 게다가 이런 활자는 수십 년에 걸쳐 인터넷 사용 안내서의 관심을 끌어왔다. 운이 좋은 셈이다. 하지만 미니멀리스트 활자의 경우는 그렇지 않다. 도시어 사전이나 자곤파일에는 이에 관한 표제어가 없다. 이는 내가 이름을 제안해야 했던 유일한 활자이기도 하다. 그래서 나는 대신 두 정보원, 불평하는 사람들과 분석하는 사람들에게 의지했다. 연대표를 설정하기 위해 불평하는 사람들부터 시작하자.

위에서 봤듯이, 1960~70년대 컴퓨터는 텔레타이프 기계에 토대를 두고 있었으며 오직 대문자만을 지원했다. 하지만 얼마 뒤인 70년대와 80년대, 90년대에 두루 쓰인 컴퓨터 운영체제인 유닉스는 대문자/소문자 구분에 예민했다.[55] 매우 심하게 말이다. 사용자 이름이 foobar인데 FooBar로 로그인하려고 하면, 다른 사람 취급을 받았다. 인터넷 브라우저를 여는 방법은 netscape라고 입력하는 것인데, 컴퓨터에 Netscape라는 명령을 내리면 말을 듣지 않았다. 이처럼 대문자/소문자 구분에 민감한 유닉스의 사용자 이름과 명령어는 전부 소문자로 이루어져 있었으므로, 유닉스 사용자들은 기술 관련 어휘를 소문자로만 쓰는 습관을 들이게 되었다. 설령 그 단어가 문장 맨 앞에 오더라도 말이다. 하긴, 친교 목적에서 주고받는 메시지라도 "푸바는 넷스케이프를 썼어야 해(foobar should've used netscape)"라고 전부 소문자로 쳐주면, 이 게시물을 읽은 인터넷 초보자가 헷갈려서 단말기에 실수로 대문자를 입력할 가능성이 훨씬 낮아지기도 했다.

텔레타이프 기계와 애플II에 영향을 받은 컴퓨터 사용자들은 다른 사용자들이 대문자란 고함을 의미하는 것이라고 판단하고 어느 정도 시간이 지나서까지도 전부 대문자로만 글을 썼다. 바로 그 시기에, 유닉스 해커들은 정반대 성향으로 유명해졌다. 이들은 언제나 소문자만 쓰는 사람들로 알려졌다(동시에 이들은 해커란 그냥 컴퓨터에 관한 문제를 해결하는 걸 좋아하는 사람일 뿐이고 할

인터넷 때문에

리우드 영화에 나오는 사이버 악당들은 사실 크래커라며, 엄청난 열의를 담아 설명하는 사람들로 알려지기도 했다[56]). 유닉스 코딩을 하지 않는 일반인에게 미니멀리스트 활자는 점차 기술과 연관된 것으로 받아들여졌다. 이메일 주소와 url은 보통 전부 소문자로 이루어져 있었고, 사용자 이름도 이런 경향을 따르는 경우가 많았다.

하지만 10년 내내 인터넷 포럼에 글을 올린 사람들은 표준적인 대문자 사용법을 파괴한 이런 자들이야말로 악질 중의 악질이라고 생각했다. 1990년대의 '네티켓' 지침서[57]들에서부터 2000년대 중반의 포럼 게시물[58]들에 이르기까지 모든 토론장에서 '식지 않았던 떡밥'은 소문자만 사용하는 다른 인터넷 사용자들에 관한 논란이었다. 이런 스타일을 좋아하는 사람과 좋아하지 않는 사람은 둘 다 사용의 편이 면에서 이야기했다.[59] 소문자만 쓰는 사람들은 "게으르다"라거나 "시프트 키를 계속 누르면 늙은 손에 엄청난 부담이 된다"라는 식이었다. 이런 불평 자체는 중요하지 않다. 브로콜리를 싫어하는 개인의 입맛이 식품학에 중요하지 않은 것처럼, 어느 언어의 일면에 대한 개인의 경멸감은 언어학자에게 별 의미가 없다. 그러나 음식 역사가가 브로콜리에 대한 역사적 인물의 비난을 보고 특정한 시대에 특정한 지역에서 실제로 브로콜리를 먹었음을 확인하듯, 사람들이 어떤 언어적 형태에 관해 불평하는지 보면 그 언어적 형태가 언제 인기를 얻었는지 알 수 있다. 한 번 들어본 적도 없는 채소에 대해서나 한 번 본 적도 없는 단어에 대해서 번거롭게 기나긴 불평을 쏟아놓을 사람은 아무도 없으니 말이다.

여기서 이상한 점은 2006년 이후로 대문자를 쓰지 않는 경우에 대한 불만이 현저히 줄어들었다는 점이다. 물론, 우리는 사람들이 그냥 소문자에 익숙해졌나 보다고 생각할 수 있다. 이모티콘이나 인터넷 약어가 처음 인기를 얻은 이후로 사람들의 열기가 진정되었던 것처럼 말이다. 하지만 그렇다기에는, 몇 년 뒤 새로운 미니멀리스트 슈퍼 악당이 사이버공간을 파괴하기 시작했다. 이번에 불평한 사람들은 포럼의 게시자들이 아니었다. 이들은 〈틴 보그〉나 〈버즈피드〉, 하버드의 학생 신문 〈크림슨〉처럼 젊은 층을 대상으로 하는 출판업자들이었다. 이번에 소문자주의가 저질렀다는 범죄는 게으름이 아니라 수동적 공격성이었다. 수동적 공격성을 보이는 문자메시지에 관한 시류 기사는 2013년경부터 나타나기 시작해 2015년과 2016년에는 본격적으로 유행했다.[60] 기사에서는 이와 같은 미니멀리스트 활자를 쓰면, 친구들이 왜 '나한테 화가 나 있지?' 하고 의아해할 수 있다고 지적했다. 소문자로만 타자를 치는 것은 더 이상 게으름이나 효율성의 문제가 아니라 태도를 나타내는 한 가지 방식이 되었다.

2006년부터 2013년 사이에 어떤 일이 벌어진 걸까? 스마트폰의 부상(큰 터치스크린과 높은 인터넷 접근성, 스크린 키보드가 딸린 핸드폰은 터치스크린이 없고 버튼이 여러 개 있는 이전 세대의 핸드폰에 비해 자동완성 기능이 훨씬 뛰어났다)은 우리가 관심을 두는 바로 그 시기와 깔끔한 상관관계를 맺고 있다. 최초의 아이폰은 2007년에 출시됐고, 미국의 스마트폰 판매량은 2011년에 처음

인터넷 때문에

으로 스마트폰이 아닌 핸드폰의 판매량을 넘어섰으며,[61] 2013년에는 전 세계적으로 같은 변화가 일어났다.

자동완성 키보드는 메시지 맨 앞과 마침표 뒤의 문자를 자동으로 대문자로 바꾸어주며, 사전에 내장된 단어만을 자동으로 완성한다. 소문자만 쓰는 방식은 어느새 힘이 덜 들기는커녕 더 드는 방법이 되었다. 나는 2016년에 트위터에서 비공식 설문조사를 실시했다.[62] "핸드폰으로 글을 쓸 때 미적인 이유로 자동 대문자를 취소하나요?"라는 내용이었다. 결과는 매우 분명했다. 500여 명의 응답자 중 절반 이상이 늘 그렇게 한다고 대답했다. 그 밖에도 3분의 1은 "가끔 그렇게 한다"라고 응답했으며, 오직 14퍼센트만이 "절대 그렇게 하지 않는다"라고 응답했다. 몇몇 사람들은 설문조사에서 따로 묻지 않았는데도 자동 대문자 기능을 아예 꺼버렸다는 댓글을 남기기도 했다. 소문자주의자는 "게으르다"라는 2006년 이전의 고정관념과는 전혀 다른 모습이었다. 물론, 어느 날 무작위 트위터 설문조사에 응답한 사람들이 인터넷 사용자의 인구 구성을 균형 있게 반영한 표본이라고 보기는 어렵다. 그러므로 수치를 적당히 걸러서 받아들여야 한다. 그러나 상당수 사람이 특정한 효과를 내기 위해 일부러 미니멀리스트 활자를 선택한다는 건 분명하다. 사람들이 이렇게까지 노력을 들인다면, 이런 현상을 통해 알 수 있는 것은 무엇일까?

알고 저지르는 불규칙의 미학

미니멀리스트 활자의 사회적 의미는 하나의 말뭉치나 사전으로 답을 찾기에는 너무 광범위한 문제다. 미니멀리스트 활자는 문장 수준 혹은 발화 전체 수준에서 작동하므로, 대문자가 적용되지 않은 단어만 찾아보는 것으로는 불충분하다. 그렇게 했다가는 격식을 갖춘 문장들 중간에서 전혀 특징적이지 않은 단어들을 추출하게 된다. 더욱이 예전에는 사람들이 특정한 어조를 전달하기 위해서라기보다는 실용성을 이유로 대문자와 문장부호를 굳이 쓰지 않았다. 일부 인터넷 사용자들은 지금도 이런 초기의 이유로 소문자를 쓰고 있을지 모른다. 이 질문에 답하기 위해 우리가 해야 하는 일은 소문자만으로 타자를 치는 사람들의 머릿속을 들여다보는 것이다.

소문자주의에 관한 시류 기사가 처음 나온 곳을 근거로 생각해보면, 미니멀리스트 활자는 젊은 사람들의 취향인 것으로 보인다. 하지만 젊은 층의 언어를 분석할 때는 딜레마가 하나 있다. 젊은 층의 언어에 관한 통찰력은 그 언어에 관해 쓸 수 있는 능력과 반비례한다는 것이다. 나는 1990년대와 2000년대의 은어에 관해서는 자신 있게 주장할 수 있지만, 2010년대 이후의 은어에 관해서는 자신감이 떨어진다. 젊은 층의 언어에 관해 글을 쓸 수 있는 내 기반은 커져가는데 말이다. 가장 예리한 통찰력을 가지고 특정한 젊은 층의 하위문화에 깊이 파묻힌 채, 자기들의 게시물과 문자메시지를 분석하게 해주는 것이 재미있는 일이라고 생각하는 또래 친구들과 함께 지내는 시점은 초보 연구자로서 첫 논문을 쓰거나 학회에서

인터넷 때문에

발표를 하는 시점과 같을 가능성이 크다. 하긴, 그 정도 지위만 얻으려 해도 운이 좋아야겠지만 말이다. 이런 초보 연구자는 뭐가 '쿨한지' 안다. 하지만 아무도 그 연구자를 모르고 왜 그 연구자의 글을 읽어야 하는지도 모른다.

일부 언어학자들은 학부생들과 어울림으로써 젊은 층의 언어를 연구한다.[63] 어떤 언어학자들은 지역 학교와 파트너십을 맺는다.[64] 나는 인터넷을 통해서 연구한다. 나는 아직 대학원에 다닐 때 〈언어학의 모든 것(All Things Linguistic)〉이라는 블로그를 열었다. 블로그는 텀블러에 만들었는데, 이전의 밈 블로그들 때문에 이 플랫폼에 익숙했기 때문이었다. 처음에 이 블로그는 상아탑에만 틀어박히지 않으려는 내 나름의 방법이었다. 나는 내가 지도하는 학생들에게 해줄 만한 조언과 내가 읽는 논문의 링크, 일상에서 마주친 재미있는 언어학적 사건들에 관한 게시물을 올리기 시작했다. 그러다 보니 블로그와 SNS는 학계에서 밖을 내다보는 창문이 아니라 다시 학계로 들어가는 줄이 되었다. 참석할 만한 학회와 읽어야 할 논문을 찾아보는 방법이 된 것이다.

미니멀리스트 활자와 관해서는 특히 중요한 언어학 석사 논문이 두 편 있는데, 하나는 할리 그랜트(Harley Grant)의 2015년 논문[65]이고 하나는 몰리 룰(Molly Ruhl)의 2016년 논문[66]으로 둘 다 텀블러를 다뤘다. 텀블러는 트위터에 비해 덜 연구되었는데(아니면, 트위터가 다른 모든 SNS에 비해 지나치게 많이 연구되었다고도 할 수 있다) 그 까닭은 연구자들이 트위터에서 대규모의 다양한 무작위 트윗을 수집하고 게시된 날짜에 따라 이 트윗들을 탐색할 수 있기 때문이다. 텀블러가 페이스북이나 스냅챗보다는 연구하기 쉽다. 최소한 텀블러의 게시물은 대체로 공개되어 있기 때문이다. 하지만 텀블러에는 무작위로 표본을 추출할 방법이 전혀 없다. 적극적인 참여자 겸 관찰자가 되어 올라오는 게시물들과 자신이 팔로우하는 사람들이 공유하는 내용들을 연구하거나, 특정한 하위 커뮤니티를 선택해 분석해야 한다.[67] 다시 말해, 텀블러를 연구하려는 사람은 텀블러의 어떤 커뮤니티가 언어학적으로 흥미로울지에 관한 감각을 미리 가지고 있어야 한다.

미니멀리스트 문장부호가 발달하던 시기인 2006~2013년의 텀블러는 특별히 흥미롭다. 텀블러의 사용자 기반이 젊은 층이고 (2013년에는 사용자 거의 절반이 16~24세였다[68]), 공동체의 원천으로서 인터넷을 지향하며(이에 비해 인스타그램과 스냅챗은 이미 존재하는 친구들과 관계를 맺을 수 있어서 인기를 얻었다), 자신의 언어 사용에 관해 성찰하는 특징이 있기 때문이다. 그랜트는 논문에서 2012년 이후에 텀블러에 게재된 언어학적 스타일에 관한 논평 게시물 몇 편을 인용했는데, 이 게시물들은 텀블러 사용자의 활자 미니멀리즘 그 자체를 보여주는 사례이기도 했다. 이 중 가장 인기 있는 것으로서 50만 개가 넘는 '좋아요'와 스크랩을 기록한 게시물은 아래처럼 시작한다.[69]

when did tumblr collectively decide not to use

인터넷 때문에

punctuation like when did this happen why is

this a thing

it just looks so smooth I mean look at

this sentence flow like a jungle river[70]

텀블러가 문장부호를 사용하지 않기로 집단적인 결정을 내린 건

언제일까

이런 일은 언제 벌어졌으며 왜 그게

대세일까

그냥 너무 매끄럽게 보인다 아니 정말 보라니까

정글의 강물처럼 흐르는 이 문장을

이 게시물이나 이와 비슷한 게시물의 인기는 게시자가 동료 사용자들이 널리 인정하는 현상을 묘사하고 있으며, 신규 사용자들을 텀블러라는 플랫폼의 규칙에 맞게 사회화시키는 데 도움을 주고 있음을 확인해준다. 예컨대, 이 게시물을 읽어보면 물음표 없는 의문문이 수사적 질문이나 반어적 질문으로 사용되었음을 알 수 있다.

몰리 룰이 인용하는 게시물들도 자기언급적(self reference)이고 두루 공유되었다. 이 게시물들은 여러 명의 저자가 작성한 것으로 게시된 날짜는 2016년이다. 첫눈에 보기에, 이 게시물들은 대체로 다양한 종류의 강조법을 보여주는 사례인 것 같다. 하지만 그런 사례들이 미니멀리즘에 속하는 문장 속에 배치되어 있다.

i think it's really Cool how there are so many ways

to express emphasis™ on tumblr and they're all

c o m p l e t e l y different it's #wild

#E m p h a s i s™

WHAT HAVE YOU DONE[71]

텀블러에서 강조™를 표현하는 방법이 이렇게 많다니

정말 **멋진** 것 같아 그 모든 방법이

완 전 히 다르다니 #쩐다

#강 조™

무 슨 짓 을 한 거 냐

해시태그를 붙이고 첫 글자를 대문자로 쓰고 공백을 두고 트레이드 마크 표시를 붙인 #E m p h a s i s™는 시스템의 균열이다. 너무 많은 특징이 동시에 나타나서, 이 글은 장난으로밖에 볼 수 없다. 하지만 전부 대문자로 적은 **무슨짓을한거냐**라는 문장은 강조를 나타내는 동시에 미니멀리즘을 따르고 있다. 대문자를 사용해 강한 감정을 표현하면서, 물음표를 붙이지 않고도 의문문의 문장구조를 사용해 수사적 의문을 던진 것이다.

텀블러 사용자들은 미니멀리스트 활자에 특히 자기 인식적인 모습을 보이지만, 이런 특성이 텀블러에만 나타나는 것은 아니다. 이런 자기 인식은 거의 비슷한 시기에 트위터에도 성행했다. 미니멀리즘은 조니 선이 2014년에 남긴 아래의 초현실적 트윗에도 시

인터넷 때문에

적인 효과를 부여한다(조니 선에 관해서는 오타를 잘 받아주는 사람으로 1장에서 다루었다).

> "i just want to go home" said the astronaut.
>
> "so come home" said ground control.
>
> "ｓｏｃｏｍｅｈｏｍｅ" said the voice from the stars.[72]
>
> "난 그냥 집에 가고 싶어" 우주비행사가 말했다.
>
> "그럼 집에 와" 관제소에서 말했다.
>
> "ｇ 럼 집 에 와" 별들의 목소리가 들려왔다.

반짝이 문장부호가 노골적인 장식품이라면, 미니멀리스트 문장부호는 빈 캔버스와 같아서 독자에게 틈을 채우도록 유도한다. 140자도 안 되는 이 트윗은 익숙한 것에 대한 갈망과 모르는 것에 대한 갈망 사이에서 느끼는 갈등, 그리고 지구인과 우주먼지라는 우리의 이중적 정체성에 관한 이야기를 전한다. 조니 선의 트윗 중 별이 말하는 부분은 어조를 전달하기 위해 폭이 넓은 유니코드 문자로 작성되었다. 글자 주변에도 더 많은 공간이 있다. 마치 이 글자들이 별들 사이에서 메아리치는 것 같다. 이처럼 으스스한 선율로 마음을 사로잡는 서사는 다른 트위터 사용자들에게 50건 이상의 창의적인 그림을 그릴 영감을 주었다.[73]

나는 조니 선에게 이처럼 독특한 스타일을 활용하기 시작한 것이 언제인지 물었다. 그는 2012년이라고 대답했다. 수많은 사람이 텀블러에서도 이 스타일을 주목하기 시작한 바로 그해였다. 하지만 그는 한 번도 텀블러를 써본 적이 없었다. 선은 대신 인스턴트 메시지에서 모든 것을 소문자로 쓰던 1990년대의 경향을 떠올렸다. 또 그는 당시 트위터에서 사람들이 사용하던 부드러움/기묘함(soft/weird) 미학을 이야기했다.[74] 반짝이 호들갑으로부터 반짝이 비아냥이 반의식적 계산에 따라 도출된 것처럼, 미니멀리스트 활자의 미학과 반어적 효과는 앞선 시대에 이런 활자가 띠고 있던 함의(게으름, 반권위주의)를 아는 데서, 그리고 자동 대문자 기능이 있는 시대에 기꺼이 그 함의를 포용하겠다는 명백한 선택으로부터 도출되었다. 고해상도 카메라와 매끄러운 인스타그램 필터가 존재하는 세상에 조야하고 픽셀이 다 드러나 보이며 형편없는 솜씨로 포토샵을 한 인터넷 미술품이 다시 인기를 얻기 시작했듯, 글에서도 같은 현상이 벌어진 것이다. 그렇게 감정적인 비일관성을 반영하는, 양식화된 언어상의 비일관성이 인기를 얻었다.

미니멀리스트 활자에 관한 인터넷 언어학 논문을 찾으려고 노력하던 중, 나는 의도치 않게 직접 유용한 사례를 생산해냈다. 내가 학생들로부터 자료를 구했던 창구 중에는 2018년의 페이스북 언어학 밈 그룹도 있었다. 언어학 밈의 에너지가 텀블러에서 페이스북 그룹으로 옮겨가고 있다는 걸 눈치챘기 때문이었다(밈에 관해서는 6장에서 더 다룬다). 어떤 사람이 내게 내가 쓴 글을 보낼 뻔했다는 댓글을 남겼다. 퍼즐을 맞춰보고서야 나와 글쓴이가 같은 사람인 줄 알았다면서 말이다. 나는 별생각을 하지 않고 답장을 보냈다.

"제가 워낙 **유명인**이라서요(my Brand is Strong)" 몇 명이 이 유머를 알아들었고, 그게 끝이었다.

　나중에 나는 이 일에 관해 생각해보았다. 나는 핸드폰으로 답장을 보냈고, 그러기 위해서는 별도의 노력을 들여야 했다. 내가 핸드폰의 기본 설정을 그대로 따랐더라면("my Brand is Strong"이 아니라 "My brand is strong."이라고 썼더라면) 나의 말은 반어법이 아니라 진짜로 건방지게 읽힐 수 있었다. 누가 표준의 대문자 규칙을 적용해 이런 표현을 한 걸 보고도 그 얼굴에서 재수 없는 미소를 지워주고 싶다는 마음을 품지 않기란 내게 불가능한 일이다. 물론, 표준 규칙을 사용해서 진정 어리고 재수 없지 않은 말을 할 수도 있었다. 하지만 나는 반어법을 써서 효과를 거두었다. 반어법이 풍기는 대문자를 씀으로써, 나는 인터넷 사용자들의 편에 섰다. 자기표현에 관한 SNS의 괴이한 압박을 똑같이 직면한 사람들 사이에 말이다. 미니멀리스트 소문자로 문장을 시작함으로써, 나는 나 자신을 접근할 수 있는 존재로 만든다. 대중 연설을 시작할 때 일부러 자기를 깎아내리는 농담을 하듯이, 나는 다른 사람이 내게 훈수를 들 만한 특징을 문장 맨 앞에 가져다 놓았다. 그럼으로써 다른 사람의 글쓰기 스타일에 관해 훈수를 들 수 있는 지위를 스스로 버린 것이다. 한편으로 나는 상대방의 말이 사실이라는 점을, 상대방이 내 이름을 들어봤으리라는 점을 인정한다. 하지만 동시에, 나 자신을 너무 중요하게 생각하지는 않는다는 신호를 던짐으로써 그 순간의 어색함을 희석한다. "괜찮아요, 개인의 명성에 관해서는 나도 다른 인터넷 사용자들이 그렇듯 양가감정을 가지고 있어요"라고 말이다.

반어적 활자들이 보여준 가능성

역설적이게도, 반어법은 진정성을 보일 공간을 만들어낸다. 당신과 내가 같은 대상을 똑같이 복잡하게 얽힌 태도로 대한다면 다른 문제들에 관해서도 좀 더 진솔한 태도를 공유할 수 있을지 모른다. 최초의 게시자는 다시 진정성 있는 댓글을 달아, 젊은 사람들의 은어를 진지하게 받아들여주어서 고맙다는 인사를 남겼다. 얼핏 보면, 내 댓글이 진지하다고 생각하기는 어렵다. 내가 남긴 댓글에서 가장 중요한 점이 반어법 아니었던가? 하지만 더 깊이 들어가면, 내가 진지하게 받아들인 것은 인터넷에 능숙한 사람들 편에 서서 나 자신도 그런 능숙함을 보여주고, 활자로 된 어조를 전달하는 능력이 얼마나 중요한지 이해한다는 신호를 보내는 것이었다.

그 순간, 이 스레드는 장 자크 루소에서 〈어니언〉 필진에 이르는 수백 년 작가들의 꿈을 충족하게 되었다. 전혀 모르는 두 사람 사이에, 글로 쓰인 반어법이 성공적으로 작동한 것이다. 그 댓글을 남긴 사람과 내가 유일한 사례는 아니다. 현재 사람들은 매일, 매 순간 이런 식의 반어적 의사소통 줄타기를 하고 있다. 사실, 우리가 혼자가 아니라는 점이 바로 우리가 성공을 거둔 이유였다. 우리가 반어적 문장부호에 관한 추상적인 논문 계획서를 쓰는 재야 지식인이 아니라, 우리의 메시지가 어떻게 읽힐지에 주의를 기울이면서 상대방도 의도를 갖고 활자를 선택하리라고 가정하며 예의를 다하

인터넷 때문에

려고 노력하는 사회성 있는 인간이기 때문이었다. 그 사람과 나의 언어 표준이 교정자의 빨간 펜보다는 인터넷 사회를 지향했기 때문이었다.

반어법은 언어의 신뢰 게임이다. 이중 의미를 담아 글을 쓰거나 말을 할 때, 나는 당신이 나를 잡아주기를 바라면서 뒤로 넘어지는 셈이다. 위험도는 높다. 잘못 조준한 반어법은 대화에 심각한 피해를 줄 수 있다. 하지만 보상도 높다. 완전히 이해받았다는 절묘한 기쁨, 누군가가 내 편이 되었다는 안도감이 바로 그 보상이다. 시대를 막론하고 사람들이 반어법을 글로 표현하기 위해 그토록 열심히 노력해온 것도 이상하지 않다.

앞서 보았던 예의 바른 활자가 거리감을 지키되 유쾌함을 더하거나 진짜 열정을 드러내기 위해 친근한 느낌표를 쓰는 등 별도의 노력을 기울이는 행동이었다면,[75] 반어적 활자는 두 가지 면에서 모두 정반대다. 반어적 활자는 독자가 이중 의미를 찾아 표현을 열심히 들여다보게 만드는 불협화음을 낸다. 예상되는 기준선에서 어떤 식으로든 벗어나면 된다.[76] 글자를 소문자로 쓰든, 반짝이 비아냥을 쓰든, 물음표를 생략해 수사적 질문을 던지든, 유행이 지난 은어를 반어적으로 사용하든 다 괜찮다(텀블러에서 여러 차례 스크랩된 한 게시물은 뭔가가 Great(훌륭)하다고 말하는 것은 그게 정말로 좋다는 뜻이지만, gr8(gr + eight는 발음이 great와 같다)로 묘사된 것은 해서는 안 되는 행동에서 느끼는 쾌감이나 비아냥거리며 재미있어 하는 행위를 의미한다고 지적했다[77]). 하지만 가장 중요한 건, 반어법을 쓰려면 애초에 기준선이 필요하다는 것이다. 그래서 우리는 고함이나 열정 등 직설적인 목소리를 뜻하는 일련의 활자 자원을 개발하고 나서야 창의적으로 이를 전복할 수 있었다.

컴퓨터로 매개되는 의사소통의 여러 유형을 플랫폼에 따라서, 이를테면 짧은 문자메시지와 긴 블로그 게시물을 나눠 분석하는 것은 쉬운 일이다. 하지만 시간의 중요성은 그만큼 고려하지 않는다. CU L8R와 #Ｅｍｐｈａｓｉｓ™이 인터넷 언어의 매우 다른 시대에 속한다는 사실 말이다. 미니멀리스트 활자는 시간의 흐름에 토대를 둔 인터넷 스타일의 핵심적인 사례다. 미니멀리스트 활자의 시작은 텀블러와 트위터는 물론, 이들 플랫폼이 성행하던 2012~2013년의 문자메시지 전체에 기록되어 있다. 그보다 10여 년 전, 심리학자 제프리 행콕(Jeffrey Hancock)은 학부생들에게 형편없는 패션 감각 등 반어적인 말을 하고 싶어지는 상황에 관해 이야기하라고 요청했다.[78] 이때 의견은 컴퓨터를 매개로 글로 전하거나 대면 의사소통을 통해 구어로 전할 수 있었다. 행콕은 놀랍게도 반어법을 전달할 활자 도구가 그리 많지 않음에도 글에서도 구어만큼이나 반어법 사용이 나타난다는 것을 알게 됐다. 당시에 그가 발견해서 보고한 유일한 도구는 '점점점'뿐이었다. 나는 반어적 활자의 시대에 이 연구가 다시 이루어지는 것을 보고 싶다. 어쨌든, 이 연구는 인터넷 언어가 다른 모든 언어 스타일과 마찬가지로 시대에 따라 변화한다는 사실을 다시 일깨워주는 유용한 연구다. 미래에는 더욱 정교한 의미를 표현하는 방법들이 만들어질지 모른다. 그러면 오늘날 우리의 반어법

체계는 언젠가 단순한 '점점점'만큼이나 무디게 보일 것이다.

좌우로 뒤집힌 물음표나 위아래로 뒤집힌 느낌표를 제안했던 시절을 되돌아보면, 우리는 이 중 다수가 이중적인 의미를 전달하려는 노력 단계에서 그쳤다는 것을 알 수 있다. 어쩌면 문제는 그저 설명이 필요한 새로운 기호를 부과하려 했다는 것만이 아니라, 꿈을 너무 작게 가졌다는 점에도 있는지 모른다. 단일한 문장부호로는 반어법을 폭넓게 쓸 수 없다. 반어적 활자가 복잡한 이유는 반어법 자체가 복잡해서다. 반어법의 언어학적 신호는 대문자로 표현하는 **고함**이나 물음표로 표현하는 높아지는 음조만큼 직설적이지 않다. 가끔 반어법이 쓰인 글 중에는 순전히 맥락만으로 유추해볼 수 있는 것들이 있다. 예를 들어, 밖에 비가 쏟아지는데 "해가 참 좋네!"라고 말하는 식으로 말이다. 과장을 통해서도 가늠된다. 단순한 "고마워"에 비해, "대애단히 고맙습니다"라는 말은 반어법일 가능성이 훨씬 크다. 하지만 여러 상황에서, 반어법을 나타내는 것은 목소리와 얼굴의 여러 특징의 집합이다. 미소, 웃음, 눈썹 치켜올리기, 느리고 힘 주어 말하기 같은 이런 특징을 나타내는 데는 반어적 활자가 도움이 될 수 있다. 대면 대화에서조차, 그토록 여러 세대를 거쳐 써왔는데도 반어법이 늘 성공적으로 전달되지는 않는다. 반어법을 쓰는 사람은 이중 의미가 정말로 전달되었는지 확인하기 위해 여전히 미소나 웃음, 혹은 상대가 쓰는 반어법 등 피드백에 의존한다.

반어적 활자는 글로 표현된 반어법에 그저 작은 성공의 가능성을 제공할 뿐이다. 어느 매체를 통하든 반어법에는 신뢰가 필요하다. 사람의 모든 감정을 노골적인 문장부호로 나타내지 않는 것은 상대방이 그 말을 엉뚱하게 알아듣지 않으리라는 신뢰의 표시다. 우리가 이미 친구이니까, 혹은 같은 언어 공동체의 일원이니까 말이다. 아니면 역으로, 이는 "당신이 엉뚱하게 알아듣든 말든 상관없어"라는 말이다. 이 경우 반어법은 외부자를 쫓아내는 방법이다. 별명이 친근감의 표시인 동시에, 그런 친밀감이 실제로 존재하지 않을 경우에는 무례하게 구는 방법이 되는 것도 그래서다. 예의 바른 사교적 이메일에 느낌표를 찍지 않는 것은 돌처럼 차가운 마음을 가진 얼음 마녀의 징표일지 모르지만, 정말로 가까운 친구에게는 애초에 예의 바른 사교적 안부 이메일을 보낼 필요가 없다.

서로의 목소리를 더 잘 듣는 미래를 위하여

하지만 활자로 표현된 어조는 이처럼 무척 아름답게 발전하는 한편, 위협을 받고 있다. 음성의 텍스트 변환이나 자동완성 기능을 이용한 스마트한 답장 등 기술언어학적 도구의 미래에 관해 물을 때, 우리는 이런 도구를 어떻게 사용할지만이 아니라 그 도구가 어떻게 전복될 수 있는지까지 물어야 한다. 설계자들이 사용자가 의도를 전달하는 데 어떻게 도움을 줄 수 있는지뿐만이 아니라, 어떻게 하면 사용자들이 설계자의 의도를 넘어서는 수준까지 의사소통

인터넷 때문에

하게 도울 수 있는지도 말이다. 인공지능 스피커에 날씨를 물을 때라면 진정성 있는 목소리로 족하다. 하지만 사람이 다른 사람에게 메시지를 쓰도록 도우려면, 기술은 단어 자체만이 아니라 그 단어를 말하는 방식까지 처리해야 한다. 이는 엄청난 도전 과제다. 어쨌거나 반어적 미니멀리즘까지 가는 길을 닦은 것은 자동 대문자 기능의 전복이었고, #Emphasis™으로 가는 길을 닦은 것은 전통적인 손글씨에서 이목을 끄는 방법의 전복이었다. 활자로 표현된 어조를 인식하기에는 책과 신문의 격식을 갖춘 자료로 인공지능을 학습시키는 것으로는 부족하다. 이런 식의 절묘함은 글쓰기를 보조하겠다는 모든 시스템의 미래에 반드시 포함되어야 하며, 어떻게 그런 일을 효과적으로 해낼 것인지는 아직 불분명하다. IBM은 도시어 사전의 데이터를 인공지능 시스템 왓슨에 추가하는 방법을 실험해보았지만, 컴퓨터가 욕을 쏟아내기 시작하자 전부 지워버리는 수밖에 없었다.[79]

　한편, 이런 변화를 과장하지 않는 것도 중요하다. 1984년의 유즈넷 게시물을 시발점으로 삼는다면 인터넷 어조의 여러 특징은 30년간 존재해왔다. 그런데도 E. E. 커밍스(E. E. Cummings)나 L. M. 몽고메리가 현대의 책이나 신문을 읽는다면, 1920년대 사람의 눈에도 꽤 익숙해 보이는 편집된 산문을 보게 될 것이다. 격식 문어에서는 마침표가 여전히 감정적으로 중립적이며 질문에는 여전히 물음표가 따르고, 대문자는 지금도 문장의 시작과 고유명사를 표시한다. 또 비아냥거리기를 전달하기 위해서는 여전히 영리한 표현에 의존해야 한다(오호통재라∫).

　글이 완전히 바뀐 것이 아니다. 문제는 글이 격식 형태와 비격식 형태로 갈라졌다는 점이다. 하지만 이런 분기가 일어난 시기는 인터넷이나 심지어 컴퓨터의 발명과도 일치하지 않는다. 전부 대문자로 이루어진 문장과 표현적인 말 늘이이이이임, ~반어법 문장부호~, 미니멀리스트 문장부호, 행갈이와 짝을 이루는 대문자 사용은 모두 21세기가 아니라 20세기 초에 직접적인 조상을 두고 있다. E. E. 커밍스의 미니멀리스트 문장부호나 대문자 사용에 대해서, 혹은 제임스 조이스가《율리시스》의 마지막 장에서 사용했던 의식의 흐름에 대해서 생각해보라. 이 장은 4391개의 단어로 이루어져 있는데, 문장부호는 마침표 두 개밖에 등장하지 않는다. 의식의 흐름 기법의 원칙은, 이 기법이 엄격하게 관례화된 격식을 갖춘 글보다 사람의 머릿속에서 일어나는 생각의 흐름을 더 잘 표현하는 것이었다. 그렇게 보면, 글을 우리 생각과 더 비슷해 보이게 만들려고 할 경우, 우리가 결국 모더니즘이나 포스트모더니즘 작가들과 비슷한 목소리를 내게 되는 건 놀라운 일이 아니다.

　격식/비격식 글의 분기가 일어난 시점을 문법이 만들어진 시기까지 추적할 수도 있다. 당대의 문법학자들은 끊어 읽기에 기반을 둔 필경사들의 문장부호를 라틴어 문법에 맞도록 고쳐야겠다고 생각했다. 이때 문법학자들은 교사와 편집자의 관행을 변화시키는 데 성공할 수는 있었을지 몰라도 개인적인 편지와 낙서, 부엌 식탁에 남겨놓은 쪽지까지 완전히 통제할 수는 없었다. 미래에는 인쇄

기술의 발명과 인터넷의 발명 사이 시기에 쓰인 글이 기형적으로 보일지도 모른다. 그 시절에는 작가가 되는 것과 독자가 되는 것의 난이도에 상당한 차이가 있었다. 우리 모두가 글의 격식 없고 정리되지 않은 면을 신경 쓰지 않은 채 활자가 정적이고 육체에서 분리된 것이 되도록 놔두었던 시대 말이다.

인터넷이 비격식 문어를 만들어낸 것은 아니지만, 인터넷 덕분에 비격식 문어가 더 흔해진 것은 사실이다. 인터넷은 우리가 예전에는 말로 하던 상호작용의 일부를 거의 실시간으로 이루어지는 문자의 교환으로 바꾸어놓았다. 동시에, 키보드는 여러 번 그은 밑줄이나 색깔 잉크, 화려한 글씨체, 장난스러운 낙서, 필자의 기분을 추론하게 해주는 손글씨의 미묘한 변화 등 표현적 글쓰기에서 나타나던 예전의 레퍼토리 일부를 빼앗아갔다. 하지만 우리가 그 대신 생각해낸, 문자를 통해서 감정적 뉘앙스를 전달하는 확장된 체계는 너무도 절묘하고 독특한 것이다. 내가 다른 사람을 대신해서 사적인 메시지를 입력해야 한다면(예를 들어, 내가 조수석에 앉아 있는데 운전자의 핸드폰에 바로 답장을 보내야 하는 문자메시지가 온다면), 나는 정확히 어떤 말을 입력해야 할지 아주 자세하게 물어야 한다. 마침표, 느낌표, 혹은 발화 끝의 단순한 행갈이까지도 말이다. 대문자는 얼마나 써야 할까? 반복해서 써야 하는 글자가 있을까? 역으로, 핸드폰 주인이 아닌 다른 사람이 작성한 메시지를 받으면 보통 그 차이를 알아볼 수 있다. 표현적 활자는 전자식 의사소통을 비인격성과는 그야말로 거리가 먼 것으로 만든다.

나는 개인적으로 이런 변화가 환상적이라고 생각한다. 활자로 표현된 어조에 이처럼 큰 관심을 기울이는 일이 표준 문장부호의 쇠퇴를 의미한대도, 나는 애초에 자의적이고 엘리트주의적이었던 기준의 쇠락을 기꺼이 받아들이고 동료들과 더 나은 관계를 맺는 능력을 택할 것이다. 문장부호 규칙 목록을 완벽하게 준수하면 일종의 권력이 생길지도 모르지만, 사랑이 생기는 것은 아니다. 사랑은 나열된 규칙에서 나오지 않는다. 사랑은 우리 사이의 공간에서, 우리가 서로에게 관심을 기울이고 서로에게 미치는 영향에 신경을 쓸 때 나타난다. 우리는 규칙을 배우는 데서 그치지 않고 문어로 어조를 전달하는 방법을 익힐 때에야 글이란 지적 우월성을 주장하는 방식이 아니라 서로의 목소리를 더 잘 듣는 방식임을 알게 된다. 그때에야 우리는 권력이 아니라 사랑을 위해서 글 쓰는 법을 배운다. 하지만 활자가 표현할 수 있는 그 모든 절묘한 언어적 조정을 생각하더라도, 우리가 목소리로만 존재하는 것이 아니듯, 우리에게는 여전히 신체의 다른 부분으로 보내는 메시지를 전달할 방법이 필요하다.

4장

이모지의

언어학

몇 년 만에, 인터넷에서 1세대가 지나기도 전에 우리는 비격식 문어로 할 수 있는 일에 관한 기대치를 근본적으로 바꾸었다. 우리는 글로도 우리가 하고자 하는 말은 물론, 더 중요하게는 그 말을 하는 방식까지도 완전히 표현할 수 있기를 바란다. 이모지가 바로 그런 일을 한다.

⏎

우리의 신체는 의사소통에서 중요한 부분을 차지한다.

누군가가 인상을 찌푸린 채 쿵쿵거리며 방에 들어와 문을 쾅 닫으며 **"나화안났어"**라고 선언한다면, 우리는 그 사람의 말이 아니라 몸짓을 믿게 된다.

누군가가 훌쩍훌쩍 눈가를 훔치며 "아니, 아니야. 아무 문제 없어"라고 말하면, "잘됐네, 아무 문제 없다니 다행이다. 안심이 돼. 가서 춤추자!"라고 답하지 않는다. "음, 내가 보기에는 확실히 뭔가 잘못된 것 같지만 얘기하기 싫다고 해도 이해할게" 같은 말을 한다.

좋은 친구가 당신의 눈을 들여다보고 씩 웃으며 "넌 여태 내가 만났던 인간 중 최악이야!"라고 말한다면, '이런, 이 사람은 결국 내 친구가 아니었구나'라고 생각하지 않는다. '짱인데, 우린 서로 욕하는 척하지만 그게 진심이 아니라는 걸 알 수 있을 만큼 친한 친구야!'라고 생각한다.

마찬가지로 감정에 관한 우리 언어는 많은 부분 체화되어 있다. 심장이 빠르게 뛰고, 눈썹이 휘고, 뺨이 붉어지고, 배 속이 울렁거리고, 목구멍은, 음, 꾸르륵거린다. 글은 언어에서 몸을 제거하는 기술이다. 글의 가장 큰 장점이 그것이다. 살아 있는 인간의 몸 전체나 홀로그램에 체현된 언어보다는 종이에, 혹은 바이트로 적힌 글을 운반하고 저장하기가 더 쉽다.

하지만 신체가 제거되었다는 점은 글의 가장 큰 단점이기도 하다. 특히 감정을 비롯한 정신의 상태를 글로 표현할 때 그렇다. 온라인에 접속하던 초기에는 가상의 신체에 관한 질문에 우리가 매우 분명한 궁극적 해답을 가지고 있는 것처럼 보였다. 닐 스티븐슨(Neal Stephenson)의 1992년 소설 《스노 크래시》나 2003년에 출시된 3D 가상 세계인 세컨드 라이프(Second Life)에서 상상한 바에 따르면, 우리 모두가 손, 발, 헤어스타일까지 갖춘 각자의 전신 아바타를 가지고 가상공간에서 서로 신체적으로 상호작용을 할 것만 같았다. 생활과 관련된 것이든 감정적인 것이든 우리가 물리적 세계에서 하는 모든 행동을 아바타가 사이버공간에 투사하게 되리라는 생각이었다. 그런 식으로 우리가 방에 들어가고 악수를 하고 웃으며 바닥을 굴러다니리라고 말이다.

기술적인 차원에서 우리는 가상에서 신체를 투사하고 조작하는 실력을 꽤 갖추었다. 이는 1인칭 슈팅 게임에서부터 〈심즈〉에 이르는 모든 장르의 게임에서 핵심적인 부분이었다. 하지만 일상적인 사교 생활에서는 그렇게까지 인기를 얻지 못했다. 세컨드 라이프는

인터넷 때문에

신문에 크게 여러 번 보도되었지만, 인터넷 사용자들의 작은 하위 커뮤니티에서만 인기를 유지했고 이와 유사한 노력들은 그보다도 알려지지 않았다.[1] 우리 대부분에게 사회적 아바타와 가장 비슷한 것은 SNS 앱에서 사용하는 프로필 사진이다. 이를 세컨드 라이프나 《스노 크래시》에서 상상했던 야심 찬 3차원 그래픽이라고 보기는 어렵다. 물론, 프로필 사진은 대화 상대가 누구이며 그들이(혹은 그들의 개가) 어떻게 생겼는지 감을 잡도록 해준다. 하지만 이런 사진은 정적이다. 내 프로필 사진은 그 옆에 어떤 메시지를 입력하든 똑같이 변치 않는 미소를 짓고 있다. 우리에게 정말로 필요한 것은 동적인 시스템이다. 문장부호는 어조를 표현하기에 적당하지만, 우리에게는 여전히 뭔가 빠져 있다. 뭔가 신체적인 것 말이다. 바로 이 공간으로 문장부호로 만든 미소 짓는 얼굴과 표정, 하트와 동물 등 온갖 물건을 표현한 작은 그림인 이모티콘과 이모지가 들어왔다.

내가 이모지의 언어학에 처음으로 관심을 가진 것은 2014년이다. 밈의 언어학과 인터넷 언어학에 관한 논문을 몇 편 썼는데, 이 때문에 이모지가 뉴스에 대대적으로 보도되기 시작하면서부터는 (2014년에만 이모지에 관한 기사가 6000건 넘게 작성되었다[2]) 기자들과 기술 관련 회사에서 이모지를 분석하기 위해 내게 전화를 걸기 시작했다. 나는 스마트폰 키보드 앱 스위프트키(SwiftKey)와 협력해 기술문화학회 사우스바이사우스웨스트(South by Southwest)에서 강연을 하기도 했다. 스위프트키가 가진 수십억 건의 익명 데이터 포인트에 기초해 사람들이 이모지를 사용하는 방식에 관한 전반적

그림을 살펴보는 자리였다. 나는 2015년에 발표를 준비하면서, 8개월이나 남아 있는 학회가 열릴 때쯤에는 이모지가 사라져버릴지도 모른다고 걱정했다. 하지만 오히려 이모지는 그 어느 때보다 큰 인기를 얻었고, 강연장을 꽉꽉 채웠던 사람들은 물론 이 강연에 대해 보도한 6개국의 신문도 같은 의견이었다.[3]

모두의 머릿속에 떠오른 질문은 '왜?'였다. 왜 이모지가 이토록 빠르게, 이토록 큰 인기를 얻었을까? 언어학자에게 전화를 걸어 이 질문에 답해달라고 한 사람들은 아마 그 답이 "그야 이모지가 새 언어이기 때문이지"라고 잠정 판단을 내렸을 것이다. 하지만 그런 전화를 받은 언어학자로서, 나는 별로 확신이 서지 않았다. 나도 다른 사람들처럼 하나의 현상으로서 이모지에 매료되었으나, 언어학자는 무엇이 언어인가에 관해 정의를 내리고 있으며, 이모지가 그 정의에 들어맞지 않는다는 건 매우 분명했다.

이렇게 생각해보자. 사우스 바이 사우스웨스트 강연을 준비할 때, 우리는 오직 이모지만을 써서 강연을 할 수 있을지 궁리하다가 그런 방식으로는 유용하거나 흥미로운 내용을 전달하는 것이 아예 불가능함을 깨닫기까지 약 30초가 걸렸다. 이모지로만 이루어진 슬라이드를 띄우는 것만도 지나친 일이었다. 우리는 그래프에도 이름을 붙여야 했고, 사람들이 집중할 수 있도록 질문도 던져야 했다. 이와 비교할 때, 나는 프랑스어도 할 줄 알고 프랑스어로 강연을 할 수 있는 것도 확실했다. 스페인어나 독일어로 강연을 하려는 시도도 해볼 수 있을 것이다. 내가 전 세계의 나머지 7000개 언어로 강연을 할 수 없다는 사실도 그저 내가 유창하지 못해서이지 그 언어들의 탓은 아니다. 하지만 우리나 청중이 아무리 "이모지에 유창하더라도" 발표를 오직 이모지로만 할 방법은 없었다. 한 시간 내내 이모지만 나열하면 흥미로운 행위예술이 될 수는 있겠지만, 우리가 약속했던 재미있고도 유익한 강연이 될 리는 없었다. 심지어 이모지로는 이런 문단은 둘째치고 '이모지'라고 말할 분명한 방법조차 없었다. 언어란 메타 수준의 어휘를 다룰 수 있으며, 새로운 단어에도 쉽게 적응한다. 모든 언어에는 그 언어를 가리키는 이름이 있고, 수많은 언어는 최근에 '이모지'에 해당하는 단어를 습득했다. 이모지는 둘 중 어느 것도 할 수 없다.

이모지는 무엇을 위해 존재할까

이모지는 단어와 다르다. 하지만 의사소통에 중요한 뭔가를 하는 건 분명하다. 나는 그저 그게 무엇인지 정확히 표현하기만 하면 됐다. 얼굴과 손 이모지가 계속해서 큰 인기를 끈다는 사실에서 영감을 얻은 나는 몸짓으로서의 이모지에 관해 이야기하기 시작했다. 나는 둘이 상응하는지 확인하고자 흔한 몸짓과 이모지의 목록을 만들었다. 목록은 길어졌다. 어깨 으쓱하기, 엄지척, 손가락으로 가리키기, 눈알 굴려대기, 가운뎃손가락, 윙크, 손뼉 등등이었다. 이 모든 몸짓이 이모지 형태로도 존재했다. 하지만 그렇지 않은 경우도 많았다. 가지 이모지와 불 이모지에 해당하는 몸짓은 없었고, 고개를 끄덕여 "응"을 나타내는 몸짓과 고개를 저어 "아니"를 나타내는 몸짓에 해당하는 이모지도 없었다. 나는 교착상태에 빠졌다.

바로 그때, 나는 이모지에 관해 분석한 내용의 초고를 나의 친한 친구이자 함께 〈언어학 열정(Lingthusiasm)〉 팟캐스트를 진행하는 오스트레일리아의 언어학자 로렌 곤(Lauren Gawne)에게 보냈다. 그녀는 내가 추린 이모지 목록에 형광펜으로 표시하고 의견을 달았다. "학계에 이런 몸짓을 부르는 이름이 있다는 건 알지? 엠블럼(emblem, 상징물)이라고 해."

난 몰랐다.

아, 곤이 몸짓 연구를 한 건 알았다. 하지만 그 얘기를 별로 나누지 않았다. 어쨌거나, 우리가 팟캐스트에서 몸짓을 보여줄 수 있는 것도 아니었으니까 말이다. 나는 곤이 몸짓 연구 측면에 대해서는 별로 말하고 싶어 하지 않는다고 생각했다. 곤 역시 내가 관심이 없는 줄 알았다. 갑자기 나는 큰 관심을 갖게 됐다.

"샤덴프로이데"(schadenfreude, 타인의 불행을 보고 좋아하는 감정)라는 단어를 알고 퍼즐이 풀린 경험이 있나? 나만이 다른 사람의 불행을 보고 은밀하게 기쁨을 느끼는, 유독 끔찍한 사람이 아니었다니! 다른 사람도 이미 나처럼 그런 감정을 느껴봤다니. 나는 이모지를 분류하고 분석하면서 몇 달, 몇 년을 보냈다. 그런데 그 모든 이모지의 수수께끼를 풀어줄 단어가 있었던 것이다. 다른 누군가가 나보다 먼저 이곳에 다녀갔다. 실은, 한 분야의 학자들 모두가 다녀간 것이

인터넷 때문에

다. 그리고 이들은 비밀을 알아냈다. 나는 몸짓 연구에 곧장 뛰어들었다. 곧이 멜버른에서 다시 눈을 떴을 때는 내가 위키피디아를 샅샅이 훑어보고 그녀에게 십여 개의 질문을 보낸 차였다. 그녀는 즐거워하며, 몸짓 연구 과정에서 읽는 책 목록을 보내주었다.

나는 다음 한 주를 멍한 채로 보냈다. 다시 열세 살이 되어 난생처음 언어학과 마주친 것만 같았다. 새로운 눈과 귀로 공공장소에서 사람들이 하는 대화를 살피고, 예전에 도서관에서 숨죽이고 소리와 문장을 실험해보았듯 카페에서 내 손과 손가락 동작을 주의 깊게 살폈다(몸짓 분석에 계속 정신을 빼앗기는 바람에 평범한 대화를 전혀 할 수 없게 되었다. 단어에만 정신을 빼앗길 때도 힘들었는데!). 언어학을 발견했을 때, 나는 언어가 단순히 의견과 인상이 질척하게 뒤섞인 문제가 아니라는 사실을 알게 되었다. 언어에는 내가 그동안 내내 무의식적으로 따르던 패턴이 있었다! 아직은 다 몰라도, 그 패턴은 분석 가능한 것이었고 그 패턴을 찾아내는 것이 임무인 사람들의 공동체가 있었다. 내가 지금까지 몰랐던 것은, 몸짓도 마찬가지라는 점이었다. 언어학 훈련 덕분에 누군가의 모음 발음을 듣고 그 소리를 내려면 입의 어느 부분을 써야 하는지, 또 그 사람이 살았을 만한 곳은 어딘지 알 수 있게 된 것처럼, 나는 다양한 몸짓을 눈치채고 각 몸짓이 무엇을 위한 것인지 배울 수 있었다.

내가 자신에게 물었듯, 당신도 내게 어떻게 언어학 학위를 두 개나 가진 사람이 수십 번이나 언어학학회에 참가하고서도 몸짓에 대해 아무것도 배우지 못했느냐고 물을지 모른다. 이런 사람은 나만이 아니다. 몸짓 연구는 토대를 갖추어가고 있지만, 지금도 작은 하위 분야다. 일부 대학에서는 몸짓 언어학자(gesture linguist)를 두고 몸짓에 관한 과정이나 강의를 제공하지만, 지금도 그러지 않는 대학이 많다. 곤은 우연히 몸짓 연구를 하는 대학교들에서 근무했고, 나는 우연히 그러지 않는 학교들만 갔다. 내가 갔던 학회에서 몸짓 강연이 열리더라도, 내게는 그 강연에 굳이 참석해야 할 이유가 없었다. 곤과 나는 다른 많은 언어학자도 마찬가지일 거라고 추측했다. 누구든 이모지와 몸짓의 유사점을 찾는 건 한 번도 못 봤으니 말이다. 그래서 곤은 내가 수집한 사례를 활용해 논문을 쓰기 시작했고, 나는 해당 학문에 관한 곤의 안내를 받아 이 장을 다시 썼다.[4]

나는 일상생활에 관한 제대로 된 분류학에 탐닉해왔다. 그리고 몸짓에 관한 분류학은 훌륭했다. 그보다 더 좋았던 점은 바로 그 분류학이 사람들이 이모지를 활용하는 방식을 설명할 때도 똑같이 제대로 적용됐다는 점이다. 그게 바로 빠진 고리였다. 이모지에 관한 웅대하고 단일한 이론을 찾던 내가 실패할 운명이었던 것은 이모지에 한 가지 기능이 아니라 다양한 기능이 있기 때문이었다. 중요한 건 몸짓도 마찬가지라는 점이다. 그래서 사람들이 이모지를 그토록 빠르게, 그토록 완전하게 습득한 것이다. 이모지는 비격식 의사소통에서 너무도 중요한, 몸짓 이면의 기능을 쉽게 수행한다. 몸짓과 이모지가 체계적일지 모른다는 인식을 하지 않고도 수십억 명의 인터넷 사용자들은 무의식적으로, 집단적으로, 자연스럽게 그중 하나의 기능을 다른 하나의 가능성에 포개놓았다.

인터넷 때문에

엠블럼 몸짓의 인터넷 등가물

모든 것을 열어준 단어인 엠블럼으로 돌아가자. 나는 엄지척, 손 흔들기, 윙크, 어깨 으쓱하기, 양손 털기, 눈알 굴리기, 가운뎃손가락, 누군가의 어깨에서 가상의 먼지 털어내기, 손가락으로 하트 만들기 등의 몸짓 목록을 만들었다. 이런 동작의 상당수에는 직접적인 이모지 대응물이 있다. 평화의 V✌와 엄지척👍 손가락 교차🤞와 눈알 굴리기🙄와 윙크😉가 그 예다.

하지만 이 일을 하면서 내가 미처 깨닫지 못했던 것은, 내가 지금 영어에 일반적인 이름이 있는 몸짓의 목록을 만들고 있다는 것이었다. 윙크란 한쪽 눈을 일부러 감는 것이라거나, 엄지척이 한 손의 네 손가락을 말아 쥐고 엄지손가락은 들어올리되 손바닥은 말하는 사람을 향하도록 하는 것이라는 점을 굳이 설명할 필요는 없다. 영어 사용자에게 이런 몸짓은 이미 아는 것이다. 알고 보니, 이처럼 이름을 붙일 수 있는 몸짓에는 중요한 공통점이 있었다. 많은 학자들은 이런 동작을 엠블럼이라고 부른다.[5] 해적기가 해적의 엠블럼인 것처럼 민족, 문화, 하위문화 그룹 내에서 그 뜻이 정확하게 알려진 몸짓을 말한다. 엠블럼 몸짓은 모두 언어학적 틀에 쉽게 들어간다(아무 몸짓이나 "늦으면 ___" 같은 문장에 넣어보라). 이런 동작은 구어 없이도 완전히 의미를 전달한다. 수많은 이모지도 마찬가지다("늦으면👍"라거나, "늦으면🙄"라고 말할 수 있다). 어떤 경우에는 엄지나 눈알 굴리는 이모지만 답장으로 보내도 충분하다.

엠블럼 몸짓에는 정확한 형태와 안정적인 의미가 있다. 이런 몸짓은 보편적인 것으로 보일 수 있는데, 언어의 경계를 넘어 다양한 지역에서 두루 쓰이는 경우가 많기 때문이다. 가운뎃손가락, 다른 말로 digitus impudicus는 고대 그리스와 로마에서도 무례한 행동으로 여겨졌다.[6] 반면, 손바닥을 안쪽으로 향하는 V 손짓은 일부 영어 사용 국가에서는 "엿 먹어라"라는 뜻이지만 다른 나라들에서는 그렇지 않다.

하지만 궁극적으로, 엠블럼은 자의적이며 문화마다 독특하다. 전 세계에서 욕설을 뜻하는 엠블럼 몸짓[7]에는 엄지를 드는 것(여러 아랍어 사용 국가에서 "이 위에 앉아라"라는 뜻), ok 신호(많은 라틴아메리카 국가에서 '머저리'라는 뜻), 손을 펼쳐 앞으로 미는 동작(그리스에서 무자(mountza)라고 하는 동작), 검지와 중지 사이에 엄지를 끼우고 주먹을 쥐는 동작(러시아와 터키에서 '피그(fig)'라고 하는 동작), 브라 도뇌르(bras d'honneur) 혹은 이베리아식 때리기라고 부르는 동작(로망스어를 사용하는 여러 국가에서 공통적으로 나타남)으로서 한쪽 팔은 손바닥을 위로 해서 주먹을 쥔 채 위로 들어올리는 동시에 다른 쪽 손을 맞은편 팔오금에 대는 동작 등이 포함된다. 해당 지역에서 이런 행동을 하면 응답으로 무례한 몸짓에서부터 모욕에 대한 법적 기소까지 당할 수 있다. 하지만 그 지역이 아닌 곳에서 이런 행동을 하면 아무도 신경 쓰지 않을 것이다(최근 한 미국인은 내게 일본에 방문했을 때 사람들이 아무렇지 않게 중지를 써서 엘리베이터나 전자레인지 버튼을 누르는 것을 보고 놀랐다고 말해주었다). 이런 동작 중 하나를 미묘하게 잘못된 방식으로 사용

인터넷 때문에

하면(손바닥이 자신이 아닌 상대방을 향하도록 해서 중지를 내민다거나) 웃음거리가 될 것이다.

이모지의 유행에 관한 기사("당장 사용해야 할 이모지 10가지!")에 보도되는 이모지에도 금기시되는 의미가 있는 경우도 있다. 가지 🍆 이모지가 대표적인 사례다.[8] 남성의 성기를 나타내는 상징으로 두루 쓰이는 가지 이모지는 위에 제시한 모욕적인 몸짓 목록의 후계자다. 미소 짓는 똥 더미 💩 이모지도 마찬가지다. 이 이모지를 지메일에 포함할 것인지를 놓고 일본의 엔지니어들은 상부에 이 이모지의 중요성을 설명해야 했다. 그들은 "'마음에 안 들어'라는 말을 온건하게 표현하는 이모지입니다"라거나, "'그것참 안됐군. 방금 한 말에 대한 불만족감을 거듭 표현함으로써 내 의견을 마쳐야겠어'라는 뜻이에요. '좋아요'의 반대라고 할 수 있습니다"라고 말했다.[9]

하지만 엠블럼 이모지에서 아주 중요한 것은 이런 이모지에도 특정한 형태가 있다는 것이다. 일부 디자이너들은 처음에 미소 없는 똥 이모지를 넣었지만, 그러면 해당 이모지의 본질적인 의미가 빠졌다. 이모지가 국제적 인기를 얻기 시작했을 때 놀랄 만큼 큰 문제가 됐던 점은 이모지의 파편화였다. 다양한 앱이나 장치의 제조사에서 같은 기본 이모지를 서로 다른 디자인으로 선보였던 것이다.[10] 플랫폼들은 빨간 드레스를 입은 여자를 보냈는데 상대방이 받는 것은 디스코 추는 남자나 입에 장미를 물고 있는 얼굴일 수도 있다는 사실을 사람들이 얼마나 싫어할지 예상하지 못했다. 디자이너들은 '춤추는 사람'이라는 일반적인 개념에 자기 회사 나름의 변화를 자유롭게 줄 수 있다고 생각했다. 사람들은 엉뚱한 춤추는 사람 이모지를 보내는 것이 중지를 거꾸로 내보이는 것처럼 바보 같다고 느꼈고, 결국 회사들이 물러났다. 이모지피디아(Emojipedia) 블로그에서는 2018년을 "이모지 통합의 해"[11]로 기념했다. 이모지를 엠블럼으로 생각한다면, 변화의 폭이 정말로 작다는 건 확실하다.

특정 유형의 이모지를 엠블럼으로 생각하면 언어와 관련해 이런 이모지가 어떤 역할을 하는지도 더 분명히 알 수 있다. 엠블럼 몸짓의 핵심적인 특징은 이름을 붙일 수 있는 몸짓이라는 점이며, 사전에는 단어로서의 지위를 갖춘 '윙크'나 '엄지척(thumps up)' 같은 몸짓 표제어가 자연스럽게 실렸다. 이와 비슷하게, (이미 단어나 관용구가 된) 몇몇 이모지의 이름은 이모지와 함께 생겨났으나 이모지 자체를 굳이 쓰지 않아도 되는 추가적 함의를 띠게 되었다. 나는 몇몇 사람들이 요리와 상관없는 맥락에서 '가지'라고 말하는 것을 보았다. 어느 기사의 제목에서는 한 가수가 "실수로 인스타그램에 자기 가지 사진을 공유"했다고 적었다. 이런 식의 사용이 계속된다면, '가지'라는 표제어 밑에 새로운 하위 정의를 추가해야 할 것이다(이로써 '바나나'와 '소시지' 같은 단어가 뜻하는 완곡어법적 의미를 가지도 띠게 될 것이다). 하지만 그렇다고 해서 사전이 반드시 엠블럼에 해당하지 않는 이모지를 포함한 모든 이모지를 목록에 넣어야 한다는 뜻은 아니다. 이는 엠블럼에 해당하지 않는 몸짓이 사전에 등재되지 않는 것과 같다.

인터넷 때문에

이모지는 인터넷으로 의사소통을 할 때 엠블럼 몸짓을 표현하는 유일한 방법이 아니다. 스냅챗 초기 사용자는 방금 찍은 사진 위에 메시지를 적어 보내는 행동이 매력적인 이유는 "문자메시지와 비슷하지만, 진짜 이모티콘 대신 얼굴을 이모티콘처럼 사용할 수 있게 해주기 때문"[12]이라고 설명했다. 달리 표현하면, 문자메시지에 엠블럼 몸짓을 덧붙여 보낸다는 것이다. 애니메이션 gif는 엄밀히 말하면 아무 이미지나 보여줄 수 있는, 반복되는 무음 애니메이션 이미지 파일이지만 보통 현실에서는 엠블럼 몸짓을 보여주기 위해 쓰인다. 가장 인기가 많은 gif는 얼굴이 들어 있는 것으로 밝혀졌다.[13] 이런 특징은 사용자 인터페이스에도 반영되었다. 트위터에서 gif를 삽입하려고 하면, 제시되는 트위터 내의 gif 카테고리는 이름 붙일 수 있고 양식화된 몸짓들이며, 인간, 만화 캐릭터, 가끔은 동물이 그 몸짓을 구현한다. 예컨대 박수, 역겨워하는 표정, 눈 굴리기, 창피해서 얼굴 가리기, 주먹 부딪치기, 작별 인사, 행복한 춤 동작, 하트, 하이파이브, 포옹, 키스, 마이크 떨어뜨리기, 고개 젓기, omg, ok, 팝콘, 두려움, 충격, 어깨 으쓱하기, 한숨, 윙크, 하품 등이다. 몇몇 gif는 엠블럼화 경향이 매우 심해서, '엄지척'이나 가지 이모지처럼 이미지 파일이 없어도 이름으로도 충분하다.[14] 다른 사람들의 극적인 행동을 지켜볼 때의 흥분을 전달하고 싶다면, 어두운 영화관에 앉아 있는 마이클 잭슨이 화면에 열중한 채 팝콘을 먹는 gif를 보낼 수도 있지만, 그냥 #팝콘gif나 *팝콘.gif*라고도 보낼 수 있다.

팝콘.gif 중 가장 상징적인 것이 마이클 잭슨의 gif인 것은 우연이 아니다. 몸짓 엠블럼도, 디지털 엠블럼도 아프리카계 미국 문화가 전용(轉用)되는 주기에 포함된다.[15] 하이파이브는 재즈 시대에 로 파이브(low five) 혹은 "살 내주기(give skin)"라고 알려진 동작에서 유래해 팀 스포츠 선수들에게로 퍼졌으며,[16] 주먹 부딪치기는 베트남전쟁 당시 흑인 병사들 사이에 있었던 "살짝 치기(dap)"라는 동작에서 유래했다.[17] 이와 비슷하게, 손톱을 칠하는 이모지가 주류에 들어온 것은 교묘하게 빈정거린다는 뜻의 흑인 드래그퀸 표현인 "그림자 드리우기(throwing shade)"와 관련되었기 때문이다.[18] 문화평론가 로런 미셸 잭슨(Lauren Michele Jackson)은 "gif 답장에 담긴 디지털 흑인의 얼굴에 관해 이야기해야 한다"라는 제목의 기사에서, 흑인이 아닌 사람들이 사용하는 gif, 특히 극단적인 감정을 드러내는 gif 로 흑인들이 과잉 대표된다는 점을 지적했다. 그녀는 이러한 고정관념을 백인의 흑인 분장 쇼(minstrel show) 속 과장된 연기와 문화사학자 시안 응가이(Sianne Ngai)의 용어로서 흑인들의 행동을 과장된 것으로 보는 오래된 경향을 뜻하는 "생동성(animatedness)"과 연관 지었다.[19]

인터넷 독해력이 필요 없는 설명적 이모지

익히 쓰는 이름이 없는 몸동작들도 존재한다. 나는 여태까지 이 동작들을 전혀 다루지 않았는데, 말로 표현하기가 어렵기 때문이다. 하지만 우리는 엠블럼 몸짓보다도 이런 몸짓을 더 많이 사용한다. 우리가 하는 사실상 모든 말에 따라붙기 때문이다. "계속 그

인터넷 때문에

쪽으로 가다가 신호등에서 도세요"라거나 "물고기가 **이만큼** 크더라니까"라거나 "내 옆에 앉은 사람이 계속, 계속, 계속…"이라고 말할 때 아마 몸짓을 사용하겠지만, 이런 몸짓은 설명할 수 있을 뿐 구체적인 이름이 없다. 방향을 나타낼 때는 어느 쪽이 '저쪽'이고 신호등에서 어느 쪽으로 돌아야 하는지 표현하기 위해 손가락질을 하며, 크기를 나타내기 위해서는 두 손바닥을 쫙 펴서 어느 정도 거리를 두고 서로 마주 보게 한다. "계속 계속"을 표현하기 위해서는 손을 펴고 원을 계속 그리는 동작을 할 수 있다.

손을 묶은 채 말하려고 하면 어려움을 겪기 십상이다. 연구자들이 실제 실험해보았다. 이들은 사람들에게 와일 E. 코요테가 로드러너를 쫓는 만화를 보여준 다음, 그 내용을 다른 사람에게 설명하도록 했다. 이때 설명하는 사람의 손을 의자에 묶어두었는데, 겉으로는 생리학 신호를 측정하기 위해서라고 말했지만, 사실은 몸짓을 할 수 없을 때 무슨 일이 일어나는지 살펴보려는 것이었다. 연구자들은 몸짓을 쓸 수 없으면 이야기의 시각적, 공간적 내용을 설명하기가 더 힘들어진다는 것을 알아냈다.[20] 사람들은 말이 느려졌고, 더 많이 멈추었으며, "음"이나 "어" 같은 말을 하는 경향이 커졌다.

지금껏 연구된 모든 문화에는 몸짓이 있고,[21] 우리는 전화통화를 할 때처럼 의사소통에 쓸모가 없을 때조차 몸짓을 쓴다.[22] 태어날 때부터 눈이 보이지 않는 사람조차, 상대방이 마찬가지로 눈이 보이지 않고 그걸 알고 있어도 이야기할 때 몸짓을 쓴다.[23] 그래서 언어학자들은 발화 동반 몸짓(co-speech gesture)이나 설명적 몸짓

(illustrative gesture)[24]이라고 불리는 이런 몸짓이 청자의 이해보다는 발화자의 생각에 더 관련되어 있으리라고 생각한다.[25] 아니나 다를까, 몸짓을 쓰라고 권하면 사람들은 수학 문제를 더 잘 풀고 머릿속으로 물건을 회전시킬 때도 더 잘한다.[26]

다음에 식당에 가면, 앉아 있는 사람들을 둘러보라. 엠블럼 몸짓은 많이 보이지 않겠지만 분명 발화 동반 몸짓을 보게 될 것이다. 말소리가 들리지 않을 정도로 멀리 떨어진 곳의 사람들을 보라. 누가 몸짓을 쓰는지만 봐도 누가 말하는지 알 수 있다. 그들이 사이좋게 지내는지, 즐겁게 웃고 있는지, 아니면 곧 싸움이 일어나게 될지 느낄 수도 있다. 하지만 이들의 구체적인 대화 내용은 알 수 없는데, 발화 동반 몸짓의 의미는 그와 관련된 발화에 따라 좌우되기 때문이다. 예컨대, 엄지척 몸짓은 '저 위'를 뜻하는 발화 동반 몸짓으로도 쓰일 수 있다.[27] 하지만 '저 위'는 검지나 한 손 혹은 양손 전체로 위를 가리키는 동작, 눈이나 눈썹으로 위를 가리키는 동작, 이 중 아무것이나 혼합한 동작으로도 쉽게 설명할 수 있다. 이런 동작 중 어떤 것도 엄지척 엠블럼의 대체물은 아니다.

우리는 이모지로 생일 축하 인사를 전할 때도 이런 식의 유연성이 작동하는 것을 볼 수 있다. 사람들은 초가 꽂힌 케이크🎂, 케이크 한 조각🍰, 풍선🎈, 포장된 선물🎁, 꽃다발💐 또는 하트, 반짝이, 행복한 표정, 폭죽, 엄지척이나 주먹 부딪치기 등 대개는 긍정적인 이미지를 사용해 생일을 축하한다. 이런 이모지는 스위프트키의 데이터 세트에 다양한 순서로 조합되어 나타났다. 자신의 말을 시각적으로 보여주고자 할 때는 '생일'이나 '해변', '재미', '위험' 등에 적합한 다양한 선택지를 기꺼이 받아들인다. 생일 케이크는 여러 플랫폼에서 초콜릿, 바닐라, 딸기 케이크 등으로 다양하게 나타나며 꽂힌 초의 숫자도 다르지만 "이모지 통합의 해"에도 이런 케이크를 더 비슷하게 만들려는 움직임은 전혀 없었다.

사람들이 춤추는 사람 이모지의 다양성을 불편해했던 것은 이 이모지가 엠블럼 역할을 하고, 엠블럼은 함께 쓰는 단어에 엠블럼만의 독립적인 의미를 더하기 때문이었다. 하지만 사람들은 생일 케이크 이모지의 다양한 형태에 불만을 느끼지 않았다. 이 이모지는 설명을 위한 것이며, 설명적 이모지는 이미 제시된 주제를 강조하거나 강화하기 때문이다. 정확히 목표하는 바가 없어도 괜찮다. 이모지를 둘러싼 단어들이 그 이모지를 정확히 해석할 수 있는 충분한 맥락을 제시할 테니 말이다.

엠블럼 이모지의 경우, 우리는 다른 사람들이 먼저 그 이모지를 쓰는 것을 보았기 때문에 우리가 어떤 이모지를 찾는지 정확히 안다. 설명적 이모지를 쓸 때는 키보드를 이리저리 훑어본다. 가끔은 원하는 이모지를 찾다가 놀랍게도 적당한 게 하나도 없다는 것을 알게 된다. "뭐?? 어떻게 ____ 이모지가 없는 거야??" 이때의 문제는 이모지가 의미론적 공간 전체를 담겠다는 체계적인 시도로서 고안된 것이 아니라, 역사적으로 이룩한 호환성과 개별적인 요청에 따라 뒤죽박죽으로 추가되었다는 점이다(이 점에 관해서는 이모지의 역사에 관해 다루며 더 이야기하겠다). 생일은 설명적 이모지 중에서도 잘 채워진 공간이지만, 그렇지 않은 영역도 있다. 이모지의 발원지인 일본이나, 이모지가 처음으로 이식된 미국을 넘어서는 이모지가 특히 그렇다.

발화 동반 이모지는 액면 그대로 해석할 수 있다. 물론 케이크와 풍선을 해석하기 위해서는 생일 관련 전통에 관한 문화 지식이 있어야 한다. 하지만 이런 이모지를 보내는 것이 생일 축하와 연관되리라는 점을 아는 데에는 딱히 인터넷 독해력이 필요하지 않다. 설명적 이모지는 인터넷의 문화 규범에 덜 익숙한 사람들도 손쉽게 쓰고 있다. "아직 고양이 밥 안 줬니?"라는 말에 고양이 이모지를 붙이는 건 쉽다. 하지만 가지 이모지를 다른 의미가 있는 엠블럼 이모지가 아니라 순전히 설명적 이모지로 생각하며 메시지를 보낸 사람들은 자기도 모르게 말장난을 하는 셈이 됐다.

이모지 반복에 숨은 규칙

이모지 퍼즐의 마지막 조각은 다른 이모지와 어떻게 조합해서 쓰느냐에 관한 것이다. 많은 관심을 받은 형태는 연속되는 이모지들로 익숙한 이야기를 다시 전하는 것이었다. 《이모지 딕(Emoji Dick)》은 이모지로 《모비딕》을 다시 전한 것이고, #EmojiReads 해시태그는 《파리 대왕》이나 《레미제라블》 등을 이모지로 번안한 이야기를 담고 있으며, 이모지 가라오케는 노래가 끝나기 전에 누가 그 노래를 이모지로 가장 잘 나타내는지 겨루는 게임이다. 이런 현상이 이모지는 몸짓이라는 생각과 얼마나 잘 맞아떨어지는지 쉽게 알

　　　　　　　　　　　　인터넷 때문에

수 있다. 이는 마치 디지털 흉내 맞추기 게임을 하거나, 시끄러운 바에서 친구에게 팬터마임을 하는 것과 비슷하다. 이모지 팬터마임을 비롯한 이모지 '묘기'는 재미있지만, 내가 알고 싶었던 것은 이 방식이 흔하고 평범한 이모지 사용 양태를 반영하느냐는 것이었다. 이모지는 우리의 평범하고 일상적인 글과 어떻게 접합되는가?

　이 질문에 답하기 위해, 나는 스위프트키의 엔지니어들에게 두 가지 조사를 하도록 했다. 내 첫 번째 질문은 사람들이 쓰는 글의 몇 퍼센트가 이모지 이야기, 즉 최소 5~10개의 연속된 이모지로만 이루어진 발화인가 하는 것이었다. 이모지 스토리텔링이 정말로 흔한 것이라면, 다시 말해 (기사 제목들이 말하듯) 이모지가 영어를 이어받고 있는 거라면, 우리는 이모지로만 이루어진 메시지를 아주 많이 발견하게 될 터였다. 하지만 그렇지 않았다. 메시지의 대다수는 오직 문자로만 이루어져 있었다. 이모지가 하나라도 들어간 메시지의 경우, 대다수 이모지는 단어 옆에 쓰여 있었다. 또 오직 이모지로만 이루어진 메시지의 대다수는 이모지 한두 개로만 구성되었다. 아마 다른 메시지에 대한 대답이었을 것이다. 천 건 중 한 건의 메시지만이 이모지 이야기가 될 수 있을 정도의 길이를 갖추었다.[28] 사실 내가 알아낸 바로는, 긴 이모지 연속체를 가지고 일상적으로 의사소통하는 사람들은 아직 글을 모르는 어린아이들뿐이었다. 많은 부모가 2~5세 아이들이 공룡이나 동물 이모지로 가득한 메시지를 보내는 걸 좋아한다고 알려주었다.[29] 하지만 이 아이들도 글 읽는 방법을 배우는 순간부터는 이모지 대신 단어를 보내기 시작한다.

그러니까 긴 이모지 연속체는 흔하지 않다. 하지만 그럼에도 우리의 데이터 세트는 꽤 규모가 컸다. 그 안에 담긴 이모지 스토리텔링의 잠재력을 갖춘 연속체들은 어떤 모습일까?

이것이 내 두 번째 질문이었다. 나는 스위프트키의 엔지니어들에게 두 개, 세 개, 네 개의 이모지로 이루어진 가장 흔한 연속체를 추출하도록 했다. 이는 대규모의 글을 분석하는 흔한 방법이다. 단순한 단어 목록과 이야기의 차이는 이야기 속 단어들은 문장과 문단으로 배치되어 있다는 점이다. 수집된 글들을 살펴보면, 공통적으로 나타나는 단어들 속에 해당 언어 자체의 기본 구조를 반영하는 하위 패턴이 보인다. 현대 미국 영어 말뭉치(Corpus of Contemporary American English)의 5억 개 단어 중 가장 흔하게 나타는 두 개, 세 개, 네 개 단어의 연속체를 찾아보면 I am, in the, I don't, a lot of, I don't think, the end of the, at the same time, as well as, for the first time, one of the most, some of the 등의 연속체가 나온다. 이 자체로는 엄청나게 흥미로운 산문이라고 할 수 없지만, 이런 단어들이 좀 더 재미있는 이야기를 연결해주는 접착제 역할을 얼마나 잘 수행했는지 느껴진다. 사람들이 이모지로 이야기를 쓰는 일이 흔하다면, 패턴화된 이모지 연속체를 찾음으로써 이러한 경향을 발견할 수 있다. 예를 들어, 우리는 빨간 원 위 사선 이모지🚫가 부정을 뜻하는 의미로 쓰인 경우가 아주 많이 발견되거나, 사람을 나타내는 👲 또는 👳 뒤에 화살표➡가 붙어 사람이 가는 방향을 나타내는 경우가 발견되리라고 예상할 수 있다.

인터넷 때문에

그러나 우리가 발견한 것은 반복이었다. 각 개수의 최상위 수백 개 연속체를 살펴보니 그중 절반은 순전한 반복이었다. 기쁨의 눈물 이모지 두 개😂😂, 크게 우는 이모지 세 개😭😭😭, 빨간색 하트 이모지 네 개❤️❤️❤️❤️ 등이었다. 단순 반복이 아닌 이모지는 복합적인 반복인 경우가 많았다. 예를 들어, 눈사람을 둘러싼 눈❄️⛄❄️, 나쁜 것은 보지도, 듣지도, 말하지 말라는 원숭이🙈🙉🙊, 키스 마크와 키스하는 얼굴의 조합😘💋😘💋 등이었다. 가장 다채로운 이모지 연속체조차 언제나 주제가 비슷했다. 예를 들면, 하트 눈과 키스하는 얼굴😍😘, 눈물 한 방울과 크게 우는 얼굴😢😢😭😭, 생일과 관련된 물건들🎂🎈🎉 혹은 패스트푸드들🍕🍗🍟이나 다양한 색깔과 크기의 하트🖤💕💞💚 등이었다.

이런 면에서 이모지는 단어와 작동 방식이 달랐다. 현대 미국 영어 말뭉치 중 두 개, 세 개, 네 개 단어 연속체 상위 200위에는 반복되는 단어가 하나도 없다. 주제가 있는 이모지의 연속체처럼 명사로만 혹은 형용사로만 이루어진 연속체가 나오지도 않는다. 물론 Very Very Very(아주 아주 아주), higgledy-piggledy(뒤죽박죽) 등 단어가 반복적으로 쓰이는 경우도 있고 이모지가 반복적으로 쓰이지 않는 경우도 있다(🚫❄️로 "눈이 안 온다"를 표현하거나, ❤️🍕로 "피자가 좋아"를 표현하는 등). 하지만 이런 표현은 상위 목록에 나타나지 않는다. 게다가 이모지의 순서는 별로 중요하지 않았던 반면(다양한 하트나 생일 관련 이모지는 온갖 순서로 나타났다), 단어의 순서는 중요한 경우가 많았다.

이모지가 우리의 의사소통 체계에 어떻게 들어오는지 이해하려면 흔하게 나타나는 것을 살펴보아야 한다. 어쨌거나, 이모지를 다른 모든 작은 그림과 구분해주는 것은 수십억 명의 사람들이 일상적으로 사용한다는 점이다. 이모지에 관한 진짜 질문은 수십억 명의 사람들이 현재 이모지로 무엇을 하느냐이지, 이모지를 가지고 무엇을 할 수 있을지에 관한 광고업자나 철학자의 이론이 아니다. 뭔가를 늘 반복하는 방식의 의사소통은 단어에서는 나타나지 않는다. 몸짓에서 나타난다.

상상 속 식당의 손님들을 다시 살펴보자. 누군가가 손을 가볍게 말아 쥐고, 손바닥을 위로 한 채 위아래로 움직이며 자기 말을 강조하고 있다. 다른 사람은 활기차게 고개를 끄덕인다. 또 다른 사람은 강조하려는 듯 허공에서 손가락을 몇 바퀴 돌린다. 누군가는 조용히 지루해하며 탁자를 두드린다. TV에 나온 정치인은 손을 펴서 연설대를 여러 차례 내리치며 자기 주장을 강조한다. 이런 반복적 몸짓은 박자 몸짓(beat gesture)이라고 불린다.[30] 어떤 형태의 몸짓이든 박자 몸짓의 형식으로 할 수 있다. 누군가에게 반복적으로 가운뎃손가락을 날리든, 뭔가를 강조하는 의미로 여러 번 가리키든, 그냥 일상적인 대화의 흐름에 따라 한 손을 움직이든 말이다. 박자 몸짓에서 중요한 것은 리듬이다. 큰 소리로 말을 하다 더듬으면 박자 몸짓도 함께 더듬거린다. 오오오오랫동안 한 모음을 길게 끌면, 박자 몸짓도 딱 그만큼 오래 조용히 소리친다.

이모지도 박자 몸짓처럼 리듬을 띤다.[31] 반복이 우리에게 전해

인터넷 때문에

주는 것이 바로 그 리듬이다. 우리가 😘😘😘라고 입력하는 이유는 키스를 여러 번 날리기 위해서일 수 있다. 👍👍👍👍라고 입력하는 이유는 가끔 엄지척 몸짓을 할 때 리듬을 띠거나 의미를 강조하고자 몇 초 동안 손을 들고 있기 때문이다. 결과물을 발음하는 게 불가능할 때(sameeeee)조차 강조를 위해 단어의 특정한 글자를 늘일 수 있듯이, 해골💀이나 미소 짓는 똥 더미💩, 빛나는 하트💖 등 직접적인 몸짓 상관관계가 없는 이모지도 반복할 수 있다.

박자 몸짓과 분명하게 관계된 이모지의 한 가지 용도는 각 단어 뒤에 손뼉 이모지가 나올 때 드러난다. 예를 들어, **너**👏 **뭐하는**👏 **거야**👏 하는 식이다. 이는 아프리카계 미국인 여성들 사이에서 흔하게 나타나는 박자 몸짓을 표현하는 이모지로 시작됐다. 코미디언 로빈 디디(Robin Thede)는 〈나이틀리 쇼〉에 나와 흑인 여성의 수화에 대해 이야기하며 "음절마다 두 번 손뼉을 치는" 동작을 설명했다.[32] 작가 카라 브라운(Kara Brown)은 이 동작이 주류 언론의 기사 제목을 장식하기 시작했을 때 "강조를 위해 단어마다 손뼉을 치는 것은 불평을 달고 살던 어린 시절부터 꾸준히 써오던 동작"이라고 표현했다.[33] 2016년에는 이 몸짓이 오프라인의 아프리카계 미국 문화에서 유래했다는 사실을 모르는 트위터의 주류 사용자들 사이에 이 이모지가 번져가기 시작했다.[34] 온라인에서든, 오프라인에서든 이 동작은 박자다.

이모지 혼합에 관한 이야기는 내가 스위프트키 데이터를 분석할 때 마주쳤던 다른 퍼즐도 설명해준다. 그 퍼즐이란, 스위프트키의 데이터 조합에 가지 이모지가 빠져 있다는 점이었다. 우리는 사람들이 남성 성기에 대한 상징으로서 가지 이모지를 좋아한다는 걸 이미 알았다. 세상에, 가지 이모지 봉제 인형과 열쇠고리까지 살 수 있다. 하지만 가장 흔하게 쓰이는 두 개, 세 개, 네 개의 혼합형 이모지 연속체 상위 200위 중에는 가지가 발견되지 않았다. 이보다 덜 알려진 성적인 조합은 발견됐다. 예를 들어, 혓바닥 이모지와 물방울 이모지👅💧, 가리키는 손가락과 ok 손짓👉👌 등이었다. 하지만 가지는 상위 200개 목록에서 🍆🍆🍆 등 오직 가지만 반복되는 형태로 나타났다. 무한히 참신한 아이템으로 쓸 수 있을 법한 또 하나의 고전적 이모지인 미소 짓는 똥 더미 이모지도 마찬가지였다. 사람들은 이 이모지를 💩💩💩 등의 형태로 기꺼이 반복해서 썼으나, 혼합해서 쓰는 데는 주저했다. 이를 통해 무엇을 알 수 있을까?

엠블럼과 발화 동반 몸짓이 연속체를 다룰 때 나타나는 차이를 생각해보면, 이처럼 고전적인 이모지가 빠져 있는 신비한 현상을 이해할 수 있다. 설명적인 발화 동반 몸짓들은 유동적이어서 서로 매끄럽게 섞여 들어간다. 사실상 같은 의미를 엄청나게 다양한 형태로 표현할 수 있다. 오늘 방문한 곳까지 가는 길을 설명한다면, 여러 가지 몸짓을 연달아 사용하되 이 사람에게 설명할 때와 저 사람에게 설명할 때 약간 다른 방식의 몸짓을 쉽게 쓸 수 있다. 설명적 이모지도 마찬가지다. 우리는 날마다 다른 연속체로 "생일 축하해"라는 말이나 날씨를 표현할 수 있고, 그렇게 해도 아무 문제가 없다. 반면 엠블럼은 별개의 독립적인 몸짓이다. 반복될 수는 있지만 혼

인터넷 때문에

합되지는 않는다. 오랫동안 박수를 보내거나 누군가에게 반복적으로 가운뎃손가락을 날릴 수는 있지만, 부정을 의미하는 것으로 널리 알려진 고개 젓는 동작을 섞는다고 해도 누군가에게 보낸 갈채나 가운뎃손가락을 취소할 수는 없다. 가지와 미소 짓는 똥 이모지는 엠블럼 이모지다. 이런 이모지에는 문자 그대로의 기원에서 바로 드러나지 않는 관습적인 의미가 있으며, 이런 의미는 쉽게 혼합되지 않는다. 이런 이모지가 생일파티 이모지처럼 흥미로운 이모지 연속체 형태로 잘 발견되지 않는 것이 그래서다. 쓸 수 있는 생일파티 이모지를 전부 다 보내면 축제 분위기를 더 낼 수 있다. 멋진 일이다! 하지만 누군가에게 가능한 한 남성 성기 이모지를 모두 다 보낸다고 해도(예컨대, 가지와 오이와 옥수수와 바나나 를 다 보낸다 해도) 섹시함이 더해지는 것은 **아니다**. 이건 그냥 괴이한 샐러드일 뿐이다. 몸짓에도 여러 종류가 있고, 이모지에도 여러 종류가 있다. 이모지가 서로 어우러지는 방식에 관심을 기울이면 우리가 일상적으로 하는 몸짓을 새롭게 이해할 수 있다.

이모지는 어떻게 생겨났을까

이모지를 몸짓이라고 생각하면, 이모지가 왜 이토록 빨리 인기를 얻었는지 분명해진다. 하지만 그와 반대되는 질문이 생겨난다. 몸짓을 글로 옮기는 방법을 찾기까지 왜 이토록 오래 걸렸을까?

글쎄, 시도는 오래전부터 있었다.

글에서는 아주 오래전부터 일러스트를 활용해왔다. 중세의 필경사들은 장식된 대문자에서부터 이상하게도 인기가 많았던 기사들이 칼을 들고 거대한 달팽이와 싸우는 모티프에 이르기까지 온갖 일러스트를 원고에 넣었다.[35] 책이란 주로 줄지어 늘어선 문자의 벽으로 이루어져 있어야 한다는 생각을 하게 만든 것은 사실 인쇄기술이었다. 글자가 그림에 비해 만들어내기 훨씬 쉬웠기 때문이었다. 어쨌거나 일련의 금속활자를 떠낸 다음에는 원하는 대로 얼마든지 다른 배열의 단어들을 입력할 수 있었다. 그러나 그림은 새로 그릴 때마다 처음부터 다시 새겨야 했다. 이론적으로는 초기의 인쇄공들이 다목적의 소형 금속 그림을 만들 수 있었으나, 실질적으로는 새로운 활자를 만드는 데에도 보수적인 경향을 보였다. 최초의 영국 인쇄공들은 유럽 대륙에서 인쇄기를 수입했는데, 대륙에서는 아무도 영어 글자 þ을 쓰지 않았으므로 영국의 인쇄공들은 th라는 글자 연속체를 사용하거나(대부분의 경우에는 이 방식이 우위를 차지했다) 비슷하게 생긴 글자인 y를 썼다.[36] 인쇄공들이 진짜로 중요한 글자조차 굳이 만들려 하지 않았다면, 그림이 책 표지나 권두 삽화, 아동용 책으로 추방당하고 만 이유도 알 법하다. 한편, 재미있는 르네상스 이모지가 생겨나지 못한 다른 이유는 심리적인 것이었다. 우리는 글을 통해 재미와는 아주 다른 것을 얻어야 한다고 생각했다. 인쇄술은 격식적인 맥락에 자리 잡고 있었고, 비격식적인 낙서는 여전히 손글씨에 맡겨져 있었다. 아직 우리는 표준화된

인터넷 때문에

활자에 감정 표현의 자리를 마련할 수 있다고 생각하지 못했다.

오랫동안 글에 표현된 몸짓 중 가장 중요한 것은 매니큘(manicule) 혹은 인쇄공의 주먹이라 불리는 ☞ 표시로, 특정한 문단에 관심을 환기하고자 원고 여백에 그려 넣거나 입력하는 방향 가리키는 손가락을 말한다. 이 표시는 12~18세기에 광범위하게 사용되었고, 수도사들이 메모를 남길 때나 인쇄공들이 교정이나 추가 내용을 표시하기 위해서, 또는 빅토리아 시대의 독자들이 기억하고 싶은 문단을 강조하기 위해서 썼다.[37] 이 표시가 사용되지 않게 된 것은 양식화된 화살표 기호가 개발된 19세기 초반쯤이었다.[38]

하지만 비격식 문어는 글을 장식하는 상당히 다양한 방식을 유지해왔다. 손으로 쓴 《이상한 나라의 앨리스》 초고에 일련의 스케치를 직접 그려 넣었던 루이스 캐럴(Lewis Carroll)에서부터 자기가 가진 책의 여백은 물론 일기장 여백에도 그림을 그렸던 실비아 플라스(Sylvia Plath)[39]에 이르기까지, 낙서는 다양한 작가들에게 인기가 있었다(실비아 플라스는 특히 암소를 좋아했다).[40] 이런 낙서 기술이 없더라도 사적인 편지를 다양한 색깔의 잉크로 장식하거나, 모노그램과 윤곽선, 질감, 심지어 향기가 첨가된 종이를 사용해 미적 감각을 표현할 수 있었다. 인쇄된 사진이나 인용문을 잘라 종이에 붙이는 방식으로 다른 사람들이 만든 이미지를 빌려올 수도 있었다. 18~19세기에는 사람들이 일반적인 책을 활용해 이처럼 글을 장식했고, 현대에는 인쇄된 스티커나 스크랩북을 활용한다. 앞선 장에서 살펴보았던 1970년대의 엽서 일부에는 손으로 그린 웃는 얼굴과 동물 낙서가 들어가 있다.

앞선 장에서 살펴보았듯, 초기의 컴퓨터는 인쇄기보다 딱히 나을 게 없었다. 심지어는 글자와 글씨체의 종류도 인쇄기보다 적었다. 하지만 사람들은 문장부호를 활용해 경계선과 단어, 미술 작품을 만들어냈다. 초기 컴퓨터의 아스키 인코딩 시스템으로 정의되는 95개의 출력 가능한 문자로 만들어진 이런 양식은 아스키 아트(ASCII art)라고 불린다. 더 많은 문자를 사용할 수 있게 되자, 이후 아스키 아트는 문자 기반 기호를 가지고 온갖 예술적인 의미를 띨 수 있도록 확장되었다(문자 기반의 예술 자체는 더 오래됐다. 그 기원은 타자기의 제한적인 그래픽 기능으로 거슬러 올라간다). 예컨대, 아래의 아스키 아트[41]는 슬래시와 역슬래시, 밑줄, 이따금 괄호와 아포스트로피를 활용해 ASCII art라고 적힌 속이 빈 글자를 만들고 큰따옴표와 등호를 포함한 약간 더 다양한 기호를 활용해 간단하게 토끼를 표현했다. 이보다 야심 찬 사례에서는 수천 가지 기호를 활용해 정교한 음영이나 장면 전체를 묘사할 수 있었다.

　　　　　　　　　　　　　　　　인터넷 때문에

:)의 시작

인터넷 몸짓이 발전하게 된 주요한 계기 중 하나는 우연한 것이었다. 카네기멜런대학교(Carnegie Mellon University)의 컴퓨터 메시지 시스템에서 일어난 중요한 의사소통 오류가 그것이다. 이 메시지 시스템은 대부분 컴퓨터과학부 강연이나 분실물 공지, 정치적 토론, 어떤 키보드 배치가 가장 좋은지에 관한 토론 등 상당히 진지한 용도로 쓰였다. 그러던 1982년 9월 어느 날, 게시판 사용자들이 자유낙하 중인 엘리베이터의 물리학에 관한 기이한 이론 질문들을 올리며 시간을 때울 때였다. 한 사람이 엘리베이터 안에 헬륨 풍선을 넣고 케이블을 끊으면 어떤 일이 벌어지겠느냐고 질문했다. 두 번째 사람은 자유낙하 중인 엘리베이터에 비둘기 떼를 집어넣으면 어떻게 되겠느냐고 했다. 세 번째 사람은, 알겠는데 그 새들이 헬륨을 들이마시면 어떻게 되겠느냐고 물었다. 비둘기 울음소리의 음이 높아질까? 네 번째 사람이 비슷한 실험 아이디어를 떠올렸다. 자유낙하 중인 엘리베이터에 수은 한 방울과 켜진 양초를 집어넣으면 어떻게 될까?

애석하게도, 나는 언어학자라 이런 질문에 아무런 답을 내놓을 수 없다. 내 관심을 끄는 것은 이후에 벌어진 일이다. 일단, 배경은 이렇다. 누군가가 농담을 이어갔다. "**경고!** 최근의 물리학 실험으로 가장 왼쪽 엘리베이터가 수은으로 오염되었습니다. 경미한 화재 피해도 있었습니다. 오염 물질 제거 작업은 금요일 08:00에 완료될 것입니다." 이어서 문제가 발생했다. 다른 사람들이 메시지 시스템에

로그인했다가, 맥락 없이 가짜 경고문만을 보게 된 것이다. 몇 시간 뒤에는 누군가가 돌아와 경고문이 가짜라는 것을 밝혀야 했다. "농담을 망쳐서 미안하지만, 사람들이 불안해하고 있습니다. 붐비는 극장에서 불이 났다고 외치는 건 좋은 방법이 아니었네요…."

마지막으로 해결책이 나왔다. 카네기멜런대학교의 게시판 사용자들이 특정한 메시지가 농담이라는 걸 나타낼 방법을 같이 궁리하기 시작했다(누군가의 농담이 너무 진지하게 받아들여진 것은 이번이 처음이 아니었다). 다양한 선택지가 제시되었다. 별표*나 퍼센트 기호%, 앰퍼샌드&를 제목에 집어넣거나, 모든 메시지에 0~10점의 '유머값'을 부여해 올리거나, 오직 농담할 때만 쓰는 별도의 게시판을 만들거나, "입술 사이로 치아가 드러난 것처럼 보이는" {#}나, 미소 짓는 입술처럼 보이는 _/ 등의 연속체를 사용하는 것이었다. 인기를 얻은 아이디어는 스콧 팔먼(Scott Fahlman)이라는 교수가 제시했다.[42] 아래는 1980년대 먼지투성이 아카이브에서 파낸 그의 원래 메시지다. 이 시절에는 컴퓨터 기록물이 오픈릴식 테이프에 보존되었다.

19-Sep-82 11:44 Scott E Fahlman :-)

From: Scott E Fahlman ⟨Fahlman at Cmu-20c⟩

I propose that the following character sequence for joke markers:

:-)

Read it sideways. Actually, it is probably more economical to mark things that are NOT jokes, given current trends. For this, use

:-(

82년 9월 19일 11:44 스콧 E 팔먼 :-)

글쓴이: 스콧 E 팔먼 〈Fahlman at Cmu-20c〉

농담 표시자로 아래의 연속 문자를 제안합니다.

:-)

고개를 옆으로 꺾어서 보세요. 사실, 현재 경향을 생각했을 때 농담이 **아닌** 것을 표현하는 게 더 효율적일지도 모르겠네요. 이렇게 쓰시면 됩니다.

:-(

미소 짓는 얼굴을 단순화해 표현하자는 아이디어에는 이미 상당한 역사가 있었으므로,[43] 고개를 꺾어서 보라는 팔먼의 제안은 즉시 해석할 수 있었다. 이 표시는 입력하기도 쉬웠으므로, 메시지 스레드에 참여한 다른 사람들에게도 빠르게 번졌다. 몇 달 안에 카네기멜런대학교가 아닌 곳에서도 옆으로 된 문자 얼굴을 사용하게 됐다. 또한 이 아이디어를 창의적으로 확장할 다양한 방식도 제시되었다. 얼굴이 아니라 하트를 나타내는 <3 혹은 장미를 나타내는 @>-->-- 등의 사례가 등장했다. 유명인의 얼굴을 표현한 좀 더 정교한 형태도 유행했다. 이런 형태는 실제로 사용되기보다는 얼굴을 기발하게 표현한 사례로 유행했다(에이브러햄 링컨을 굳이 이모티콘으로 표현해야 할 경우는 많지 않겠지만, 그는 높은 모자와 턱수

염을 갖춘 ==(:-)=로 표현되었다). :-) :-(;-) :'-(:-P 등의 몇몇 고전적 사례와 코 없는 버전인 :) :(;) :'(:P는 계속 큰 인기를 누렸다.

　:-) 같은 기호에는 이모티콘이라는 이름이 붙었다. 감정(emotion)과 아이콘(icon)를 결합한 것이다. 이모티콘이 가진 예상치 못했던 유용성 중 하나는 행갈이를 해서 써야 하는 크고 거추장스러운 그림이 아닌 만큼 글의 흐름 속에, 단어 바로 옆에 표정을 삽입할 수 있다는 것이다. 몸짓과 표정이 발화된 말과 매끄럽게 어우러지는 것처럼 문장부호 기반의 이모티콘은 입력된 단어에 직접적으로 동반될 수 있다.

　그동안 비어 있던 몸짓의 자리를 채운 문자 기반의 이모티콘은 점점 성장하며 변화했다. 기본 미소의 의미는 스콧 팔먼이 최초로 제안했던 것과 달라져, 농담을 나타내는 것에서 좀 더 일반적인 긍정의 감정을 진정성 있게 나타내는 것으로 바뀌었다. "그거 좋은데 :)"는 빈정거리는 말이 아니라 진정성이 있는 말이다. 젊은 층 사이에서는 코가 빠진 형태가 인기를 얻었다. 2011년 언어학자 타일러 슈노벨렌이 수행한 트위터 이모티콘 연구[44]에서는 코가 붙은 이모티콘을 쓰는 사람들이 페프 아길라(Pepe Aguilar), 애슈턴 커처(Ashton Kutcher), 제니퍼 로페즈(Jennifer Lopez) 등의 연예인에게 트윗을 보내는 경향이 있는 반면, 코가 없는 형태의 이모티콘을 트윗하는 사람들은 저스틴 비버(Justin Bieber), 마일리 사이러스(Miley Cyrus), 조나스 브라더스(Jonas Brothers), 설리나 고메즈(Selena Gomez) 등에게 트윗을

　　　　　　　　　　　　　　　인터넷 때문에

보내는 걸 선호한다는 결과가 나왔다(21세기 초 미국 대중문화를 잘 모르는 미래 독자들을 위해 말하자면, 저스틴 비버류의 연예인들은 2011년에 10대들 사이에서 대단히 인기가 높았던 반면 애슈턴 커쳐, 제니퍼 로페즈 등은 그보다 나이가 많은 연예인이었다. 이는 젊은 층이 이모티콘에서 코를 빼는 경향이 있음을 강하게 시사한다).

이모티콘이 미국을 비롯한 영어권 네트워크에서 발전하던 시기와 거의 비슷한 시기에, 아스키넷(ASCII Net)이라고 알려진 일본의 초기 컴퓨터 네트워크에서는 다른 형태의 디지털 얼굴이 발달하고 있었다. 이것들은 가오모지라고 불렸는데, 일본어 가오(顔)와 모지(文字)에서 따온 말로 얼굴 문자라는 뜻이었다. 가오모지는 이모티콘과 비슷하지만, 읽기 위해서 고개를 꺾을 필요가 없다. 가오모지에서는 눈의 형태를 :)나 =)에서처럼 하나의 기호로 나타내는 것이 아니라 두 기호를 짝 지어 나타내기 때문이며, 사실상 어느 기호든 사용할 수 있다. ^_^(기쁨), T_T(울음), o.O(휘둥그레진 눈) 등 고전적인 가오모지는 이모티콘만큼 오래된 것이다.[45] 1985년이나 1986년에 이미 이런 가오모지가 나타났다는 주장이 있다.

가오모지에서 눈을 강조한 이유는 이모티콘이 어떻게 보여지는지에 관한 보다 광범위한 문화 차이 때문이었다. 연구자들이 동아시아인과 서구의 코카시아인에게 다양한 감정을 보여주는 얼굴 사진을 제시하면, 아시아계 참여자들은 사람들의 눈을 보고 감정을 판단하는 반면 서구 참여자들은 입을 보고 감정을 읽었다.[46] 이

런 경향은 망가와 아니메에서 감정을 드러내는 방식이 서구의 만화에서 감정을 드러내는 방식과 다르게 나타나는 데도 반영되었으며, 이모티콘과 가오모지의 양식화된 표정에서도 다시 나타난다. 기쁨:)과 슬픔:(이모티콘을 쓸 때는 눈을 똑같이 표현하더라도 입은 다르게 제시해야 한다. 반면, 기쁨^_^과 슬픔T_T 가오모지는 입이 같아도 눈은 달라야 한다. 일부 가오모지는 영어 사용자들 사이에서도 좀 더 폭넓게 받아들여졌는데, 오직 눈에만 의존하는 가오모지보다는 전신의 행동을 전하는 가오모지가 그랬다.[47] 2014년 이후로 유행한, 어깨 으쓱하기 ¯_(ツ)_/¯와 2013년부터 유행한 머리 꽂은 사람(◕‿◕✿), 2011년 이후로 유행한 상 엎기 (╯°□°）╯︵ ┻━┻ 등이 그 사례다.[48] 하지만 눈으로만 감정을 전달하는 가오모지를 쓰려면 (망가나 아니메 팬이 아닌) 대다수 영어 사용자들은 아예 있는 줄도 모르는 일련의 문화 코드를 최소한이나마 자유자재로 구사할 줄 알아야 한다.

기호를 넘어 그림으로

1990년대 후반에는 최신식 디지털카메라나 다른 사람들의 지오시티 페이지를 뒤져 찾은 이미지들을 자기 웹사이트에 올릴 수 있게 되었다. 일본에서는 핸드폰에서 그림 메시지를 주고받는 새로운 현상이 가오모지를 넘어서는 인기를 얻게 됐다. 실용적인 행동은 아니었다. 불행히도 이런 이미지를 주고받는 데에 엄청난 데이터가 들었기 때문이다. 그래서 1997년에 일본의 통신사 소프트뱅크(SoftBank)에서 해결책을 찾아냈다. 문자메시지를 인코딩하는 방식대로 일부 그림을 인코딩하면 어떨까? 어쨌거나 친구에게 A라는 글자를 보낼 때, 핸드폰이 A라는 글자의 '그림'을 구성하는 모든 작은 점의 픽셀 하나하나를 보내는 것은 아니니 말이다. 핸드폰은 그냥 0041 같은 짧은 숫자 코드를 보내고, 친구의 핸드폰이 0041이 A를 뜻한다는 것을 알고 A를 표시한다. 2764 같은 단순한 번호를 보내 하트♥를 표시할 수 있다면 이미지 파일 하나를 통째로 보내는 것보다 훨씬 빠르게 일이 진행될 것이다. 그래서 소프트뱅크의 디자이너들은 90개의 작은 그림에 해당하는 짧은 숫자 코드를 만들었다.[49] 여기에는 하트, 손, 이미 존재하는 가오모지와 매우 비슷하게 보이는 얼굴들은 물론 날씨, 교통수단, 시간, 스포츠 기구 등이 포함됐다. 이것이 우리가 앞서 이야기하기 시작한 이모지의 기원이다.

'이모지'라는 단어는 영어의 이모티콘(emotion + icon)과 닮았지만, 사실 일본어 에(絵, 그림)와 모지(文字)의 합성어다. 이런 우연은 영어 사용자들 사이에서 이모지라는 단어가 유행하는 데 도움을 주었겠지만, 이모지를 넣는 일은 간단치 않았다. 작고 전송이 편한 이 그림들은 일본에서 빠르게 인기를 얻었고, 다른 일본 통신사들도 저마다 이모지들을 추가하느라 분주해졌다. 하지만 이때 문제가 발생했다. 이모지의 주된 목적은 작은 그림에 숫자 코드를 부여해 용량을 절약하는 것이었다. 그러나 다양한 핸드폰 제조사가 다양한 이미지와 숫자 코드를 사용하는 바람에 도코모(DoCoMo) 핸드폰을 가진 사람이 소프트뱅크 핸드폰을 가진 친구에게 하트 이모지를 보내면 친구는 해독할 수 없는 상자를 보게 되거나 아무것도 보지 못하거나 더 나쁜 경우에는 우산이나 음표 같은 전혀 다른 기호를 보게 되었다(흔하게 나타난 오해 가운데 한 가지 사례는 도코모 핸드폰 사용자는 황소자리 기호를 보냈는데 KDDI 핸드폰에서 수신하면 평범한 소 그림이 나타나는 경우였다[50]).

유니코드컨소시엄(Unicode Consortium)은 일반적인 문자와 숫자, 문장부호에 해당하는 숫자 코드를 표준화하는 기구다. 유니코드컨소시엄은 컴퓨터광 겸 글씨체 덕후들로 이루어진 작은 위원회다. 대체로 이들은, 예컨대 한 프로그램에서 다른 프로그램으로 아포스트로피를 복사해 붙여 넣거나 한 장치에서 아포스트로피를 입력하고 다른 장치에서 그 기호를 봤을 때 â€™으로 바뀌지 않도록 하는 일을 맡은, 주요 기술 관련 회사들의 직원이다. 영어에서는 이런 문제가 상당히 드물게 나타났고, 문장부호를 쓸 때에 한정되었다. 영어는 아주 초기에 문자를 보편적으로 인코딩하는 특권을 누렸으니 말이다. 하지만 다른 언어에서 이런 문제를 일컫는 이름만 봐도 얼마나 답답해했는지 느껴진다. 일본어로는 모지바케(문자 변형),[51] 러시아어로는 크라코샤브리(쓰레기 문자),[52] 독일어로는 차이헨잘라트(문자 샐러드),[53] 불가리아어로는 마즈무니카(원숭이의 알파벳)[54]라고 불렸다. 여기에 전 세계 모든 언어의 모든 문자에 있는 기호를 곱하고, 수학 공식과 음표에 쓰는 특수 기호와 600종류가 넘는(진짜다) 화살표를 더하면 유니코드가 1987년 이후부터 해오던 그리 폼 나지는 않지만 대단히 중요한 원숭이-샐러드-쓰레기 변형

작업이 나온다.[55]

　유니코드컨소시엄 회원들이 처음부터 웃음 이모지와 관련된 일을 하려고 이 컨소시엄에 가입한 것은 아니라는 점은 확실하다. 이모지가 일본에서 처음으로 인기를 얻기 시작한 2000년에, 이들은 이모지 관련 작업에 참여하지 않겠다고 정중하게 거절했다. 그 바람에 도코모와 소프트뱅크와 KDDI에서 그림 문자의 호환성(또는 해당 그림 문자가 없는 상황)을 서로 토론해야 했다. 문자로 인코딩된 작은 그림을 보내는 일이 한 국가에서 잠깐 일어나는 유행에 그친다면야 이런 일에 국제적인 표준화 기구에서 급료를 지급할 이유는 없었다. 하지만 이모지는 일본에서 계속 사용되었고, 다국적 기업들이 참여하기 시작했다. 지메일은 일본인 사용자들이 이모지가 포함된 이메일을 주고받을 수 있도록 해야 했다. 애플은 일본인이 아이폰을 사게 하고 싶었지만, 일본인들은 이모지를 지원하지 않는 핸드폰을 사려 들지 않았다.[56] 10년 뒤에는 이모지가 더 이상 일시적 유행이 아닌 것으로 보였다. 그래서 2010년에 유니코드가 끼어들었다.

유니코드컨소시엄의 개입

　하지만 어떤 이모지를 써야 할까? 이 시점에는 소프트뱅크에서 처음에 썼던 90개의 이모지는 물론 다른 일본 통신사들이 추가한 이모지들까지 있었으므로, 유니코드에 추가된 최초의 이모지에는 일본에서 흔히 쓰이는 608개의 기호가 포함되었다.[57] 이렇게 인코딩된 이모지는 2011년에 애플 기기에 도입되었고, 2013년에는 안드로이드 기기에도 도입되었다. 국제적 지원과 장비 간 호환성은 일본 문자메시지 사용자들의 문제를 해결해주는 한편 일본 외부의 사용자들 사이에서 이모지가 인기를 얻는 데도 도움이 되었다. 이모지는 정말이지 큰 인기를 끌었다. 이모지가 국제적 단계에 접어든 지 5년 만인 2015년 초에 가장 인기 있는 이모지인 기쁨의 눈물 이모지😂는 가장 인기 있는 이모티콘인 :)보다 많이 쓰였다.[58]

하지만 전 세계에서 점점 더 많은 사람이 이모지를 사용하게 되면서, 608개의 이모지로는 충분하지 않다는 점이 점점 명백해졌다. 사람들은 유니콘과 용이 있는데 공룡은 왜 없냐는 식의 질문을 던지기 시작했다. 터번을 쓴 남자가 있다면, 히잡을 쓴 여자는 왜 없는 걸까? 스시와 햄버거가 있다면, 타코나 만두가 없는 이유는 뭘까? 이 모든 이모지가 추가되었다. 상당수는 유니코드 웹사이트를 통해 관련 절차를 알아낸 평범한 사람들의 제안에 따라서 추가된 것이거나, 풀뿌리 이모지 제안 기구인 이모지네이션(Emojination)의 도움을 받아 추가된 것이다. 하지만 이모지 세트는 여전히 미완성이다. 유니코드컨소시엄은 현재도 요청을 받고 있으며, 매년 백여 개의 새 이모지를 내놓는다.

이처럼 팽창하고 있기는 하지만, 공식적인 유니코드 등록 절차는 일부러 느리고 신중하게 진행된다. 유니코드의 핵심은 여전히 고유하고 획일적이며, 보편적인 인코딩 시스템이다. 유니코드의 목표는 한참 뒤 미래까지 더 이상 빈 네모가 뜨지 않도록, 세계의 모든

인터넷 때문에

장치에서 작동할 기호들을 만드는 것이다. 이 말은 유니코드가 일단 기호를 추가하면 절대로 지우지 않는다는 뜻이다. 기호를 지우면 획일화된 표준을 세우는 목적에 실패할 테니 말이다. 유니코드가 유명인사나 대중문화 관련 이모지 제안을 받아들이지 않는 것도 그래서다. 이런 이모지도 잠깐이야 재미있을 것이다. 하지만 우리의 증손주들에게는 21세기 초반 반짝 유명인들의 얼굴로 버글거리는 키보드가 딱히 필요하지 않을 것이다. 이로부터 발생하는 아쉬움을 해결하기 위해, 유행에 민감한 수많은 그림을 제공하는 개별 앱들이 존재한다. 이런 그림들은 글자처럼 인코딩된 채 전달되는 것이 아니라 이미지 파일로 전송된다. 이런 앱은 맞춤형 이모지 키보드 혹은 스티커 앱이라고 불린다. 물론, 이외에도 gif가 있다. 직접 찾거나 만드는 일반적인 이미지도 있고 말이다.

열기가 가라앉고 이모지를 사용하는 것이 신문 기사 제목이 될 만한 일이라기보다는 평범하고 유별난 것 없는 일이 된 지금, 우리는 최초의 이모티콘과 이후의 이모지가 남긴 더 오래가는 유산에 관해 생각해봐야 한다. 몇 년 만에, 인터넷에서 1세대가 지나기도 전에 우리는 비격식 문어로 할 수 있는 일에 관한 기대치를 근본적으로 바꾸었다. 우리는 더 이상 온전한 커뮤니케이션을 얼굴과 목소리를 허용하는 매체에 완전히 맡기는 것으로 만족하지 않는다. 우리는 글로도 우리가 하고자 하는 말은 물론, 더 중요하게는 그 말을 하는 방식까지도 완전히 표현할 수 있기를 바란다. 그럴 수 있는 다른 방법이 있었다면 그 방법을 쓸 수도 있었을 것이다. 그런데 왜 하필 이모지가 이토록 빠르게 인기를 얻었을까? 이모지는 어떤 특성 때문에 라이벌이 될 뻔했던 다른 수단을 능가하게 된 걸까?

왜 이모지가 살아남았을까

순전히 기술적인 차원에서 보면, 이모지에는 몇 가지 중요한 이점이 있다. 이런 이점은 이모지를 문장부호 기반의 이모티콘과 비교하고, 애니메이션 gif와 비교해봄으로써 알 수 있다. 이모티콘은 키보드에 이미 존재하는 문장부호로 만들어져 있다. 따라서 입력하기가 대단히 쉽다. 그러나 문장부호로 만들 수 있는, 알아볼 만한 얼굴의 숫자에는 한계가 있다. 이모티콘은 기본적인 웃는 얼굴 몇 개를 표현하는 데는 충분하지만, 좀 더 정교한 표정을 나타낼수록 실용성이 떨어진다. 가오모지 사용자들은 불가피하게 가오모지 문자 확장 앱을 설치하거나 "어깨 으쓱"을 검색해 상위 검색 결과를 복사-붙여 넣기 하는 수밖에 없었다. 반면 gif는 무한히 복합적이다. gif에는 진짜 얼굴과 동작, 자막까지 담겨 있다. 하지만 gif에는 이모티콘과 반대 문제가 있다. gif는 너무 많아서 원하는 내용을 찾기가 힘들고, 크기가 너무 크고 산만하여 문자와 매끄럽게 통합되지 않는다(gif는 gif 검색 기능이 내장된 앱을 사용해도 독립적으로 한 줄을 잡아먹는다). gif는 가끔 쓰기에는 재미있지만, 모든 문장에 통합시키기에는 실용적이지 않다. 이모지는 그 둘 사이의 만족스러운 균형점에 있다. 사용자가 가장 많이 쓰는 이모지는 이모지 선택 창의 즐겨찾기 항목에 알아서 표시된다. 하지만 더 많은 이모지를 살펴보고 싶다면 얼마든지 찾아볼 수 있다. 이모지는 새로운 행을 쓸 필요 없이 당신이 입력하는 다른 모든 것과 쉽게 어우러지며, 유니코드에 원하는 이모지가 있는 한 특정한 앱이나 장치에서 다른 앱이나 장치로 붙여 넣거나 전송하기도 쉽다.

이모지와 이모티콘, gif가 모두 같은 생태계에 존재하는 건 사실이다. 심지어는 일부 단어에도 비슷한 기능이 있다. 인스타그램의 엔지니어들은 인스타그램에서 가장 인기 있는 이모지를 살펴보고, 사람들이 그 이모지와 비슷한 맥락에서 사용하는 단어의 목록을 만들었다.[59] 이들은 사람들이 기쁨의 눈물을 흘리는 얼굴 이모지😂를 lolol, lmao, lololol, lolz, lmfao, lol, ahahah, ahaha, lmaooo, lolll 등을 사용했을 법한 문장에서 가장 많이 사용한다는 사실을 알아냈다. 사람들은 xoxoxox, xoxo, xoxoxoxoxo, xxoo, oxox, babycakes, muahhhh, mwahh, babe, loveyou 등의 단어와 같은 맥락에서 하트 이모지♥를 사용했다. 또한 통곡하는 이모지😭는 ugh, ughhhhh, wahhhh, agh, omgg, omfg, whyyy 등의 단어가 사용되는 맥락에서 썼다. 이러한 단어가 쓰일 수 없는 맥락에서는 해당 이모지도 쓸 수 없었다. 한편 언어학자 제이컵 아이젠스타인과 우마샨티 파발라나탄의 연구에 따르면, 이모지를 많이 쓰는 사람일수록 단순한 문자 이모티콘 :), 반복적인 글자(yayyy), 약자(lol)나 여타의 창의적 스펠링(wanna) 등의 표현 수단에 덜 의존한다.[60]

하지만 이모지의 형태이든, 이모티콘이나 gif, 기타 형태이든 디지털 신체화의 매력에는 더 심오한 질문거리가 있다. 지금까지 디지털로 표현되는 신체 중에서는 얼굴 표정이 가장 큰 인기를 얻었다. 그런데 이런 표정들은 중요한 면에서 우리의 일상적인 표정과는 다르다. 우리는 다른 사람과 상호작용하면서 비자발적으로 지은 표정이야말로 가장 진정성 있는 표정이라고 생각한다.[61] 터져 나오는 웃음이나, 목 깊은 곳에서 새어 나오는 흐느낌처럼 말이다. 그러나 이모지는 비자발적으로 쓸 수가 없다. 모든 이모지는 의도적으로 쓴 것이다. 우리는 어떤 이모지를 보낼지 정확하게 선택하고, 다른 모든 사람도 그렇게 한다는 사실을 안다. 엄밀히 말해 이모지나 그 부류는 꾸며낸 것이다. 이모지가 우리의 감정적인 표정과 직접적으로 상응한다고 말하면, 괴이한 불일치가 일어난다. 어째서 우리는 이토록 부정직한 기호를 이토록 좋아하는 것일까? 모두가 가면을 쓴 세상이 뭐가 그렇게 즐겁다고?

고의적 신호로서의 이모지

언어학자 엘리 드레즈너(Eli Dresner)와 수전 헤링은 이와 관련해 강력한 답을 제시한다. 그들은 이모티콘을 감정적인 것으로 생각하기보다는 우리가 하는 말에 실린 의도에 관한 고의적 신호로 생각해야 한다고 주장한다.[62] 가끔은 그 의도가 감정과 일치한다. "취직했어 :)"라고 말하면, 취직해서 기쁘다는 뜻이다. 하지만 사람은 가끔 끔찍한 하루를 보내고 있더라도 그냥 상황이 매끄럽게 진행되기

인터넷 때문에

를 바라기에 의도적으로 표정을 택하기도 한다. 고객을 응대할 때 공손하고 사교적인 미소를 짓는 것과 마찬가지다. 웃는 얼굴은 "피드백 부탁드립니다 :)" 같은 맥락에서도 사용될 수 있다. 피드백을 요청하는 것이 초조할 수 있겠지만, 좀 더 예의 바르게 요청하기 위해서 웃는 얼굴을 사용하는 것이다. 더욱이 사람들은 전혀 기쁘지 않은 맥락에서도 간혹 웃는 얼굴을 사용한다. 드레즈너와 헤링은 "난 늘 아프고 피곤해 :)"라는 말을 인용했다. 발화자는 아프고 피곤한 것에 기쁨을 느끼는 것도 아니고, 전혀 웃고 있지도 않다. 하지만 자기가 한 말이 불평으로 읽히지 않기를 원하기에 웃는 얼굴을 넣은 것이다. 반면 같은 말에 :(를 붙이면 공감을 요청하는 의도가 있을 수 있다.

기본적인 미소 이모티콘 :)이나 이모지😃는 이런 식의 맥락화에 쓰는 다용도 도구다. 이것들은 요구를 완곡한 요청으로 만들거나, 겉보기에는 모욕적인 말을 좀 더 부드러운 놀리기로 만드는 등 노골적인 진술을 부드럽게 만들 수 있다. 심리학자 모니카 앤 라이어든(Monica Ann Riordan)이 지적하듯, 모욕적인 말을 하면서 미소 이모티콘을 덧붙이는 것은 누군가를 모욕하는 동시에 미소 짓는다는 뜻도 아니고, 상대방이 몹시 끔찍한 사람이어서 기분이 좋다는 뜻도 아니다. 미소 이모티콘은 그 모든 모욕 이면의 의도를 농담으로 바꿔놓는다.[63] 미소는 공손하게 표현한 노골적 거절을 의미할 수도 있다. 기자 메리 H. K. 최(Mary H. K. Choi)는 〈와이어드〉에 실린 2016년 기사에서 미국 청소년들이 기술과 이모지를 사용하는 방식에 대해 다양한 횡단면 분석 및 인터뷰를 실시했다. 어떤 청소년은 '썸을 탈' 때 다양한 하트 이모지를 주고받는데, 이때 상대방 여자가 보낼 수 있는 최악의 답장은 미소 이모지라고 설명했다.[64] "그건 '고맙지만, 관심 없어'라는 뜻이거든요."

드레즈너와 헤링은 구어에서 실제로 하는 말과 그 말을 함으로써 세상에 끼치기를 원하는 효과의 구분이 이미 잘 이루어져 있었다고 설명한다. 이런 구분은 1950년대의 영국 언어철학자 J. L. 오스틴(J. L. Austin)에게까지 거슬러 올라간다(오스틴에 따르면, 이런 방식이 실제로 성공하는지 여부는 약간 다른 문제다). "차 온다"라는 말에는 경고하는 의도가 담겼을 수도 있고(물러서!), 모욕적인 의미가 담겼을 수도 있으며(난폭운전으로 앞 차를 제끼면서 하는 말), 약속의 의미가 있을 수도 있고(내일 아침 10시에 차를 예약해 놨어), 불평의 의미가 있을 수도 있다(이 무인도에는 우리뿐인 줄 알았는데!). 또한 "셔츠 멋진데"라는 말로는 그 셔츠를 칭찬할 수도 있고, 셔츠를 빌리고 싶다는 뜻을 넌지시 내비칠 수도 있고, 그 셔츠에 이목을 집중시킴으로써 셔츠를 비판할 수도 있다.

우리에게는 의도된 효과를 전달하는 데 쓸 도구가 아주 많다. 우리는 "조심해!"나 "약속할게" 같은 노골적이고 명확한 말을 덧붙일 수도 있고, 전략적으로 잠시 말을 멈추거나 어조를 달리할 수도 있으며, 모두가 이해하는 맥락에 의지할 수도 있고, 몸짓을 할 수도 있다. 몸짓 언어학자 애덤 켄던(Adam Kendon)은 발화 이면의 의도를 설명하는 오스틴의 생각을 끌어와, 의사소통에서 엠블럼 몸짓이 하는 역할을 설명한다.[65] 이름을 붙일 수 있는 엠블럼 몸짓을 하면서 "잘했어!"라고 말하는 경우를 생각해보자. 엄지척과 함께 이 말을 하면, 그 뜻은 축하하는 것이다. 윙크하면서 말하면, 음흉하게 자극하는 말이다. 얼굴을 가리면서 하면, 빈정거리면서 실패를 확인해 주는 말이다. 가운뎃손가락을 내밀면서 하면 모욕이 된다.

우리는 돌고 돌아 이모티콘과 이모지를 감정적인 것이라기보 다는 몸짓에 가까운 것으로 생각하는 편이 합리적인 이유를 또 하 나 찾게 되었다. 이렇게 생각하면 얼굴 표정과, 표정을 나타낸다는 이모티콘 사이의 모순이 해결된다. 물론 이모티콘과 이모지는 꾸며 낸 것이지만, 엄지척도 꾸며낸 것이기는 마찬가지다. 동시에 둘 다 진정성을 담고 있을 수 있다. 독자가 글을 정확하게 해석하도록 안 내하고자 의식적으로 이모티콘을 사용한다면, 이모티콘은 긍정적 이고 유용하며 사회적인 행동, "당신에게 내 진짜 의도를 명확히 밝 히고 싶어요"라고 말하는 한 가지 방법이 된다. 이건 가면을 쓰는 좀 더 부정적인 행동과는 다르다. 물론, 미소 표시가 반드시 발화자 가 기쁘다는 뜻을 의미하는 것은 아니다(이 미소는 통제할 수 없는 진짜 미소가 아니다). 하지만 의도적이고 사교적인 미소, 혹은 당신 이 돌처럼 차가운 마음을 가진 얼음 마녀가 아님을 입증하는 느낌 표와 맥을 같이한다. 이 셋은 모두 내가 정중하게 부탁한다거나, 부 담을 줄 생각이 없다거나, 사실은 농담을 하고 있는 것이라거나, 완 곡하게 거절하고 있음을 나타낸다. 혹은 "아니, 당연히 화 안 났지" 처럼 수동적인 공격성을 드러내는 것일 수도 있다. 모든 이모지에 몸짓에 해당하는 직접적인 유사체가 있다는 말이 아니라 둘 다 비슷한 의사소통 목표를 이루기 위해 사용할 수 있다는 뜻이다.

무의미함이 건네는 메시지

신체는 몸짓을 전달하는 역할만 하는 것이 아니다. 신체는 시공간에 존재하기도 한다. 이모지는 가상공간에서 우리가 비슷한 의미를 전달하는 데 도움을 줄 수 있다. 가끔은 상대방에게 전해줄 정보란 아무것도 없고 의사소통하고자 하는 것이라고는 "그렇지", "듣고 있어" 혹은 "난 여전히 여기에 있고, 너랑 이야기하고 싶어"라는 숨은 의미뿐인 경우가 있다. 물리적인 공간에서는 신체를 통해 이런 뜻을 전달하는 경우가 많다. 다른 사람이 근처에 있으면 알 수 있고, 그 사람이 당신에게 주의를 기울이는지, 둘이서 같은 것을 보고 있는지도 알 수 있다. 둘 중 아무도 말을 하지 않아도 눈을 맞추거나 닿거나 그냥 눈으로 보고 다른 사람이 아직 그 자리에 있다는 것을 알 수 있다(상대가 몹시 은밀하게 구는 게 아니라면 말이다). 가상공간에서는 은밀하게 구는 것이 기본이다. 뭔가 말을 해야 존재감을 나타낼 수 있다(영상 채팅이나 세컨드 라이프 등의 소셜 게임에서 쓰는 아바타 등 제한적인 몇몇 사례는 예외다).

누군가에게 그가 올린 게시물을 보았다는 사실을 알려주는 간단한 방법은 '좋아요'를 누르는 것이다. 이 방법은 결혼이나 출산 등 인생의 커다란 사건을 인지했음을 알리는 데에도 쓸 수 있다. '좋아요' 누르기는 그 이상의 무언가로 이어질 전조가 될 수도 있다. 누군가의 게시물에 '좋아요'를 눌렀는데 그 사람도 당신 게시물에 '좋아요'를 누르면, 당신과 더 많은 대화를 나눌 마음이 있다는 뜻으로 생각할 수 있다. '좋아요' 누르기는 자리를 떠나는 한 가지 방법이 되기도 한다. 어느 스레드의 마지막 게시물에 '좋아요'를 누르면, 그 메시지를 보았으며 더 이상 할 말이 없다고 생각했음을 표시할 수 있다. '좋아요'는 역효과도 낳을 수 있다.[66] 오래전에 올린 누군가의 게시물에 실수로 '좋아요'를 누르는 것은 변태처럼 그 사람의 게시물을 거슬러 올라가며 읽었다는 암시를 남기는 것이다.

이모지와 gif는 경청하고 있음을 나타내는 방법이기도 하다. "그렇구나"라고만 하기보다 "당신 말을 듣고 이해했습니다"라고 반응하는 것이다. 발화 상황에서 우리는 상대가 한 말의 중요한 부분을 반복하거나 상대방의 몸짓을 따라함으로써 이해했음을 나타내는 경우가 많다. 내가 "미안, 타이어가 터져서 늦었어"라고 말했는데 당신이 "타이어가 터졌다니!"라고 말한다면, 당신은 쓸데없이 내 말을 따라한 것이 아니라 내 말을 이해했음을 표현한 것이다. 이와 유사하게 심리치료사와 경청하기를 가르치는 사람들은 상대의 감정을 다시 말해줌으로써 그들에게 누군가 듣고 있다는 기분을 느끼게 해주라고 권한다. 그러니까 내가 "윽, 여기 오다가 타이어가 터졌어"[67]라고 말하면 당신은 "아, 짜증 났겠다"라고 말할 수 있는 것이다. 이모지로는 이 두 가지 반응을 모두 나타낼 수 있다. 당신이 "이번 주말에 바닷가에 가고 싶어"라고 말한다면, 나는 물고기와 소라 껍데기와 게 이모지 🐡 🐚 🦀 를 써서 당신이 시작한 화제를 알아들었음을 표시할 수 있다. 또 당신이 "보고 싶어😭"라고 말하면, 같은 이모지를 반복하거나😭😭😭 한 단계 더 나아가 슬픔을 나타내는 gif를 찾음으로써 당신의 슬픔을 공유할 수 있다. 인간-컴퓨터 상호작용 연구가인 라이언 켈리(Ryan Kelly)와 리언 와츠(Leon Watts)는 주로 영국 출신인 성년 초기의 사람들에게 이모지 사용 방식에 관한 횡단면 면접조사를 실시했다.[68] 참가자 중 한 명은 화제를 알아들었음을 표시하고 대화를 마무리하기 위해 이모지를 사용한다고 명백하게 밝혔다. "어제는 팬케이크의 날 얘기를 하고 있었어요. 그래서 그냥 팬케이크 이모지 같은 걸 보내고 대화를 마무리했죠. 그건 그냥, 맞아요, 더 할 말이 없다는 뜻이에요."

한 번의 응답을 넘어서서 메시지를 주고받는 행동은 디지털 세계에서 어울리는 방법이 될 수 있다. 메시지는 거의 아무런 문자적 의미가 없을 때조차 중요한 숨은 의미를 전달한다. "당신과 이야기하고 싶어요"라는 의미 말이다. 이모지든, 스티커든, 셀카든, gif든 전송하는 것 자체가 메시지다. 이런 관행은 10대 사이에서 유독 흔하게 나타나는데, 청소년은 주변의 성인에게 사소해 보이는 방식으로 한 번에 몇 시간씩 친구들과 어울리고 싶어 하는 경우가 많다. 켈리와 와츠의 연구에 참여한 한 참가자의 표현을 빌리자면 이렇다. "그냥 이모지로 놀이를 시작하는 거죠. 얼굴이 그려진 달 사진을 보낸다거나 하는 식으로요. 그럼 애들이 뭐 소 같은 걸 답장으로 보내고, 저는 거북이를 답장으로 보내요. 아무 의미도 없지만 그냥 재밌잖아요. 게임이랑 비슷한 거예요. 뭐랄까, 그 모든 그림으로 애들이

인터넷 때문에

무슨 말을 하려는 건지 알아내는 거죠." 사회적 도구가 인기를 끄는 한 가지 방식은 대화 자체를 위한 대화에 도움이 되어, 부담감을 덜면서 사회적 상호작용을 가능하게 하는 것이다. 예컨대 셀카나 주변 사물을 찍은 사진을 보내는 식으로 말이다. 사람이 언제나 재치 있는 대화를 이끌어나갈 수는 없다. 그리고 이모지처럼 신체화된 의사소통 도구는 꼭 그럴 필요가 없음을 의미한다.

가끔은 이모지나 셀카를 주고받는 재미가 떨어지기도 한다. 우리의 신체와 신체가 존재하는 세계는 그 자체로 다채롭고 활력 있으며, 보는 재미가 있다. 페이지에 적힌 단어는 덜 그렇다. 어쨌거나 물리적 세계에서는 장식도 되어 있지 않고 창문도 없는 방에 앉아 그냥 이야기만 나누는 경우가 드물다. 우리는 함께 어떤 행동을 한다. 음식을 함께 준비해 먹고, 공연을 보고 나서 그에 관해 이야기하며, 산책이나 드라이브를 가고, 칭찬을 주고받고, 개나 고양이가 하는 귀여운 장난을 보라고 얘기한다. 디지털 대화에서도 우리는 대화를 시작하고 대화가 계속 흘러가게 만들 방법으로서 외부의 무언가를 끌어들인다. 작은 거북이가 딸기를 먹는 gif나 대중문화가 담긴 스티커를 쓰거나, 누군가의 관심사를 생각나게 하는 동영상을 공유하고, 우리가 하려는 주장을 지지하는 링크를 보내고, 우리에게 귀여운 동물 귀를 붙여주는 카메라 필터를 사용한다. 연구에 따르면 귀여운 고양이 동영상을 보면 기분이 좋아진다고 한다.[69] 귀여운 아기 사진이나 강아지 사진을 볼 때도 비슷한 반응을 보인다.[70] 그래서 gif는 일종의 감정 화폐, 누군가에게 약간의 긍정적인 기분을 빠르게 쏘아 보내는 한 가지 방식이 된다. 디지털 세계에서 친구들과 더 친근하게 어울리는 방법은 온라인 게임을 하는 것이다. 그 게임은 〈포트나이트〉, 〈리그 오브 레전드〉, 〈월드 오브 워크래프트〉 같은 몰입형 게임일 수도 있고, 〈포켓몬 고〉나 〈워즈 위드 프렌드〉 같은 간단한 게임일 수도 있다.

우리는 말 이상의 것이 필요하다

가상의 신체라는 개념은 위험할 만큼 우주 시대에나 어울리는 것으로 들릴지 모른다(홀로그램처럼 말이다!). 하지만 여러 가지 면에서 체현의 역사는 아주 오래됐다. 글보다는 확실히 더 오래됐고, 이야기만큼 오래됐다. 아마 언어 자체만큼 오래됐을 것이다. 이야기꾼이 듣는 사람들의 머릿속에 등장인물과 감정을 투사하기 위해서 목소리와 신체 말고 또 무엇을 쓰겠는가? 하긴, 언어야말로 다른 사람의 머릿속에 세상에 대한 새로운 표상을 전달하는 도구 아니겠는가? 언어가 진화적으로 유용했던 이유에 관한 수많은 이론은 협력과 잡담 등에 관련되어 있다. 언어 덕분에 매머드를 사냥할 계획을 함께 세우고, 질 좋은 열매가 있는 곳이나 믿을 만한 사람이 누구인지 기억할 수 있다는 것이다.

앞선 장에서 살펴보았던, 반어법 문장부호를 제안했으나 실패한 사례에서처럼 사람들은 여러 세대에 걸쳐 영어의 철자법을 개혁

인터넷 때문에

하려고 시도해왔으나, 완벽하게 타당한 경우에조차 그런 개혁은 결코 인기를 얻지 못했다. 성과를 거뒀다고 해도 부분적이었다. 예컨대, 영어 사용권 일부가 -our과 -ise라는 철자법을 고수할 때 다른 지역에서는 -or과 -ize를 대신 쓰게 된 경우가 그렇다. 하지만 이처럼 다양한 철자법이 서로 경쟁한다는 것은 사실 개선이라고 할 수 없다. 다른 언어 개혁 시도도 마찬가지다. 국제 보조 언어인 에스페란토어는 인위적으로 만들어진 언어 중에서는 성공작으로 여겨진다.[71] 더 잘 설계되었다는 다른 언어들이 잘 알려지지 못한 채 활력을 잃어간 것에 비하면, 약 200만 명이 습득했기 때문이다.[72] 그런데 이모지는 매시간 200만 명 이상이 사용한다.

이모지가 성공한 이유는 언어이기 때문이 아니라, 언어가 아니기 때문이다. 이모지는 단어의 앞마당에서 단어와 경쟁하려 들기보다, 완전히 다른 층위의 의미를 나타내는 완전히 새로운 체계를 더했다. 우리에게는 이미 글자라는 형태로 개별 소리를 나타내는 방법이 있었다. 또, 우리는 앞선 장에서 이야기했듯 기존의 문장부호와 대문자를 사용해 어조를 나타내는 체계도 발달시켰다. 이모지를 비롯한 그림 요소는 의사소통의 세 번째 중요한 축, 다시 말해 우리의 몸짓과 신체 공간을 표현하는 방식을 세운 것이다.

우리는 이모지가 미래에도 수백 년간 인기를 얻을지, 그냥 지나가는 한때의 유행일지 모른다. 하지만 글에서 몸짓과 의도를 전달하는 방식을 알아낸 이상, 디지털 신체를 투사할 구체적 도구는 바뀔 수 있을지라도 디지털 신체 자체는 계속 관심의 대상이 될 것이다. 물론, 몸짓과 이모지 사이에는 차이도 있다. 몸짓은 움직임에 더 적합한 반면 이모지는 세부 사항에 강하다. 내게 몸짓으로 어떻게 생일을 나타내는지나 이모지로 프리즈비를 던질 방법을 어떻게 설명할지 묻지 말기 바란다. 전혀 모르겠으니까 말이다. 하지만 이것들의 핵심적인 기능, 이것들이 우리 의사소통 체계 속에 어우러지는 방식에는 우연이라기에는 너무 많은 공통점이 있다.

이모지를 몸짓으로 생각하면, 문제를 넓게 보는 데 도움이 된다. "셰익스피어는 단어만 가지고도 충분히 표현할 수 있었는데, 우리는 왜 그렇게 못하는 거야?" 같은 생각이 들면 잠시 멈추어 셰익스피어에게도 사실 단어 자체만으로는 충분하지 않았음을 생각해볼 수 있다. 셰익스피어가 쓴 글은 대부분 희곡이었다. 종이로 읽으라는 것이 아니라, 사람이 연기하라고 쓴 글이었다는 말이다. 신체화되지 않은 대본으로서만 셰익스피어를 읽느라 낑낑거리다가, 훌륭한 연기를 통해 그의 작품이 살아나는 것을 본 사람이 얼마나 많은가? 좀 더 현대적인 사례를 들어보자.《해리 포터와 저주받은 아이》라는, 해리 포터 다음 세대 이야기가 책 형태로 나왔을 때 사람들의 반응은 편차가 컸다. 연극을 본 사람들은 보통 이 작품을 매우 재미있게 보았지만, 대본만 읽은 사람들은 좀 더 극단적으로 나뉘었다.[73] 셰익스피어와 J. K. 롤링조차 신체와 분리된 대화를 자연스럽게 느껴지도록 만들 수 없었다면, 보통의 인터넷 사용자에게 무슨 가망이 있겠는가?

이모지와 몸짓은 '보편적' 의미와 애매한 관계를 맺는다는 점

인터넷 때문에

에서도 같다. 이 둘은 일반적인 단어는 넘어서지 못하는 경계선을 넘어선다. 몸짓이나 이모지를 사용할 수 있다면, 나는 같은 언어를 쓰지 못하는 사람과 무인도에 떨어져도 괜찮다. 그러나 팬터마임과 만화로 전달할 수 있는 의미에는 한계가 있다. 동시에 그 둘에는 모두 문화적으로 특수한 점이 상당히 많다. 모욕적인 몸짓이든, 오직 일본에만 흔하게 나타나는 물체 묘사든 간에 말이다. 그림으로 의사소통을 하겠다는 생각에도 문화 제약이 따른다.[74] 사람들은 각자의 글쓰기 체계에 따라 이모지 '이야기'를 좌에서 우로, 혹은 우에서 좌로 전달한다. 글을 읽을 줄 모르는 사람들은 줄지어 나열된 그림이나 간략한 이모지 형태의 그림을 이해하는 걸 대단히 어려워한다.[75] 또한 그림도, 몸짓도 언어의 가장 강력한 특징 중 한 가지 측면에서는 별로 유용하지 못하다.[76] 언어에는 시각화하기 어려운 관념에 대해 이야기하는 능력이 있다. 예컨대, 핵 과학자들은 "위험: 여기에 핵폐기물이 있음"이라는 꽤 단순한 개념을 앞으로 만 년 동안 이해될 수 있는 방식으로 전달하는 데 놀랄 만큼 어려움을 겪었다.[77] 가운데에 빗금이 쳐진 원을 쓸까? 아니, 그러면 햄버거를 기울여놓은 것처럼 보일지도 몰라. 두개골에 뼈를 교차해놓은 모습은 어떨까? 아니야, 죽은 자의 날이나 해적으로 보일지도 몰라. 우리의 바람과 달리 보편적 의사소통을 위한 만병통치약은 없다.

한편, 몸짓과 이모지의 이러한 비교는 보다 즉각적인 결정을 내리는 데 도움을 줄 수 있다. 법학 교수 에릭 골드먼(Eric Goldman)은 판사들과 배심원들이 몸짓과 문장부호를 해석하느라 오랫동안 고

생해온 것처럼 이모지와도 씨름하고 있다고 말한다.[78] 법원에서는
손을 드는 것이 위협인지, 특정한 손 모양이 갱단의 수신호인지, 특
정한 쉼표의 뜻이 정확히 무엇인지에 관해 숙고해왔다. 이와 비슷
한 논리에 따라, 한 법원에서는 특정한 맥락에서 쓰인 미소 이모티
콘이 그 이모티콘이 붙은 말이 농담이라는 것을 보여준다며 진지
한 증거로 받아들일 수 없다고 해석했다.[79] 반면, 다른 법원에서는
다른 맥락에서 쓰인 미소 이모티콘이 그냥 행복한 감정을 상징한
것이라고 해석했다. 미국 형사 사법 뉴스 기구인 마셜프로젝트(The
Marshall Project)에서 수집한 판례 중 이모지에 관한 판례 목록을 보면,
총 이모지가 진짜 위협을 뜻하는 것인지, 혀를 내민 얼굴 이모지만
으로 폭력적인 게시물이 농담이었음을 나타내는 데 충분한지, 미소
와 하트 이모지를 붙여서 폭력적인 동영상을 공유한 것이 "삐딱한
재미"를 나타내는 것인지 등 이모지로 작성자의 의도를 추정하려
는 모습이 보인다.[80]

　의도를 전달하는 도구를 확장하다 보면, 연습을 통해 타인의
마음을 읽는 능력도 발달할 수 있다. 문학의 역사를 살펴보면, 중세
와 고전 시대의 문헌은 등장인물들의 정신 상태보다는 그들이 하는
행동(손을 비튼다, 머리카락을 쥐어뜯는다)만을 설명하는 반면 근
대의 이야기들은 등장인물이 내면의 생각 과정을 큰 소리로 이야
기하는 독백을 포함하기 시작했다(죽음에 관해 생각하는 햄릿이나
줄리엣을 생각해보라). 소설이 발명되면서, 전지적 서술자는 등장
인물 자신도 완전히 이해하지 못하는 마음에 관해 암시할 수 있게

되었다. 한편, 20세기 모더니즘 작가들은 특정한 마음을 독자가 실제로 경험하도록 유도하려 했다. 물론, 연구자들은 픽션을 많이 읽은 사람들이 주로 논픽션 작품만 읽거나 독서를 아예 하지 않는 사람에 비해 마음을 이해하는 능력이 더 뛰어남을 알아냈다.[81] 21세기에는 여기서 한 단계 더 나아가게 될 것이다. 이모지를 비롯한 여러 요소는 우리에게 마음을 읽어내는 능력을 줄 뿐 아니라, 그에 관해 쓰는 능력도 준다. 우리는 부모가 텍스트를 통해 전달되는 자신의 말투를 이해하지 못한다고 불평하는 젊은 인터넷 민족에게 귀를 기울일 필요가 있다.

그렇다고 해서 학생의 과제물에까지 이모지와 문자메시지 형태의 언어가 스멀스멀 기어들까 봐 걱정하지 않아도 된다. 문학과 비격식 문어로 표현되는 마음은 더욱 심오해지고 미묘해졌지만, 리포트나 논문은 다른 목적을 위해 존재하는 격식적인 장르로 보존되어 왔으니 말이다. 누구도 격식이 필요한 글에서 "와 ㅅㅂ 미토콘드리아가 세포의 발전소였다니 😂😂😂😂"라고 쓰지 않는다. 이건 백 년 전 사람들이 "오, 하늘의 별들이여, 미토콘드리아가 세포의 발전소라니, 그야말로 멋진 일이 아닌가!!!!"라고 말하지 않았던 것과 마찬가지다. 미토콘드리아와 관련된 이처럼 기초적인 사실에도 진정한 흥분을 느끼는 괴짜 과학자라 할지라도 딱딱한 학술지에 논문을 게재하고 싶다면 진중한 연구자인 척해야 한다. 격식 문어는 통상 감정이나 개인의 목소리와 분리되어 있다.

하지만 형식성이 모든 글쓰기의 필요조건이 될 필요는 없다.

복식이나 식사 등 우리 인생의 많은 영역은 폭넓은 스펙트럼을 그리며 격식과 비격식 모두를 다룬다. 글쓰기 스타일도 똑같다니 얼마나 놀라운 일인가!

우리는 활자와 시각 요소를 절묘하게 사용함으로써 온라인에서도 의도를 전달하고 같은 공간을 공유한다. 모든 사람이 모든 선택지를 활용하지는 않는다. 어떤 사람은 이모지를 사랑하고, 어떤 사람은 구식 이모티콘이나 약자를 사용하며, 어떤 사람은 타이밍을 잘 맞춰 어휘나 행갈이, 문장부호로 우스꽝스러운 효과를 낸다. 하지만 모두가 뭔가를 쓴다. 그러지 않으면 그야말로 사이버공간이 "소외를 일으키고 충족감을 주지 못한다"라고 생각하게 될 것이다. 우리는 비격식 구어, 그러니까 가장 오래되고 최초로 습득하는 형태의 언어에서 마음이 표현되는 것을 너무도 당연하게 받아들인다. 비격식 문어라는 새로운 장르의 극적 확장을 통해 우리는 다시금 여기에 관심을 기울이게 되었다. 일단 감정적 팔레트를 확장했으니, 이제는 그 팔레트로 그림을 그릴 캔버스를 봐야 한다. 초점을 넓혀 대화를 살펴보자.

인터넷 때문에

5장
대화는 어떻게 변하는가

우리는 언어가 변화한다는 생각에 익숙하다.

한 세대에서 새롭게 등장한 은어는 다른 세대에게 닳아빠진

클리셰로 여겨진다. 우리는 셰익스피어처럼 말하지 않는다.

이런 변화는 계속 이어진다. 하지만 이보다 덜 알려진 점은,

거시 수준의 대화 규범도 변해왔으며 계속 변하리라는 것이다.

아마 걷는 방법을 어떻게 배웠는지 기억나지 않을 것이다. 그래서 걷는 방법이야 뻔하다고 생각하기가 쉽다. 그런데 컴퓨터가 걷는 방법을 배우는 과정을 본 적이 있는가? 어느 동영상에서는 컴퓨터 시뮬레이션 속 어설픈 휴머노이드가 두 다리로 걷는 방법을 간신히 알아낸다.[1] 이 휴머노이드는 걷는 동시에 주먹을 위아래로 빠르게 움직여야만 걸을 수 있다. 다른 동영상에서는 금속 외골격 휴머노이드가 머뭇거리며 한 걸음을 내디딜 때마다 위험하게 옆으로 치우친다.[2] 주변 사람들은 이 값비싼 장비가 넘어지지 않도록 한 뼘쯤 떨어진 곳에서 손을 펴고 대기한다. 네 발 로봇들은 그럭저럭 잘 해내지만, 두 다리가 달린 로봇은 지금까지도 보통의 세 살짜리 인간만큼 걷지 못한다. 1990년대 중반에 컴퓨터가 인간 체스 그랜드마스터를 이긴 지 20년이 지났는데도 말이다.

우리는 어려운 언어에 대해 생각하면, 감동적인 대중 연설이나 감정을 후려치는 시를 생각하곤 한다. 이런 것들은 언어의 체스라고 할 수 있다. 우리는 컴퓨터가 출현하기도 전에 화면에 이런 언어를 표시하는 방법을 알아냈다. 그냥 영상을 재생하고, 텍스트를 몇 줄 표시하면 됐다. 언어의 '걷기'는 그보다 어려웠다. 언어의 '걷기'에 해당하는 것은 대화다. 우리는 걷는 방법을 배우면서 배웠다는 사실조차 잊어버렸듯, 평범하게 대화하는 방법을 배우는 동시에 배웠다는 사실조차 잊어버렸다. 우리는 전자공학적으로 대화를 나눌 방법을 익혀야만 하는 순간이 오기 전까지 몸짓이나 어조에 별다른 주의를 기울이지 않았다. 마찬가지로, 대화 주고받기가 대단히 복잡한 일이라는 점은 다른 매체를 통하려고 할 때에야 드러난다.

그런데 우리는 여러 세대의 인간이 걸었던 것과 똑같은 방식으로 걸어 다닌다. 체스의 규칙을 알고 싶다면, 그냥 규칙을 전부 나열한 책을 살펴보면 된다. 대화는 다르다. 대화의 규칙은 좀 더 유동적이고, 참여자들 사이의 계속된 협상을 통해서 출현한다. 기술을 통한 대화에서는 특히 이런 규칙이 엄청난 변화에 직면한다.

대화의 첫 번째 중요한 기술적 파열은 전화 때문에 일어났다 (인정한다. 전신도 엄청나게 낯설었다. 하지만 전신은 한 번도 가정 내에서 주류 매체로 쓰이지 않았다). 이 책에서 지금까지 우리는 의사소통의 형식에 관해 이야기할 때 대체로 전화통화를 무시하거나, 통화를 일반적인 구어와 뭉뚱그려 생각했다. 하지만 대화의 규칙이 변화해온 방식에 관해 이야기할 때는 유선전화가 대단히 중요하다. 전화는 인터넷만큼이나 대화에 있어서 혁명적이었다. 전화가 나타나기 이전에는 바로 옆에 있는 사람과 구어를 사용해 실시간으로 이야기하거나 멀리 떨어진 사람과 아주 느리게 서면으로 이야기했다. 전화가 출현하자 갑자기 멀리 있는 사람과 낮이든 밤이든 언제나 실시간으로 이야기할 수 있게 되었다. 수백 년 동안 점진적으로 규범화된 문어와 수천 년 대면 대화를 통해 확립된 엄청나게 많은 규칙이 완전히 뒤집혔다. 이로써 우리가 지금 직면한 '인터넷 문제'와 유사한 엄청나게 많은 문제가 생겨났다. 전화가 사회 전체로 번져나가면서 생긴 험난한 순간은 광범위하게 기록되었다. 하지만 이런 기억은 빛이 바래 더 이상 생생하지 않다. 비인터넷 민족조차 전화는 아주 당연하게 받아들인다. 그러므로 전화는 인터넷 또한 당연하게 받아들여지기 시작하는 이때에 생각해볼 때 유용한 모델이된다.

비격식 문어의 감정적 지평이 넓어졌다며 축하하기는 쉽다. 반어적 대문자 만세! 이모지 만세! gif 만세! 대화에서는 이와 정반대경향이 있다. 예컨대, 우리는 '진짜' 대화를 나누던 황금시대를 신화화하기도 하고 전화나 이메일, 페이스북이 부재 중 통화와 넘쳐흐르는 메일함, 존재하는지도 잊었던 사람들이 보낸 생일 축하 메시지만 있는 지루한 공간이 아닌 여전히 신나는 공간이기를 바라기도한다. 우리의 네트워크를 망치는 누군가가 다른 누군가에게는 오랫동안 기다려온 친구라는 점을 생각지 못한 채, 우리가 좋아하지 않는 사람들이 가입하기 전까지만 우리의 모든 친구가 새로운 SNS에가입하기를 바랄 수도 있다.

다른 논의부터 시작해보자. 모든 형태의 대화에서, 사람들이 대화를 나누는 이유는 대화가 어떤 욕구를 만족시키기 때문이다. 반드시 기억에 남는 욕구여야 하는 것도 아니고, 우리 자신의 욕구여야만 하는 것도 아니다. 우리가 기꺼이 인정할 만한 욕구일 필요도 없다. 하지만 일단 알고 나면 이해할 만한 욕구인 경우가 많다. 지금은 구식이 된 통신 기술이 어떤 욕구를 만족시켰는지 이해하려다 보면, 현재의 다른 이해관계를 이해하는 데도 도움이 될 수 있다. 알맞은 이메일 인사법이나 다른 사람과 대화를 하는 중에 문자메시지에 답장을 보내는 것이 무례한 일인지 같은 질문을 들고 현재의 전장에 뛰어들기란 너무 어려운 일이다. 이런 문제에 관해서 우리는 이미 편을 정했으니 말이다. 하지만 이미 폐기된 과거의 논쟁을 살펴보면서 사람들에게 어떤 목표가 있었는지 이해하고, 돌이켜보면 그런 소란이 빛바래고 우스꽝스러웠다는 것도 알 수 있다. 그러면 현재의 논란을 볼 때도 좀 더 연민 어린 시선을 갖출 수 있다. 우리는 사람들이 너무 다르다고, 그들의 의견이 틀렸다고 투덜대기보다는 다양한 기준이 동시에 작동한다는 것이 얼마나 흥미로운지 감탄하게 될 것이다. 우리가 현재 과거보다 열등하다고 매도하는 신기술은 누군가에게 추억의 대상이 될 것이다. 지금 우리가 그리워하는 기술이 다른 누군가에게는 과거의 것보다 열등한 신기술이었듯이.

인터넷 때문에

기술이 인사말을 바꾼다

고등학생 때, 나는 아무런 낌새를 못 채는 학교 친구들을 상대로 언어 게임을 하곤 했다. 우리는 쉬는 시간에 복도를 돌아다니며 매일 마주치는 사람들에게 보통 "안녕, 잘 지내?(Hi, how's it going?)"라거나 "안녕, 별일 없지?(Hey, what's up?)"라고 외치곤 했다. 나는 지체 없이 두 질문에 바꿔 답하는 연습을 했다. "잘 지내?"라는 말에는 "별일 없어, 넌 어때?(Not much, what's up with you?)"라고 대답하고, "별일 없지?"라는 말에는 "잘 지내, 넌 어때?(Good, how're you?)"라고 대답한 것이다(보통은 what's up에는 what's up으로 how's it going에는 how're you로 안부를 되묻는데, 저자는 반대로 답한 것이다). 놀랍고 재미있게도 사람들은 전혀 눈치채지 못하는 것처럼 보였다. 자연스럽게 말할 수만 있다면, 사람들은 인사에 '틀린' 답을 해도 아무 문제 없이 받아들였다. 사람들이 잠깐 멈춘 것은 내가 머뭇거릴 때뿐이었다. 이유는 알 수 없었다. 본질적으로 같은 의미인데, 서로 다른 단어들로 구성된 인사말 짝꿍들이 여럿 있는 이유도 이해할 수 없었다. 결국 나는 이를 인생의 신비 중 하나로 생각하게 되었다(이런 내 실험도 이상한 것이긴 했지만 말이다).

언어학을 더 공부하면서 나는 두 가지를 깨달았다. 첫째는, 이런 실험이 꽃피는 언어학자로서 대단히 정상적인 행동이었다는 점이고, 둘째는 나의 인사말 쌍 흩뜨리기 실험이 통한 이유를 언어학자들은 이미 안다는 점이었다. 이런 사회적 표현은 의례적 표현

(phatic expression)이라고 한다. 의례적 표현의 의미는 개별 단어의 총합보다는 그 말을 하는 맥락과 깊은 관계가 있다. "잘 지내?"와 "별일 없지?"에는 같은 기능이 있다. 이 둘은 단순한 인사말(안녕!)보다 약간 더 정교한 방식으로 이미 아는 누군가를 알아봤음을 나타내지만, 그 내용 자체만의 고유한 의미가 있는 대화는 아니다. 그러므로 사회적 대본에 따라 매끄럽게 말할 수만 있다면 이에 대한 기계적인 응답 역시 바꿔 쓸 수 있다. 장난을 좀 더 이어갈 수도 있다. 나는 가끔 실수로 (잘 지내냐는 질문이 없는) "안녕"이라는 의례적 인사에 "잘 지내, 넌?"이라고 대답하거나 여러 차례 같은 인사를 주고받곤 했다("안녕, 잘 지내?" "잘 지내. 넌?" "잘 지내. 넌…. 잠깐, 음…."). 한 사람이 머뭇거리면 이 모든 것이 무너져 내려 다시 문자 그대로의 의미로 읽힌다. 그러나 보통 우리는 사회적 인사치레 이면의 의도를 읽으며, 실제 단어를 무시해도 아무렇지 않다.

하지만 의례적 표현은 평범한 단어로 이루어져 있다. 이런 표현도 보이는 그대로의 의미를 나타냈던 적이 있었다. 문자 그대로의 표현이 어떻게 의례적 표현이 되었을까? 혹시 의례적인 표현이 다시 문자 그대로의 표현으로 넘어갈 수도 있을까? 기술을 매개로 하는 대화의 규범 변화를 보면, 이러한 전환을 관찰할 수 있다.

전화기와 Hello 반대주의자들

전화가 한 사례다. 1800년대 인기 인사말은 대화 상대가 누구인지, 말을 거는 시간이 언제인지 안다는 데 근거하고 있었다. "좋은 아침이야, 얘들아", "좋은 오후입니다, 선생님" 하는 식이었다. 하지만 울리는 전화를 받을 때는 누가 전화를 걸었는지도 알 수 없었고(발신자 표시가 등장하기 전 수십 년 동안에 말이다), 그 사람과 같은 시간대에 있는지조차 알 수 없었다. 전화로 연결된 세상에는 중립적인 선택지가 절실히 필요했다.

가장 두드러지는 해결책은 토머스 에디슨(Thomas Edison)이 선호했던 "Hello(여보세요)"라는 인사와 알렉산더 그레이엄 벨(Alexander Graham Bell)이 선호했던 "Ahoy(여어)"라는 말이었다.[3] 당시에는 이 두 단어 모두에 비슷한 의미가 있었다. 둘 다 인사를 건네기보다는 관심을 끌기 위해 사용되었다(hello의 어원은 '소리 지르다'라는 뜻의 holler와 같다). 왜 관심을 끌어야 했을까? 초기의 전화 중에는 늘 회선이 열려 있어서 누군가 전화를 걸어도 벨이 울리지 않는 전화가 있었다.[4] 그러므로 hello라고 말하는 것은 옆 방에 있는 사람을 부르는 것과 마찬가지였다.

결국 전화벨이 보편적으로 쓰이게 되었으나, 초기 전화번호부에는 전화 사용 예절을 잘 모르는 신규 사용자를 위한 예시 대화가 들어 있었다. 어느 설명서에서는 "확실하고 명랑한 목소리로 'Hulloa(여기요)'라고 말하거나, 'What is wanted(용건이 무엇입니까?)'라고 말하는 것으로 대화를 시작해 'That's all(이만 끝입니다)'이라는 말로 대화를 마무리"하라고 제안했다. "What is wanted?"라거나 "That's all"이라는 말은 유행하지 않았다. 하지만 hello는 입에 붙더니, 전화를 넘어서 전면적으로 사용되는 인사말로 빠르게 번져나갔다. 한

편, hello가 가진 주의를 끄는 기능의 흔적은 지금도 남아 있다. 연결 상태가 좋지 않을 때가 그렇다. 우리는 신호를 시험하기 위해 대화 중간에 "Hello?"라고 말하지만, "Hi?(안녕?)"라고 말하는 건 왠지 부적절하게 들린다(한편, goodbye라는 말은 최소한 16세기부터는 존재해왔다.[5] 하지만 전화를 끊을 때는 대화 상대가 누구인지 이미 알고 있으므로 혁신이 별로 필요하지 않았을 것이다).

hello가 관심을 끌려는 단어라는 기원을 넘어서서 일반 인사말이 되어가던 시기에는 갈등도 있었다. 모두가 이런 변화를 반긴 것은 아니었기 때문이다. 나는 BBC 텔레비전 시리즈인 〈콜 더 미드와이프(Call the Midwife)〉의 한 장면을 보던 중 이 현상을 떠올렸다. 이 시리즈의 배경은 1950년대 후반~1960년대 초반으로, 여기에서는 젊은 조산사가 나이 든 조산사에게 명랑하게 "Hello!"라고 인사한다. 나이 든 조산사는 코웃음을 치며 이렇게 답한다. "내가 수련을 받을 때는, 늘 '좋은 아침입니다', '좋은 오후입니다', '좋은 저녁입니다'라고 말하라고 배웠어. hello는 허락되지 않았을 거야."[6] 젊은 등장인물에게 hello는 의례적 인사로 확실히 넘어왔다. 반면 나이 든 등장인물에게, 더 정확히 말하면 그녀가 신참이었을 때 그녀를 가르친 사람들에게 hello에는 여전히 누군가를 소리쳐 부르는 무례한 느낌이 남아 있었다. 1940년대까지만 해도 에티켓 관련 책에는 hello를 쓰지 말라는 조언이 담겨 있다.[7] 하지만 1960년대의 등장인물이 hello 반대주의자라면, 그 캐릭터는 공연한 불평꾼으로 보인다. hello라는 말에 반대한 사람이 있었다는 사실조차 잊은 미래의

　　　　　　　　　　　　　인터넷 때문에

관중을 상대로 연기할 때는 특히 그렇다.

　hello를 놓고 벌어진 실랑이는 지금 보면 바보 같다. 하지만 최근에는 hey를 놓고 같은 일이 벌어지고 있다. hey는 "Hey you(야, 너)"에서 보듯이 사람을 부르는 말로, 1200년대부터 존재해온 단어다. hi는 최소한 1400년대까지 거슬러 올라가는 단어로, hey에서 모음이 변했을 뿐이다. 어원을 볼 때, hey와 hi는 전화와 관련된 부분만 빼면 hello와 유사한 경로를 밟아왔다. 이 세 단어는 모두 관심을 끄는 방법으로 시작해 인사말로 발전했다. 하지만 《미국 지역 영어 사전》의 연구자들이 1960년대에 조사한 바에 따르면, 조사 대상 중 오직 60명만이 잘 아는 사람에게 hey라고 인사했고(이에 비해 hi라고 인사한 사람은 683명, howdy라고 인사한 사람은 169명이었다), 그 60명은 대체로 남부의 미시시피강 하류에 살고 있었다. 2014년에 같은 조사를 했더니, hey의 인기가 hi보다 약간 높아졌다.[8] 언어학자 앨런 멧캐프(Allan Metcalf)는 비슷한 시기에 한 대학생 졸업자가 이렇게 설명했다고 전했다. "말로 할 때는 거의 항상 hey라고 말하지만, 글을 쓸 때는 hi와 hey를 자유롭게 바꿔 씁니다. 인사를 할 때는 세 단계로 격식을 갖춰요. hey는 나이가 나와 비슷하거나 어린 친구들에게 쓰고, hi는 잘 아는 어른이나 처음 만난 동갑인 사람에게 쓰고, hello는 잘 모르는 어른에게 쓰죠."[9] 2000년에 태어난 사람이 평생 hey를 인사로 써왔다고 말해도, 그건 그럴 만한 일이다. 1950년에 태어난 사람이 "hey라는 소리를 들으면, 인사를 받은 게 아니라 누가 나를 소리쳐 부른 것 같아!"라고 말하는 것도 그럴 만한 일이다.

이메일과 Dear의 종말

인사말의 변화는 이메일에서 특히 두드러진다. 이메일을 쓸 때는 전화를 걸 때와 달리 상대가 누구인지 전혀 모르지는 않는다. 새로운 사람에게 첫 이메일을 보낼 때 우리는 딱 위험한 정도로만 상대방에 관한 정보를 알고 있다. 아마 이름은 알겠지만, 그들이 좋아하는 인사말에 관한 배경지식은 거의 없을 것이다. 구어에서는 자세한 사항을 건너뛰고 어조를 통해 메시지를 전달하기가 더 쉽다. 하지만 글을 쓸 때는 인사말 쌍을 흩트리기가 어렵다. 상대방이 메시지를 다시 읽고, 0.5초쯤 더 생각할 수 있기 때문이다. 게다가 실시간으로 신체화된 의사소통이 이어질 때는 적절한 인사말을 선택하기 위한 더 많은 단서를 얻을 수 있다. 상대방의 나이에 근거해 hey라는 인사말에 대해 그 사람이 보일 만한 태도를 빠르게 추정한다거나, 그때그때 상대방의 반응을 봐가며 인사말을 조율한다거나 하는 식으로 말이다.

최초의 이메일은 그냥 아무 신경을 쓰지 않는 방식으로 이런 단서 부족에 대처했다. 1978년에 최신 과학기술 전문가 앨버트 베자(Albert Vezza)와 J. C. R. 리클라이더(J. C. R. Licklider)는 이메일에 관해 "우리는 우월한 지위의 나이 든 사람이나, 심지어 잘 모르는 사람을 상대로도 간결하고 불완전한 표현을 썼고, 받는 사람은 불쾌하게 느끼지 않았다"[10]라고 말했다. 이와 유사하게, 1998년의 기사에서는 언어학자 나오미 배런(Naomi Baron)이 "대부분의 사용자들은 이메일 메시지를 보내기 전에 편집을 전혀 하지 않거나, 하더라도 조

인터넷 때문에

금밖에 하지 않는다. 우리 중에는 동료에게서 받은 오탈자투성이 이메일을 보고 낄낄거리는 사람이 많다. 꼼꼼하게 작성한 제안서가 아닌 이상 말이다"[11]라고 말했다. 이런 무정부주의 상태에서, 무슨 인사말을 어떻게 썼느냐고 세세하게 신경 쓸 사람이 있겠는가? 하지만 2001년이 되어 이메일 시스템에 맞춤법 검사 기능이 생겼고, 언어학자 데이비드 크리스털은 "자연스럽지 않은 문장으로 이루어진 이메일을 수도 없이 받게 되었다"[12]라고 썼다.

이 시기에, 크리스털은 자신이 가장 자주 받은 이메일 인사가 "Dear David(친애하는 데이비드 씨에게)"에서 "David(데이비드에게)"로, 다시 "Hi David(안녕하세요, 데이비드)"로 바뀌었음을 알게 되었다. 나는 2010년경에 이 글을 다시 읽고 놀랐던 게 기억난다. 나는 이메일함에서 dear로 시작하는 메일을 본 적이 거의 없고, 다른 사람에게 이런 식으로 말을 걸 일은 절대 없을 것 같았다. dear는 극도로 격식을 차린 말이면서도 이상할 만큼 친밀하게 느껴졌다. dear는 초등학교 시절, 생일 선물로 멋진 스웨터를 보내주신 할머니에게 최선을 다해 필기체로 썼을 것만 같은 말이지, 직장이나 학교와 연결할 만한 단어는 절대 아니었다. 그보다는 hi가 더 사무적이고, 경쾌하고, 사적 감정이 없는 것처럼 느껴졌다. 정중한 사회적 미소처럼 말이다. 그러나 몇 년 뒤, 업무용 이메일을 쓰는 실력이 더 능숙해지자 나는 어느새 dear라는 표현을 때때로 사용하곤 했다. 최소한 그 표현을 먼저 쓴 사람에게 답장을 보낼 때는 그랬다. 언어학자 질리언 샌코프(Gillian Sankoff)의 연구에 따르면,[13] 이렇게 하는 사람이 나만은 아닐 것이다. 상당수의 사회언어학 연구에 따르면 말하기 방식이 확립되는 건 대체로 청소년기다. 그러나 샌코프가 알아낸 바에 따르면, 발화자 중 일부가 중년에 이르기까지 계속 말하는 방식을 바꾼다고 한다. 특히 이들은 고급 격식어를 사용하는 경향이 커진다.

역사적인 측면에서 보면, 이 문제에 관해서는 내 최초의 직감이 맞았다. 우리는 수백 년에 걸쳐 더 짧고, 덜 설명적인 인사말을 쓰는 추세에 있다. dear는 상대방을 기분 좋게 수식해주는 정교한 인사말 체계의 마지막 유산이다. 이런 방식은 천 년 넘게 인기가 있었다. 아래는 에드먼드 스펜서(Edmund Spenser)가 월터 롤리(Walter Raleigh)에게 보낸 16세기의 편지로, 그 전형을 보여준다.

정의롭고 고귀하며 용맹한 기사이자 스태너리의 총독이며 여왕 폐하께서 임명하신 콘월 지방의 군 관리자 월터 롤리 경에게,

[편지 본문]
경께서 저에 대한 영예로운 호의를 계속 베풀어주실 것과
경의 행복이 영원히 확립되기를 겸손히 앙망하며,
미천한 저는 이만 줄이겠습니다.

1589년 1월 23일
경께 누구보다 겸손하고 다정한
에드먼드 스펜서[14]

하지만 이런 인사말은 진정한 것이라기보다는 기계적인 것이다. 예컨대, 미국 건국의 아버지인 알렉산더 해밀턴(Alexander Hamilton)과 에런 버(Aaron Burr)는 1804년에 일련의 편지를 주고받았는데, 이 편지는 모두 "당신의 순종적인 종이 될 영예를 누리며"[15]라는 문구로 마무리되었으나 결투로 이어졌다. 현대에 sincerely('진심으로'라는 뜻의 이 단어는 편지 끝인사로 자주 쓰인다)라는 말이 딱히 진정성을 나타내지 않는 것처럼, 당시에는 이런 표현 또한 그저 공손한 의례적 표현으로서 사회적 대본에 따르는 것일 뿐이었다. 그러나 "당신의 순종적인 종"이라는 표현이 일반적으로 사용되지 않게 되자 문자 그대로의 의미가 회복되었다. 당대의 역사적 사건을 극화한 2015년의 뮤지컬 〈해밀턴〉에서는 이 표현을 결투의 원인에 관한 노래의 후렴으로 삼고, 그 반어적 성격을 강조한다. 하지만 이런 반어법은 현대인에게만 통하는 것이다. 건국의 아버지가 브로드웨이로 시간 여행을 와서 공연을 본다면, 전혀 어색함을 느끼지 못할 것이다.

"정의롭고 고귀하며 용맹한" 혹은 "당신의 순종적인 종" 같은 표현은 우리에게 더 이상 상투적이고 의례적인 표현이 아니다. 21세기에는 그 누구도 일반 업무 이메일에 이런 표현을 쓰지 않을 것이다. 하지만 dear에도 점차 같은 일이 벌어지고 있다. dear라는 표현을 하도 많이 마주쳐서 그 의미가 다 바뀐다면 또 모르겠지만, 그렇지 않으면, 이 표현은 상사나 교수를 연인이라고 부르는 듯한 이상한 느낌을 주게 될 것이다. 사실, 편지를 써본 적 없는 세대는 dear를 본 적이 별로 없을지 모른다. 내가 그랬듯, 나이 든 상대방에게 편지를 쓸 때 dear라는 표현을 쓸 수 있다. 그러나 사람들이 또래 사이에서 이 표현을 쓰지 않는다면 장기적으로는 사라지게 되어 있다. 나라면 절대로, 절대로 또래 사이에서는 이 단어를 쓰지 않을 테고 말이다. 에티켓 관련 글의 댓글을 읽다 보면, 젊은 사람들에게서 dear를 쓰라는 조언에 저항하는 경향이 드러난다.[16] 무례하거나 비격식적인 느낌을 주고 싶어서가 아니라, 이 단어를 오직 친밀한 것으로밖에 읽을 수 없어서 그러는 것이다. 2200년대의 뮤지컬에서는 고문서 속에서 dear라는 표현으로 가득 찬 적대적 이메일 스레드를 발굴하고, 이 표현이 얼마나 극적인 반어법으로 들리는지 노래하게 될지도 모른다.

인사말이 변화한 이유는 사회가 변했기 때문이라고 말하기가 쉽다. 실제로 형용사로 이루어진 인사는 애정을 구하는 것일 수 있고, 누군가를 소리쳐 부르는 식의 인사는 주목하라는 뜻일 수 있다. 하지만 이런 식의 연관은 너무 편리한 비약이다. 나는 이런 연관 짓기가 그야말로 틀렸다고 생각한다. 그보다는 인사말이 보통 의례적이라는 사실을 감안해야 할 것이다. 우리가 특정한 인사말을 선택하는 이유는 그게 익숙하기 때문이고, 애정과 관심 둘 다 늘 원해왔다는 것을 인정해야 한다는 말이다(인터넷이 그토록 애정 없는 공간이라면, 왜 하트 모양의 '좋아요' 버튼이 그토록 인기를 얻겠는가?). 한 걸음 떨어져 역사적으로 보면, 인사말의 변화는 그냥 변화일 뿐이다. 언어는 특정한 시점을 살아가는 인간 개인의 머릿속에 살아 있는 것, 체스 게임의 규칙과 달리 고정된 규칙서에 결코 온전

인터넷 때문에

히 담길 수 없는 것이라는 점을 다시 일깨워주는 변화 말이다.

해법은 다양한 시도를 덜 꺼리고 인사말 쌍 흩트리기 실험에서 내 친구들이 자기도 모르게 베풀어준 호의를 좀 더 발휘해보려고 노력하는 것이다. 실제로는 해로울 것 없는 차이가 있을 뿐인데, 굳이 악의를 찾을 필요가 있을까? 이미 세상에 진정한 악의가 넘쳐나는데 말이다.

비대면 실시간 대화라는 개혁

아기들은 대화를 나눌 때 필요한 단어를 배우기 전부터 대화의 리듬을 배운다. 우리는 아기들에게 말을 걸 때 질문을 던지고, 아기들이 대답할 만한 간격을 두고, 아기들의 꾸르륵대는 소리와 옹알이에 반응한다. 마치 아기들이 대화에 참여하기라도 한 것처럼 말이다. "졸려?" 아기가 꾸르륵하며 눈을 비빈다. "그래그래, 졸릴 줄 알았어." 우리는 단어를 하나도 모를 때부터 대화가 교환으로 이루어져 있다는 점을 배운다. 대화는 모든 목소리가 동시에 떠들어대는 불협화음이 아니다. 대화란, 매끄러운 조화를 이루며 주고받는 목소리다.

내 차례인지는 어떻게 알까? 사람은 할 말이 끝나면 잠깐 멈추고, 상대방이 그 침묵을 알아차리고서 말하라는 뜻으로 해석한다고 생각하기가 쉽다. 하지만 대화 분석가들은 우리가 사실 말을 멈추는 시간이 별로 길지 않음을 알아냈다. 말을 멈추는 시간은 각 단어 사이에 말을 멈추는 시간과 큰 차이가 없다. 내가 질문을 던졌는데 당신이 즉시 대답을 시작하지 않는다면, 나는 그런 중단을 의사소통의 단절로 여길 수 있다. 겨우 0.2초가 흘렀는데도 나는 같은 질문을 다시 던지거나, 그 질문을 다르게 표현해볼 가능성이 크다.[17] 이처럼 미세하게 조율된 타이밍은 우리가 아기였을 때 내던 꾸르륵대는 소리와 옹알이를 대화의 교환으로 대하며 보호자들이 가르쳐준 것이다(언어학자 데버라 태넌(Deborah Tannen)에 따르면, 당신이 상대의 말에 조금도 끼어들지 못하거나 답답할 정도로 뚱한 사람 앞에서 혼자만 떠들어댈 경우, 그 이유는 서로의 문화적 타이밍이 아주 약간 어긋나 있기 때문일 가능성이 크다[18]). 연극을 한다면, 대사를 아는 것만큼이나 그 대사를 하는 타이밍을 아는 것도 중요하다. 말을 시작하기 전에 늘 긴 침묵이 흐른다면 엄청나게 부자연스러운 느낌을 주게 될 것이다. 상대방이 말을 할 때, 우리는 대답할 내용만 생각하는 것이 아니라 그들이 언제 말을 끝낼지 예측한다. 그래야 발화자를 자연스럽게 바꿀 수 있다.

이처럼 매끄러운 협응을 이루는 방법은 뭘까? 말의 길이일 리는 없다. 한 사람의 말은 단어 하나로만 이루어진 짧은 말일 수도 있고("응"), 이야기 한 편만큼 길 수도 있다. 우리는 말의 길이가 아니라, 말을 끝내는 신호에 주목한다. 또 여럿이서 대화를 할 때는, 발화자가 다음으로 말할 사람이 누구라고 예상하는지에 관한 신호도 찾아 듣는다. 이런 신호 중에는 언어적인 것도 있다. 누군가가 답할

인터넷 때문에

사람의 이름을 붙여 질문을 던지는 경우가 그렇다. 몸짓으로 신호하기도 한다. 손을 드는 것은 끼어들고 싶다는 신호인 경우가 많다. 또 사람들은 말하면서는 딴 곳을 보다가, 말을 마무리할 때는 대화 집단이나 다음번에 말할 사람을 보는 경향이 있다. 그러나 대부분의 신호는 어조와 리듬으로 이루어져 있다. 사람들은 순서가 끝날 법하지만 실제로는 말을 멈추고 싶지 않을 때 속도를 올린다. 아니면 상대의 대답을 끌어내려고 말꼬리를 높인다.

하지만 이런 단서 중 어느 것도 100퍼센트 신뢰할 수는 없다. 그래서 가끔 우리는 그냥 추측에 의존한다. 대화 분석가들은 대화를 할 때 '끼어들기'가 무작위로 나타나지 않는다는 사실을 알아냈다.[19] 오히려 '끼어들기'는 주요 발화자가 말을 마치는 듯했으나 알고 보니 그러지 않았을 때 일어난다. 면대면 대화에서는 음절이 한두 개 겹쳐도 끔찍한 일이 일어나지 않는다. 우리는 별생각을 하지 않고도 이런 식의 혼란을 상당 부분 해결한다.

초기 채팅 시스템의 한계

그러나 기술로 매개되는 대화에서는 소리가 겹치는 것이 문제일 수 있다. 무전기에서는 소리의 겹침을 전혀 허용하지 않는다. 그래서 추측이 힘들어지고, 사람들은 자기 차례가 끝나면 '오버'라고 말해야 한다. 전신 교환수들도 같은·이유에서 "말하세요(go ahead)"를 뜻하는 GA로 말을 마치곤 했다. 초기의 채팅 시스템에도 중첩에 관해 비슷한 문제가 있었다.[20] 1970년대에 사용된 테넥스(TENEX)

라는 시스템의 채팅 기능은 사용자와 대화 상대자가 함께 편집하는 텍스트 파일로 이루어져 있었다. 키는 한 번에 하나만 눌러야 했다. 동시에 키를 누르려 하면, 상대방이 누른 글자가 내가 누른 글자 사이에 끼어들어 글자가 뒤섞였다. 그러므로 한 사람이 입력을 멈추고 상대방에게 양보하지 않으면, 엉망진창의 결과물이 나왔다.

Hey, how's it goignogod how are you?

안녕, 잘지니내넌?

독자적인 관행을 통해 이런 뒤섞임을 막으려는 시스템들도 있었다.[21] 어느 텍스트 기반 채팅 시스템의 사용자들은 각자 말이 끝나기 전에 행갈이를 두 번 하는 관습을 만들었다. 유닉스 채팅 프로그램 등 다른 채팅 시스템들에서는 화면을 여러 구역으로 나누고, 각자에게 할 말을 입력할 수 있는 텍스트 상자를 주었다.[22] 나는 위쪽 상자에만 입력하고, 당신은 아래쪽 상자에만 입력한다면 우리가 쓰는 글자들이 섞일 리가 없었다. 사람들이 더 들어오면 상자를 더 추가할 수도 있었다.[23] 1973년에 만들어진 토코매틱(Talkomatic)이라는 채팅 프로그램은 일리노이주립대학교의 플라토(PLATO)라는 시스템에서 작동했던 것으로, 차곡차곡 쌓여 있는 대화 상자 다섯 개를 제공했다. 최대 다섯 명의 대화 참여를 지원하도록 한 것이다. 일단 자기 상자에 글자를 입력한 다음에는, 다른 사람들이 각자의 상자에 뭐라고 말하는지 계속 살펴봐야 했다. 예시는 다음과 같다. 이

인터넷 때문에

> **Talky McFirst**
> 안녕?
> 채팅 상자를 시연하는 중이야

> **Chatter O'Second**
> 안녕!
> 나는 2번 참가자야

> **Speech Thirdova**
> 나는 3번
> 답장이 뒤죽박죽일지도 모르겠다, 모두가 자기 텍스트 상자에
> 입력하고 있으니까

> **Words Fourthescue**
> 나는 4번
> 난 잘 지내, 5번은?

> **Typo von Fifth**
> 나는 5번
> 다들 잘 지내?

런 패러다임은 당신이 잘 아는 모든 채팅 시스템과 정말로 다르다.

뒤죽박죽인 텍스트 상자들과 글자들을 훑어본다고? 글쎄. 이런 방식이 유행하지 않은 이유가 짐작된다. 하지만 글자가 즉시 나타나다니, 아주 멋지지 않은가? 1970~1980년대 이후로는 왜 채팅 시스템에서 이런 방식을 쓰지 않은 걸까? 사실, 구글에서는 잠깐 구

글 웨이브(Google Wave)라는 프로그램을 통해 2009년에 글자가 즉시 나타나는 방식을 다시 도입하려 했으나 이 프로그램은 수명이 짧았다.[24] 입력 즉시 보여주는 채팅이 가진 문제점은 대화를 서로 주고받는 차원이 아니라 글자의 차원에서 취급한다는 것이다. 누군가가 입력하는 메시지를 키 하나하나 단위로 지켜보는 것은 골치 아플 정도로 느린 과정이다. 키보드를 치는 속도보다 읽는 속도가 빠르기 때문이다.[25] 게다가 이런 방식은 우리가 글자를 지우는 모습을 상대방이 지켜본다는 점을 의식하게 만들 뿐 아니라, 무전기와 전신 교환수들이 겪었던 순서 교환의 문제에 다시 맞닥뜨리게 한다. 내가 입력을 멈춘 이유가 최소한 지금은 할 말을 마쳤기 때문일까, 아니면 뭔가를 어떻게 말할지 생각하고 있기 때문일까? 상대방으로서는 알 도리가 없다. '오버'나 GA나 행갈이나 잘 쓰이지 않는 문장부호를 사용하는 관행을 만들 수도 있겠지만, 이메일의 역사를 통해 보았듯 사람들은 단지 제안에 불과한 에티켓을 일관적으로 따르지 않는다. 그보다는 글자 단위가 아니라 말하는 차례 단위로 새로운 메시지를 보낼 수 있게 하는 것이 훨씬 낫다.

한계를 기능으로 바꾼 스트리밍 채팅

그렇다면 오늘날 우리가 알고 즐겨 사용하는, 위쪽으로 스크롤링되는 말하는 차례 단위 채팅 인터페이스는 어디서 유래했을까? 내가 찾아낸 가장 오래된 사례는 1980년대에 CB 시뮬레이터(CB Simulator)라는 이름으로 불린 채팅 프로그램이다.[26] 이 프로그램은 대중이 폭넓게 사용한 최초의 온라인 채팅 전용 프로그램이기도 하다. 이 프로그램은 아직 채팅방이라고 불리지도 않았다. 이 프로그램에 영감을 준 것은 공유 무전이었다. 시민 밴드(Citizens Band), 줄여서 CB는 일방적인 송출에만 의지하지 않는 무전기다. 지역에 있는 사람은 누구나 주파수를 맞춰 서로 이야기를 나눌 수 있고, 이에 열광하는 사람들이 있었다(아마추어 무전기와 비슷하지만, 그보다도 탈집중화된 형태다). 초기 온라인 서비스 제공자였던 컴퓨서브(CompuServe)의 한 직원은 키보드를 사용해서 대화할 때 CB를 모델로 삼으면 좋겠다고 생각했다.[27] 그렇게 CB 시뮬레이터가 탄생했다.

무전기 대화는 초기 채팅 시스템의 텍스트 상자 공유와는 전혀 다른 패러다임에 근거한다. 사람들이 각자의 텍스트 상자에서 이야기하는 방식과는 달리, 무전기는 대화를 연속된 발언들로 이루어진 하나의 흐름(stream)으로 파악하고 개인은 발언을 더할지 말지 선택할 수 있다. 다중 텍스트 상자 형식은 참여자의 숫자에 강한 제약을 두었다(텍스트 상자가 다섯 개면 여섯 번째 사람이 들어올 여지는 없었다. 또 참여자가 늘면, 생생한 집단 대화에서 여러 텍스트 상자를 이리저리 훑어보기가 순식간에 어려워졌다). 반면, 스트리밍 스타일(stream style)의 채팅에서는 참가자 수가 훨씬 유동적이었다. CB를 좋아하는 사람들은 말의 흐름에서 약간의 혼란이 나타나는 데 익숙했다. 목소리가 지직거리며 대화에 참여하거나 빠지곤 했고, 신호가 끊기거나 중첩됐다. 텍스트 형식은 이런 혼란을 관리하기 쉽게 만들어주었다. 몇 사람이 동시에 채팅 메시지를 보낸다 해도 시스템이 그 메시지들을 우아하게 처리해주었다. 사용자들은 겹치는 목소리를 듣는 게 아니라, 하나의 흐름 속에서 서로가 보낸 메시지 전부를 볼 수 있었다.

글자가 중첩되는 것은 끔찍한 일이었지만, 중첩되어 올라오는 말들은 채팅의 핵심 기능이 되었다. 다중 텍스트 상자 형식의 채팅 프로그램은 1980년에 한동안 사용되었으나 1988년경에는 스트리밍 스타일의 채팅이 지배적인 위치를 차지하고 지금까지 유지되었다. 바로 그 1988년이 인터넷 릴레이 챗(Internet Relay Chat, IRC)이 만들어진 해다.[28] IRC는 우리가 아는 고전적 공개 인터넷 채팅방에 활력을 불어넣은 시스템으로, 스트리밍 방식을 사용한다. 이런 공개 채팅방은 1990년대 내내 분석되었고, 연구자들은 이런 채팅방이 대단히 혼란스럽다는 점을 거듭 알게 되었다.[29] 채팅방에서는 여러 가지 대화가 동시에 일어났고, 메시지가 서로 섞여 들었다. 그러나 사용자들은 신경 쓰지 않는 듯했다. 아래는 90년대에 일어난 그런 중첩의 사례다.[30]

〈애시나〉 재트 안녕

*** 퇴장: 푸자 (사용자 연결 끊김)

〈데이브-G〉 캘리 그냥 농담한 거야

〈재트〉 애시나: 응?

〈캘리〉 데이브-G 웃겼어

〈애시나〉 잘 지내니 재트

〈럭맨〉 다들 바이

〈데이브-G〉 캘리 니가 짱이야!

〈재트〉 애시나: 우리 아는 사인가? 난 잘 지내 넌

*** 럭맨이 #PUNJAB 채널을 떠났습니다

*** 럭맨이 #punjab 채널에 참여했습니다

〈캘리〉 데이브-G 그거 좋네 :)

〈재트〉 캘리: 학교랑 요즘 일상이랑 연애사랑 가족들은 어때?

〈애시나〉 재트 아니 모르는 사이야, 난 잘 지내

〈재트〉 애시나: 넌 어디 살아?

이 채팅방의 대화는 사실 두 개의 대화 스레드가 섞인 형태다. 한 대화는 애시나와 재트 사이에서 일어나고 있으며("우리 아는 사인가? 난 잘 지내 넌", "아니 모르는 사이야, 난 잘 지내") 한 대화는 캘리와 데이브-G 사이에 일어나고 있다("그냥 농담한 거야", "웃겼어", "니가 짱이야!").

공개 채팅방을 사용한 사람은 소수다. 일반적인 인터넷 사용자는 약간 뒤에, 이미 아는 사람을 상대로, 인스턴트 메시지나 채팅 앱을 통해 채팅을 처음으로 접했다. 그러한 프로그램의 1세대는 ICQ, AOL 인스턴트 메신저(AIM), MSN 메신저 등이었으며 2세대는 G챗(이 프로그램이 구글 행아웃(Google Hangout)이 되었다), 페이스북 메신저, 아이메시지, 왓츠앱 등이었다. 하지만 동일한 두 사람 사이에 오가는 채팅에서도 중첩은 자주 일어난다. 각자가 같은 순간에 새로운 화제를 꺼낼 수 있으니 말이다. 이들은 동시에 전송 버튼을 눌렀으므로, 서로 다른 화제에 동시에 답장을 보내기도 한다.

신기한 건 우리가 채팅의 이런 기본적 패러다임을 현재까지 약 40년 동안 유지해왔다는 것이다. 수많은 개별 채팅 플랫폼이 생겨났다가 사라졌는데도 말이다. 이 패러다임 위에 새로운 기능이 추가되기는 했지만(그래픽이 개선된다든지, '입력 중' 표시가 뜬다든지) 핵심적인 면에서 채팅 대화는 여전히 스트리밍 형식이며 여러 개의 메시지 스레드가 서로 얽혀 나타나도 대체로 허용한다. 심지어 '입력 중' 표시도 20년은 됐다.[31] 20년이면 컴퓨터의 시대로는 영원에 가까운 시간이다. 1980년대에는 노트북 컴퓨터나 터치스크린은 말할 것도 없고, 아직 마우스도 흔히 쓰이지 않았다!

그러나 그보다 겨우 10년 전에 쓰던, 공유 텍스트 상자 형태를 생각하면 최초의 채팅 형식이 자연스레 출현한 것은 전혀 아니었음을 알 수 있다(이에 비해 이메일은 채팅보다 오래됐지만, 처음부터 우편과 뚜렷한 유사 관계를 띠고 만들어졌다). 채팅은 오직 네트워크 컴퓨터로만 이루어진, 네트워크 컴퓨터만을 위한 형식으로서 두 개 이상의 연결된 컴퓨터 화면에서 실시간 대화를 나눌 수 있다는 생각에 근거했다. 채팅의 오프라인 등가물은 떠올리기조차 어렵다. 종이를 놓고 상대방과 실시간 대화를 나누되, 상대를 보거나 상대에게 말을 걸 수는 없는 상황은 너무도 제한적이기 때문이다(교실이나 회의실에서 돌리는 쪽지가 예외가 될 수도 있지만, 이때도 상대방이 눈썹을 치켜올리거나 숨죽여 낄낄거리는 모습을 볼 수 있다).

채팅 형식이 놀랍도록 오래 버티고 있다는 점은 새로운 의사소통 형식이 진정으로 탄생했음을 알려준다. 채팅은 문어와 비격식어의 완벽한 교차다. 우리가 채팅에 관해 아는 내용을 생각해보자. 우리는 말을 하는 것보다 빠른 속도로 글을 읽을 수 있다. 또 글을 읽을 때는 앞으로 돌아가 뭔가를 다시 확인할 수 있다. 즉, 글이 본질적으로 더 길고 복잡한 문장을 다룰 수 있게 해준다는 뜻이다. 일반적으로, 구어에서는 격식을 차릴수록 끼어들기가 덜 발생한다. 대중 연설자가 정해진 시간 동안 혼자서 말을 할 수 있다고 여기는 것은 합리적이며, 말하고 싶은 사람은 누구든 손을 들고 발언 기회를 얻지 않으면 '훼방꾼'이 된다. 하지만 이미 참여 중인 대화에서는 혼자 대화를 독점하려는 사람이 훼방꾼이다. 대화를 연설처럼 취급하는 사람은 장광설을 늘어놓는 떠버리가 된다. 그러므로 비격식 문어를 살펴볼 때는, 높은 정보 밀도와 엄청나게 많은 끼어들기가 모두 눈에 띄리라 예상해야 한다. 채팅에서 발견할 수 있는 특징들이 바로 그것이다. 채팅에서는 비격식 구어와 비교해도 끼어들기가 더 많이 발생한다. 글이라는 매체가 더 많은 말을 한꺼번에 다루게 해주기 때문이다. 채팅을 통해, 우리는 중첩되는 메시지가 오류가 아니라 기능임을 알게 되었다.

채팅이 만들어낸 새로운 규범들

이메일과 SNS 게시물과 웹사이트의 글도 편집되지 않았다는 점에서 비격식 문어라고 할 수 있다. 그러나 채팅은 가장 순수한 형태의 비격식 문어다. SNS 게시물은 편집자의 손을 거치지 않지만, 그 게시물이 수백 수천 명에게 읽힐지 모른다는 걸 알면 어느 정도 편집하게 된다. 이메일 수신 대상은 통제 가능하지만, 이메일 에티켓에 관해 쓰느라 흘린 엄청난 양의 디지털 잉크를 생각해보면, 우리가 이메일을 쓸 때 생각을 하지 않는다고 말하기도 어렵다(사실, 아마 지나치게 생각할 것이다). 하지만 채팅에서는 대화 상대가 누군지 알고 있으며, 예상되는 답변 시간도 짧다. 내가 입력하고 있다는 걸 상대방이 말 그대로 볼 수 있으므로, 완벽한 메시지를 작문하느라 걱정하기보다는 그냥 무슨 말이든 내놓는 것이 낫다. 채팅은 연구하기 쉽게 공개되어 있는 트윗보다는 덜 연구되었다. 그러나 사람들은 공개 게시물을 쓸 때보다 채팅을 할 때 비격식어를 더 많이 사용하고, 창의적인 철자 바꾸기도 더 많이 하며, 표현적 문장부호와 약어, 이모지 등도 더 많이 쓸 것이라고 예상해볼 수 있다. 채팅은 인터넷 은어가 가장 친근하게 받아들여지는 환경이다. 심지어 채팅은 지금까지도 오탈자를 허용한다. 일부 단어를 잘못 적거나 자동 교정 기능이 잘못 작동하더라도 다음 메시지에서 직접 교정하면 된다. 오해가 발생할 시간이 길지 않다.

채팅은 너무도 인기가 많아서, 과거에는 이메일이나 전화에 속하던 영역으로까지 확장됐다. 스마트폰이 출현하기 전에는 문자메시지가 작은 이메일 수신함처럼 설정되어 있었다. 당시에는 메시지를 한 번에 하나씩만 읽을 수 있었으며, 받은 메시지, 보낸 메시지, 임시 보관함, 메시지 작성 화면이 분리되어 있었다. 핸드폰 화면이 커지고 터치로 작동할 수 있게 되면서, 문자메시지의 지배적인 모형은 이메일 사서함이 아니라 스트리밍 방식의 채팅이 되었다. 1세대 아이폰에 대한 후기에는 "많은 스마트폰에서 그렇듯 문자메시지 스레드가 하나의 긴 대화로 나타난다. 답하고 싶은 메시지를 선택할 수 있는 유용한 설정이다"라는 언급이 있다.[32] 문자메시지가 채팅 스타일 인터페이스로 건너오자 채팅은 매우 보편적인 것이 되었다. SNS는 꼭 써야만 하는 서비스가 아니었다. 이메일 사서함도 자동 응답을 보내는 데만 쓸 수 있었다. 하지만 의사소통을 위해 디지털 기술을 조금이라도 사용한다면, 어떤 형태로든 채팅에 참여하게 되었다. 이런 변화는 너무도 완전한 것이어서, 10년 뒤에는 사람들이 채팅을 말하면서 '문자(text)'라는 단어를 쓰는 게 예사로운 일이 되었다. "트위터에서 문자 확인해"라는 식으로 말이다.

인기 소셜앱 중에는 특정 지역에서 입지를 다진 채팅 앱들이 많다. 예컨대, 북미 외의 지역 대부분에서 사용하는 왓츠앱, 중국에서 쓰는 위챗(WeChat), 일본과 한국에서 사용하는 라인(Line) 등이 그렇다. 스마트폰 사용이 일반화되면서 일어난 채팅 패러다임의 가장 큰 변화는 다양한 수단의 통합이었다. 스냅챗이나 스냅챗을 모방한 프로그램들은 사진 위에 말을 적어 보낼 수 있다. 위챗, 왓츠앱, 혹은 이를 모방한 앱들은 짧은 음성메시지를 보내도록 해준다. 둘 다 표현력을 개선해주는 기능이지만, 어둡거나 시끄러운 환경에서 사용하기는 어렵다.

채팅은 업무 영역에서도 이메일과 경쟁한다. 예컨대, 슬랙(Slack)은 직장에서 팀원들과 소통하기 위한 채팅 플랫폼이다. 처음으로 전화가 아니라 채팅으로 인터넷 서비스 제공자의 기술지원 팀과 이야기하게 되었을 때, 나는 이름과 주소의 철자를 하나하나 큰 소리로 불러주지 않고 그냥 알맞게 입력하기만 하면 된다는 것이 기쁘게 느껴졌다. 타이머를 설정하거나 내일 날씨가 어떨 것인지에 관한 질문에 대답할 수 있는 디지털 비서처럼, 채팅은 기계 자체와 이야기할 수 있는 인터페이스가 되기도 했다.

채팅의 핵심 기능은 그 실시간적 속성이지만, 인터넷 규범이 변화하면서 실시간의 의미도 변했다. 한때 인터넷은 대화할 만한 새로운 사람들을 찾아 나선, 취미에 미친 사람들의 공간이었다. 채팅방이 낯선 사람들로 가득하던 그 시절에는, 채팅방 시스템이 이미 그 방에 있던 사람들에게 새로운 사람의 도착을 알렸으며("____님이 들어오셨습니다"), 방에서 나갈 때도 남아 있는 사람들에게 그 사실을 알렸다("____님이 나가셨습니다"). 채팅이 이미 아는 사람들끼리 하는 것으로 변했으나 아직 컴퓨터에만 묶여 있었을 때에는 인스턴트 메신저가 "친구 목록"을 보여주었다. 이 목록은 친구들이 온라인인지, 오프라인인지 알려주었다. AOL 인스턴트 메신저는 누가 들어오거나 나갈 때마다 문이 열리거나 닫히는 소리를 재생했으며, 이후에 출현한 G챗 등의 프로그램은 그저 초록색 점만을 조그맣게 표시했다. 채팅이 모바일에서 이루어지면서, 표시해야 할 중요한 정보도 바뀌었다. 현재 우리는 거의 항상 모바일 기기를 사용하지만, 늘 자유롭게 메시지를 볼 수 있는 것은 아니다. 그래서 채팅은 누군가가 '접속' 중인지 보여주는 대신 그 사람이 최근 메시지를 보았는지 알려주었다. '읽음' 표시는 스마트폰을 거의 정확하게 추적한다. 이 기능은 2005년에 열성 사용자들을 위해 블랙베리 메신저(BlackBerry Messenger, BBM)에서 처음 도입했고[33] 애플의 아이메시지를 통해 2011년에는 주류에 들어왔다.[34]

실시간으로 작동한다는 건 채팅의 가장 큰 약점이기도 하다. 이메일에 한꺼번에 답장을 보내거나 SNS를 확인하기 위한 시간은 따로 빼놓을 수 있으나, 채팅이 유용하려면 거의 언제든지 채팅을 사용할 수 있어야 한다. 거의 구분할 수 없게 된 채팅과 문자메시지는 상대방이 하는 다른 모든 행동을 방해할 수 있다. 특히 모바일 기기로 하는 행동을 방해할 가능성이 크다. 하지만 우리가 기술적 간섭에 직면한 건 지금이 처음이 아니다. 이번에도 유선전화 사용 초기에서 지혜를 빌려올 수 있다.

전화가 발명되기 전에는 편지가 하루 중 정해진 시간에만 왔고, 상대가 편지를 읽었는지, 언제 읽었는지 아는 사람은 아무도 없었다. 예기치 않게 방문할 만큼 가까운 곳에 사는 사람은 한정되어 있었다. 하지만 전화는 누구에게서든 언제나 걸려올 수 있었고, 전화 받는 사람이 건 사람에 대해 아는 것이라고는 누군가가 통화를 하고 싶어 한다는 사실밖에 없었다. 그것도 긴급하게 말이다.

1992년의 설문조사에서, 인구의 절대다수가 배우자와 심각한 말다툼을 하고 있더라도 전화가 울리면 받겠다고 대답한 것은 놀랍지 않은 일이다.[35] 나는 같은 설문조사를 그로부터 25년 후에 직접 실시해보았는데, 그와 정반대 결과를 얻었다.[36] 절대다수는 사랑하는 사람과 심각한 이야기를 하는 도중에 전화를 받지 않겠다고 했다. 딱히 무슨 일이 벌어지고 있지 않더라도, 사람들은 전화를 받을지 말지 결정하기 전에 누가 전화를 걸었는지 확인한다고 답하는 경우가 많았다.[37] 나는 유선전화로 전화 관련 규범을 습득한 연령대와 핸드폰 지향적인 연령대 사이에 차이가 나타날 거라고 생각했으나 실제로는 아니었다. 전화가 울리면 늘 받아야 한다는 강한 경향성을 나타낸 사람들은 4~50대가 아니라 8~90대였다. 발신자 번호 확인을 광범위하게 사용하게 된 1992년 이후[38]로 전화 관련 규범을 변경한 사람이 많았다.

지금은 전화통화가 사람들이 실제로 서로 이야기를 나누던 평온한 시절을 상징하지만 당시 전화에도 나름의 의사소통 문제가 있었다. 1970년대, 80년대, 90년대에 업무 소통의 가장 큰 문제는 통화의 4분의 1만이 원하는 대화로 이어졌다는 것이다.[39] 원하는 통화 상대가 사무실에 없거나 이미 통화 중인 경우가 너무 많았다. 처음에 유일한 해결책은 잠깐 기다렸다가 다시 전화를 걸거나 다른 사람에게 메시지를 남기거나 음성메시지를 남기고 내가 자리에 있을 때 전화가 오길 바라는 것이 최선이었다. 자리에 없을 때 전화가 오면 또 전화를 걸어야 했다. 그런 식으로 계속 전화를 거는 것이다.

인터넷 때문에

이런 '전화 술래잡기'는 며칠, 심지어 몇 주까지 계속될 수 있었다. 전화가 울리는 소리를 들을 때마다 사람들이 전화를 받은 것도 이상한 일은 아니었다. 그렇게 전화를 받아서 할 수 있는 말이 "죄송하지만 지금은 통화하기 어려워서요. 한 시간 뒤에 다시 걸어주시겠어요?"뿐이라도 말이다. 전화통화 없이 전화통화를 할 일정을 잡을 만한 현실적인 방법이 하나도 없었다.

바뀐 규범도 채 백 년을 채우지 못했는데, 인터넷과 모바일 기기는 이런 일련의 규범을 또 한 번 바꾸었다. 전화를 걸어 사람을 곤혹스럽게 하기 전에 그 사람이 대화할 수 있는 상태인지 확인하는, 비교적 덜 침습적인 방법이 있다면 당연히 그 방법을 써야 한다. 같은 이유로, 채팅은 가장 접근성이 높은 수단으로서 전화가 차지하던 위치를 점하게 되었다. 그 말은, 이제 채팅을 통해 연락 가능한 상태가 되어야 한다는 것이다(가끔 그러고 싶지 않을 때도 있다. "집사의 거짓말(butler lies)"[40]이란 "미안, 이제 봤네"라거나 "다시 일하러 가야겠다"처럼, 채팅을 통한 연락 가능성을 예의 바르게 관리하기 위한 사회적 거짓말을 뜻한다).

오늘날의 칼럼을 보면, 기술적 간섭을 둘러싼 세대 차이가 드러난다.[41] 젊은 사람들은 다른 사람이 곁에 있을 때 문자메시지에 답장을 보내는 것이 합리적인 일이라고 생각한다.[42] 대화가 잠깐 끊긴 틈에 할 수 있는 일이라고 생각하기 때문이다. 하지만 예정 없이 전화를 거는 것은 이들에게 끔찍한 간섭으로 느껴진다. 전화통화는 예기치 못한 즉각적이고 온전한 관심을 요구하니 말이다. 나이 든 사람들은 음성통화로 상대방을 방해하거나 자신이 방해받아도 아무 불만을 느끼지 않는다. 전화가 예기치 못한 것인 만큼 긴급한 것이라고 생각해서다. 하지만 이들은 대화 중인 상대방이 문자메시지를 보내는 모습은 거북하게 느낀다. 그야 대화가 완전히 끝난 다음으로 미뤄두어도 되니 말이다.

이런 규범의 변화가 결국은 영상통화의 인기로 이어졌다. 영상통화 기술은 1960년대부터 쓸 수 있었다. 영상통화기란 결국 텔레비전이 달린 전화일 뿐이었으므로 구현하기 어렵지 않았다. 전문가들은 영상통화가 출현하리라고 계속 예측했으나, 영상통화는 전혀 일반화되지 않았다. 문제는 영상통화가 도저히 극복할 수 없을 정도의 사회적 장벽에 직면해 있다는 점이었다. 전화가 울리면 늘 받아야 한다는 규범이 생생히 살아 있었고, 전화라는 같은 수단을 사용하지 않고서야 통화 일정을 잡을 만한 효율적인 방법이 없었으므로 상대방이 옷을 벗고 있거나, 배경이 되는 집이 엉망진창일 때 전화를 걸 위험이 너무 컸다. 난데없이 영상통화를 받는 것은 생각만 해도 너무 당혹스러운 일이었다. 하지만 모든 영상통화 프로그램이 문자메시지 전송 기능을 겸하게 된 이후에는, 영상통화를 걸기 전에 먼저 계획을 잡을 수 있었다("안녕, 스카이프 할 수 있어?" "2분만 있다가"). 그래서 이런 당혹감이 사라졌다. 아무도 내 모습을 볼 수 없는 문자메시지를 통해 영상통화를 거절하거나, 괜찮아 보이는 셔츠를 허겁지겁 입을 때까지 1분 정도 기다리는 선택지가 생긴 것이다. 역설적으로, 채팅 대화라는 덜 침습적인 방법을 쓸 수 있게 되자 영상을 통해 더 넓은 대역폭의 대화를 나누기가 쉬워진 것이다.

제3장소로서의 SNS

사이버공간이 초기 사용자들에게 매력적이었던 이유는 쪽지를 전달하고, 통화에서 발생하는 당혹감을 피하고, 사무실 간에 메모를 전송하기가 더 쉽기 때문만은 아니었다. 사이버공간은 저 바깥세상 어딘가에서 당신의 독특한 성격에 어울리거나, 최소한 당신의 독특한 관심사를 이해하는 다른 사람들을 찾을 수 있으리라는 약속이었다. 하지만 누군가에게 메시지를 보내려면 일단 그 사람을 찾아야 했다. 그러기 위해서는 여러 사람이 들어올 수 있는 공유 공간이 필요했다.

제3장소(the third place)라는 개념은 스타벅스의 매력을 설명하기 위해 흔히 쓰인다.[43] 제1장소는 가정, 제2장소는 직장이다. 하지만 사람들이 다른 사람들과 상호작용하기 위해서는 가정이나 직장 외에도 카페 같은 제3장소가 필요하다. 1989년에 《제3의 장소》라는 책에서 이 용어를 처음으로 만들어낸 사회학자 레이 올든버그(Ray Oldenburg)는 가볍게 들러서 커피 한잔을 마실 수 있는 편리한 공간보다는 구체적인 장소를 염두에 두고 있었다.[44] 올든버그가 말한 제3장소는 일단 사회적 중심지로서 대화와 재미에 주안점을 두었고, 새로 온 사람들이 참조할 만한 분위기를 만드는 단골 참석자들

이 있어야 했으며, 원하는 대로 들어오고 나갈 자유가 있어야 했고, 격식을 차린 가입 요건이 없어야 했으며, 집은 아니지만 집 같은 따뜻하고 허례허식 없는 느낌을 주어야 했다. 이런 장소의 예시로는 퍼브, 선술집, 바, 카페, 미용실, 커뮤니티 센터, 시장, 쇼핑몰, 교회, 도서관, 공원, 동호회, 주요 시가지, 공공 광장, 골목 파티 같은 동네 활동, 반상회, 게임장 등이 있다.[45]

내가 거쳐온 제3장소가 어디인지 생각해보면, 늘 복도가 떠오른다. 고등학교에서 우리는 점심시간이나 쉬는 시간에 복도 사물함에 등을 기대고 앉아 있곤 했다. 모든 구석에 늘 그 구석을 차지하는 사람들이 있었다. 기숙사에서는 방 문을 열어두느냐 마느냐를 통해 즉흥적인 사회활동에 참여할 마음이 있는지 나타냈다. 학회에서 강연이란 비슷한 관심사를 가진 사람들을 모아 복도에서 마주치게 해주는 핑계일 뿐이다. 최고의 제3장소에서는 복도 이쪽 끝에서 저쪽 끝까지 가로지르는 데 30분이 걸린다. 반드시 이야기를 나눠야 하는 사람을 17명쯤 만나기 때문이다. 가끔 나는 별다른 목적지 없이 그런 식으로 걸어 다니려고 밖으로 나선다. 재미있는 누군가와 마주치게 되리라는 걸 알기 때문이다.

트위터 이용자들의 집단 지성에 도움을 청할 때 사용하는 트윗 키워드인 '언어학자 트위터(Linguist Twitter)'의 매력을 여기에 딱히 끌리지 않는 사람들에게 설명하려 했을 때, 나는 복도라는 비유를 썼다. 학회에서 가장 좋은 부분이 복도라는 거 아시죠? 낮이든, 밤이든 언제나 그 복도를 쓸 수 있다고 상상해보세요! 하지만 나는 아마

제3장소라는 말을 썼어야 했을 것이다. 이런 비유는 대단히 설득력이 강하고, 내가 차지한 인터넷 한구석에만 해당하는 것도 아니다. 대화와 재미에 대한 강조는 주기적으로 유행하는 밈이나 #글자하나빼서책망가뜨리기(RemoveALetterRuinABook) 같은 해시태그 단어 게임을 설명해준다. 메일함이나 특정인과의 채팅과는 달리, SNS 피드에는 낮이든, 밤이든 언제나 들를 수 있다. 늘 그곳에 오는 사람과 새로운 사람들을 만나게 되리라고 기대하면서 말이다.

페이스북과 트위터에서 가능해진 상태 업데이트 기능은 친구들이 무엇을 하는지 은근히 알려주었다.[46] 이런 정보는 자연스러운 만남으로 이어질 수도 있었고, 오랜만에 봐도 안부를 나누지 않고도 대화를 이어갈 수 있도록 해주기도 했다. 2006년에 페이스북 상태 메시지는 '자는 중, 공부 중, 수업 중, 파티 중' 등 전형적인 대학 활동을 반영하는 몇 가지 드롭다운 메뉴 중에서 선택하도록 되어 있었다. 상태를 직접 입력할 때도 '~중'이라는 표현은 의무적으로 사용해야 했으며 문구 끝에는 마침표가 자동으로 삽입되었다. 이는 사람들을 특정한 형태의 상태 업데이트로 유도하려는 게 분명했다. 초기의 트윗에는 이러한 문법적 제약이 없었으나, 여전히 지금, 이곳에서 벌어지는 일에 관한 내용을 표시하는 경향이 있었다.[47] 예를 들면 "햇볕이 드는 거리를 걷고 있음", "부리토 소화 중", "트위터 설정 중" 같은 식이었다.

사람들이 별다를 것 없는 일상적인 내용을 올리는 데 상태 업데이트를 사용한 건 사실이다. 하지만 점심으로 무엇을 먹었느냐에 관한 신변잡기적 게시물을 올렸다는 현상만으로 트위터가 자연재해나 정치적 소요 사태가 벌어질 때 협력을 위한 효과적인 도구가 된 이유가 설명되지는 않는다. 친구들이 도서관에 있다거나 영화를 보고 있다는 정보를 알게 됐다고 해서 2014년에 페이스북을 하루 평균 40분 사용하던 사람들이 2016년에는 50분을 하게 된 까닭도 설명할 수 없다.[48] 게다가 연결이 더욱 쉽게, 모바일을 통해 이루어지면서 왜 컴퓨터를 쓰지 않고 있는지 설명하는 건 더 이상 필요하지 않은 일이 되었다. 어차피 컴퓨터를 계속 쓰는 셈이니 말이다. 한편 SNS 게시물은 점점 더 큰 인기를 얻었다.[49] 여기에 인스타그램과 스냅챗 같은 모바일 우선 플랫폼이 합류했고, 이런 플랫폼들은 게시물에 이미지나 짧은 동영상을 첨부할 것을 요구했다.[50] 심지어 게시물의 새로운 형태도 도입했다.[51] 24시간 후에 사라지는 스토리는 재미있으면서도 사용자가 하고 있는, 컴퓨터와 상관없는 일을 들여다보는 창구였다. '평범한' 프로필 페이지는 사용자에 관한 기정 사실 목록으로부터 최근 게시물의 목록으로 점차 변해갔다. 이처럼 다양한 형태의 게시물을 제3장소로 생각하면 그 매력이 설명된다.

그리스 아고라와 계몽주의 시대 카페, 그리고 인터넷

당신은 자는 시간을 줄여가며 SNS를 새로고침하는가? 올든버그는 이런 행동이 벌어지는 이유를 설명한다. "제3장소의 대화는 보통 마음을 사로잡는다. 상황과 시간에 대한 의식은 제3장소의 생생한 흐름 속에서 사라지기 마련이다."[52] 누군가 우연히 바이럴 현상의 주인공이 되거나, 전혀 생각지도 못하던 팬에게 유명인사가 답장을 보내는 경우는 어떨까? 제3장소는 보다 평등한 공간이다. "중요한 것은 인생에서의 지위와 상관없는 한 개인의 매력과 향취다."〈팜빌(FarmVille)〉이나 〈포켓몬 고〉 같은 게임들이 주기적으로 SNS를 휩쓰는 이유는 뭘까? 이전에는 진 러미나 풀 같은 카드 게임이 생생한 대화를 유도하는 제3장소의 특징을 보였다. 올든버그는 제3장소가 고대 그리스 민주정의 아고라나 미국 독립전쟁 시기에 성행한 선술집, 계몽주의 시대의 카페 등 새로운 사회적 움직임의 핵심이 되는 느슨한 대규모 사회집단을 형성하는 데 꼭 필요하다는 점도 지적한다. '아랍의 봄'이나 '블랙 라이브스 매터' 같은 시위에서 트위터가 사용된 양상이 이와 유사하다. 친밀한 사람들만 데리고 혁명을 일으키겠다며 반체제 인사들을 자기 집 거실에 불러들일 수는 없다. 혁명에는 제3장소라는 더 크고 느슨한 네트워크가 필요하다.

제3장소는 컴퓨터가 사용되기 시작한 아주 초기부터 대화를 위해 존재했다. 이메일을 사용하게 되자마자(이메일은 우리가 아는 인터넷이 출현하기 한참 전에 등장했다) 사람들은 동시에 여러 사람에게 메시지를 보내기 시작했다. 특정한 화제에 관심을 가진 사람들의 이메일 리스트를 취합하는 몇몇 사람이 생겼다. 어떤 이메일 리스트에 참여하고 싶으면, 그 이메일 리스트를 관리하는 사람에게 이메일을 보내 명단에 추가해달라고 요청할 수 있었다. 아

르파넷에서 취합된 인기 있는 이메일 리스트 중에는 컴퓨터 네트워크에 푹 빠진 사람들이 모인 human-nets, SF 팬들의 sf-lovers, 와인 애호가들의 wine-tasters 등이 있었다.[53] 하지만 수동으로 이메일 리스트에 새 회원을 추가하는 작업은 따분한 것이 되었고, 이해할 만한 일이지만 군대에서는 민간인들이 아무나 와인 얘기나 하겠다고 자신들의 네트워크에 가담하도록 놔두는 걸 딱히 좋아하지 않았다(아르파넷은 미국 국방부에서 개발한 컴퓨터 네트워크다). 그래서 이후 유즈넷(1980), 리스트서브(1986)는 물론 공개 채팅방들은 일반인도 참여하고, 화제를 훑어보고, 관심이 가는 주제의 이메일 리스트에 자기 이메일을 추가하게끔 했다.[54] 유즈넷의 alt.folklore.computers, alt.usage.english, alt.tv.x-files나 LINGUIST List(내가 지금도 사용하는 리스트서브다), 채팅방의 #ham-radio 혹은 #StarTrek이 그 사례다.

인터넷에서 만난 낯선 사람을 대상으로 주제에 기반한 게시물을 올리는 행위는 지금까지 여러 형태로 남아 있다. 블로그는 특정인의 삶이나 요리, 여행, 직업 등 보다 구체적인 주제를 다루며, 가끔은 댓글 창에서 낯선 사람들로 이루어진 공동체가 생겨나기도 한다. 멀티플레이어 온라인 게임에는 낯선 사람과 이야기하게 해주거나,[55] 이미 존재하는 사회적 네트워크로부터 친구들을 끌어들일 수 있게 해주는 채팅 기능이 존재한다.[56] 오늘날 가장 인기가 많은 종합 주제 포럼[57]인 레딧에는 샤워를 하다가 문득 생각난 것을 올리는 포럼에서부터 유명한 사람들이 와서 한두 시간에 한 번씩 질문에 답하는 포럼까지 온갖 포럼이 있다.[58] 수많은 포럼들이 아이 키

인터넷 때문에

우기, 맥주, 동영상, 뜨개질, 아니메, 위에 문구를 적은 고양이 사진 공유하기 등 특정한 한 가지 주제를 다룬다. 당신도 냉장고에 든 재료로 만들 수 있는 음식 조리법을 검색하거나 핸드폰에 뜬 오류 메시지가 무슨 뜻인지 알아보려다가 블로그나 포럼 게시물을 본 경우가 있을 것이다. 하지만 우리 중 직접 블로그를 운영하거나, 포럼에서 적극적으로 활동하는 사람은 몇 명이나 될까? 추산치는 낮다.[59] 인터넷 사용자의 5~8퍼센트만이 블로그를 운영하며, 1~10퍼센트만이 포럼을 비롯한 온라인 커뮤니티에 자주 참여한다.[60] 검색 결과를 보고 블로그나 포럼 게시물에 방문했다고 단골이 되는 건 아니다.

주제 기반의 인터넷 공동체도 제3장소다. 도자기 만들기 수업이나 사교 모임이 그러하듯 말이다. 처음 몇 번 참석했을 때는 아무도 당신을 모른다. 명목상 당신은 이런 모임의 주제를 보고 참여한 것이다. 하지만 계속 해당 모임에 참석한다면 당신은 사람들을 알아보게 되고, 사람들도 당신을 알아보게 된다. 아마 그중 더 끌리는 사람도 생길 것이다. 그 사람들과는 공식적인 주제만이 아니라 자신의 삶에 대해서도 수다를 떨고, 해당 공동체가 아닌 곳에서 만나자는 약속을 잡게 될지 모른다. 최초로 컴퓨터 네트워크를 통해 사교 활동을 한 사람들은 오프라인의 사교적 선택지에 만족하지 못한다는 공통점이 있었다. 그들은 컴퓨터에 대한 일반적인 관심사를 통해서든, 좀 더 마니아적인 관심사를 통해서든 온라인 사람들과 마음이 더 잘 통할 수 있다고 생각하고 운을 시험해보았다(기술 전문가 제스 킴벌 레슬리(Jess Kimball Leslie)는 1990년대 중반에 배우 벳 미들러(Bette Midler) 공식 온라인 인터넷 팬클럽에서 자신의 인터넷 고향을 찾았다고 설명한다[61]).

하지만 온라인에서든, 오프라인에서든 주제 기반의 공동체는 이미 존재하는 친구들보다 더 많은 친구를 두고 싶어 하는 사람들을 끌어들이는 경향이 있다. 새로운 도시로 이사하는 사람들에게 동호회에 가입하라는 것이 고전적인 조언이 된 이유가 그래서다. 주제 기반의 인터넷 동호회에 참여해본 적이 한 번도 없는 사람에게는 이런 동호회가 제3장소로서 가지는 매력을 설명하기가 어렵다. 최소한 도자기 만들기 수업이나 사교 모임에서는 꽃병을 만들거나 명함을 받으러 왔다는 말이라도 할 수 있다. 눈에 보이지 않는 공동체를 만들려고 하는 사람도 그 과정에서 눈에 보이는 결과물을 얻는 것이다. 하지만 온라인 장소에 대해서는 쓸 만한 핑계가 적어진다. 실제로 〈엑스 파일〉을 보거나 와인을 마실 수 있는데, 왜 알지도 못하는 사람들과 그 드라마나 와인 시음에 대해 이야기하며 그토록 많은 시간을 보낸단 말인가? 온라인의 제3장소가 필요하지 않은 사람에게 이런 장소가 가진 사회적 이점은 보이지 않는다.

그런 만큼, 많은 사람에게 주제 기반 포럼이나 게시판은 인터넷이 제3장소 역할을 할 수 있다는 점을 알게 된 계기가 아니었다. 오히려, 대부분은 사람 기반 플랫폼을 통해 인터넷 공동체를 발견했다. 이런 플랫폼은 이미 존재하는 친구 관계를 온라인으로 들여오게 해주었다. 이 점을 발견한 집단은 이미 친구가 있지만 그 친구

인터넷 때문에

들과 어울릴 자율성이 없는 사람들, 즉 10대들로 이루어져 있었다. 10대에게는 서로를 발견하기 위한 구체적인 주제가 필요하지 않았다. 이들은 이미 서로를 알았다. 그저 어울릴 공간이 필요할 뿐이었다. 2장에서 우리는 교외 지역의 소외와 배회금지법으로 인해 10대들이 한때 차지했던 오프라인 공간에서 어울리지 못하게 되었음을 지적했다. 한동안은 인기 있는 10대들이 유선전화를 통해 어울렸고, 부적응자 10대만이 인터넷에서 공동체를 찾으려 했다. 하지만 인터넷이 1990년대 중후반에 주류가 되면서, 인터넷에서 친구들과 어울리는 것도 주류 문화가 되었다.

온라인에서 친구들과 어울리는 최초의 방법은 앞서도 언급했던 AIM, MSN, ICQ 등 1990년대 후반의 메신저 프로그램을 사용하는 것이었다. 이런 프로그램에는 채팅 기능 말고도 중요한 기능이 있었다. 바로 상태 메시지였다. 부재 중 메시지 혹은 상태 업데이트라고도 불리던 최초의 상태 메시지는 자는 중, 식사 중, 수업 중, 근무 중 등 컴퓨터를 사용하지 않을 때 하는 행동을 나타내려는 용도였다. 그러나 상태 메시지를 잊지 않고 빠르게, 정확하게 업데이트하는 것은 지루한 일이 되었다. 영화를 보러 나갔다고 썼는데, 컴퓨터를 다시 켜지 않고 자러 간다면 어떻게 되겠는가? 상태 메시지는 다른 이유로 강력해졌다. 그 자체로 로그인할 이유가 되었다. 구체적인 화제를 생각하지 않고도 친구들이 뭘 올렸는지 보려고 로그인하게 된 것이다. 이런 인스턴트 메신저 프로그램의 상태 메시지는 인용구나 가사, 반짝이 문장부호, 대문자 장식, 수동적 공격성이 드러나는 말 등 일종의 미학을 띠게 되었다.[62] 가끔은 이 모든 것이 동시에 나타났다. 〈뉴욕 타임스〉에서는 2017년에 AIM이 완전히 문을 닫게 되었다는 소식을 알리며 "~*iT's ThE eNd Of An ErA*~(한 시대의 끝)"[63]라는 표현을 썼다.

상태 메시지는 채팅을 좀 더 의외의 재미가 있는 것, 제3장소에서 벌어질 만한 것으로 만들었다. 상태 메시지는 다들 뭘 입고 왔는지 보려고 학교 댄스파티에 나타나거나, 복도 쪽으로 문을 열어놓는 것과 같았고, SNS를 확인하고 싶은 욕구를 더욱 강력하게 만들어주는 게시물의 전조였다. 트윗과 페이스북 게시물은 둘 다 원래 상태 업데이트로 여겨졌다. 이미 친구 네트워크에 만족하는 성인들까지 SNS로 불러들이게 된 것(2장에서 언급한, "부모님이 방금 페이스북에 가입했어요"라는 게시물의 물결이 바로 그것이다)도 바로 이런 온라인과 오프라인 제3장소의 중첩이었다.

가상의 제3장소만이 가진 특징

1980~1990년대에 연구 활동을 했던 올든버그는 인터넷이 제3장소를 제공할 수 있다는 내 의견에 반대할지도 모른다. 그가 활동하던 시기도 거의 모든 인터넷 공동체가 낯선 사람들이 모이는 제3공간의 역할을 하던 시기였지만 말이다. 그는 기술을 별로 좋아하지 않았고, 예전에는 사람들이 익히 아는 사람들과 함께 어울리며 보내던 시간을 텔레비전이 차지해버렸다며 비판하기도 했다. 그는 특히 교외 지역이 제3장소 역할을 할 수 있는 주요 시가지와 마

을 광장, 지역 술집이 없는 상태로 지어진다는 점을 비판했다. 한편, SNS가 10대들에게 어울릴 만한 장소로 기능한다는 주장은 자주 보인다. 여러 연구에서 인터넷 이후 세대의 10대들이 자동차나 거리의 한구석이 아닌 가상공간에서 어울리기 때문에 예전만큼 술을 마시거나 섹스를 많이 하지 않는다고 지적한다.[64] 어쨌든 아마 모든 세대의 10대들은 친구들과 어울리는 것을 늘 우선순위로 두어왔을 것이다. 사실, 모든 연령대가 제3장소의 동지애를 똑같이 필요로 한다.

올든버그도 한 가지는 기뻐했을지 모르겠다. 사람들이 현재 SNS에서 보내는 시간은 보통 텔레비전 시청으로 소모해버렸을 법한 시간이다. 그는 텔레비전을 제3장소의 열등한 대체물이라고 여겼다. 온라인에서 맺은 관계는 그가 무척 싫어했던 교외 지역의 소외를 뒤집는 데 도움이 될지도 모른다. 게다가 SNS를 포함한 제3장소는 사회학자들이 더 깊은 관계의 형성에 대단히 중요하다고 밝혀온 반복적이고 예정되지 않은 상호작용을 일으킨다.[65] 제3장소에서 알게 된 사람이 가끔은 집으로 초대할 만한 제1장소의 사람이 될 수도 있고, 함께 일하는 제2장소의 사람이 될 수도 있다.

사실, 우리는 장소라는 렌즈를 통해 채팅과 이메일 대화를 새롭게 분류해볼 수도 있다. 1990년대의 채팅방이 제3장소였다면, 오늘날 일대일 혹은 소규모 집단 사이에서 일어나는 채팅은 제1장소와 더 비슷하다. 이런 공간의 사람들은 사적으로, 일부러 대화하는 사람들이다. 이메일 리스트는 제3장소였지만, 메일함은 업무용이나 공식적 의사소통 도구로 사용되면서 제2장소와 더 가까워졌다. 우리는 더 이상 목적 없이 이메일을 뒤져보거나 채팅 플랫폼을 서성거리지 않는다. 재미있는 사람이 있을지도 모른다고 기대하며 별다른 이유 없이 열어보는 인터넷 플랫폼은 게시물이 있는 플랫폼이다. 허공에 게시물을 올리는 행동은 혹시 누군가를 마주치길 기대하며 복도로 고개를 내미는 것과 같다. 페이스북 친구, 트위터와 인스타그램 사용자 중 상당수는 피상적인 지인에 머문다. 하지만 친구나 팔로우 리스트에 사람을 추가하는 것은 오가는 복도에서 만날 사람을 늘리는 한 가지 방식이다. "당신과 계획되지 않은 상호작용을 좀 더 하고 싶어요. 어떻게 될지 봅시다"라고 말하는 방법이다.

한편 물리적인 제3장소와 가상의 제3장소 사이에는 중요한 차이점이 있다. 지역의 퍼브나 미용실이나 공원은 원칙적으로 모두에게 개방되지만, 실제로는 지리와 관습에 따라 제한된다. 근처에 사는 사람, 혹은 그곳에 어울릴 만한 사람의 수는 정해져 있다. 내가 이발소 고객과 어울릴 수도 없고, (더 이상은) 공원 근처에서 10대들과 어울릴 수도 없다는 점은 분명하다. 반면, 인터넷의 제3장소를 제한하는 것은 관습뿐이며, 그 관습은 지금도 진화하고 있다. 가끔은 인터넷에 지리적 제약이 없다는 점이 놀랍도록 멋지게 느껴진다. 나는 어디에 가든 친구들을 주머니에 넣어 다닐 수 있다. 낮이든 밤이든 누군가 있기 마련이다. SNS로 소통할 수 있기에 공항은 더 이상 비인격적인 공간이 아니고, 불면증도 더 이상 소외를 일으키지 않으며, 더없이 따분한 장보기도 주머니 속 친구와의 짧은 대화를 통해 생기를 띨 수 있다.

눈에 보이는 물리적 단서가 없다는 점이 좀 더 복잡한 결과로 이어지기도 한다. 식탁에 둘러앉아 있거나 복도에서 나와 어울리는 사람들 십여 명은 볼 수 있지만, 특정한 게시물을 볼 수 있는 사람의 숫자는 "0"부터 "인터넷을 사용하는 수십억 명 전부"에 이른다. 게시물을 올리기 전에 그중 누가 청중이 될지 반드시 알 수 있는 것은 아니다. 퍼브나 카페에서 농담을 하는 경우에도 농담이 완전히 실패할 수는 있지만, 최소한 내가 무시당했다는 점은 알 수 있다. 반면 영리한 말장난을 올리거나 즐겁게 뛰노는 새끼 동물들이 나오는 사랑스러운 동영상을 공유한다면, 많은 사람이 화면을 보며 즐거워했는지, 혹은 아무도 그 게시물을 보지 않았는지 알 수가 없다. 최소한 '좋아요'나 댓글이 몇 개 달리지 않는다면 말이다. 때문에 의식적이든, 그렇지 않든 우리의 SNS 게시물은 상호작용할 기회를 얻도록 최적화되어 있다. 우리는 유머의 효과를 최대화할 정확한 단어를 고르느라 안달복달하고, 친구에게 게시물을 미리 봐달라고 부탁하며, 댓글을 얻으려고 특정한 사람들에게 메시지를 보내고, 가장 많은 상호작용이 발생할 시간에 게시물을 올릴 계획을 세우고, 친구들에게 허공에다 소리치는 것이 아니라는 걸 알려주고 사기를 북돋워주려고 게시물에 '좋아요'를 누른다.

공개와 은둔의 미묘한 줄타기

나는 2009년 초에 페이스북 상태 메시지에 관한 소규모 분석을 실시했다. 나는 친구들이 이 연구에 자발적으로 참여하기 직전에 올렸던 최근 게시물 열 건을 살펴보았다. '~중'으로 끝나는 상태 메시지가 줄어드는 모습을 추적하고 싶어서였다. 하지만 결국 알아낸 것은 가장 호응을 받는 게시물의 뚜렷한 패턴이었다. 나는 가장 많은 '좋아요'와 댓글을 받은 상태 메시지가 반드시 많은 사람을 대상으로 하거나 맥락 없이도 이해 가능한 것은 아니라는 사실을 알아냈다. 예를 들어, 모든 친구가 궁금해할 만한 새 전화번호 등을 단순히 알려주는 게시물은 그렇게 인기가 높지 않았다. 오히려 인기 있는 게시물은 모호하지만 지나치게 수수께끼 같지는 않은, 절묘한 균형을 노린 게시물이었다. 즉, 내부자 집단의 농담과 뚜렷한 하위 집단의 사람들에게 호소력 있는 게시물이었다. 당시 내가 올린 가장 인기 있는 게시물은 내 페이스북 친구 중에서 이해라도 할 수 있는 사람이 겨우 한 줌밖에 되지 않는 언어로 작성되어 있었다. 그들은 모두 나와 같은 언어 수업을 듣는 친구들이었다. 하지만 그들 모두가 게시물에 댓글을 남겼고, 다수는 몇 차례나 댓글을 남겼다. 몇 년 뒤 〈버즈피드〉에서 같은 일이 대규모로 일어났다. 특정한 시절에, 특정한 장소에서 태어난 사람이라면 이해할 만한 기사가 엄청난 공유 수를 기록한 것이다. 다음 장에서 자세히 살펴볼 밈은 이런 경향을 이용하는 것이다. 밈을 이해하면 자동으로 내집단이 된다.

특정한 사람이 게시물을 보거나 이해하지 못하게 하는 시도는 점점 복잡해진다. 물론, 계정을 아예 만들지 않거나 게시물을 하나도 올리지 않음으로써 완전한 사생활을 유지할 수도 있다. 하지만 그건 절대 인간과 닿지 않음으로써 전염병을 피한다거나, 절대로 집을 나서지 않음으로써 떨어지는 피아노에 부딪히지 않는다는 말과 같다. 우리 대부분은 인생을 살아가는 대가로 사생활 일부를 포기하는 것이 가치 있는 일이라고 생각한다. 은둔자 생활을 하는 대신, 우리는 균형을 추구한다. 어느 연구에 따르면 사람들은 게시물로 공유할 만한 정보와 채팅으로 공유할 만한 정보를 구분한다. 취미나 좋아하는 TV 프로그램에 관한 정보는 덜 내밀한 정보로 생각되어, 게시물로 공유할 가능성이 크다. 반면 두려움, 걱정, 개인적 감정은 아예 공유하지 않거나 공유하더라도 사적인 메시지로 공유하는 편을 선호한다. 개인마다 다르게 판단하는 영역도 있었다. 예를 들면 정치적, 종교적 견해에 관한 프라이버시나 출산 혹은 결혼 등 생활 사건에 관한 프라이버시가 그랬다.[66] 아마 그래서 타인이 지나치게 많은 정보를 공유한다거나, 지나치게 말이 없다고 느껴지는 경우가 있을 것이다.

우드로 하초그(Woodrow Hartzog)와 프레더릭 D. 스터츠먼(Frederic D. Stutzman)이 쓴 법학 논문에서는 온라인상의 정보들 중 완전히 사적인 것은 거의 없으며, 그보다는 눈에 띄지 않는 것으로서, 대부분 사람이 굳이 들여다보려 하지 않을 정도로만 접근하기 어렵게 되어 있다고 지적한다.[67] 이들은 온라인에서의 은둔성(obscurity)으로 이어지는 요소 네 가지를 설명한다. 첫째는 검색을 통해서 게시물을 찾을 수 있는지, 아니면 눈에 띄지 않는 일련의 링크들을 클릭해야만 그 게시물을 찾을 수 있는지다. 둘째는 게시물이 (친구 분류나

암호 등을 이용해) 특정한 사람들에게만 제한되어 있는지다. 셋째는 게시자의 신분을 이름이나 가명으로 확인할 수 있는지, 아예 확인할 수 없는지다. 넷째는 봐서는 안 되는 사람이 우연히 봤더라도 그 게시물의 내용을 명료하게 이해할 수 있는지다. 어쨌든, 어느 게시물이 기술적으로 완전하게 공개되었는지는 별로 중요하지 않다. 그 게시물이 존재한다는 것도, 당신이 그 게시물을 작성했다는 것도, 그 의미도 아무도 모른다면 게시물은 여전히 사실상 사적인 것이 된다.

오프라인 세상에서는 엄청나게 많은 정보가 엄밀한 의미에서는 공개되어 있으나 사실상 숨어 있다. 사람들이 지나다닐지 모르는 장소에 남겨놓는 그래피티나 게시판의 메시지, 전신주에 붙은 창고 세일 광고나 잃어버린 고양이를 찾는다는 전단지 등이 그렇다. 몬트리올은 프랑스어를 주로 쓰지만 영어와 프랑스어를 모두 쓰는 사람의 비율이 대단히 높은 도시로, 내가 사는 곳이기도 하다. 나는 늘 이곳의 **고양이 찾습니다** 전단지 언어학 지도를 만들어보고 싶었다. 특정한 언어학적 인구집단을 상대로 하는 것이 당연한 콘서트나 과외 광고와는 달리, 고양이가 도망치면 누군가 그 고양이를 찾아서 집으로 데려다줄 확률을 최대화하고 싶어지기 마련이다. 게시자 자신은 이중언어 사용자가 아니라도, 친구한테 전단지를 번역해달라고 부탁할 만한 가치가 있다고 생각할 법하다. 내가 궁금했던 것은, 이중언어 사용 지역 중 어느 곳에서 프랑스어를 먼저 쓰고 어느 곳에서 영어를 먼저 쓰느냐는 것이었다. 세 번째 언어까지

인터넷 때문에

포함하는 지역은 어디이고, 굳이 신경 쓰지 않고 한 언어만 쓰는 곳은 어디일까? 고양이 찾습니다 전단지가 붙은 전신주를 언어에 따라 지도에 표시하면, 이웃이 사용하는 언어에 관한 사람들의 인식 지도를 얻게 된다. 몬트리올의 민속 언어학 지도 제작법인 셈이다.

하지만 내 이론에 등장하는 고양이 찾습니다 전단은, 어떤 면에서는 공개되어 있으나 어떤 면에서는 눈에 띄지 않는다. 일단, 접근성 면에서 눈에 띄지 않는다. 나는 이 전단지가 우리 동네 사람들한테는 보이겠지만, 전국 단위 텔레비전에까지 퍼져서 내 고양이를 찾은 척하는 수백 명의 말썽꾼들한테 연락을 받거나, 검색 가능한 고양이 찾습니다 전단지 데이터베이스에 등재되어 수십 년 뒤까지도 다국적 고양이 찾기 서비스의 광고물을 받는 일은 없으리라고 합리적으로 예상할 수 있다. 하지만 내용 면에서, 고양이 찾습니다 전단은 명료해야 한다. 전단지에는 모르는 사람들도 알아볼 수 있는 방식으로 고양이를 묘사해야지, 북슬북슬한 털 뭉치라고만 해서는 안 된다. 전단지에는 또 고양이를 찾은 사람이면 누구든 연락할 수 있도록 정확한 연락처 정보도 제공해야 한다. 나아가, 이웃들이 사용할 거라고 생각되는 하나 이상의 언어로 작성되어야 한다.

수많은 SNS 게시물은 사정이 정반대다. SNS 게시물은 지역에 따라 제한되지 않으므로, 사람들은 오직 내부자만이 알아들을 수 있는 메시지를 전하고 싶어 한다. 은둔성을 통한 프라이버시는 수많은 사회적 상황에서 쓸 수 있는 도구다. 에스토니아 청소년에 대한 어느 연구에서는 좋아하는 사람이 보고 반응하기를 바라며 그들만 이해할 수 있는 노래 가사나 인용문, 내부자 농담을 하는 10대들을 관찰했다.[68] 몇몇 10대는 이 방법이 통했다고 말했다. 페이스북을 사용하는 퀴어 청소년 연구에 따르면, 동료 퀴어 공동체의 구성원일지도 모르는 사람들과 가족이 모두 사용하는 플랫폼에서 자신의 정체성을 밝히는 방법은 또래에게는 쉽게 이해되지만 내 정체성을 몰랐으면 하는 청중한테는 아무 의미가 없는 퀴어 대중문화 자료를 올리는 것이다.[69] 기술 전문가 데이나 보이드는 비교적 부정적인 맥락에서도 암호화된 메시지를 찾아냈다.[70] 예컨대, 엄마를 걱정시키지 않으면서 친구들에게 연인과 헤어졌다는 나쁜 소식을 전하고 싶은 10대 소녀는 친구들과 최근 함께 보았으나 엄마는 잘 모르는 영화에 나오는, 즐겁게 들리지만 맥락상 대단히 반어법적인 〈늘 생의 밝은 면을 보렴(Always Look on the Bright Side of Life)〉의 가사를 올릴 수 있다.

공개와 은둔 영역의 관계를 헤쳐나가는 비교적 덜 교묘한 방법은 잠재적인 정보를 담고 있는 서브트윗(subtweet) 혹은 페이스북에 모호한 글을 올리는 베이그부킹(vaguebooking), 이름을 언급하지 않고 사회적 상황에 관해 생략된 발언을 하는 기술 등이 있다. 노래 가사를 올리면, 아닌 척할 개연성이 생긴다. 그저 노래가 마음에 들었고, 머릿속을 떠나지 않았을 뿐이라고 말이다. 하지만 누군가가 "이런 헛짓거리를 참아줄 시간이 없다"라는 게시물을 올린다면, 특별한 정보가 전혀 없는 사람에게도 지금 여기서 뭔가 드라마가 펼쳐지고 있음이 명백해진다. 단, 오직 특정한 사람들만이 그 말을 제대로 해석할 수 있는 상황 정보를 가지고 있다. 무슨 일이냐고 묻는 것은 꼭 식당에서 다투는 부부 사이에 끼어들어 둘의 역사를 자세히 알려달라고 하는 것처럼 확실한 무례다. 직접 알아내거나, 모르는 채로 포기해야 한다. 대학생들이 주고받는 서브트윗에 대한 연구에서는 문제가 되는 사람을 직접 언급하는 게시물보다 간접 언급한 게시물이 부정적인 정보를 전달하는 좀 더 사회적으로 수용 가능한 방식으로 여겨진다는 점을 밝혀냈다("뒤통수를 쳐서 내 하루를 망가뜨린 어느 분께 감사. 진짜 한심한 인간 부류야" 같은 트윗이 한 예시다. 사람들은 이 트윗에서 수동적 공격성을 읽어낼 수 있지만, 구체적인 관련지의 이름을 언급하며 모욕을 주는 트윗보다는 선호했다). 긍정적인 게시물에서는 그와 반대 경향이 나타났다. "오늘 하루를 행복하게 해준 @RyanS, 고마워. 넌 최고야"[71] 같은 게시물에서는 사람을 직접 언급하는 것이 낫다고 생각됐다.

오프라인 관습과 규범의 확장

뒷말, 내부자 농담, 뻔히 보이는 곳에 숨겨놓은 메시지 등은 어느 모로 보나 10대 혹은 인터넷만의 전유물이 아니다. 사람들은 오래전부터 가명으로 고민 상담 코너에 편지를 보냈고, 외국인들 앞에서는 언어를 바꾸어 썼으며, 완곡한 욕설을 했고(이런 개나리 십장생 시베리아 같으니(gosh hecking darn it)), 아이들이 있을 때는 단어의 철자를 풀어서 말해 아이들이 알아듣지 못하게 했으며("너희 애들 C-A-K-E 먹어도 되니?"), 정치적인 반대를 감추기 위해 창의적 이미지를 활용했다. 중국의 인터넷 반체제 인사들은 특히 말장난을 잘하는 것으로 유명하다. 예컨대, 이들은 베이징어로 '화합'을 뜻하는 단어인 和谐(héxié)와 발음이 비슷하지만 성조가 다르며 '민물 게'라는 뜻을 가진 河蟹(héxiè)를 쓸 수 있다.[72] 중국에서는 '화합'이라는 말 자체가 '검열'을 완곡하게 표현하는 것으로, "화합을 이루는 사회"를 만들겠다는 2004년 인터넷검열법의 명목상 목적에서 유래한 것이다.[73]

90년대의 인스턴트 메신저에서 10대의 상태 메시지에 보편적으로 나타나던 노래 가사는 이미 존재하던 청소년 문화 관습에서 직접적으로 유래한 것이다. 10대들은 예전에도 졸업 앨범에 인용문을 써서 메시지를 숨겼고, 관련된 사람이 볼 수 있는 공책 표지나 책상에 노래 가사를 낙서로 적어두었으며, 화장실 벽에 익명으로 수동적 공격성이 드러나는 글을 휘갈겨놨다. 어린 자녀를 둔 부모는 아이에 관한 게시물을 올릴 때 별명이나 이니셜을 사용하는 경우가 많다. 동료 부모들에게서는 응원을 받는 동시에, 자기들이 한 유치하고 괴상한 짓을 공유해도 좋다는 동의를 할 수 없는 미성년자에게는 검색 가능한 SNS 흔적을 남기지 않기 위해서다. 부모와 자녀를 이미 아는 사람은 메시지를 해석할 수 있지만, 미래에 아이를 고용할 사람은 예비사원이 아이스크림을 얼굴에 범벅하고 있는 21년 전 사진을 우연히 보게 될 일이 없을 것이다.

불행한 일이지만, 뜨개질이나 비디오게임을 좋아하는 사람들이 서로를 찾게 해주는 데 아주 효과적인 인터넷의 제3장소, 그리

인터넷 때문에

고 부당한 법이나 좋아하는 TV 프로그램의 결방에 항의할 사람들을 동원하는 데 매우 효과적인 느슨한 연대는 혐오꾼들의 집합을 쉽게 하는 데도 똑같이 효과적이다. 2015년에 레딧에서는 혐오 발언과 큰 관련을 맺게 된 몇몇 하위 포럼을 금지했다. 당시에는 이런 방법이 통할지 의심하는 사람들이 상당히 많았다. 혐오 발언을 하는 사람들이 그냥 다른 하위 포럼에 쳐들어가 그 혐오 행동을 계속하지 않을까? 2017년에 나온 연구에 따르면, 그러지 않는다고 한다. 최소한 레딧에서, 같은 사이트의 다른 커뮤니티로 이동한 사용자들은 혐오 발언을 하는 비율이 최소 80퍼센트 줄었다. 하지만 그냥 비활성이 된 계정도 있었고, 이러한 행동이 여전히 용인되는 다른 사이트로 옮겨갔을지도 모른다.[74]

축구 블로그 댓글에서 드러나는 적개심에 관한 독일의 한 연구를 보면 레딧의 금지 조치가 통한 이유를 알 수 있을지 모른다. 연구자들은 축구 팬들에게 이미 댓글 여섯 개가 달린, 논쟁적인 축구 문제에 관한 블로그 게시물에 댓글을 달라고 요청했다.[75] 이전의 댓글이 적대적이고 공격적이면 새 댓글도 그랬다. 이전의 댓글이 사려 깊고 상냥하면, 새로운 댓글도 전례를 따랐다. 해당 댓글이 익명으로 작성되었든, 페이스북 계정과 연동되었든 상관없었다. SNS 사이트의 공개 게시물이나 반공개 게시물을 제3장소로 생각하면, 사용자들에 대한 플랫폼의 책임을 고민할 한 가지 방법을 알 수 있다. 지역 바텐더나 바리스타는 보통 대화에 끼어들지 않지만, 어떤 사람이 다른 손님들을 불편하게 만들면 그들을 쫓아낼 권리를 가지고 있다. 덕분에 그 공간 전체가 나아진다. 모든 인간 사회는 대부분의 경우 집단행동을 관리할 규범과 체계를 생각해냈다. 인터넷 집단도 예외가 아니다.

우리는 언어가 변화한다는 생각에 익숙하다. 최소한 어느 정도는 그렇다. 한 세대에서 새롭게 등장한 은어는 다른 세대에게 닳아빠진 클리셰로 여겨진다. 우리는 셰익스피어처럼 말하지 않는다. 이런 변화는 계속 이어진다. 하지만 이보다 덜 알려진 점은, 거시 수준의 대화 규범도 변해왔으며 계속 변하리라는 것이다. 이런 변화는 새로운 기술이 부상하기 때문에 발생할 수도 있고, 이면의 기술은 사실상 변하지 않았으나 사회적 맥락이 달라졌기에 발생할 수도 있다. 전화는 우리의 인사말을 바꾸었고, 스마트폰은 그 인사말을 다시 바꾸었다. 업무적 의사소통 방식은 한 세기를 통째로 보낸 끝에 더 간소한 방향으로, 그러니까 메모에서 이메일로, 다시 채팅으로 변했다. 게시물은 공적 영역과 오랫동안 복잡한 관계를 맺어왔다. 많은 사람이 사용할수록 채팅은 점점 더 내밀하고 일상적인 것이 되었다. 영상 채팅은 아마 반대 방향으로 변화하는 건지도 모른다. 이런 프로그램은 친구들 누구라도 온라인이면 함께 영상 채팅을 할 수 있는 하우스파티(Houseparty) 등 '쩌는' 영상 앱의 부상과 함께 좀 더 제3장소에 가까워지고 있다. 제1, 제2, 제3장소를 제공하는 형태는 이전에도 변해왔고, 어느 모로 보나 다시 변화할 것이다. 하지만 친구들을 주머니에 넣고 다니는 재미가 사라질 가능성은 크

인터넷 때문에

지 않다.

이번 장은 다른 어느 장보다도 시대의 특정한 순간과 우리가 그 순간에 이르게 된 과정을 찍은 스냅샷에 가깝다. 이 장은 무엇이 올바르다거나 영원하다는 주장이 아니다. 오히려 이 장에서 요청하는 것은 겸손함이다. 나는 대화의 규범이 언제나 유동적이고, 같은 시대에도 사람에 따라 다르니 지나치게 성급한 판단을 내리지 말라는 말을 하고자 한다. 서둘러 결론을 내리기보다는 다른 사람들에게 무슨 뜻인지 확인하는 질문을 던지자. 우리에게는 당황스럽게 느껴지는 의사소통 관습에도 그런 관습을 활용하는 사람들에게는 진정하고 중요한 의미가 있다는 점을 잊지 말자. 우리는 대화의 규범에서 '이기는' 것으로 성공적인 의사소통을 할 수 없다. 이긴다는 것이 화가 났다는 오해를 받을까 봐 두려워 문자메시지에서 모든 마침표를 빼야겠다고 생각하게 만드는 것이든, 정확히 두 번 전화벨이 울린 뒤 유선전화를 받도록 만드는 것이든 간에 말이다. 우리는 모든 참여자가 서로 이익을 얻도록 도와줄 때 비로소 의사소통에 성공한다.

6장
밈과
인터넷 문화

밈은 주기적으로 그 밈을 만든 인구의 손을 떠난다.

하지만 사람들이 인터넷에서 문화를 만들어나가는 한,

다른 집단이 다른 형태의 밈을 가지고 출현해 '밈'이라는

틀을 차지할 것이다. 밈은 온전한 인터넷 민족에게서,

인터넷이 존재하지 않는 삶에 관한 기억이 전혀 없는

인터넷 이후 민족에게로 한 번 더 이동했다.

무엇이 정말로 인터넷 문화에 속하느냐는 질문을 던지면 사람들은 후끈 달아오른다. 온라인에 글을 쓸 때 우리는 진공 상태에서 글을 쓰는 것이 아니다. 우리는 아는 것들을 뒤섞는다. 공유된 문화적 자산을 키워나간다. 우리가 참조한 내용을 알아듣는 내부자와 그러지 못하는 외부자 사이에 선을 긋는다.

하지만 인터넷 문화에 대해서 1분이라도 토론을 하고 나면 한 가지를 확실히 알게 된다. 그건 인터넷 문화가 어떤 식으로든 밈이라는 것과 관련되어 있다는 점이다.

밈의 탄생

1976년, 리처드 도킨스(Richard Dawkins)가 밈(meme)이라는 개념

을 처음 도입했을 때 그는 이 개념을 유전자(gene)의 이데올로기적 등가물을 일컫는 데 썼다.[1] 특정한 유전자(예컨대 갈색 눈동자)가 성적 선택과 신체적 적합성을 통해 번져나가듯이, 특정한 밈(지구가 태양 주변을 돈다는 개념)은 사회적 선택과 이데올로기적 적합성을 통해 번져나간다는 것이다. 그는 "모방된 것"이라는 의미의 고대 그리스어 μίμημα에서 유래한 mimeme라는 단어에 기반하되, gene과 쌍을 이루도록 단어의 길이를 줄였다. 하지만 도킨스는 인터넷 문화에 관해 이야기하려던 게 아니었다. 그가 생각했던 것에 한정되었다면, 밈은 사회과학계의 비교적 난해한 개념으로만 남아 있었을지 모른다.

우리가 오늘날 익숙하게 알고 있는 인터넷상의 의미로 '밈'이 확장된 것은 무엇이 인터넷 문화에 속해야 하고, 무엇은 그러면 안 되느냐는 문제와 직접적으로 연관되어 있었다. 1990년에 기술 전문가 마이크 고드윈(Mike Godwin)은 유즈넷의 모든 토론이 결국에는 히틀러를 등장시키는 억지 비교로 변해간다는 점에 슬슬 짜증을 느꼈다("누가 '밀레니얼'이라는 단어를 '스네이크족'이라는 단어로 바꾸는 확장 프로그램을 만들었다고? 그건 검열이잖아! 예전에도 검열을 하려던 사람이 있었는데 누구였는지 알아?!?!"[2]). 고드윈은 자신이 보는 이 현상에 관한 이름을 만들고, 사람들에게 그 개념을 히틀러 대신 쓰게끔 하는 방법으로 반격하기로 했다. "아무 이유 없이 나치가 언급되는 걸 볼 때마다 저는 '고드윈의 법칙'을 이야기했습니다. 놀랍게도, 머잖아 다른 사람들이 고드윈의 법칙을 인용하

인터넷 때문에

더군요. 제가 만든 반격용 밈이 알아서 재생산되었습니다!" 몇 년
뒤, 그는 〈와이어드〉의 기사에서 자신의 실험을 설명하며, 자신이
하던 일을 묘사하기 위해 도킨스의 용어를 빌려왔다.[3] 이로써 〈와
이어드〉의 독자들은 인터넷이라는 구체적인 맥락에서 '밈'이라는
용어를 처음 접하게 되었다.

'밈'은 중요한 문화적 파열이 일어나던 바로 그때에 뿌리를 내
렸다. 유즈넷 초기에는 9월이 1년 중 최악의 달이었다. 이때만 되
면 해마다 새로운 사용자들이(대학 입학을 통해 처음으로 인터넷
에 접속한 학생들이었다) 들어와, 이들에게 적절한 네티켓을 가르
치고 사회화하느라 '고인 물' 사용자들이 고생을 해야 했던 것이다.
1993년 9월에는 이런 경향이 바뀌었다. AOL이 우편으로 인터넷 연
결용 CD를 보내기 시작했고, 《넷워(Net.wars)》라는 책에 따르면 1년
만에 "백만 명의 사용자들이 넷에 유입됐다. 그때까지 인터넷에서
흡수해본 적이 없는 엄청나게 많은 새 사용자가 단번에 쏟아져 들
어온 것이다". 기존의 네티즌들은 이러한 유입 인구를 완전히 사회
화할 수 없었고, 그 결과에 **만족하지 못했다.**[4] 그래서 그 이후의 기간
에는 **영원한 9월**이라는 이름이 붙었다.

고드윈이 처음부터 밈 연구를 성행시키겠다는 고귀한 명분을
염두에 둔 것은 아니겠지만, 밈이라는 개념(원한다면 밈에 대한 밈
이라고 할 수도 있다)은 실제로 퍼져나가며 온라인을 변화시켰다.
인터넷에서 쓰는 밈이라는 말은 그냥 엄청난 인기를 얻은 영상, 이
미지, 표현 등을 뜻하는 것이 아니다. 밈은 다시 만들어지고 재조합

되어 인터넷 문화의 원자로서 퍼져나가는 것이다. 내가 지구가 태양 주위를 돈다는 개념을 나름의 언어로 표현해 도킨스적인 의미로 퍼뜨릴 수 있겠지만, 그 표현이 인터넷 밈이 되려면 그것을 다시 만들어내는 사람이 나 말고도 많이 있어야 한다. 어쩌면 내가 태양계 춤을 만들었는데, 그 춤이 너무도 우스꽝스러워 전 세계 사람들이 똑같은 춤을 추는 영상을 만들지 않고서는 못 배기게 될지도 모른다. 아니면 내가 모든 행성에 캐나다와 관련한 이름을 붙인, 조악한 그림을 계속 그릴 수도 있겠다(지구, 화성, 명왕성을 각각 중심 캐나다, 붉은 캐나다, 무조건 행성인 캐나다라고 부르는 식이다).[*] 몇 가지 예시를 보면, 밈들의 공통점이 무엇인지 어느 정도 이해하고 나만의 밈을 만들어볼 수도 있다. 일단 밈 문화에 유창해지면, 논리적인 다음 단계는 잘 알려진 밈 몇 가지를 섞는 것이다.

기이한 문화적 요소가 그것을 복제하기로 한 수많은 사람을 통해 퍼져나가는 현상은 인터넷 이전에도 있었다.[5] 《디지털 문화의 밈(Memes in Digital Culture)》이라는 책에서, 리모르 시프만(Limor Shifman)은 "킬로이 왔다 감(Kilroy Was Here)"(세계 2차대전 당시에 인기를 얻은, 코가 큰 남자가 벽 너머를 보는 그래피티 스케치)을 인터넷 이전 시대의 밈 사례로 이야기했다. 새로운 부분은 '밈'이라는 이름을 인터넷에서 벌어지는 문화적 복제와 연관 지었다는 점이다. 오래

---

[*] 내가 아는 한 태양계 춤은 실제로는 존재하지 않는다. 하지만 캐나다 행성 밈은 존재한다. imgur.com/gallery/gsMqxpq에 들어가거나 "약간 왼쪽으로 쏠린 캐나다 밈(Canada a bit to the left meme)"을 검색해보라.

전, 고드윈의 법칙과 영원한 9월이 있던 그 시절부터도 밈을 만들고 공유하는 것은 무엇이 인터넷 문화에 속하고, 무엇은 아닌지 구분하는 문제였다. 인터넷 문화의 여러 측면이, 특히 문화적 유창성과 기술적 유창성의 관계가 변화하면서 이런 구분은 어려워졌다. 인터넷 민족 1세대가 프로그래밍 관련 전문용어에 관한 지식과 인터넷 은어에 관한 지식을 하나로 보았던 것처럼, 초기 밈의 창시자들은 밈을 만드는 데 필요한 기술적 도구를 아는 것과 밈이 맞아떨어지는 하위문화를 이해하는 것 사이에 관계가 있다고 느꼈다. 이들은 밈 만들기가 너무 쉬워지면 문화 자체도 희석될 거라고 걱정했다.

'고양이 짤방'과 내부자 농담

밈을 더 쉽게 만들 수 있는 도구 중 하나는 매크로였다. '이미지 매크로'는 '이미지 밈'과 동의어가 되었지만, 처음에 매크로는 일련의 파일 이름을 전부 바꾸도록 하는 등 대규모 작업을 시키는 짧은 명령어를 말했다. 2004년, 섬싱오풀(Something Awful)이라는 포럼에서 댓글에 이미지를 덧붙이기 쉽게 하는 매크로가 만들어졌다. 매번 같은 이미지를 다시 업로드하는 대신, 예컨대, [img-blownaway]라고 입력하면 연한 청록색 대문자로 "날아간다!"라는 글자가 적힌 이미지가 떴다.[6] 이미지를 쉽게 올리기 위해 매크로를 사용하는 데에는 처음부터 내부자/외부자 역학이 개입했다. 이 포럼의 역사에 따르면, 포럼 관리자는 똑같은 이미지를 자꾸 올리는 것이 아주 짜

중 난다는 뜻을 피력하기 위해서 이미지 매크로 기능을 만들었다. 그러나 사람들은 이 기능을 무척 좋아했다.

더욱 인기 있는 밈을 제공하는 매크로도 만들어졌다. 이때의 밈은 고양이 짤방(lolcat)이었다. 사람들은 2005년의 어느 토요일을 '고양이의 날(Caturday, 토요일을 뜻하는 Saturday와 cat의 합성어)'이라고 부르며, 익명 포럼인 포챈(4chan)에 행복에 취한 고양이 위에 글자를 적어 넣은 사진들을 공유하기 시작했다.[7] 고양이 짤방 현상은 결과적으로 학술 논문에서 〈타임스〉에 이르는 매체에 다뤄졌다.[8] 이전의 밈들과 마찬가지로, 초기 고양이 짤방에는 포토샵이나 마이크로소프트 그림판 같은 그래픽 프로그램을 사용해 글자를 수동으로 추가해야 했다.[9]

고양이 짤방이 인기를 끌자, 시간을 아껴주는 두 번째 매크로도 인기를 끌었다. 이 매크로는 기본 이미지에 자동으로 글자를 배치해주는 매크로였다. 이런 밈 생성기 사이트들은 일관적인 밈의 미학을 발전시켰다.[10] 그 미학이란, 흰색에 검은 윤곽선을 두른 임팩트(Impact)체로 작성된 대문자 글자를 말하는 것이다(자동으로 캡션을 생성할 때 이 글씨체를 사용한 것은 기발한 혁신이었다. 이런 글자는 배경의 색깔이나 무늬와 상관없이 쉽게 눈에 띄기 때문이다).

고양이 짤방 제작을 쉽게 하는 것은 논란을 일으켰다. 예전에는 이미지에 글자를 입히는 작업을 하려면, 어느 정도 사진 편집용 소프트웨어에 관한 기술적 지식이 필요했다. 하지만 이제는 짤방을 만들기가 쉬워졌다. 몇몇 '내부자들'이 보기에는 지나칠 정도로

*(왼쪽 위에서부터 시계 방향으로) 1) 난 진지한 고양이다 여긴 진지한 스레드다 2) 투명 자전거 3) 쿠키를 만들었는데요... 제가 먹어쪄여. 4) 치즈버거를 주겠다고오옹?

말이다. 기술 전문가 케이트 밀트너(Kate Miltner)는 2000년대 후반에 두 종류의 고양이 짤방 팬 사이에서 일어난 분열을 기록해두었다.[11] 자칭 밈광(MemeGeek)들은 포챈에 올라온 초기의 고양이 짤방들을 좋아했지만, 고양이 짤방이 인기를 얻어 만들기 쉬워지자 동물의 조언(Advice Animals) 같은 다른 밈으로 옮겨갔다. 반면 자칭 치즈프렌드(Cheezfriend)라는 사람들은 '치즈버거를 주겠다고오옹?' 사이트에 남아서, 밈을 만드는 기술적 능력보다는 양식화된 짤방 언어를 유창하게 씀으로써 공동체에 소속되어 있음을 보였다. 고양이 짤방 전성기에는 '치즈버거를 주겠다고오옹?' 포럼에 글을 올리는 사람들이 서로에게 보내는 메시지 전체를 '짤방 언어'로 작성할 수 있었다. 또 이들은 고양이 그림의 도움을 받지 않고도 진짜 치즈프렌드와 신참들을 언어학적으로 구분할 수 있었다.

오래된 치즈버거 포럼 게시물을 파고들기보다는, 집단 검토를 거친 문헌 중 고양이 짤방과 가장 비슷한 것, 즉 고양이 짤방 언어로 번역된 성경을 살펴보자.[12] 이 글은 위키피디아에, 여러 명의 필자가 집필하고 투표하여 작성되었다. 나는 그 첫 부분으로서 아주 여러 번 편집을 거친 짤방 언어 창세기를 인용하도록 하겠다.*

Oh hai. In teh beginnin Ceiling Cat maded teh skiez

An da Urfs, but he did not eated dem.

Da Urfs no had shapez An haded dark face, An Ceiling

Cat rode invisible bike over teh waterz.

At start, no has lyte. An Ceiling Cat sayz, i can haz lite?

An lite wuz.

An Ceiling Cat sawed teh lite, to seez stuffs, An splitted

teh lite from dark but taht wuz ok cuz kittehs can see in

---

* lolcatbible.com에서 전문을 읽어볼 수 있다. 느낌만 맛보고 싶다면 천장 고양이가 신이고, 지하실 고양이가 악마이며, 행복한 고양이는 예수이고, 천막은 소파로 바뀌어 나타난다는 점을 기억하면 된다.

인터넷 때문에

teh dark An not tripz over nethin.

An Ceiling Cat sayed light Day An dark no Day. It were

FURST!!!1

음 하이. 처음엔 천장 고양이가 하늘이랑 디구를 만들었는데 먹지
는 않았쪄

디구는 모양이 없고 표면이 까맸는데 천장 고양이가 투명 자전거
를 타고 물 위를 지나가쪄

처음에는 비치 없어쪄. 천장 고양이가 빛을 주겠다고오옹? 하니깐
빛이 생겨쪄.

천장 고양이가 물건을 잡을려고 비츨 보고

비치랑 어둠이랑 갈랐는데 야옹이들은

어둠 속에서도 볼 수 있고 절대 안 걸려 넘어지니깐 괜찮아쪄

천장 고양이는 빛은 낮이고 어둠은 안 낮이라고 해쪄. 그게

처음이었다오옹!!!1

이 글에서 사실상 모든 단어는 다른 데에서 인용한 것이다. "음
하이"는 고양이 짤방 밈에서 따왔다. teh는 초기 인터넷 은어다. 천
장 고양이는 다른 고양이 밈 중 하나다. "만들었는데(maded)" "먹지는
(eated)" 않았다는 말은 위에서 본, "쿠키를 만들었는데 제가 먹었쪄
요" 밈에서 가져온 것이다. "**처음이었다오옹**(FURST)"과 "!!!1"도 각기
인터넷 은어다. 물론, 원전으로서 성경을 참고했다는 건 말할 필요
도 없다. 하지만 이런 식으로 밀도 높은 참고자료에 관한 설명을 들

는 것은 전혀 모르는, 대단히 기술적인 분야에 관한 위키피디아 항목을 읽는 것처럼 재미없는 일이다. 모르는 단어를 전부 클릭했을 때쯤에는 처음에 왜 이 주제가 재미있었는지 실마리조차 잃게 된다. 한편, 밀도 높은 참고자료를 만들거나 인용구를 볼 때마다 바로 출처를 알아차리는 것은 그야말로 즐거운 일이다. 집에서 멀리 떠나와 있을 때 고국 동포를 만나는 것처럼 말이다. 잘 아는 지형지물에 관한 이야기를 주고받는 것만으로도 동지애가 밀려드는 기분이 든다. 밈의 매력은, 내부자 커뮤니티에 속하는 데서 나오는 매력이다.

'동물의 조언'과 파편화된 밈

이 커뮤니티는 머잖아 엄청나게 커진다. 고양이 짤방의 유행이 끝나가던 시점에 여기저기 나타났던 밈 생성기 사이트들은 2008~2014년에 새로운 동물 밈을 엄청나게 많이 만들어냈다. '동물의 조언' 밈을 보면 가운데에 상투적 사람이나 동물 캐릭터가 등장하고, 각 캐릭터의 행동이나 내면 독백이 두 줄로 적혀 있다. 이때 글자는 언제나 검은 윤곽선이 적용된 흰색 임팩트체다. 특히 초기의 사례를 보면, 알록달록한 회전 원반 가운데에 얼굴을 붙인 이미지가 많다. 이후에는 온전한 사진이 전형이 되었다. 예컨대, 철학자 랩터(Philosoraptor)는 원반 안에서 이론적 질문을 숙고하는 벨로시랩터 그림이고, 쓰레기 스티브(Scumbag Steve)는 무책임하거나 비윤리적인 행동을 하는, 특이한 무늬의 모자를 쓴 남자 대학생의 온전한 사진이며, 투덜이 고양이(Grumpy Cat)는 특유의 무표정한 고양이다.

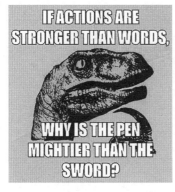

*(왼쪽에서부터) 1) 행동이 말보다 강하다면 왜 펜이 칼보다 강한 거지? 2) 내 비싼 물건을 망가뜨려놓고 "어쨌든 그딴 거에 뭐하러 돈을 써?"

    동물의 조언 밈에서 흥미로운 점은, 이것들이 밈 공간을 민주화하고 파편화했다는 것이다. 고양이 짤방은 대체로 통합된 언어학적 참조 대상, 즉 oh hai와 I can has와 k thx bai라는 단일한 고양이 문법(kitteh grammar)을 기준으로 만들어졌다. 동물의 조언은 개방적이었다. 이것은 여러 하위 집단이 다양한 수준으로 참여하는 밈 가족이었다. 언어 양식이 있는 경우도 있었지만(ermahgerd 버전에서는 oh my god을 ermahgerd로 바꾸는 등 모든 모음을 er로 바꿨고, 영화 배우 라이언 고슬링(Ryan Gosling) 버전은 모든 캡션을 hey girl이라는 말로 시작했다), 위에 제시한 것을 포함한 수많은 밈은 그림 위아래 캡션 형식만 아니라면 특이할 게 없다. 사실, 일부 캡션은 밈이 나타나기 한참 전에 나타난 것이다. 사람들은 펜과 칼 대 행동과 말에 관한 인용문을 밈이 만들어지기 오래전부터 생각해왔다.[13]

    이런 민주화 때문에 동물의 조언 밈은 아주 잘 알려진 것에서부터 거의 알려지지 않은 것까지 다양하게 존재한다. 내가 철학자 랩터와 쓰레기 스티브를 고른 것은 밈에 익숙한 사람이라면 누구나 이것들에 대해 들어봤으리라고 생각하기 때문이다. 그러나 단일한 커뮤니티 안에서만 인기가 있는 밈들도 있다. 예컨대, 언어학자 라마(Linguist Llama)는 오직 언어학자들 사이에서만 인기가 있다(일반 인들은 잘 모르지만 언어학자들 사이에서는 인기가 엄청나다). 이 라마는 미술학도 부엉이와 역사학도 예언의 짐승 등 학계를 주제로 한, 중간 규모의 동물의 조언 유행에 합류했다. 전혀 알려지지 않은 언어학자 링코드(Linguist Lincod) 짤방 등 오직 단일한 친구 집단 사이 에서만 인기를 얻은 밈도 있다. 언어학자 링코드는 내가 친구들과 함께 2011년에 만든 집단으로, 정말로 링코드라는 물고기가 있다 는 사실에 착안해서 만든 것이다. 우리는 즐거웠지만, 언어학자 링 코드 밈은 언어학자 커뮤니티 내에서도 별로 알려지지 않았으며 그 렇게 된 데에는 몇 가지 이유가 있었다. 링코드에 대해 들어본 사람 수가 매우 적었다. 사람들은 우리의 끔찍한 물고기 그림이 바로 그 물고기를 그린 것이라는 것을 전혀 몰랐으며, 우리가 단 캡션도 오 직 이 물고기를 이미 아는 사람한테만 재미있었다. 게다가 우리는 밈을 아주 멀리까지 전파할 만큼 다른 언어학자들을 많이 알지 못 했다.

우리의 물고기 밈이 얼마나 파닥거렸는지와는 상관없이, 내게 는 이것이 중요한 이정표가 되었다. 나는 고양이 짤방을 보고 문자 기반의 밈에 참여도 해봤다. 예컨대, "몇 가지 질문에 답하고, 친구들도 초대해보세요" 같은 밈이었다. 하지만 내가 아는 사람 중에는 이미지 밈을 만드는 사람이 없었고, 있었다 한들 내게 말해주지 않았다. 고양이 짤방은 인터넷 "저 멀리"에 있는 사람들이 만든 것이었으며, 내가 참여를 위해 할 수 있는 일은 대체로 언어를 흉내 내는 것뿐이었다. 내가 오프라인에서 아는 사람이 밈을 만든 건 동물의 조언이 처음이었다. 돌이켜보면, 이는 밈이 낯선 사람들과 상호작용하기 위해 온라인에 접속하고 싶어 했던 사람들인 오래된 인터넷 민족의 전유물에서 이미 아는 사람들과 상호작용하기 위해 온라인에 접속한 온전한 인터넷 민족도 쓰는 것으로 옮겨가는 더 넓은 전환의 일부였다. 2008년에 시작된 인터넷문화학회인 ROFLCon에서도 온라인과 오프라인 문화의 관계 변화를 놓고 씨름했다. 이 학회의 주최자들은 2012년 연례 학회를 끝으로 학회 문을 닫기로 했다.[14] 학회를 이끈 팀 황(Tim Hwang)과 크리스티나 쉬(Christina Xu)는 이렇게 설명했다. "2012년에 우리는 투덜이 고양이의 에이전트와 통화하고 있었습니다. '이 고양이한테 에이전트가 있네' 싶었죠. 이 사실 하나만으로도 정말이지 인터넷 문화 공간이 4년 동안 얼마나 바뀌었는지 알 수 있었어요."

내가 다음번에 참여적 밈을 만들 뻔했을 때는 인터넷과 비인터넷 문화의 경계가 더 흐렸다. 2012년 초반에 나는 경쟁적 토론에 여러 해 동안 활동적으로 참여해온 상태였는데, 그러던 어느 날 밤 늦게 세상에 정말로 필요한 것은 토론 전문용어의 매시업(mashup, 여러 자료의 요소들을 사용해 새로운 자료를 만드는 것)과 라이언 고슬링의 hey girl

밈이라는 생각이 들었다. 나는 예시 두어 가지를 만들어 토론 친구 몇 명에게 링크를 보내고 자러 갔다. 다음 날 아침, 나는 수십 건의 메시지를 받았고 이제 막 만든 내 밈 블로그에도 수천 명의 방문자가 들어왔다. 내가 알지도 못하는 사람들까지 자기 나름의 밈을 보냈다! 짜릿했지만, 이런 현상이 오래가지는 않았다. 그 주 주말에 열린 토론 토너먼트에서, 나는 그곳에 있는 모든 (대단히 괴짜인) 사람 중 가장 쿨한 사람이 된 기분이 들었으나 열흘 뒤에는 블로그 업데이트를 완전히 그만두었다.

내가 이 이야기를 꺼낸 것은, 이 사건이 내부자 농담의 힘을 보여주는 완벽한 척도이기 때문이다. 내부자 농담의 힘은 내가 개인적으로 아는 사람들을 한두 단계쯤 넘어서까지 확산될 수 있을 만큼 일반적이지만, 거기에서 끝날 만큼 국한되어 있다. 그때의 밈을 하나 찾아서 사례로 제시하려고 해보았지만, 최소 한 문단을 통째로 들여 맥락을 설명하지 않아도 되는 밈은 한 개도 찾을 수 없었다. 하지만 이토록 오랜 시간이 지났는데도, 나는 아직도 그 밈들을 보면 웃음이 난다. 토론 밈은 아마 수백 명에게만 재미있었을 것이고 그중 절반은 내가 오프라인에서도 아는 사람이었지만, 그 한 줌의 사람들은 정말로 이해받는 느낌을 받았다.

1년 뒤, 나는 인터넷에서 점점 더 많은 시간을 보내고 있었다. 석사 논문을 써야 할 때 필연적으로 발생하는 일탈 행위였다. 이때부터 새로운 형식의 이미지 밈이 눈에 들어왔다. 검은색 윤곽선이 있는 흰색 임팩트체와 위아래로 들어간 캡션 대신, 둥근 얼굴의 개 주위에 더 짧은 문구들이 코믹산스(Comic Sans)체로 흩어져 있는 밈이었다. 이 밈은 새롭고도 특이한 문법으로 이루어져 있었다 (정말이지 기쁜 일이었다). 나는 머릿속으로 분석하며, 논문을 제출할 때쯤에는 이 새로운 밈에 관한 설명을 해내리라고 맹세했다. 이 밈은 도지(Doge)라고 알려진 것으로, 일본의 교사인 아츠코 사토 (Atsuko Sato)가 찍은, 자기 시바견 사진을 토대로 삼는다.[15] 나는 결국 2014년, 기발했지만 현재는 슬프게도 폐쇄된 웹진 〈토스트(The Toast)〉에 이 밈을 언어학적으로 분석한 글을 썼다.[16] 도지는 내면 독

백 캡션이 여기저기 흩어져 있는 형식의 밈들 중 초기 사례다. 이런 밈들은 우리가 3장에서 살펴본 미니멀리스트(소문자주의) 활자를 이용했다. 두 번째 사례는 스넥(snek)인데, 이 밈은 뱀 사진 여러 장으로 이루어져 있으며 '시뱀(heck)'처럼 약한 욕과 "너 ~~해버린다"는 뜻의 문법이 틀린 표현이 담겨 있는 경우가 많은 것이 특징이다.

나는 도지 논문을 쓰는 내내 히죽히죽 웃음이 나오는 것을 참기가 힘들었다. 이번에도 사람들은 내 기쁨을 공유했다. 다만, 이번에는 "인터넷 문화에 관한 학술적 분석을 즐기는 사람들"의 집단이 "캐나다대학토론협회의 내부자 농담에 익숙한 사람"보다 훨씬 많은 것으로 밝혀졌다. 며칠 뒤, 나는 BBC에 나와 도지 이야기를 하게 되었고 몇 년 뒤까지 그 논문을 좋아한 사람들에게서 간혹 연락이 왔다.

언어학자 링코드와 토론회의 라이언 고슬링, 도지 문법을 만들 때의 차이는 뭐였을까? 내 정신 상태가 문제가 아니었다. 밈을 만드는 경험과 밈을 분석하는 경험은 심적으로는 거의 비슷하다. 밈을 만들 때나 분석할 때나 글이 정말로, 정말로 잘 써질 때면 느끼는 패기만만함을 경험한다는 말이다(여러 면에서, 밈을 분석해보겠다는 저항할 수 없는 유혹은 그 자체로 밈이다. 이런 충동은 학계와 인터넷 문화의 관행을 혼합한다). 사람들이 밈에 보인 반응이 달랐던 것도 아니다. 수명이 짧았던 내 2012년 밈 블로그는 특정한 하위 공동체에 강하게 호소하려던 개인이 만든, 수백만 개의 무명 인터넷 매시업 중 하나였다. 엄청난 인기를 얻은 밈의 독특한 점은 내부자 농담이 아니라 그 규모였다. 내부자 농담이 늘 일어나고 전파 비용이 0인 세계에서 밈 일부가 엄청나게 유행하는 것은 그 내부자 집단이 사실 매우 크기 때문이다. 예를 들어, 내부자 집단이 "인터넷을 사용하는 사람", "이 특정한 고양이가 매우 심술궂게 보인다고 생각하는 사람", "앞서 큰 인기를 얻었던 내부자 농담을 보았던 사람"인 경우가 그렇다. 인터넷 문화 자체에 근거를 둔 밈의 훌륭한 점은, 인터넷을 하나로 모을 수 있다는 것이다. 반면 밈의 고통스러운 점은 누가 '인싸'이고 누가 그렇지 않은지를 놓고 경계선을 긋는다는 것이다.

밈은 죽지 않는다 다만,

인터넷은 잠시 도지를 중심으로 단합되었으나, 밈 공간은 더욱 파편화되었다. 동물의 조언은 밈 생성기 사이트들 덕분에 가능해졌다. 이 사이트들에서는 일단 만들어진 밈을 저장했다. 그 말은, 밈들을 훑어보며 바로 진도를 따라갈 수 있다는 뜻이었다. 도지와 스낵은 이미지에 사용자가 마음대로 이름을 붙일 수 있게 된 까닭에 이런 일관적 미학을 잃었고, 더 이상 밈 생성기 사이트를 통해 확산되지 않았다. 당시에 밈에 관한 논문을 쓰던 박사과정 학생 두 명에게는 이것이 경악스러운 일이었다. 이후 책을 쓰면서, 이들은 책이 출간되기도 전에 밈이 더 이상 쓰이지 않게 될지도 모른다는 생각에 끙끙 앓았다. 라이언 밀너(Ryan Milner)는 밈에 관한 자신의 책에서 이렇게 말한다. "깨달음의 순간은 2014년에 찾아왔다. 어떤 학생과 내 박사 논문에 대해서 의논할 때였다. 당시 2학년이던 그 학생은 이렇게 말했다. '밈은 기억나요. 제가 고등학교 3학년일 때는 진짜로 유행했죠.' 2년밖에 되지 않은 내 박사 논문이 이제는 죽어버린 의사소통의 한 장르에 대한 역사적 분석이 되었다는 생각에 불안해졌다."[17] 휘트니 필립스(Whitney Phillips)도 인터넷 트롤(사이버상에서 공격적인 행위를 일삼는 사람들을 일컫는 말로 악플러가 여기에 해당한다)에 관한 책에서 이와 비슷한 변화를 설명하며, 그 이유 중 하나가 너의 밈을 알라(Know Your Meme)라는, 도시어 사전의 밈 버전에 해당하는 사이트가 부상한 것이라고 말했다. "'너의 밈을 알라'는 신참을 염두에 두고 만든 사이트다. 이 사이트에서는 인터넷에서 가장 인기가 높은 참여형 콘텐츠를 상세하게, 거의 분석적으로 다룬다. 이 사이트는 과거에는 내부자들에게만 제한되어 있던 공간을 민주화하는 데 도움을 주었다."[18]

하지만 밈 이야기는 여기서 끝이 아니다. 2016년 미국 대선 당시 밈이 그 어느 때보다도 큰 인기를 얻었다. 끔찍한 신념들을 매력적으로 보이게 하는 데 밈이 사용된 것이다. 이런 현상 때문에 〈USA 투데이〉나 〈가디언〉 같은 주류 언론에서 정치적 밈에 관한 진지한 칼럼이 우후죽순처럼 나타났고,[19] '너의 밈을 알라'의 목록은 직전 두 번의 선거 때보다 확장되었으며,[20] 개구리 페페(Pepe the Frog) 밈이 왜 백인 우월주의와 관련되어 있는지에 관한 HillaryClinton.com의 공식적인 밈 설명까지 이루어졌다.[21] 마이크 고드윈 자신도 고드윈의 법칙은 경솔한 홀로코스트 관련 비유에만 적용될 뿐 정말로 홀로코스트와 유사한 현상에는 홀로코스트라는 표현을 써야 한다고 밝힐 필요를 느끼고 트윗을 올렸다. "이 머저리들은 어떤 식으로든 나치에 비유하세요. 아무리 여러 번 비유해도 상관없습니다. 나도 당신 편입니다."[22] 비슷한 시기에, 귀여운 개와 강아지에 관한 '유익한' 밈은 새로운 공포들로 매일 가득 채워지던 SNS 피드에 활기를 불어넣었다.[23]

2017년, 온라인 뉴스 〈마이크(Mic)〉는 미국 명문대학 입학에서 나타나는 경향에 관해 보도했다. 학생들이 입학하기 전에 동기들과 어울리거나 친구를 사귈 목적으로 대학을 특정한 페이스북 그룹에서 밈을 만들고 공유한다는 내용이었다. 일부 예비 학생들은 학교에 들어갈지, 말지를 결정하기 위해 그 대학 밈의 품질을 평가하기까지 했다. '지적인 존재와 매콤한 밈의 지배자들을 위한 MIT 밈(MIT Memes for Intellectual Beings and Spicy Memelords)'의 창립자로, 당시 18세이던 브랜던 엡스타인(Brandon Epstein)은 이렇게 말한다. "우리는 밈 문화에 그 누구보다 몰입해온 사람들입니다. 작년 신입생들이 학교에 들어왔을 때는 밈이 지금 같지 않았어요. 밈이 정말로 주류가 된 것이 우리가 고등학생이던 시절이라는 점을 생각해보면, 제 또래 사람들이 밈에 더 집중하는 것 같아요."[24]

일견 이런 말은 모순적으로 보인다. 어떻게 2014년의 대학생은 밈이 죽었다고 말했는데, 3년간 밈이 범람하고 나서 대학에 들어온 다른 학생은 겨우 한 살 많은 선배들이 밈을 잘 이해하지 못한다고 주장할 수 있을까?(두 학생 다 2007년, 고양이 짤방의 전성기에는 아동에 불과했다. 마이크 고드윈이 유즈넷에 반나치 밈을 뿌리고 다니던 1990년에는 둘 다 태어나지도 않았다.)

밈을 단일하고 통합된 현상이라고 생각하면 이는 말이 되지 않는다. 물론, 고양이 짤방과 고드윈의 법칙은 이제 역사적 밈이 되었다. 하지만 이 모든 세월 내내 다양하게 재구성된 이미지와 텍스트, 영상이 공유된 건 확실하다. 사실, 새로운 범주의 이미지 밈은 바로 이 기간에 탄생했다. 고양이 짤방에서 스넥 짤방에 이르는 동물 기반 밈이 동물의 내면 독백을 전달하기 위해 캡션을 달았다면, 비교적 새로운 밈은 어떤 대상들이 서로 어떤 관계가 있는지 이름을 붙이기 위해 캡션을 달았다.[25] 예를 들면, 다른 여자를 관심 가지고 쳐다보는 남자친구와 그 모습을 경악해서 보는 여자친구가 등장하는, 한눈파는 남자친구(Distracted Boyfriend) 사진이 그렇다. 혹은 형광빛을 발산하는 뇌 도해도 시리즈로, 각 그림마다 설명이 붙은 뇌 은하(Galaxy Brain)가 그렇다. 이토록 왁자지껄하게 활동이 이어지는데, 밈에게 죽을 시간이 있었을까?

밈을 인터넷 문화에 대한 소유권 주장이라고 여기면 상황이 확실해진다. 밈은 주기적으로 그 밈을 만든 인구의 손을 떠난다. 특정한 밈은 그 특정 집단에게는 정말로 죽은 것이다. 하지만 사람들이 인터넷에서 문화를 만들어나가는 한, 다른 집단이 다른 형태의 밈을 가지고 출현해 '밈'이라는 틀을 차지할 것이다. 밈은 온전한 인터넷 민족에게서, 인터넷이 존재하지 않는 삶에 관한 기억이 전혀 없는 인터넷 이후 민족에게로 한 번 더 이동했다.

밈은 죽은 것이 아니다. 다시 태어난 것이다.

인터넷 때문에

무엇이 밈을 밈으로 만드는가

내 방 벽에는 수놓은 밈이 걸려 있다. 팔을 뻗고 있는 소작농과 바느질로 새겨 넣은 가짜 고어(古語) 캡션으로 이루어져 있다. "내가 헛짓거리를 하는 이 들판을 보라. 그대의 눈길이 이 들판에 이르면, 그대도 이 들판이 황야임을 알리라(BEHOLD THE FIELD IN WHICH I GROW MY FVCKS. LAY THINE EYES VPON IT AND THOV SHALT SEE THAT IT IS BARREN)." 이것은 똑같이 적힌 인터넷 밈을 기반으로 만든 것이다. 단어를 입력하면 천처럼 보이는 배경에 바느질로 새긴 것처럼 보이는 글자를 배치하여 바이외 태피스트리 모조품으로 바꿔주는 밈 생성기로 만드는 밈 말이다.

들판을 보라(Behold the Field) 밈은 인터넷 문화의 산물이기도 하지만, 노르만 정복이 있었던 시기까지 거의 천 년을 거슬러 올라가는 영국 문화의 산물이기도 하다. 70미터 길이의 바이외 태피스트리에 수를 놓았던 이름 없는 여성들도 이미지와 단어를 결합하고, 상투적인 인물(콧수염을 기른 앵글로색슨족과 말끔히 수염을 깎은 노르만족)을 집어넣고, 그 시대에 벌어지던 일을 구체화하고 신화화했다(앵글로색슨족의 마지막 왕인 해럴드 고드윈슨이 헤이스팅스 전투에서 눈에 화살을 맞아 죽었다는 생각은 이 태피스트리에서 나온 것이다[26]). 이 태피스트리는 다른 시대에도 바느질을 통해 다시 만들어졌다. 빅토리아 시대에는 리크자수협회(Leek Embroidery Society) 회원들이 실물 크기의 복제품을 만들었으며,[27] 2017년에는

북아일랜드에서 〈왕좌의 게임(Game of Thrones)〉 바이외 태피스트리가 공개됐다.[28]

'들판을 보라' 밈에는 심지어 양식화된 언어까지 있다. 이 언어는 인터넷 은어보다는 '너' 대신 '그대(thou)'를 사용한다거나 u를 v처럼 보이게 쓴다거나 '황야(barren)' 같은 단어를 사용하는 등 영어 사용자들이 '구식 영어'라고 공통적으로 이해하는 언어에 기반을 두고 있다(원래의 태피스트리는 라틴어로 되어 있는데도 말이다).

내가 독창적이었다고 할 수는 없다. 내가 이 태피스트리를 만든 것은 다른 사람들이 온라인에 올린 사진을 통해, 그들이 같은 밈을 수놓은 모습을 보았기 때문이다. 나는 내 태피스트리를 만드는 동안 몇 가지 다른 버전을 살펴보며 일부 특징에는 변화를 주었다. 나는 십자수 대신 박음질을 활용했다. 그 편이 더 매끄럽게 보였기 때문이다. 그리고 들판을 가리키는 남자 소작농을 나랑 닮은 모습의 여자 소작농으로 바꾸었다. 어쨌거나, 내가 헛짓거리를 하는 이 들판은 내 들판이고, 내가 소유권을 주장하는 인터넷 문화의 한 부분이니 말이다.

태피스트리와 할아버지의 농담 모음집

하지만 내가 소유권을 주장한 대상은 정확히 무엇일까? 나는, 예컨대 고양이 짤방을 물감으로 그린 것이 아니라 이 특정한 밈을 바느질이라는 특정한 형식으로 재생산했다. 오래된 것과 새로운 것, 구어 문화와 디지털 문화, 가정적인 것과 세속적인 것, 헛짓거리를 덜 하고 싶다는 소망과 섬세한 수놓기에 정말이지 엄청난 헛짓거리가 필요하다는 현실이 병치된 것이 매력적으로 느껴졌기 때문이다. 내가 이 작품을 만든 상황조차 일종의 병치였다. 밈의 언어학에 관해 〈토스트〉에 논문을 썼기 때문에 알게 된 솜씨 좋은 인터넷 장인들과 모인 자리에서, 이들은 얼마나 많은 실을 사용해야 하며 천의 뒷면이 뭉치지 않게 하는 방법이 무엇인지에 관해 조언해주었다(나는 핸드폰을 꺼내 프렌치 매듭을 짓는 방법을 그린 도표를 검색하기도 했다).

밈을 수놓는 것은 내가 물리적인 형태로 해본 것 중 가장 디지털에 가까운 미술이었다. 캔버스는 가로와 세로로 쭉 이어지는 얇은 실로 만든 격자였다. 이는 포토샵에서 하는 것과 거의 비슷하게 헤아리고 균형을 맞출 수 있는, 픽셀로 이루어진 격자다. 나는 나중에 애플의 첫 컴퓨터 아이콘 대부분을 디자인한 수전 케어(Susan Kare)가 작게 배열된 픽셀로 아이콘을 만들 준비를 할 때, 바늘과 모자이크를 사용하던 개인적 경험에 착안했다는 사실을 알게 되었다.[29] 실 가닥은 수놓기 초보인 내게 놀라울 정도로 잘 맞았다. 어느 바늘땀이 마음에 들지 않으면, 뜯어내고 다시 하면 됐다. 천에는 아주 작은 구멍 몇 개만 남을 뿐이고, 계속 천을 만지다 보면 그 구멍도 없어졌다. 물이 드는 캔버스나, 뭔가를 그렸다가 지우고 나면 얼룩 혹은 구겨진 자국이 남는 종이보다는 컴퓨터 프로그램의 무한한 '취소' 기능에 가까웠다.

밈도, 수놓기도 사람들이 다시 만들어내기 때문에 번져나가는 집단적이고 민속적인 산물이다. 글(text)과 천(textile)이라는 단어는 어원이 같다. 그 어원은 인도-유럽 공통기어의 teks라는 단어로, 이는 "천을 짜다"라는 뜻이다. 글을 쓰는 것과 천을 짜는 것은 둘 다 무언가를 한데 모아 만들어내는 행위다. 이야기꾼은 이야기라는 실을 얽어나가는 사람이고, 인터넷은 초기부터 망(web)으로 비유되었다. 인쇄 기술과 카메라와 복사기가 원본에 충실한 재생산이라는 개념을 도입하기 이전까지 거슬러 올라간다면, 모든 전달은 재창조였다. teks는 technology(기술)라는 단어의 어원이기도 하다. 이 단어는 한때 미술이나 공예에 관한 체계적 논문, 나아가 문법을 의미했다. 기계적이거나 산업적인 기술에 관한 연구(1902년의 사전에서는 "물레질, 금속 가공, 양조"를 예시로 들고 있다[30]), 이후에는 디지털 기술을 의미하기 전에 말이다.

밈은 오랫동안 기술과 공존해왔으며, 기술 덕분에 가능해졌다. 1935년에 신문에 실린 10원 보내기(Send-a-Dime) 번영회 같은 행운의 편지와 행운의 이메일("이 이메일을 전달할 때마다 빌 게이츠가 암 치료를 위해 1달러를 기부합니다")은 상당히 잘 알려져 있다.[31] 이보다 덜 알려진 것은 행운의 편지와 행운의 이메일 사이에 나타난, '팩스로어(faxlore)' 혹은 '제록스로어(Xeroxlore)'로 알려진 선구적 현상이다.[32] 팩스로어는 이메일, 팩스, 복사기를 통해 회람되던 농담과 이야기, 경고문 등을 말한다. 이 중 가장 유명한 것은 블링큰라이트(Blinkenlight, 깜빡이는 불빛(blinking light)을 가짜 독일어로 바꾼 익살스러운 표현)다. 블링큰라이트는 멋진 장비 옆에 붙어 있을 법한, 가짜 독일어로 쓴 경고문이다.[33] 여기에는 "손가락을 넣거나 손으로 잡는 행위는 금지되어 있음. 신기해하는 사람과 구경꾼들은 두 손을 주머니에 넣을 것. 가만히 반짝이는 빛을 구경하시오(ist nicht für der gefingerpoken und mittengraben.... Das rubbernecken sichtseeren keepen das cotten-pickenen hans in das pockets muss; relaxen und watchen das blinkenlichten)"라고 적혀 있다. 마이클 J. 프레스턴(Michael J. Preston)이 1974년에 쓴 글에서 '제록스로어'라는 용어를 만들면서, 이 장르에는 가짜 메모를 비롯한 직장 유머를 특징적으로 다루는 경향이 생겼다. 대부분의 사람들은 집에 복사기가 없었기 때문이다. 복사기와 팩스는 이런 이야기가 퍼지게 해주었으나, 복사-붙여 넣기가 문자 그대로 복사기와 풀을 사용한다는 뜻이던 시절에는 그런 확산이 쉽지만은 않았다.

표현적 활자나 문자와 함께 쓰는 작은 그림이 인터넷 이전에도 존재했듯, 내부자 농담이 복제되는 현상은 여러 세대에 걸친 문화적 역사를 지녔다. 나는 온전한 인터넷 민족으로서 블링큰라이트를 (준인터넷 민족인) 아빠가 2000년대 초반에 전달해준 이메일 때문에 알았다. 하지만 자곤파일은 그 시초가 1955년의 IBM까지 거슬러 올라간다고 말한다. 이 시절에는 컴퓨터에 화면 대신 실제로 깜빡이는 여러 줄의 LED가 달려 있었다는 것이다. 자곤파일은 2차 세계대전 시기와 그 직후에 연합국 기계 공장에 흔하게 보이던 가짜 독일어 팻말에서도 그 기원을 찾는다. 그런 팻말 중 하나에는, '블링큰라이트'라는 단어는 빠져 있으나 몇 가지 비슷한 표현이 들어 있다. "이 기계에 손가락을 넣거나 손으로 잡는 행위는 금지되어 있음. 신기해하는 사람과 구경꾼, 멍청한 사람들은 가만히 있으시오(Das Machinen ist nodt for gefingerpoken und mittengrabben.... Das rubbernekken sightseeren und stupidisch volk bast relaxen)"같은 표현이다. 아빠는 2차 세계대전 세대는 아니지만, 나는 어쨌든 아빠에게 제록스로어에 관해 말했다. 아빠는 이렇게 대답했다. "아, 그래. 너희 할아버지가 정말로 복사기 농담을 좋아하셨어. 퇴역하신 다음에도 친구들한테 최신 농담을 받으려고 집에 몇 년 동안 팩스기를 두셨지. 가장 재미있는 농담을 담아놓은, 손가락 한두 마디 두께의 파일도 가지고 계셨단다." 할아버지를 인터넷 민족이라고 할 수는 없을 것이다. 할아버지는 잠시 이메일 계정을 갖고 계셨던 적도 있지만, 스마트폰이나 SNS 계정을 쓰셨던 적은 한 번도 없으셨다. 그런데도 텀블러나 이머저(Imgur)를 사용하는 여느 10대처럼, 할아버지에게도 자신만의 밈 수집에 빠져 있던 시기가 있었던 것이다.

다음번에 찾아갔을 때, 아빠는 낱장의 종이들이 가득 차 있고 별다른 특징이 없는 갈색 폴더를 내미셨다. "할아버지 사무실을 청소하다가 이걸 찾았단다. 네가 재미있어할지도 모르겠다고 생각했어."

할아버지의 밈 모음집이라고? 당연히 흥미가 생겼다.

그 종이들을 뒤져보다가 가장 먼저 눈에 띈 것은 글자가 매우 크다는 점이었다. 노인 전용 밈이 있다는 데 의구심을 품었대도 그 폰트를 보자 완전히 씻겨나갔다. 종이에 인쇄된 글씨체는 내가 쓸 만한 크기보다 두세 배는 컸다. 이 문서들은 독서용 안경이 필요한

　　　　　　　　　　　　　　인터넷 때문에

사람들이 보려고, 그들이 만든 것이었다. 애석하게도, 내가 손에 든 파일은 할아버지의 밈 수집품 중 일부에 불과한 듯했다. 90년대의 팩스로어는 발견되지 않았다(아버지는 대부분의 팩스 밈이 광택이 있는 감열지에 인쇄되었을 것이라고 말했다. 지금도 수많은 영수증이 그렇게 인쇄된다. 하지만 이것들은 오래 버티지 못한다). 대신, 이 수집품은 2004~2011년경에 마이크로소프트 아웃룩에서 인쇄한, 전달된 이메일로만 이루어져 있었다. 그러나 "손가락 한두 마디 두께"라는 말이 너무 작게 추산한 결과라는 점은 분명했다.

나는 아주 약간 기죽은 채, 어쨌든 읽기 시작했다. 하지만 실망하고 말았다. 농담은 독창성이 없고 반복적이었다. 엄청나게 많은 종류의 직업인들과 다양한 국적의 사람들, 유명 인사들이 바에 들어가거나 천국의 문 앞에 서는 이야기, 조숙한 어린이나 인간처럼 행동하는 동물이 그들의 순진함이 사실 거짓이었음을 드러내는 농담을 던지는 이야기, 금발이나 촌뜨기나 나이 든 부부 등 상투적인 인물들이 상투적 이미지에 맞게 행동하거나 가끔은 그 이미지를 전복하는 이야기 등이었다. 나는 실험적으로 "고전 농담"을 검색했다. 그래, 똑같은 장르가 있었다. 소수의 전설적인 재간꾼이 쓴 농담이라고 잘못 알려져 있거나 출처가 아예 알려지지 않은 농담들이, 그래픽이 형편없는 웹사이트들에 나열되어 있었다. 탄식이 절로 나오는 말장난과 손발이 오그라드는 고정관념이 가득한 사이트였다. 밈의 제왕인 할아버지가 남긴 유산이 이것이라면, 별로 물려받고 싶지 않았다.

하지만 밈의 재미를 반복이 아니라면 어디서 찾겠는가? 특이한 문법을 쓰는 고양이나 개를 처음으로 봤을 때, 나는 '약간 재미있음'과 '완전히 당황함' 사이의 어느 감정을 느꼈다. 농담을 알아듣게 되는 것은 서너 번째로 그 농담을 마주치게 될 때다. 그리고 이젠 지겹다고 생각했는데, 누군가가 멋진 새로운 상상을 들고나와 미친 듯이 웃게 되는 건 20번쯤 다시 그 농담을 들었을 때다. 밈은 상투적인 인물로 가득하다. 동물의 조언이 그토록 기발한 이유가 바로 그래서다. 이 밈은 철학자 랩터나 사회생활에 서툰 펭귄 같은, 주제가 있는 동물 매시업으로 시작해 "고전" 농담처럼 젠더화되어 있고 인종차별의 앙금이 남아 있는 고정관념으로 확장된다. 지나치게 집착하는 여자친구나 높은 기대를 가진 아시아인 아버지가 그 예시다.

상투적 인물과 이들에 대한 희화화는 고전 농담보다 훨씬 오래전으로 거슬러 올라간다. 유명인사나 전형적 인물은 18~19세기 내내 정치 만화에 등장한다.[34] 1870년대의 만화에서 발견되는, 당나귀와 코끼리로 표현한 미국 정당들이 그 사례다. 가톨릭교회에 대항하는 대중들의 지지를 끌어모으려고 만든 1521년의 어느 전단지에 싣기 위해, 마틴 루터는 성경 속 상징적 장면들을 당시의 복음주의적 정치와 뒤섞는 만화를 의뢰했다(상투성을 지닌 종교적 인물들은 밈 형태로도 매력을 유지한다. 어느 이미지에서는 힙스터 안경을 쓴 모습으로 포토샵한 예수의 그림에 "난 트위터가 생겨나기 전부터 팔로워가 있었지"라는 캡션이 적혀 있다).[35] 브리타니아상

인터넷 때문에

이나 자유의 여신상처럼 장소나 추상적 관념의 의인화는 로마 시대의 여신들에게까지 거슬러 올라가고, 고대 그리스의 화병과 연극용 가면에도 간략화된 인물 묘사가 들어가 있다.[36] 인간 세상에 관해 한마디 하는 동물 이야기는 아마 그중에서도 가장 오래된 것으로 보인다. 이런 이야기는 이솝 우화와 자장가, 온갖 종류의 고대 신화와 전설에서 발견된다.

해괴하고 엉성할수록 완벽해지는 21세기 민간전승

그렇다면 밈의 독특한 점은 참여적이라는 것도, 시각적 요소와 상투적 인물을 뒤섞는다는 것도 아니다. 밈을 만화나 농담, 일시적 유행이 아니라 밈으로 만드는 것은 다름 아닌 '우리 할아버지에게 밈 모음집이 있었다'라는 주장에서 느껴지는 반어적인 짜릿함이다. 다시 말해, 밈은 인터넷 문화의 원자이고, 내 할아버지는 사실 인터넷 민족이었던 적이 없다. 밈을 만들고, 공유하고, 보고 웃는 것은 '인터넷의 인싸'가 되겠다는 주장을 펼치는 것이다. 밈은 내가 인터넷 문화의 구성원이며, 내 말을 알아듣지 못한다면 당신은 인터넷 문화에 속하지 않은 것이라고 말하는 방법이다.

활자를 통한 반어법이 진정성이 들어갈 공간을 만들어내는 것처럼, 농담도 문화적 공간을 만들어낸다. 내부자 농담을 듣고 웃는 것은 "나도 이 일이 일어났을 때 여기 있었어"라고 말하는 방법이다. 함께 씨름하고 있는 일에 관한 농담에 웃는 것은 "이 문제에서 우리는 모두 함께야"라고 말하는 방법이다. 인종차별주의적이거나 성차별주의적인 농담을 듣고 웃는 것은 "난 이런 고정관념을 받아들이고 있어"라고 말하는 셈이다.[37] 밈은 언어학적인 동원 수단이 될 수 있다. 관찰자들은 밈이 생겨나는 내부자 그룹에 속하고 싶어하기 때문이다. 양성적인 형태로든(나는 언어학 밈을 본 사람들이 위키피디아에 뜨는 언어학 관련 항목을 읽는 걸 본 적이 있다), 보다 흉악한 목적으로든 말이다(극우주의자들의 포럼에서는 아니라고 부정할 수 있을 정도의 외피를 씌워 극단적 이데올로기를 전략적으로 퍼뜨리는 데 밈과 반어법을 사용한다).[38] 농담을 설명하는 것과 밈을 설명하는 것은 같은 이유로 김빠지는 일이다. 설명 없이 "알아듣는" 것이야말로 핵심이다.

밈이 인터넷 문화의 원자라면, 인터넷 문화가 인기 있는 문화가 됨에 따라 밈도 확산한다. 언어학자 에린 매킨(Erin McKean)은 이 점을 잘 보여주는 10대 아들과의 대화를 트윗했다.[39]

아이: 피젯스피너는 뭐랄까, 물리적인 밈 같은 거죠

나: **그런 걸 유행물(FAD)이라고 하는 거야**

밈과 유행물의 비교에 아무 근거가 없는 것은 아니다. 기술 전문가 안 샤오 미나(An Xiao Mina)는 물리적인 대상이 바이럴 현상의 주인공이 되고, 밈과 거의 비슷한 방식으로 혼합되었다고 썼다. 인터넷과 특히 중국 선전 지구의 주문제작 서비스가 큰 역할을 했다고 말이다. 맞춤형 디자인을 티셔츠에 인쇄하거나, 집단적인 브레

인터넷 때문에

인스토밍을 통해 시위 구호를 만들어낸 다음 SNS에 올린 사진을 통해 확산시키고 복제하는 일이 지금처럼 쉬웠던 적은 없다.[40] 다른 사람의 자수 작품 사진을 보고 들판을 보라 밈을 수놓기로 했을 때, 나는 인터넷 문화에 참여한 것일까, 물질문화에 참여한 것일까? 이 시점에서 둘 사이에 차이가 있긴 할까?

서로 인터넷을 통해 이야기하는 모든 공동체는 현재 각기 나름의 밈을 가지고 있다. 비디오게임과 육아, 아니메에 관한 밈들이 존재한다. 어떤 정치적 신념이든 그에 관한 밈도 있다. 내가 뻔한 이유로 편애하는 언어학적 밈도 있다(나는 글을 써야 하는 시간에 내 트위터 피드에 뜨는 모든 밈의 언어학 버전을 만듦으로써, 이 책의 출간을 성실히 늦추었다). 미국의회도서관에서는 현재 밈을 수집해, 고양이 짤방 성경이나 도시어 사전, '너의 밈을 알라' 같은 것들을 보존하고 있다.[41] 의회도서관에서는 이런 것들을 매력적이게도 '민간전승(folklore)'이라고 부르는데, 딱히 부정확한 말은 아니다. 내가 앞서 언급했던 학자들이나 너의 밈을 알라의 구성원들, 텀블러의 '밈 사서'인 어맨다 브레넌(Amanda Brennan) 같은 고급 밈 연구를 전업으로 하는 사람들도 있다.[42]

2014년 이후로 밈 관련 논문을 저술한 휘트니 필립스와 라이언 밀너는 나중에 인터넷 민간전승의 일종으로서 밈에 관한 책을 공저했다.[43] 이들은 음탕한 5행 희시, 귀신 이야기, 몰래카메라 등과 밈의 유사성을 짚었다. 밈이 인기 있는 모든 것을 지칭할 수 있다면, 우리는 거의 한 바퀴를 돌아서 밈이란 문화적 복제를 통해 확산되는 관념이라는 도킨스의 첫 정의로 돌아온 셈이다.

하지만 잘 알려지지 않은 관념이나, 모방을 일으키지 않고 인기를 얻기만 하는 관념과 밈 사이에는 여전히 차이가 있다. 많은 경우, 그 차이점은 밈이 해괴하다(weird)는 데서 온다. 밈은 왜 그런 모양일까? 왜 밈은 독특하고 해괴한 언어학적 형식과 관련되어 있을까? 리모르 시프만이 내놓은 실마리를 보면 답을 찾을 수 있을 것 같은 기대감이 생긴다. 시프만은 수많은 모방으로 이어진 유튜브 동영상들과, 조회수는 같으나 모방은 거의 또는 전혀 이루어지지 않은 동영상들을 연구했다. 놀랍게도, 시프만은 전문적으로 보이는 영상일수록 밈으로 만들어지는 경우가 적다는 사실을 알아냈다. 시프만의 말을 빌리면 이렇다. "'형편없는' 텍스트가 '좋은' 밈이 된다." 달리 표현하면, 밈은 적극적 참여에 기반을 두므로 "눈에 띄게 완성도가 떨어지고, 조야하고, 아마추어적이고, 심지어는 해괴한 영상이 사람들에게 틈새를 채우고 퍼즐을 풀어보거나 만든 사람을 놀려줘야겠다는 마음을 품게 한다".[44]

일관성이 떨어지는 언어나 형편없는 포토샵 기술도 같은 결과로 이어진다. 은어나 미니멀리스트 활자가 사람들과의 거리감을 좁혀주거나 반어법이 여러 겹 사용됐다는 점을 이해하도록 유도하는 것과 마찬가지로, 여러 밈에서 사용되는 장난스러운 언어는 사람들이 쉽게 참여할 수 있도록 이끈다. 공식적으로 만들어진 문화적 아이템은 그 안에 들어간 땜질과 편집과 수고를 감추기 때문에, 작가나 예술가 지망생들은 타인의 반짝반짝 빛나는 최종 결과물과 자신의 초안을 비교하고는 자기 작품이 조악하다고 여겨 주눅이 든다. 일관성 없는 작품은 그와 정반대의 효과를 일으킨다. 인터넷 민간 전승으로서의 밈은 불완전하고, 지속적으로 수정되며, 누구나 작성할 수 있는 것이다. 많은 사람이 실제로 그렇게 하고 있듯 익명으로나 가명으로 세상에 밈을 내놓으면, 밈이 엉성한지는 더욱더 중요하지 않은 문제가 된다. 양식화된 언어는 그 장르를 나타낸다. "옛날옛적에"가 동화를 나타내는 것과 같다.

진화하는 인터넷 문화 속 밈

다른 글이 만들어낸 우주 위에 새 글을 쓰는 것은 가장 오래된 이야기 형식 중 하나다. 《일리아드》는 호메로스가 쓴 것으로 알려져 있으나 구전문학으로서 출발했고, 베르길리우스의 《아이네아스》는 《일리아드》의 조연인 아이네아스를 데려와 로마의 영웅으로 만든다. 이후에는 단테의 《신곡》이 베르길리우스라는 역사적 인물을 데려와, 연옥과 지옥으로 가는 단테의 여행 안내자로 삼는다. 하지만 다른 우주 위에 새 글을 쓰려면 청중이 이미 아는 것이 무엇인지 추정해야 하고, 이런 추정은 까다로운 일이다.

오직 인쇄매체만이 존재하는 세상이라면, 나는 원전을 정확히 얼마나 많이 인용할지 결정해야 한다. 독자로서 당신은 엄청난 노력을 기울이지 않는 한 내가 인용한 부분 외에는 볼 수 없다. 운이 좋아 당신의 책장에 원전이 꽂혀 있다면 자료를 찾아볼 수도 있을 것이다. 내가 페이지 번호를 적어두었고, 당신과 내 책이 같은 판본이라면 말이다. 그게 아니라면 도서관으로 가야 하는데, 도서관에 그 책이 있을지 누가 알겠는가? 인터넷이 있으면, 우리는 보통 손가락 한 번 까딱하는 것으로 원전 전체에 접근할 수 있다. 온라인에서 글을 쓸 때, 나는 설명이나 원전으로 이어지는 링크를 달아두는 것만으로도 잘 알려지지 않은 용어나 참고자료를 사용할 수 있다. 이런 방식으로 글은 여러 독자의 필요에 맞게 된다. 이미 참고자료를 아는 사람들은 굳이 클릭하지 않아도 되고, 모르는 사람들은 클릭을 통해 내가 본문의 맥락을 끊지 않고서는 제시할 수 없었던 더 완전한 설명을 훑어볼 수 있다. 내가 링크를 제공하지 않을 때조차 사람들은 검색을 통해 맥락을 발견할 수 있다. 하이퍼텍스트와 검색이 없으면, 나는 독자의 폭을 좀 더 좁게 생각할 수밖에 없다. 글쓰기의 단계마다 정의를 달아 일부 독자들을 따분하게 할지, 그런 정의를 달지 않아서 다른 일부 독자들을 혼란스럽게 할지 위험을 무릅써야 한다.

인터넷은 공동 저작에도 매우 좋은 역할을 했다. 단지 밈과 비슷한 창작물에서만 그런 것이 아니었다. 여태까지 인쇄된 그 어떤 백과사전보다 60배는 방대한 영어 백과사전을 만들기 위해 자발적인 편집과 협력적인 위키 형식을 활용했던 위키피디아를 생각해보라.[45] 여기에 더해, 위키피디아는 다른 언어로 이루어진 다양한 규모의 백과사전도 수백 개 만들어냈다. 팬픽도 생각해보라. 팬픽은

인터넷 때문에

특정한 원전을 중심으로 형성되어, 서로 대화하면서 그 원전을 다시 써나가는 사람들이 공동체를 이룬다. 팬픽은 인터넷 이전부터 존재해왔으나(셜록 홈스와 〈스타트렉〉이 눈에 띄는 사례다), 초기 인터넷에서 사용했던 관심사 위주의 게시판 구조가 팬들이 서로를 발견하는 데 도움을 주었다.[46] 특히 〈엑스 파일〉과 〈루크페리의 뱀파이어 해결사(Buffy the Vampire Slayer)〉 팬들이 그랬다. 이후 세대의 팬들도 속도를 늦추는 징후는 전혀 보이지 않았다. 이들은 라이브저널이나 이후에 유행한 텀블러 같은 블로그, 그리고 Fanfiction.net, 우리만의 아카이브(Archive of Our Own), 왓패드(Wattpad)처럼 픽션을 제공하는 웹사이트에 모여들어 해리 포터, 원 디렉션(One Direction), '슈퍼후록(Superwholock)'(〈슈퍼내추럴〉, 〈닥터 후〉, BBC의 〈셜록〉의 합성어)에 관한 글을 쓰게 되었다.[47] 관련 게시물의 규모는 위키피디아의 최소 두 배에 달한다.

저자는 홀로 작업해야 하며 독창적이어야 한다는 현대 서구의 개념은 비교적 오래되지 않았고 문화적으로도 제한되어 있다. 이 개념은 충실하고 정확한 사본을 대규모로 만들 수 있게 된 다음에야 비로소 생겨났다. 저작권은 인쇄 기술의 발명으로 복사가 쉬워진 뒤 수백 년 동안에 현대적 형태로 진화해왔다. 달리 말해, 우리는 복사를 방지할 권리가 생기기 전부터 차용할 권리를 가지고 있었다. 나야 저작권이나 창작의 주체는 개인이라는 생각을 고맙게 생각한다. 덕분에 나도, 내가 사랑하는 다른 모든 작가도 조금이나마 생계비를 벌 수 있다. 하지만 전문적인 창의성만이 유일한 창의

성인 것처럼 생각하지는 말자. 재치 있는 농담에는 기쁨이 있고, 섬세하게 땜질한 욕설에서는 짓궂은 재미를 느낄 수 있으며, 가장 좋아하는 캐릭터를 새로운 환경에 등장하도록 다시 쓸 때만 가라앉힐 수 있는 타오르는 호기심도 있다. 그리고 물론, 완벽한 화합을 이루는 밈으로 반복적인 연주를 하는 데서 오는 황홀감도 있다.

밈 하위문화가 크든 작든, 밈을 만들고 공유하는 것은 인터넷 민족으로서 한 공간에 대한 소유권을 주장하는 행위다. 당신과 비슷한 사람들이 인터넷에 있을 자격이 있다고 주장하는 방법이다. 아마 밈 성숙의 마지막 단계는 다른 집단이 밈을 **잘못 사용한다**고 더 이상 주장하지 않고, 대신 밈을 다양하게 진화하는 장르로서의 문화적 대상이라고 인정하는 단계일 것이다.

하지만 그때까지는 여전히 인터넷 문화에서 어린 시절을 보낸 사람과, 인터넷에 문화가 있을 수 있다는 사실 자체를 이해하기 힘들어하는 사람들 사이의 격차를 메워야 한다. 이렇게 생각해보자. 어렸을 때 나는 신문 십자말풀이를 이해할 수 없었다. 물론, 나는 이론적으로 십자말풀이가 재미있을 수도 있다는 점을 이해했다. 하지만 실제로는 퍼즐의 힌트를 전혀 이해할 수 없었다. 어떻게 내가 태어나기도 전에 벌어진 사건과 그 시절 사람들을 알 수 있다는 거지? 대체 누가 그럴 수 있다는 거야?? 모두가 보고 베끼는 문화적 참고자료 목록은 어디에 숨겨져 있는 건데???

나는 그런 목록을 영영 발견하지 못했다. 하지만 지금은, 기내

인터넷 때문에

잡지나 조간신문에서 십자말풀이 퍼즐을 마주칠 때마다 신기한 일이 일어난다. 어째서인지 지금은 힌트 대부분을 이해한다. 영화? 보지는 않았어도, 그 영화가 언제 나왔는지는 기억난다. 정치인? 내가 바란 결과는 아니었더라도, 그들이 선출되었다는 건 기억한다. 내가 태어나기 전 시절에 관한 참고자료는 점점 더 드물어진다. 아직 남아 있는 것들은 지난 세월 동안 충분히 대화에서 언급되어온 것들로, 나도 퍼즐을 푸는 대중에게 이런 힌트가 납득할 만한 것이라는 걸 안다.

나는 이런 참고자료나 내가 그 참고자료를 알게 된 경위가 적힌 목록을 만들 수 없다. 하지만 그 참고자료는 존재한다. 적절하게 제시한 힌트나 몇몇 핵심 글자만 있으면 내게서 끌어낼 수 있도록 말이다. 지금의 나는 십자말풀이에서 가정하는 문화적 대화에 끼어들 수 있다. 그런 문화적 대화의 외부에 존재했던 어린 시절에는 완전히 당혹스러웠는데 말이다.

인터넷 문화도 마찬가지다. 나는 내가 아는 모든 밈의 완전한 목록을 만들 수 없고, 특정한 밈이 정확히 어떤 면에서 웃음을 유발하는지 이유를 설명할 수 없는 것도 확실하다. 우리 할아버지가 자신이 수집한 농담이 새롭고 흥미롭고 보존할 만한 가치가 있는 것으로 느껴진 이유를 내게 또렷이 설명할 수 없는 것과 마찬가지다. 우리는 내부자 농담, 가족과 오랜 친구, 직장 동료, 심지어 업계 전반과 지역 거주민들의 입에서 나오는 공통의 용어에 익숙하다. 우리가 당황하는 것은 이런 농담이 글로 적혀 있기 때문이다. 우리는 글은 격식을 갖춘 것이라는 생각에 익숙하고, 그런 격식성은 부분적으로 청중 일반에 호소하기 위해 문화적 특이성을 평탄화하는 데서 나오기 때문이다. 신문의 십자말풀이는 대중적인 신문 독자들을 위해 만들어졌다. 비격식 문어는 이와 다르며, 밈은 이런 차이에서 나타난 문화적 원자다. 우리는 지금도 정확히 우리 취향에 맞게 쓰인 것처럼 보이는 무언가를 마주치면 기쁨을 느낀다(그 무언가를 잘 이해하지 못하는 사람은 검색을 해보면 된다).

모든 문화가 그렇듯 인터넷 문화에도 참고자료가 있다. 인터넷 문화도 외부자에게는 당혹스럽게 느껴지며, 명시적인 지시보다는 공통의 역사에 의존한다. 모든 문화가 그렇듯, 인터넷 문화는 단일한 문화가 아니다. 인터넷 문화에는 널리 공유되는 부분과, 아주 작은 틈새만을 점유하는 부분이 있다. 중요한 건 모든 문화가 그렇듯, 인터넷 문화 역시 가장 좋아하는 부분을 아무리 깔끔하게 따로 모으고 자손에게 물려주려고 해봤자 유동적이라는 점이다.

그럼 이런 유동적인 상태는 또 어떤 결과로 이어질까?

인터넷 때문에

7장
언어에 대한
새로운 은유

책이 곧 언어라는 비유는 수명이 다했다.

근대에는 두뇌를 증기기관이나 유압펌프와 비유했지만

현대의 신경과학자들은 컴퓨터를 두뇌에 대한 은유로 쓰듯

언어에 관한 은유도 시간이 흐름에 따라 진화해야 한다.

아마 이것이야말로 인터넷이 언어에 끼칠 수 있는

가장 큰 영향일 것이다.

영어라는 언어를 떠올릴 때 어떤 모습이 생각나는가?

나는 현대 인간이라면 누구나 찾는 예언가에게 물어보기로 했다. 달리 표현하면, 나는 구글 이미지를 비롯한 사진 사이트에서 '영어(English language)'를 입력해보았다.[1]

내가 발견한 것은 책이었다. 칠판, 말풍선, 나무로 만들어진 글자, 혓바닥에 깃발이 그려진, 설명할 수 없을 만큼 심란한 이미지 등 다른 모티프도 있었지만 대부분은 책이었다. 책만 있는 사진, 책이 사과나 연필과 함께 있는 사진, 사람이 책을 읽는 사진, 표지에 '영어'라고 적힌 책 사진, 책등에 '영어', '문법', '철자법' 등이 적힌 책 더미 사진, 특히 '영어'라는 표제어 부분이 펼쳐져 있는 사전 사진이 보였다. 사전의 표제어를 찍은 사진이 정말이지 많았다.

사전 편집자들에게는 놀라운 일이 아니다. 많은 사전 편집자는 사람들이 '사전'이 영어라는 언어 그 자체라고 생각한다고 말한다.

사전이 여러 종류 있다는 것조차 모르는 것처럼, 사전 또한 실수를 저지르는 인간이 만든다는 걸 모르는 것처럼 말이다. 사전 편집자 코리 스탬퍼(Kory Stamper)는 메리엄-웹스터의 '편집자에게 물어보세요' 서비스를 통해 받은 이메일을 기록해두었는데, 그중 다수는 자기가 가장 좋아하는 단어를 올려달라거나 가장 싫어하는 단어를 빼달라는 편지였다. 그들은 메리엄-웹스터 사전의 인정을 통해 어떤 단어가 '진짜'가 되거나, 진짜가 아니게 된다고 믿었던 것이다.

책 한 권이 한 언어 전체를 저장하는 저장고가 아니며, 사전이란 사람들이 이미 사용하는 언어를 기록한 것일 뿐이지 앞으로 사용할 단어를 제시하는 것이 아니라는 점을 아는 우리도 영어라는 언어를 책 안에 가둬둘 수 있는 것이라고 생각하는 경우가 많다. 우리는 영어를 "셰익스피어의 언어"라거나, 20권짜리《옥스퍼드 영어 사전》2판, 혹은 의회도서관의 모든 책이나 구글 북스에서 스캔되어 검색할 수 있게 된 수백만 권의 책이라고 생각한다.

이런 식의 연상이 우연히 일어난 것은 아니다.

구글에서 스캔한 모든 책을 통틀어, 1500~2000년 사이에 '영어(English language)'라는 말이 들어간 빈도를 살펴보면 1750~1800년에 그 빈도가 엄청나게 높아졌음을 알 수 있다. 이전에는 그 빈도가 지속적으로 낮았고, 그 이후로는 지속적으로 높았다. English와 language 자체는 무척 안정적인 빈도로 나타났다. 빈도가 높아지는 것은 이 두 단어가 조합되는 경우뿐이다.

이 시기에 무슨 일이 일어났을까? 글쎄, 1755년에는 새뮤얼 존슨(Samuel Johnson)이 인쇄된 첫 영어 사전인《영어 사전(A Dictionary of the English Language)》을 펴냈다. 존슨의 사전은 널리 인용되었고, 존슨은 영어가 정확히 무엇으로 구성되었는지 정의하는 데 관심을 가졌다. 그는 사전 서문에 이렇게 적었다. "나는 우리의 구어가 아무 질서 없이 풍부하며, 아무 규칙 없이 활기차다는 것을 깨달았다. 어디를 보든 풀어야 하는 곤란한 문제들이 있었으며, 규제해야 하는 혼란이 있었다."

새뮤얼을 비난할 수만은 없다. 그는 어떤 운동에 참여한 것 뿐이었다. 1700년대 후반과 1800년대 초반에는 사전, 문법책, '영어(English language)'에 관한 책들을 펴내는 어마어마한 유행이 시작되었다. 한편으로, 이 시기는 1장에서 살펴보았듯 대단히 멋진 방언 지도가 처음으로 출현한 시기였다. 다른 한편으로, 이렇게 자세한 기록은 무엇이 영어인가, 혹은 심지어 무엇이 언어인가를 구성하려는 한 방법이었다. 그리고 언어가 된다는 것은 책이 된다는 뜻이었다. 1977년까지도 메리엄-웹스터는 "웹스터의 새 대학용 사전이 나왔습니다. 이 사전이야말로 단어가 사는 곳입니다"라는 광고를 진행했다.

하지만 책이 곧 언어라는 비유는 수명이 다했다. 근대에는 두뇌를 증기기관이나 유압펌프와 비유했지만 현대의 신경과학자들은 컴퓨터를 두뇌에 대한 은유로 쓰듯,[2] 언어에 관한 은유도 시간이 흐름에 따라 진화해야 한다. 아마 이것이야말로 인터넷이 언어에 끼칠 수 있는 가장 큰 영향일 것이다. 인터넷은 언어를 나타내는 새로운 은유다.

위키피디아나 파이어폭스 같은 인터넷의 대규모 협동 프로젝트처럼, 인터넷 그 자체를 이루는 웹사이트와 기계의 탈중심적 네트워크처럼, 언어도 네트워크이자 하나의 그물이다. 언어는 궁극적인 참여 민주주의다. 기술 용어로 표현하자면, 언어는 인류의 가장 멋진 오픈소스 프로젝트다.

우리가 인터넷의 링크를 타고 이리저리 옮겨 다니며 검색을 하듯, 언어는 우리의 대화와 상호작용을 통해 확산되고 전파된다. 우리는 각자 자신만의 인터넷 영토 한 구석에 살고 있다. 친구들과 지인들, 오랜 세월 이야기하지 않고 지낸 사람들, 내심 '저 사람은 너무 쿨해서 우리와는 어울리지 못할 거야'라고 생각하게 되는 사람들이 기이하게 뒤섞인 공간에 말이다. 또한 우리는 각자의 독특한 언어학적 역사 전체로부터 영향을 받은 약간 다른 개인 언어를 사용한다.

언어를 책이라고 생각했을 때는 언어가 정적이고 권위적인 것, 순수한 첫 번째 판본으로 돌려놓고 사람들이 여백에 휘갈겨놓은 어지러운 새 단어들을 모두 지우면 더 나아질 만한 것이라고 여겨졌다. 하지만 네트워크에는 순수한 첫 번째 판본이 존재하지 않는다. 네트워크는 변화한다고 해서 가치가 떨어지지 않는다. 네트워크의 유동성이야말로 네트워크가 가진 핵심 강점이다. 마찬가지로, 언어는 새로운 연결이 생겨나고 오래된 연결이 시들어감에 따라 여러 세대에 걸쳐 풍요로워지고 다시 살아난다.

인터넷 때문에

언어를 책과 비슷하다고 생각했을 때, 우리는 언어를 질서 있게 관리해야 하는 통제불능 상태의 뒤죽박죽 단어 모음이라고 생각했다. 관목을 계속해서 다시 다듬어 나선형이나 원형으로 만들던 빅토리아 시대의 정원사처럼 말이다. 언어를 네트워크와 비슷하다고 생각하면, 질서란 개인들의 타고난 경향으로부터 출현하는 것이 된다. 누가 다듬고 잡초를 뽑지 않아도 숲이 알아서 질서를 유지하는 것과 같다.

언어를 책처럼 생각했을 때, 우리는 언어를 선형적이고 제한적인 것으로 보았다. 책이 아무리 두껍더라도 페이지 수에는 한계가 있으므로, 무엇을 보존하고 무엇을 밖으로 쳐낼지, 남아 있는 것들의 순서는 어떻게 할지 결정해야만 한다. 당신과 내가 같은 사전을 산다면 정확히 똑같은 단어들을 읽게 된다. 모두가 합의한 단일하고 유한한 영어가 존재하고 책 한 권에 담을 수 있는 것처럼 여겨진다. 이런 영어는 책 한 권에 모두 담을 수 있다. 하지만 인터넷에는 시작도, 끝도 없다. 또 인터넷은 어느 개인도 따라갈 수 없을 만큼 빠르게 성장한다. 물론, 인터넷도 엄밀히 말하면 자리를 차지한다. 해저에 깔린 광섬유와 데이터센터에 줄줄이 늘어선 냉각 하드웨어라는 형태로 말이다. 하지만 책을 든 사람은 늘 몇 페이지가 남았는지 알 수 있는 반면, 인터넷 장비는 측량할 수 없을 정도로 거대한 우주로 들어서는 관문이다.

인간 개인의 정신은 인간사에서 한 번도 내뱉어진 적이 없는 문장을 떠올릴 수 있다. 그다지 어려운 일도 아니다. 예를 들면 이렇다. "수달들은 머뭇거리며 보랏빛 숲 위를 떠가는 달빛을 즐겼다."
사실, 이 글을 쓰는 시점에는 "수달들은 달빛을 즐겼다"라는 문장
만 검색해도 구글에서는 아무 결과가 나오지 않았다. 당신도 직접
해볼 수 있다. 반려동물로 기르기 부적절한 동물과 최소 두 개의 음
절이 들어가는 동사, 당신이 걸치고 있는 천의 색깔, 주변의 사물 중
몸에 걸칠 수 없는 무언가가 담겨 있는 문장을 만들어보라. 예전에
아무도 그 말을 해본 적이 없을 확률은 매우 높다. 군이 초현실적인
문장을 말하지 않아도 괜찮다. 열 개 이상의 단어로 이루어진, 최근
에 보낸 문자메시지에 큰따옴표를 붙여 구글 검색을 해보라. 아마
아무 결과가 나오지 않을 것이다.

　언어를 네트워크로 이해하면, 어떤 식으로 언어를 묘사하든 그
묘사는 불완전한 것임을 알게 된다. 경이로운 일이다. 수많은 웹페
이지는 우리의 검색과 새로운 게시물로 추진력을 얻는 동적인 것이
다. 마찬가지로, 언어의 창조력은 언어의 기록된 역사 전체보다도
크다. 우리는 모두 전에는 누구도 말한 적이 없는 단어나 문장을 만
들어낼 수 있으며, 그 순간 그 단어나 문장은 언어 안에 존재하게 된
다. 한순간만 깜빡이며 존재하든, 일반 사람들에게 받아들여져 아
직 태어나지 않은 사람들의 머릿속에까지 새겨지든 말이다. 책을
내려놨다가 다시 집어 들면, 책 속의 잉크 전체가 처음 놔뒀을 때와
같은 자리에 그대로 있으리라고 예상하게 된다. 하지만 변하지 않
는 언어는 죽은 언어밖에 없다. 그러나 살아 있는 언어로부터, 혹은
인간으로 구성된 네트워크로부터 한 발짝 멀어지면서 그것이 당신

이 없는 동안 조용히, 잠잠하게 남아 있으리라고 기대하는 건 부질없는 행동이다.

책에 쓰이지는 않았으나 사람이 쓰는 언어는 늘 책을 만들어낼 수 있는 살아 있는 언어다. 하지만 책에 쓰였으나 쓰는 사람이 없는 언어는 오직 창백하고, 음침하고, 유령 같은 형태로만 존재한다. 존슨과 그의 동시대 사람들은 영어가 라틴어의 기준에 비추어 "아무 규칙 없이 활기차다"라고 말했다. 살아 있는 언어와 화석을 비교했으니 당연한 일이다. 화석도 우리에게 많은 것을 알려줄 수 있지만, 그렇다고 해서 지금 살아 있는 동물조차도 뼈와 발자국만 남은 후에야 비로소 연구할 가치가 생긴다는 뜻은 아니다. 책을 꼭 언어를 미라로 만들기 위한 방법이라고, 영원히 고정되고 죽은 존재로 만드는 방법이라고(아니면, 최소한 지나치게 움직이지 않도록 우리에 가두는 방법이라고) 생각할 필요는 없다. 오히려 책은 사람들이 언어의 살아 움직이는 찬란함 속을 항해하는 데 도움을 주는 지도나 안내서다. 모든 지도책은 결국 역사서가 되지만, 그렇다 해도 잠재적 가능성을 품고 핑핑 돌아가는 세상을 손으로 느끼는 것은 여전히 아주 멋진 일이다.

기술에 관한 글을 쓸 때는 늘 어느 시점에 이 책이 매우 낡은 것이 될 것이며 내가 불가피하게 다루지 못한 영역이 아주 많다며 사과하고 싶은 충동이 든다. 하지만 그건 요점을 벗어난 이야기다. 이 책의 목적은 인터넷 언어를 불행히도 늪에 빠져버린 공룡처럼, 언어가 마치 잡아서 보존할 수 있는 존재인 것처럼 소중히 간직하려는 것이 아니다. 오히려, 이 책의 목적은 특정한 시대의 스냅샷과 미래의 변화를 바라볼 때 쓸 수 있는 렌즈를 제공하는 것이다. 오직 격식어만 연구한다면, 영어의 가능성에 난 아주 작은 바늘구멍만 들여다보는 것이다. 비격식어를 연구하면 생각이 활짝 열린다. 우리는 도서관에서 나와, 우리를 둘러싼 드넓은 세계의 복잡성을 보게 된다.

그러므로 당신이 관심을 가지는 주제에 대해 이 책이 한마디도 하지 않은 이유가 궁금하다면, 이 책을 영토의 또 다른 부분에 관한 당신만의 지도를 그리고 당신만의 인터넷 언어학 연구를 수행하라는 초청장으로 여겨주기 바란다. 인터넷 언어 연구의 미래는 당신, 독자에게 달려 있다. 언어 그 자체의 미래가 당신, 발화자에게 달려 있는 것과 마찬가지다. 구체적으로, 다음은 내가 미래에 연구하면 성과가 있을 법하다고 생각하는 몇 가지 영역이다. 하나 말해두자면, 이 책은 주로 영어, 그중에서도 미국 영어를 다루고 있다. 미국에 관해서는 엄청나게 많은 방언 지도가 그려졌다는 단순한 이유에서다. 하지만 세상에는 다른 영어와 다른 언어도 존재한다. 세계의 나머지 인구 절반이 온라인 세상으로 들어오고 있는 지금은 특히 그렇다.

오늘날 세계에서 사용되는 언어는 약 7000가지이며, 그중 대다수는 인터넷에 극히 일부만 표현된다. 위키피디아의 표제어는 오직 293개 언어로만 이루어져 있으며, 그런 언어 중 절반에는 1만 개 미만의 항목만이 있다.[3] 구글 번역기는 103개 언어를 지원하지

인터넷 때문에

만, 그중에는 영어를 거쳐서 번역되는 것이 많다.[4] 주요 SNS에서 지원하는 언어의 수는 그보다 더 적다.[5] 페이스북의 인터페이스는 약 100개, 트위터는 약 50개 언어로 사용할 수 있으며 새로운 SNS는 오직 한 가지 언어로만 출시되는 경향이 있다. 아이슬란드어처럼 비교적 비중이 있는 국가어조차 영어 혹은 인터넷의 상당 부분을 차지하는 다른 한 줌의 언어로 대체되고 있다.[6] 정부 차원의 자금 지원이 없는 언어들은 상태가 더욱 열악하다. 불행히도, 내가 2016년에 이번 장의 초고를 쓸 때 포함했던 이런 통계는 2019년에 글을 고쳐 쓰는 순간까지도 별로 변하지 않았다.[7] 인터넷을 모든 언어에 쾌적한 공간으로 만들기 위한 추동력은 점점 강해져야 하지만, 사실 느려지고 있다. 그러나 사용자들은 여전히 온라인에서 의사소통할 방법을 생각해내고 있다.[8] 잘 정립된 문자 시스템 혹은 자동완성 기능이 없는 언어를 사용하는 사람들과 문맹자들은 음성메시지를 가장 높은 비율로 사용하거나, 채팅 앱을 통해 5~30초에 이르는 음성메시지를 가장 많이 보내는 사용자에 속한다.

계속 조사해볼 만한 두 번째 영역은 기술 변화다. 디지털 어조가 대문자로만, 혹은 소문자로만 이루어진 문장이나 이모티콘과 이모지가 들어간 문장으로 발전했듯 우리가 단어 이면의 의도를 전달하는 방식도 기술이 진화하면서 함께 발전할 것이다. 우리는 음성, 이미지, 영상을 대화에 통합시키기가 쉬워지면서 각자의 의도를 표현할 새로운 방법들을 알아낼 게 틀림없다. 평범한 사람들은 책과 텔레비전에 나오는 특징 없고 표준화된 언어로 말하지 않으며, 우리는 그런 차이점이 반영될 때까지 의사소통 도구들을 난도질하거나 의사소통보다는 정보 전달이나 읽을거리로만 그런 언어를 사용할 것이다.

기술적 매체를 거친 의사소통과 우리 모두의 사회적 관계도 변화하고 있다. 이 순간에는 여전히 세대 차이가 있다. 그러나 그 차이는 사실 약어가 무슨 의미인지, 혹은 어떤 버튼을 눌러야 하는지에 관해 아는 데서 나오지 않는다. 세대 차이는 비격식 문어의 표현력을 무시하는지, 혹은 그런 능력을 상대방도 당연히 가지고 있으리라고 예단하는지에 관한 문제다. 최근, 문장을 마침표로 마치면 짜증 난 것 같은 느낌을 준다는 말을 들었다는 어느 나이 든 분은 내게 이렇게 말했다. "사람들은 내가 나이 들었다는 걸 알아요! 그런데 왜 내가 문장에서 그토록 미묘한 부분을 가지고 의사소통하는 방법을 알 거라고 생각하는 겁니까?" 정확히 어떤 미묘한 차이가 있고 어떤 의미가 있는지에 관해서는 사소한 의견 불일치가 있으나, 인터넷 민족에 속하는 세 세대는 모두가 문장에 담긴 미묘한 감정적 신호를 통해 계속 소통하고 있다고 상정한다. 인터넷 민족에게 문자메시지에 대해 너무 과하게 생각하지 말라고 하는 것은 모든 연령대의 사람들에게 어조에서 감정적 뉘앙스를 읽어내지 말라고 말하는 것과 똑같다. 이건 우리가 어쩔 수 있는 문제가 아니다.

하지만 비교적 머잖은 순간에, 인터넷 민족이 아닌 사람은 얼마 남지 않게 될 것이다. 최소한 주요 언어권에서 한 세대를 이루는 수준으로 남아 있지는 않을 것이다. 인터넷은 아무도 빠져나갈 수

인터넷 때문에

없었던, 라디오나 전화나 책 같은 선행기술과 비슷해질 것이다. 개인은 여전히 SNS나 스마트폰을 거부할 수 있을 것이다. 1980년대의 개인이 텔레비전이나 유선전화를 두기를 거부할 수 있었던 것처럼 말이다. 하지만 그런 개인도 기술 자체에 관해서는 많은 것을 알게 된다. 인터넷은 주위에 퍼진, 더 넓은 문화의 빠져나갈 수 없는 일부가 되었다.

내가 온라인에 속하지 않는 것을 '현실(real life)'이라고 부르지 않으려 했던 이유다. 대중문화와 인터넷 문화는 다르기보다는 중첩되는 부분이 많다.[9] 물론 온라인 밖을 irl(in real life, 실생활)과 '현실'이라고 부르는 것은 흔하며, 이런 표현이 계속 사용됨에 따라 최초의 의미가 씻겨나간 채 계속 남아 있을 가능성도 크다. 하지만 아직은 그런 일이 일어나지 않았다. 한편, 우리의 디지털 메시지로 감동을 받거나 해를 입는 진짜 사람들의 공통된 인간성을 인지하지 못하는 데에는 현실적인 폐해가 있다.

한편, 21세기의 모든 새 단어가 인터넷 단어라고 생각하기가 쉽다. 이런 단어를 온라인에서 처음 발견할 수 있기 때문이다. 하지만 미래 영어는 늘 현재 영어와 다를 것이다. 현재 영어가 백 년, 혹은 천 년 전의 영어와 다른 것처럼 말이다. 인터넷이 새로운 단어를 전파하는 수단으로 자주 쓰이기는 하지만, 그렇다고 인터넷이 늘 그런 단어가 출현한 원인인 것은 아니다. 10대들의 언어학적 특징(모음 발음법, 단어, 억양)이 미래에 대한 징후이기는 하지만, 그런 변화를 10대들의 사회적 특징(몰려다니기, 극적인 사건, 누가 '인싸'이고 누가 '아싸'인지 등등)과 혼동해서는 안 된다는 점을 기억하는 것이 중요하다. 아이들은 결국 자라나 직업을 갖고, 대체로 자신에게 맞는 사회적 자리를 찾아가며, 다음 세대에 관해 불평할 차례를 맞는다. 중학생 시절은 우리 모두에게 일탈의 시기다. SNS에서 무엇이 쿨한지에 관해 10대들을 인터뷰하면, 우리가 수년 뒤 어떤 언어학적 특징과 기술 플랫폼을 사용하게 될지 알아낼 수 있을지도 모른다. 하지만 그렇다고 그런 사회적 삶이 내부자에게 어떻게 느껴질지 알 수는 없다.

　우리는 인간의 능력으로서 언어가 매우 오래되었다는 사실을 안다(일부 언어 능력은 모든 글보다도 십만 년쯤 오래됐다). 이 점은 언어가 놀라울 만큼 내구성이 강하다는 뜻이다. 우리는 어떤 형태의 문자 체계도 없는 사회를 많이 만나보았지만, 구어 혹은 몸짓언어가 전혀 없는 사회는 하나도 만나보지 못했다. 더욱이, 언어학적 복잡성은 그 언어가 발원한 물질문화의 복잡성과는 아무 관련이 없다. 언어는 온갖 종류의 기술(문자, 농업, 수로, 전기, 산업화, 자동차, 비행기, 카메라, 복사기, 텔레비전) 없이도 존재해왔으며, 인터넷도 예외는 아니다. 사실, 언어의 천적은 오직 다른 사람들 뿐이라고 알려져 있다. 수많은 언어는 전쟁이나 정복을 통해 찍혀 나가거나, 다른 사람들에게 강요되었다.

　언어의 변화 가능성은 언어의 강점이다. 언어를 전달하기 위해 아이들이 부모의 말하기 방식을 정확히 베껴야만 한다면, 언어는 깨지기 쉽고 취약해질 것이다. 그러면 언어는 고대의 미술 혹은 건

축 관련 기술이 소실되었듯 소실될 수 있는 대상이 된다. 하지만 우리는 세대마다 언어를 새롭게 만든다. 나이 든 사람들만이 아니라 또래로부터 배운다. 개인마다 미묘하게 다른 형태의 언어를 쓰더라도 상대에게 우리 뜻을 이해시킬 수 있다. 그래서 언어는 유연하면서도 강하다.

언어를 책과 비슷하다고 생각했을 때, 그 언어 안에 무엇을 보존할지를 놓고 걱정하고 유의한 것은 아마 자연스러운 일이었을 것이다. 하지만 언어를 인터넷과 비슷한 것으로 생각할 수 있게 된 지금, 혁신의 공간, 한 언어의 여러 형태나 그 밖의 수많은 언어들을 위한 공간, 언어적 즐거움과 창의성의 공간이 있다는 건 분명하다. 이 영광스러운 언어적 그물망 안에는 바로 당신을 위한 공간이 있다.

감사의 말

————

인터넷에 관한 책을 쓸 때 가장 좋은 부분은 어쩔 수 없이 인터넷에 한눈이 팔리는 순간이다. 그러다 보면 글을 쓸 만한 아이디어가 번뜩 떠오르는 경우가 많다. 인터넷 민족 모두에게 고맙다.

인터넷 연구에서 큰 문제는 인용한 링크 중 절반이 겨우 2년 만에 작동하지 않게 된다는 점이다. 링크가 끊기는 것을 완화하기 위해, 이 책에 쓰인 모든 링크는 인터넷 아카이브 웨이백 머신(Internet Archive Wayback Machine)에 저장되었다. 나는 이 사이트가 계속 작동하는 데 도움을 주고자 기부금을 냈다. 링크가 깨졌다면, archive.org에서 백업된 사본을 찾아보기 바란다.

때때로 나보다도 이 책의 정신을 더 잘 이해해준 편집자 코트니 영에게 고맙다. 리버헤드 북스의 다른 팀원들, 특히 케빈 머피에게 고맙다. 또한 인터넷 스타일에 기반을 둔 스타일 지침서를 우아하게 다루어준 교정 팀에도 고맙다. 표지 디자이너 그레이스 한은

인터넷 때문에

인터넷 글쓰기를 기발하게 재현해주었으며, 내 출간 담당자인 셰일린 태벌라는 활력과 열정을 보여주었다. 뒤에서 나를 지원해준 에이전트 하워드 윤에게, 또 유머 감각과 다중 언어 사용에 대한 조언을 해준 대라 케이에게, 또 로스 윤의 다른 팀원들에게도 고맙다.

열정을 다스릴 수가 없어서 그야말로 우스꽝스러운 제안을 던졌던 내게 반응해준 〈토스트〉의 니콜 클리프에게 무한한 감사를 보낸다. 또 당신들이 내 글을 읽을 것을 생각하는 것만으로도 더 나은 글을 쓰게 해준 〈토스트〉의 독자들에게도 고맙다. 언어학자가 글을 연재할 수 있는 참으로 멋진 새 집을 만들어준 〈와이어드〉와 알렉시스 소벨 피츠, 앤드리아 밸디즈, 에밀리 드레이퍼스에게도 무척 감사한다. 또 멘토가 되어준 미뇬 포가티, 애리카 오크렌트, 클라이브 톰프슨, 에밀리 그레프, 제니퍼 커츠, 에린 매킨, 벤 짐머에게도 고맙다. 이 책의 제목을 붙여준 로라 베일리, 메건 가버, 몰리 애틀러스를 비롯한 미국방언학회 여러분에게, 또 세부 사항을 확인해주고 대단히 말 잘하는 고양이를 내준 A.E. 프레보스트에게도 감사한다.

나는 앞서 인터넷을 연구한 분들에게 큰 빚을 지고 있다. 그분들이 생생한 설명과 자료를 남겨준 덕분에 네트워크 컴퓨터의 초기에 관한 감을 잡는 데 큰 도움을 받았다. 또한 나는 내 경험을 넘어서는, 현재 출현하고 있는 인터넷 의사소통 스타일에 관해 연구하는 후배 인터넷 연구자들에게도 똑같이 빚을 지고 있다. 학생 과제와 학회 발표문, 석사 논문, 박사 논문을 비롯한 최첨단 인터넷 언어학 자료를 보내준 모든 분에게 특별한 감사를 전한다.

킹스에지힐학교와 국제바칼로레아, 퀸스대학교, 맥길대학교 등 나를 교육해준 기관에도 감사한다. 나를 지도해준 분들, 특히 제시카 쿤과 제닌 메탈릭에게 감사한다. 내 블로그와 팟캐스트의 독자, 청취자, 방문자들에게도 감사한다. 이들의 열정은 책 쓰기라는 고독한 작업에 꼭 필요한 평형추였다.

가족에게도 감사를 전하고 싶다. 우리 가족은 내가 언어학을 이토록 흥미롭다고 느끼는 이유를 말하기 위한 최초이자 가장 오래된 시험용 청중이다. 구체적으로, 나는 이런 말이 지금도 쿨한지에 관한 질문에 대답해준 재니스와 엄청난 목표를 잘게 나누는 방법을 생각하게 해준 맬컴, 또 내가 하는 일을 전혀 이해하지 못하시면서도 내가 꼭 해야만 하는 일을 하고 있으며 어떻게든 그 일이 잘 해결되리라는 완전한 신뢰를 보내주신 부모님께 감사한다.

대중 언어학에 처음 쳐들어가도록 용기를 불어넣어준 언어학 친구들, 릴런드 폴 커스머와 캐럴라인 앤더슨에게도 무척 고맙다. 그보다 뒤에 참여한 언어학 친구인 모티 리버먼, A.E. 프레보스트, 제인 솔로몬, 제프리 라몬테인, 에밀리 그레프, 서니 아난스, 그리고 언어학자 트위터에도 고맙다. 또 사비나, 제니를 포함한 언어학자가 아닌 친구들에게도 감사한다. 내가 함께 뉴욕시에 머물게 해준 알렉스와 가족들에게 특별히 감사하며, 몬트리올의 여러 카페와 특히 늦게까지 머물게 해준 카페에 감사한다.

아마 가장 큰 감사 인사는 나와 함께 〈언어학 열정〉을 진행하는 로렌 곤에게 전해야 할 것이다. 그녀는 내게 몸짓 연구를 소개해 이모지 장을 쓰는 첫발을 내딛게 해주었을 뿐 아니라, 원고를 쓸 때나 내가 더 이상 원고를 들여다볼 수 없게 되었을 때 무수히 많은 유용한 의견을 내주었다. 나는 내가 책에서나 볼 법한 이토록 전설적인 동업자 관계를 맺으리라고는 전혀 예상하지 못했고, 결국 로렌과 함께 그런 관계를 맺게 되어 무척 고맙다.

서문: 언어사의 혁명적인 순간을 탐험한다는 것

1 James Westfall Thompson. 1960. *The Literacy of the Laity in the Middle Ages*. Burt Franklin.

2 Gretchen McCulloch. November 24, 2015. twitter.com/GretchenAMcC/status/6692552 29729341441.

3 Douglas Harper. 2001~2018. "Rhino." *Online Etymological Dictionary*. www.etymonline. com/word/rhino.

4 T. Florian Jaeger and Celeste Kidd. 2008. "Toward a Unified Model of Redundancy Avoidance and Strategic Lengthening." Presented at the 21st Annual CUNY Conference on Human Sentence Processing, March 2008, Chapel Hill, North Carolina.

5 Keith Houston. June 26, 2011. "The Ampersand," part 2 of 2. *Shady Characters*. www. shadycharacters.co.uk/2011/06/the-ampersand-part-2-of-2/. Keith Houston. March 17, 2015. "Miscellany No. 59: The Percent Sign." *Shady Characters*. www.shadycharacters. co.uk/2015/03/percent-sign/.

6 S. V. Baum. 1955. "From 'Awol' to 'Veep': The Growth and Specialization of the Acronym." *American Speech* 30(2). pp. 103~110.

7 Ben Zimmer. December 16, 2010. "Acronym." *The New York Times Magazine*. www. nytimes.com/2010/12/19/magazine/19FOB-onlanguage-t.html.

8 Adam Kendon. 2004. *Gesture: Visible Action as Utterance*. Cambridge University Press. Quintilian. 1922. Institutio Oratoria, trans. H. E. Butler (Loeb Classical Library). Heinemann.

1   Stefan Dollinger. 2015. *The Written Questionnaire in Social Dialectology: History, Theory, Practice*. John Benjamins.

2   Charles Boberg. 2013. "Surveys: The Use of Written Questionnaires." In Christine Mallinson, Becky Childs, and Gerard Van Herk, eds., *Data Collection in Sociolinguistics: Methods and Applications*. Routledge.

3   J. K. Chambers and Peter Trudgill. 1998. *Dialectology*, 2nd ed. Cambridge University Press.

4   Jules Gilliéron and Edmond Edmont. 2017. Atlas Linguistique de la France. GIPSA-Lab and CLLE-UMR 5263. cartodialect.imag.fr/cartoDialect/.

5   Taylor Jones. September 28, 2014. "Big Data and Black Twitter." *Language Jones*. www.languagejones.com/blog-1/2014/9/26/big-data-and-black-twitter.

6   Lisa Minnick. January 10, 2012. "From Marburg to Miami: Putting Language Variation on the Map." *Functional Shift*. functionalshift.wordpress.com/2012/01/10/miami/.

7   Stefan Dollinger. 2015. *The Written Questionnaire in Social Dialectology: History, Theory, Practice*. John Benjamins.

8   August Rubrecht. 2005. "Life in a DARE Word Wagon. Do You Speak American?" www.pbs.org/speak/seatosca/americanvarieties/DARE/wordwagon/. Jesse Sheidlower. September 22, 2017. "The Closing of a Great American Dialect Project." *The New Yorker*. www.newyorker.com/culture/cultural-comment/the-closing-of-a-great-american-dialect-project.

9   William Labov, Sharon Ash, and Charles Boberg. 2005. *The Atlas of North American English: Phonetics, Phonology and Sound Change*. Walter de Gruyter. www.atlas.mouton-content.com/.

10   Bert Vaux and Scott Golder. 2003. *The Harvard Dialect Survey*. Harvard University Linguistics Department.dialect.redlog.net/.

11   Josh Katz and Wilson Andrews. December 21, 2013. "How Y'all, Youse and You Guys Talk." *The New York Times*. www.nytimes.com/interactive/2014/upshot/dialect-quiz-map.html.

12   Alice E. Marwick and danah boyd. 2011. "I Tweet Honestly, I Tweet Passionately: Twitter Users, Context Collapse, and the Imagined Audience." *New Media & Society* 13(1). pp. 114~133.

13   Matt Raymond. April 14, 2010. "How Tweet It Is! Library Acquires Entire Twitter

Archive." *Library of Congress Blog*. blogs.loc.gov/loc/2010/04/how-tweet-it-is-library-acquires-entire-twitter-archive/.

14   Alex Baze. April 16, 2010. twitter.com/bazecraze/status/12308452064.

15   understandblue. April 15, 2010. twitter.com/understandblue/status/12247489441.

16   Jamie Doward, Carole Cadwalladr, and Alice Gibbs. March 4, 2017. "Watchdog to Launch Inquiry into Misuse of Data in Politics." *The Guardian*. www.theguardian.com/technology/2017/mar/04/cambridge-analytics-data-brexit-trump

17   Jacob Eisenstein. 2014. "Identifying Regional Dialects in Online Social Media." www.cc.gatech.edu/~jeisenst/papers/dialectology-chapter.pdf. Kelly Servick. February 15, 2015. "Are yinz frfr? What Your Twitter Dialect Says About Where You Live." *Science*. news.sciencemag.org/social-sciences/2015/02/are-yinz-frfr-what-your-twitter-dialect-says-about-where-you-live.

18   Jacob Eisenstein, Brendan O'Connor, Noah A. Smith, and Eric P. Xing. 2014. "Diffusion of Lexical Change in Social Media." *PLOS ONE* 9(11). Public Library of Science. e113114. doi.org/10.1371/journal.pone.0113114.

19   Jack Grieve, Andrea Nini, Diansheng Guo, and Alice Kasakoff. 2015. "Using Social Media to Map Double Modals in Modern American English." Presented at New Ways of Analyzing Variation 44, October 22~25, 2015, Toronto.

20   Jack Grieve. July 16, 2015. "A Few Swear Word Maps." *Research Blog*. sites.google.com/site/jackgrieveaston/treesandtweets.

21   Katherine Connor Martin. 2017. "New Words Notes September 2017." *The Oxford English Dictionary Today*. public.oed.com/the-oed-today/recent-updates-to-the-oed/september-2017-update/new-words-notes-september-2017/.

22   Rachael Tatman. 2015. "# go awn: Sociophonetic Variation in Variant Spellings on Twitter." *Working Papers of the Linguistics Circle of the University of Victoria* 25(2). p. 97.

23   Jane Stuart-Smith. 2004. "Scottish English: Phonology." In Bernd Kortmann and Edgar W. Schneider, eds., *A Handbook of Varieties of English* 1. De Gruyter. pp. 47~67.

24   David Crystal. December 1, 2008. "On Kitchen Table Lingo." *DCBLOG*. david-crystal.blogspot.ca/2008/12/on-kitchen-table-lingo.html.

25   Richard Kay. July 17, 2015. "Think George Is a Little Monkey? You Were WORSE, Wills: The Pictures That Show How Little Terror Prince Is Taking After His Naughty Daddy." *Daily Mail*. www.dailymail.co.uk/news/article-3165864/Think-George-little-monkey-WORSE-Wills-pictures-little-terror-prince-taking-naughty-daddy.html.

26   Penelope Eckert. 1989. *Jocks and Burnouts: Social Categories and Identity in the High*

School. Teachers College Press. Penelope Eckert. 2004. "Adolescent Language." In Edward Finegan and John Rickford, eds., *Language in the USA*. Cambridge University Press. pp. 361~374.

27 William Labov. 2011. *Principles of Linguistic Change*, vol. 3: *Cognitive and Cultural Factors* John Wiley & Sons. p. 65. See also www.npr.org/templates/story/story.php?storyId= 5220090.

28 Mary Bucholtz. 1996. "Geek the Girl: Language, Femininity, and Female Nerds." In Natasha Warner, Jocelyn Ahlers, Leela Bilmes, Monica Oliver, Suzanne Wertheim, and Melinda Chen, eds., *Gender and Belief Systems*. Berkeley Women and Language Group. pp. 119~131.

29 Norma Mendoza-Denton. 1996. "Language Attitudes and Gang Affiliation Among California Latina Girls." In Natasha Warner, Jocelyn Ahlers, Leela Bilmes, Monica Oliver, Suzanne Wertheim, and Melindwileya Chen, eds., *Gender and Belief Systems*. Berkeley: Berkeley Women and Language Group. pp. 478~486.

30 Henrietta Cedergren. 1988. "The Spread of Language Change: Verifying Inferences of Linguistic Diffusion." In Peter H. Lowenberg, ed., *Language Spread and Language Policy: Issues, Implications, and Case Studies*. Georgetown University Press. pp. 45~60. Sali A. Tagliamonte and Alexandra D'Arcy. 2009. "Peaks Beyond Phonology: Adolescence, Increrecommendation, and Language Change." *Language* 85(1). pp. 58~108.

31 Timothy Jay. 1992. *Cursing in America: A Psycholinguistic Study of Dirty Language in the Courts, in the Movies, in the Schoolyards, and on the Streets*. John Benjamins. Mike Thelwall. 2008. "Fk yea I swear: Cursing and Gender in MySpace." *Corpora* 3(1). pp. 83~107.

32 Rahul Goel, Sandeep Soni, Naman Goyal, John Paparrizos, Hanna Wallach, Fernando Diaz, and Jacob Eisenstein. 2016. "The Social Dynamics of Language Change in Online Networks." *Proceedings of the International Conference on Social Informatics* (SocInfo16). Springer International. pp. 41~57.

33 Jacob Eisenstein, Brendan O'Connor, Noah A. Smith, and Eric P. Xing. 2014. "Diffusion of Lexical Change in Social Media." *PLOS ONE* 9(11). Public Library of Science. e113114. doi.org/10.1371/journal.pone.0113114, journals.plos.org/plosone/article?id=10.1371/journal.pone.0113114#s1.

34 in an end-of-year 2014 post, "20 Young Celebs That Were 2014 AF," www.buzzfeed.com/christineolivo/2014-supernovas, in the list "Here's What These Popular Dating Terms Really Mean" in July 2015, www.buzzfeed.com/kirstenking/single-as-fuq, and by late

2015 in "17 Dads Who Are Dad AF" www.buzzfeed.com/awesomer/dad-to-the-bone (October 2015). F**k을 포함하는 초기 헤드라인은 다음과 같다. "27 Animals Who Don't Give a F**k," www.buzzfeed.com/chelseamarshall/animals-who-dont-give-a-fk (2014), and F#@k, "30 Easy Steps to Not Give a F#@k," www.buzzfeed.com/daves4/easy-steps-to-start-not-giving-a-f (2013).

35　Cristian Danescu-Niculescu-Mizil, Robert West, Dan Jurafsky, Jure Leskovec, and Christopher Potts. 2013. "No Country for Old Members: User Lifecycle and Linguistic Change in Online Communities." *Proceedings of the 22nd International Conference on World Wide Web Pages*. pp. 307~318.

36　Jennifer Nycz. 2016. "Awareness and Acquisition of New Dialect Features." In Anna M. Babel, ed., *Awareness and Control in Sociolinguistic Research*. Cambridge University Press. pp. 62~79.

37　James H. Fowler and Nicholas A. Christakis. 2008. "Dynamic Spread of Happiness in a Large Social Network: Longitudinal Analysis over 20 Years in the Framingham Heart Study." *The BMJ* 337: a2338.

38　Suzanne Grégoire. 2006. "Gender and Language Change: The Case of Early Modern Women." Unpublished manuscript, University of Toronto. Retrieved from homes.chass. utoronto.ca/~cpercy/courses/6362-gregoire.htm.

39　William Labov. 1990. "The Intersection of Sex and Social Class in the Course of Linguistic Change." *Language Variation and Change* 2(2). pp. 205~254.

40　Alexandra D'Arcy. 2017. *Discourse-Pragmatic Variation in Context: Eight Hundred Years of LIKE*. John Benjamins.

41　William Labov. 1990. "The Intersection of Sex and Social Class in the Course of Linguistic Change." *Language Variation and Change* 2(2). pp. 205~254.

42　Suzanne Romaine. 2005. "Variation in Language and Gender." In Janet Holmes and Miriam Meyerhoff, eds., *The Handbook of Language and Gender*. Blackwell.

43　Susan C. Herring and John C. Paolillo. 2006. "Gender and Genre Variation in Weblogs." *Journal of Sociolinguistics* 10(4). pp. 439~459.

44　David Bamman, Jacob Eisenstein, and Tyler Schnoebelen. 2014. "Gender Identity and Lexical Variation in Social Media." *Journal of Sociolinguistics* 18(2). pp. 135~160.

45　Lesley Milroy. 1980. *Language and Social Networks*. Blackwell.

46　James Milroy and Lesley Milroy. 1985. "Linguistic Change, Social Network and Speaker Innovation." *Journal of Linguistics* 21(2). pp. 339~384.

47　Mark S. Granovetter. 1973. "The Strength of Weak Ties." *American Journal of Sociology*

78(6). pp. 1360~1380.

48 Magnús Fjalldal. 2005. *Anglo-Saxon England in Icelandic Medieval Texts*. University of Toronto Press.

49 Zsuzsanna Fagyal, Samarth Swarup, Anna María Escobar, Les Gasser, and Kiran Lakkaraju. 2010. "Centers and Peripheries: Network Roles in Language Change." *Lingua* 120(8). pp. 2061~2079.

50 *Economist* Staff. February 26, 2009. "Primates on Facebook." *The Economist.* www. economist.com/node/13176775.

51 Kevin Major. 2001. *Eh? to Zed: A Canadian Abecedarium*. Illustrator: Alan Daniel. Red Deer Press. Anne Chisholm. 1993. *From Eh to Zed: Cookbook of Canadian Culinary Heritage*. Food Lovers' Canada. David DeRocco and John Sivell. 1996. *Canada from Eh to Zed*. Illustrator: Christine Porter. Full Blast Productions.

52 J. K. Chambers. 2002. *Sociolinguistic Theory: Linguistic Variation and Its Social Significance*, 2nd ed. Blackwell.

53 William Labov. 1972. "The Social Stratification of (r) in New York City Department Stores." *Sociolinguistic Patterns*. University of Pennsylvania Press. pp. 43~54.

54 Peter Trudgill. 1984. *Language in the British Isles*. Cambridge University Press.

55 Penelope Eckert. 2008. "Variation and the Indexical Field." *Journal of Sociolinguistics* 12(4). pp. 453~476.

56 James Milroy. 1992. *Linguistic Variation and Change: On the Historical Sociolinguistics of English*. Blackwell. H. C. Wyld. 1927. *A Short History of English*. John Murray.

57 Robert Lowth. 1762. *A Short Introduction to English Grammar*. Digitized in 2006 via Oxford University.

58 Tim McGee and Patricia Ericsson. 2002. "The Politics of the Program: MS WORD as the Invisible Grammarian." *Computers and Composition* 19. pp. 453~470.

59 Lynne Murphy. 2018. *The Prodigal Tongue: The Love-Hate Relationship between American and British English*. Penguin. pp. 148~152.

60 Anne Curzan. April 10, 2015. "Singular 'They,' Again." *The Chronicle of Higher Education: Lingua Franca*. www.chronicle.com/blogs/linguafranca/2015/04/10/singular-they-again. John E. McIntyre. April 10, 2015. "Singular 'They': The Editors' Decision." *The Baltimore Sun*. www.baltimoresun.com/news/language-blog/bal-singular-they-the-editors-decision-20150410-story.html. Personal communication with Benjamin Dreyer, chief copy editor, Random House; Peter Sokolowski, lexicographer, Merriam-Webster.

61 (No author cited.) (No date cited.) "Wikipedia: Systemic Bias." Wikipedia. en.wikipedia.

org/wiki/Wikipedia:Systemic_bias.

62   Yew Jin Lim. March 21, 2012. "Spell Checking Powered by the Web." *Google Drive Blog.*
     drive.googleblog.com/2012/03/spell-checking-powered-by-web.html.

63   Kieran Snyder. November 11, 2016. "Want to Hire Faster? Write about 'Learning,' Not
     'Brilliance.'" *Textio* blog. textio.ai/growth-mindset-language-41d51c91432. Marissa
     Coughlin. October 18, 2017. "20 Benefits That Speed Up Hiring and 5 That Slow It
     Down." *Textio* blog. textio.ai/20-benefits-that-speed-up-hiring-and-5-that-slow-it-down-
     af266ce72ee8. Kieran Snyder. August 9, 2017. "Why AI Is Already Dead (and What's
     Coming Next)." *Textio* blog. textio.ai/ai-and-ml-in-job-posts-67b24b2033f8.

64   William Labov. 1963. "The Social Motivation of a Sound Change." *Word* 18. pp. 1~42.

65   Nicole R. Holliday. 2016. "Intonational Variation, Linguistic Style and the Black/Biracial
     Experience." PhD dissertation, New York University.

66   Paul E. Reed. 2016. "Sounding Appalachian:/ai/ Monophthongization, Rising Pitch
     Accents, and Rootedness." PhD dissertation, University of South Carolina.

67   Rachel Burdin. 2016. "Variation in Form and Function in Jewish English Intonation."
     PhD dissertation, Ohio State University.

68   Penelope Eckert. 2003. "Language and Adolescent Peer Groups." *Journal of Language
     and Social Psychology* 22(1). pp. 112~118. Jennifer Florence Roth-Gordon. 2003.
     "Slang and the Struggle over Meaning: Race, Language, and Power in Brazil." PhD
     dissertation, Stanford University. Vivienne Mela. 1997. "Verlan 2000." *Langue Francaise*
     114. pp. 16~34. Mary Bucholtz. 1999. "You Da Man: Narrating the Racial Other in the
     Production of White Masculinity." *Journal of Sociolinguistics* 3(4). pp. 443~460. Cecilia A.
     Cutler. 1999. "Yorkville Crossing: White Teens, Hip Hop and African American English."
     Journal of Sociolinguistics 3(4). pp. 428~441. Jane H. Hill. 1993. "Hasta la Vista, Baby:
     Anglo Spanish in the American Southwest." *Critique of Anthropology* 13(2). pp. 145~176.

69   Renee Blake and Mia Matthias. 2015. "'Black Twitter': AAE Lexical Innovation,
     Appropriation, and Change in Computer-Mediated Discourse." Presented at New Ways
     of Analyzing Variation 44, October 22~25, 2015, Toronto.

70   CollegeHumor. July 7, 2014. "Columbusing: Discovering Things for White People."
     YouTube. www.youtube.com/watch?v=BWeFHddWL1Y. Rebecca Hotchen. October
     12, 2015. "Update: What Happened to 'Columbusing'?" *Oxford Dictionaries* blog. blog.
     oxforddictionaries.com/2015/10/columbusing-update/.

71   David Palfreyman and Muhamed Al Khalil. 2007. "'A Funky Language for Teenzz to
     Use': Representing Gulf Arabic in Instant Messaging." In Brenda Danet and Susan C.

Herring, eds., *The Multilingual Internet: Language, Culture, and Communication Online*. Oxford University Press. pp. 43~64.

72 Zoë Kosoff. 2014. "Code-Switching in Egyptian Arabic: A Sociolinguistic Analysis of Twitter." *Al-'Arabiyya: Journal of the American Association of Teachers of Arabic* 47. Georgetown University Press. pp. 83~99.

73 Jacob Eisenstein. 2018. "Identifying Regional Dialects in Online Social Media." In Charles Boberg, John Nerbonne, and Dominic Watt, eds., *The Handbook of Dialectology*. John Wiley & Sons. Kelly Servick. February 15, 2015. "Are yinz frfr? What Your Twitter Dialect Says about Where You Live." *Science*. news.sciencemag.org/social-sciences/2015/02/are-yinz-frfr-what-your-twitter-dialect-says-about-where-you-live. Umashanthi Pavalanathan and Jacob Eisenstein. 2015. "Audience Modulated Variation in Online Social Media." *American Speech* 90(2). pp. 187~213.

74 Dong-Phuong Nguyen, Rudolf Berend Trieschnigg, and Leonie Cornips. 2015. "Audience and the Use of Minority Languages on Twitter." *Proceedings of the Ninth International AAAI Conference on Web and Social Media*. AAAI Press. pp. 666~669.

75 Claudia Brugman and Thomas Conners. 2016. "Comparative Study of Register Specific Properties of Indonesian SMS and Twitter: Implications for NLP." Presented at the 20th International Symposium on Malay/Indonesian Linguistics, July 14~16, 2016, Melbourne, Australia. Claudia Brugman and Thomas Conners. 2017. "Querying the Spoken/Written Register Continuum through Indonesian Electronic Communications." Presented at the 21st International Symposium on Malay/Indonesian Linguistics, May 4~6, 2017, Langkawi, Malaysia. Moti Lieberman. January 26, 2016. "Writing in Texts vs. Twitter." *The Ling Space* blog. thelingspace.tumblr.com/post/138053815679/writing-in-texts-vs-twitter.

76 Francois Grosjean. 2010. *Bilingual*. Harvard University Press.

77 Su Lin Blodgett, Lisa Green, and Brendan O'Connor. 2016. "Demographic Dialectal Variation in Social Media: A Case Study of African-American English." *Proceedings of the 2016 Conference on Empirical Methods in Natural Language Processing*. pp. 1119~1130. arxiv.org/pdf/1608.08868v1.pdf.

78 Ivan Smirnov. 2017. "The Digital Flynn Effect: Complexity of Posts on Social Media Increases over Time." Presented at the International Conference on Social Informatics, September 13~15, 2017, Oxford, UK. arxiv.org/abs/1707.057555.

79 Michelle Drouin and Claire Davis. 2009. "R u txting? Is the Use of Text Speak Hurting Your Literacy?" *Journal of Literacy Research* 41. Routledge. pp. 46~67.

80 Jannis Androutsopoulos. 2011. "Language Change and Digital Media: A Review of Conceptions and Evidence." In Nikolas Coupland and Tore Kristiansen, eds., *Standard Languages and Language Standards in a Changing Europe*. Novus Forlag. pp. 145~160. Christa Dürscheid, Franc Wagner, and Sarah Brommer. 2010. *Wie Jugendliche schreiben: Schreibkompetenz und neue Medien*. Walter de Gruyter.

81 Crispin Thurlow. 2006. "From Statistical Panic to Moral Panic: The Metadiscursive Construction and Popular Exaggeration of New Media Language in the Print Media." *Journal of Computer-Mediated Communication* 11(3). pp. 667~701.

82 Sali Tagliamonte and Derek Denis. 2008. "Linguistic Ruin? LOL! Instant Messaging and Teen Language." *American Speech* 83(1). pp. 3~34.

83 Tim McGee and Patricia Ericsson. 2002. "The Politics of the Program: MS WORD as the Invisible Grammarian." *Computers and Composition* 19. Elsevier. pp. 453~470.

84 Lauren Dugan. November 11, 2011. "Twitter Basics: Why 140-Characters, and How to Write More." *Adweek*. www.adweek.com/digital/twitter-basics-why-140-characters-and-how-to-write-more/. Patrick Iber. October 19, 2016. "A Defense of Academic Twitter." *Inside Higher Ed*. www.insidehighered.com/advice/2016/10/19/how-academics-can-use-twitter-most-effectively-essay.

2장 인터넷 민족 연대기

1 Naomi S. Baron. 1984. "Computer-Mediated Communication as a Force in Language Change." *Visible Language* 18(2). University of Cincinnati Press. pp. 118~141.

2 James E. Katz and Ronald E. Rice. 2008. "Syntopia: Access, Civic Involvement, and Social Interaction on the Net." In Barry Wellman and Caroline Haythornthwaite, eds., *The Internet in Everyday Life*. John Wiley & Sons.

3 John T. Cacioppo, Stephanie Cacioppo, Gian Gonzaga, Elizabeth L. Ogburn, and Tyler J. VanderWeele. 2013. "Marital Satisfaction and Break-ups Differ across On-Line and Off-Line Meeting Venues." *Proceedings of the National Academy of Sciences* 110 (25). pp. 10135~10140.

4 Aaron Smith. February 11, 2016. "15% of American Adults Have Used Online Dating Sites or Mobile Dating Apps." Pew Research Center. www.pewinternet.org/2016/02/11/15-percent-of-american-adults-have-used-online-dating-sites-or-mobile-dating-apps/.

5 Michael J. Rosenfeld. September 18, 2017. "Marriage, Choice, and Couplehood in the Age of the Internet." *Sociological Science*. www.sociologicalscience.com/download/vol-4/

september/SocSci_v4 _490to510.pdf.

6   Simon Kemp. January 30, 2018. "Digital in 2018: World's Internet Users Pass the 4 Billion Mark." *We Are Social*. wearesocial.com/blog/2018/01/global-digital-report-2018.

7   Salikoko S. Mufwene. 2001. *The Ecology of Language Evolution*. Cambridge University Press.

8   U.S. Census Bureau, Population Division. 2000. "Ancestry." Chapter 9 of *Census Atlas of the United States*. www.census.gov/population/www/cen2000/censusatlas/pdf/9_Ancestry. pdf.

9   Walt Wolfram and Natalie Schilling. 2015. *American English: Dialects and Variation*, 3rd ed. Language and Society, vol. 25. John Wiley & Sons.

10 Robin Dodsworth and Mary Kohn. July 2012. "Urban Rejection of the Vernacular: The SVS Undone." *Language Variation and Change* 24(2). pp. 221~245.

11 Jenny Cheshire, Paul Kerswill, Sue Fox, and Eivind Torgersen. 2011. "Contact, the Feature Pool and the Speech Community: The Emergence of Multicultural London English." *Journal of Sociolinguistics* 15(2). pp. 151~196.

12 Jenny Sundén. 2003. *Material Virtualities*. Peter Lang.

13 DFWX and Guardian of Eden. 2006. About DFWX.com. *DFWX: Dallas-Fort Worth Exchange*. www.dfwx.com/about _us.htm.

14 User DirigoDev. June 13, 2011. Reply to thread titled "Facebook Still Growing but Losing Users in Countries It Was First Established." Webmaster World forum. www. webmasterworld.com/facebook/4325404.htm.

15 Dave Delaney. May 15, 2018. twitter.com/davedelaney/status/996241627717959680.

16 Eric S. Raymond, ed. December 29, 2003. "Chapter 3. Revision History." The on-line hacker Jargon File, version 4.4.7. catb.org/jargon/html/revision-history.html.

17 Steven Ehrbar (archivist). August 12, 1976. The Jargon File Text Archive: A large collection of historical versions of the Jargon File, version 1.0.0.01. jargon-file.org/archive/ jargon-1.0.0.01.dos.txt.

18 Steven Ehrbar (archivist). (No date cited.) The Jargon File Text Archive: A large collection of historical versions of the Jargon File, versions 1.0.0.01 to 4.4.7. jargon-file.org/.

19 Steven Ehrbar (archivist). March 11, 1977, and April 24, 1977. The Jargon File Text Archive: A large collection of historical versions of the Jargon File, versions 1.0.0.9 and 1.0.0.10. jargon-file.org/archive/jargon-1.0.0.09.dos.txt and jargon-file.org/archive/ jargon-1.0.0.10.dos.txt.

20 Steven Ehrbar (archivist). December 29, 1977. The Jargon File Text Archive: A large

collection of historical versions of the Jargon File, version 1.0.0.16. jargon-file.org/archive/
jargon-1.0.0.16.dos.txt.

21 Guy L. Steele and Eric S. Raymond, eds. June 12, 1990. The Jargon File, version 2.1.1.
jargon-file.org/archive/jargon-2.1.1.dos.txt에서 이모티콘과 lol이 처음 나타났으며 Guy
L. Steele and Eric S. Raymond, eds. December 15, 1990. The Jargon File, version 2.2.1.
jargon-file.org/archive/jargon-2.2.1.dos.txt에서 대문자로만 적어 고함을 표현하는 방식이
처음 나타났다.

22 Guy L. Steele and Eric S. Raymond, eds. June 12, 1990. The Jargon File, version 2.1.1.
jargon-file.org/archive/jargon-2.1.1.dos.txt.

23 Eric S. Raymond, ed. March 22, 1991. The Jargon File, version 2.8.1. jargon-file.org/
archive/jargon-2.8.1.dos.txt.

24 Eric S. Raymond, ed. December 29, 2003. "UTSL." The on-line hacker Jargon File,
version 4.4.7. www.catb.org/jargon/html/U/UTSL.html.

25 Sonja Utz. 2000. "Social Information Processing in MUDs: The Development of
Friendships in Virtual Worlds." *Journal of Online Behavior* 1(1). psycnet.apa.org/record/
2002-14046-001.

26 Wayne Pearson. 2002. "The Origin of LOL." University of Calgary webpage. pages.cpsc.
ucalgary.ca/~crwth/LOL.html.

27 Vince Periello, ed. May 8, 1989. *International FidoNet Association Newsletter* 6(19). www.
textfiles.com/fidonet-on-the-internet/878889/fido0619.txt. John Brandon. November
7, 2008. "Opinion: FWIW—The Origins of 'Net Shorthand." *PCWorld*. www.pcworld.
com/article/153504/net_shorthand_origins.html.

28 Andrew Perrin and Maeve Duggan. June 26, 2015. "Americans' Internet Access:
2000~2015." Pew Research Center. www.pewinternet.org/2015/06/26/americans-internet-
access-2000-2015/.

29 (No author cited.) October 16, 1995. "Americans Going Online . . . Explosive Growth,
Uncertain Destinations." Pew Research Center. www.people-press.org/1995/10/16/
americans-going-online-explosive-growth-uncertain-destinations/.

30 Rob Spiegel. November 12, 1999. "When Did the Internet Become Mainstream?"
Ecommerce Times. www.ecommercetimes.com/story/1731.html?wlc=1226697731.

31 Marc Prenksy. 2001. "Digital Natives, Digital Immigrants." *On the Horizon* 9(5). pp. 1~6.
Don Tapscott. 1998. *Growing up Digital: The Rise of the Net Generation*. McGraw-Hill.

32 Ruth Xiaoqing Guo, Teresa Dobson, and Stephen Petriná. 2008. "Digital Natives, Digital
Immigrants: An Analysis of Age and ICT Competency in Teacher Education." *Journal of*

Educational Computing Research 38(3). pp. 235~254.

33 Sue Bennett, Karl Maton, and Lisa Kervin. 2008. "The 'Digital Natives' Debate: A Critical Review of the Evidence." *British Journal of Educational Technology* 39(5). pp. 775~786.

34 Melissa McEwen. November 13, 2017. "The Teenage Girl's Internet of the Early 2000s." Medium. medium.com/@melissamcewen/the-teenage-girls-internet-of-the-early-2000s-ffa05702a9aa.

35 Melissa McEwen. May 14, 2016. "Petz: A Lost Community of Mostly Female Coders/Gamers." Medium. medium.com/@melissamcewen/petz-a-lost-community-of-mostly-female-coders-gamers-2eb0e1a73f42.

36 (No author cited.) October 7, 2017. "AOL Is Shutting Down Its Instant Messenger and 90s Kids Are Reminiscing." *The Irish Examiner*. www.irishexaminer.com/breakingnews/technow/aol-is-shutting-down-its-instant-messenger-and-90s-kids-are-reminiscing-808938.html. Madeleine Buxton. October 6, 2017. "AIM Is Coming to an End & 90s Kids Everywhere Can't Deal." *Refinery 29*. www.refinery29.com/2017/10/175504/aol-instant-messenger-discontinued. Adrian Covert and Sam Biddle. May 16, 2011. "Remember When AOL Instant Messenger Was Our Facebook?" *Gizmodo*. gizmodo.com/5800437/remember-when-aol-instant-messenger-was-our-facebook.

37 Nicole Carpenter. October 23, 2017. "'Neopets': Inside Look at Early 2000s Internet Girl Culture." *Rolling Stone*. www.rollingstone.com/glixel/features/neopets-a-look-into-early-2000s-girl-culture-w509885.

38 Olia and Dragan. (No date cited.) *One Terabyte of Kilobyte Age*. blog.geocities.institute/. (No author cited.) December 4, 2017. "GeoCities." Archive Team. www.archiveteam.org/index.php?title=GeoCities. Dan Fletcher. November 9, 2009. "Internet Atrocity! GeoCities' Demise Erases Web History." *Time*. content.time.com/time/business/article/0,8599,1936645,00.html. Dan Grabham. November 26, 2009. "GeoCities Closes: Fond Memories of Free Sites and Terrible Web Design." *Techradar*. www.techradar.com/news/internet/web/geocities-closes-fond-memories-of-free-sites-and-terrible-web-design-644763.

39 Taylor Lorenz. March 1, 2017. twitter.com/Taylor Lorenz/status/837032527219068928.

40 Elisheva F. Gross. 2004. "Adolescent Internet Use: What We Expect, What Teens Report." *Applied Developmental Psychology* 25. pp. 633~649.

41 R. Kvavik, J. B. Caruso, and G. Morgan. 2004. *ECAR Study of Students and Information Technology 2004: Convenience, Connection, and Control*. EDUCAUSE Center for Applied

Research. Sue Bennett, Karl Maton, and Lisa Kervin. 2008. "The 'Digital Natives' Debate: A Critical Review of the Evidence." *British Journal of Educational Technology* 39(5). pp. 775~786.

42 Anoush Margaryan, Allison Littlejohn, and Gabrielle Vojt. 2011. "Are Digital Natives a Myth or Reality? University Students' Use of Digital Technologies." *Computers & Education* 56(2). pp. 429~440. Gregor E. Kennedy, Terry S. Judd, Anna Churchward, Kathleen Gray, and Kerri-Lee Krause. 2008. "First Year Students' Experiences with Technology: Are They Really Digital Natives?" *Australasian Journal of Educational Technology* 24(1). ASCILITE. pp. 108~122. Hannah Thinyane. 2010. "Are Digital Natives a World-Wide Phenomenon? An Investigation into South African First Year Students' Use and Experience with Technology." *Computers & Education* 55. pp. 406~414.

43 Ellen Helsper and Rebecca Eynon. 2009. "Digital Natives: Where Is the Evidence?" *British Educational Research Journal* 36(3). pp. 1~18.

44 Michelle Slatalla. June 7, 2007. "'omg my mom joined facebook!!'" *The New York Times*. www.nytimes.com/2007/06/07/fashion/07Cyber.html. Hadley Freeman. January 19, 2009. "Oh No! My Parents Have Joined Facebook." *The Guardian*. www.theguardian. com/media/2009/jan/19/facebook-social-networking-parents.

45 (No author cited.) January 11, 2017. "Who Uses Social Media." Pew Research Center. www.pewinternet.org/chart/who-uses-social-media/.

46 Randall Munroe. August 24, 2009. "Tech Support Cheat Sheet." *xkcd*. xkcd.com/627/.

47 (No author cited.) December 16, 1996. "News Attracts Most Internet Users: Online Use." Pew Research Center. www.people-press.org/1996/12/16/online-use/.

48 Kristen Purcell. August 9, 2011. "Search and Email Still Top the List of Most Popular Online Activities." Pew Research Center. www.pewinternet.org/2011/08/09/search-and-email-still-top-the-list-of-most-popular-online-activities/.

49 David Crystal. 2001. *Language and the Internet*. Cambridge University Press.

50 ThatGuyPonna. September 9, 2015. "We should change 'Lol' to 'Ne' (Nose Exhale) because that's all we really do when we see something funny online." Reddit. www.reddit. com/r/Showerthoughts/comments/3ka70x/we_should_change_lol_to_ne_nose_exhale_because/.

51 1995년 퓨 리서치는 미국 인터넷 사용자의 20퍼센트만이 웹사이트에 방문한 적이 있지만, 53퍼센트가 적어도 일주일에 한 번은 이메일을 보내거나 받는다고 보고했다(이는 '웹메일'이 존재하기 이전의 시기에 벌어졌던 일이다. 즉 지메일과 같은 웹사이트가 아닌 특정

인터넷 때문에

이메일 프로그램을 통해 이메일을 확인해야 했던 시절이다). (No author cited.) October 16, 1995. "Americans Going Online . . . Explosive Growth, Uncertain Destinations." Pew Research Center. www.people-press.org/1995/10/16/americans-going-online-explosive-growth-uncertain-destinations/.

52 Andrew Perrin and Maeve Duggan. June 26, 2015. "Americans' Internet Access: 2000~2015." Pew Research Center. www.pewinter net.org/2015/06/26/americans-internet-access-2000-2015/.

53 Aaron Smith. January 12, 2017. "Record Shares of Americans Now Own Smartphones, Have Home Broadband." Pew Research Center. www.pewresearch.org/fact-tank/2017/01/12/evolution-of-technology/.

54 Gretchen McCulloch. February 6, 2017. twitter.com/GretchenAMcC/status/828809327540654083.

55 Jessamyn West. November 2, 2016. storify.com/jessamyn/highlights-from-drop-in-time.

56 Monica Anderson, Andrew Perrin, and Jingjing Jiang. March 5, 2018. "11% of Americans Don't Use the Internet. Who Are They?" Pew Research Center. http://www.pewresearch.org/fact-tank/2018/03/05/some-americans-dont-use-the-internet-who-are-they/.

57 Jessamyn West. 2016. "Solve the Digital Divide with One Neat Trick!" Presented at the New Hampshire 2016 Fall Conference and Business Meeting, November 3, 2016, Hooksett, New Hampshire. www.librarian.net/talks/nhla16/nhla16.pdf.

58 Jessamyn West. October 16, 2015. "Transcription: Jessamyn West, Technology Lady." Medium. medium.com/tilty/transcription-jessamyn-west-technology-lady-6c6f5fefa507.

59 Gretchen McCulloch. November 2, 2017. twitter. com/GretchenAMcC/status/935506746222759937.

60 Paris Martineau. February 8, 2018. "Why... Do Old People... Text... Like This... ? An Investigation..." *The Outline*. theoutline.com/post/3333/why-do-old-people-text-like-this-an-investigation.

61 Minisixxx. July 26, 2017. Reddit. www.reddit.com/r/oldpeople facebook/comments/6p29xj/posted_to_a_group_exclusively_for_old_photos _of_a/?st=j775761s&sh=6eb68538. PeriodStain. August 6, 2016. "Old People vs Clickbait." Reddit. www.reddit.com/r/oldpeoplefacebook/comments/4whj2u/old_people_vs_clickbait/?st=j7752f4k&sh=5b833dcc. Noheifers. August 6, 2017. "Good question." Reddit. www.reddit.com/r/oldpeoplefacebook/comments/6rvtwf/good_question/?st=j775amjd&sh=03c72ac6.

62 Jessamyn West. July 9, 2007. "Me at Work, Seniors Learning Computers." *Librarian.net*. www.librarian.net/stax/2083/me-at-work-seniors-learning-computers/. iamthebestartist.

July 8, 2006. "Computer Class in Vermont." YouTube. www.youtube.com/watch?v=3A4R38VOgdw.

63 Ringo Starr. 2004. *Postcards from the Boys: Featuring Postcards Sent by John Lennon, Paul McCartney, and George Harrison.* Cassell Illustrated.

64 (No author cited.) January 15, 2008. Lot 468: A POSTCARD FROM GEORGE HARRISON. *Bonhams Auctions.* www.bonhams.com/auctions/15765/lot/468/.

65 Kyoko Sugisaki. 2017. "Word and Sentence Segmentation in German: Overcoming Idiosyncrasies in the Use of Punctuation in Private Communication." Unpublished manuscript. sugisaki.ch/assets/papers/sugisaki2017b.pdf.

66 Jan-Ola Östman. 2003. "The Postcard as Media." In Srikant Sarangi, ed., *Text and Talk* 24(3). pp. 423~442.

67 Tara Bahrampour. July 13, 2013. "Successful Program to Help D.C. Senior Citizens Use iPads to Prevent Isolation Will Expand." *The Washington Post.* www.washingtonpost.com/local/dc-senior-citizens-use-ipads-to-expand-social-interactions/2013/07/13/491fdb72-ea7a-11e2-aa9f-c03a72e2d342_story.html?hpid=z5.

68 Loren Cheng. December 4, 2017. "Introducing Messenger Kids, a New App for Families to Connect." *Facebook Newsroom.* newsroom.fb.com/news/2017/12/introducing-messenger-kids-a-new-app-for-families-to-connect/. Josh Constine. December 4, 2017. "Facebook 'Messenger Kids' Lets Under-13s Chat with Whom Parents Approve." *Techcrunch.* techcrunch.com/2017/12/04/facebook-messenger-kids/.

69 Crispin Thurlow. 2006. "From Statistical Panic to Moral Panic: The Metadiscursive Construction and Popular Exaggeration of New Media Language in the Print Media." *Journal of Computer-Mediated Communication* 11. International Communication Association. pp. 67~701. Ben Rosen. February 8, 2016. "My Little Sister Taught Me How to 'Snapchat Like the Teens.'" *BuzzFeed.* www.buzzfeed.com/benrosen/how-to-snapchat-like-the-teens. Mary H.K. Choi. August 25, 2016. "Like. Flirt. Ghost. A Journey into the Social Media Lives of Teens." *Wired.* www.wired.com/2016/08/how-teens-use-social-media/. Andrew Watts. January 3, 2015. "A Teenager's View on Social Media." *Wired.* backchannel.com/a-teenagers-view-on-social-media-1df945c09ac6. Josh Miller. December 29, 2012. "Tenth Grade Tech Trends." Medium. medium.com/@joshm/tenth-grade-tech-trends-d8d4f2300cf3.

70 Susan Herring. 2008. "Questioning the Generational Divide: Technological Exoticism and Adult Constructions of Online Youth Identity." In David Buckingham, ed., *Youth, Identity, and Digital Media.* MIT Press. pp. 71~94.

71 Michel Forsé. 1981. "La Sociabilité." *Economie et Statistique* 132. pp. 39~48. www.persee. fr/docAsPDF/estat_0336-1454_1981 _num_132_1_4476.pdf.

72 Susan Herring. 2008. "Questioning the Generational Divide: Technological Exoticism and Adult Constructions of Online Youth Identity." In David Buckingham, ed., *Youth, Identity, and Digital Media*. MIT Press. pp. 71~94.

73 Sarah Holloway and Gill Valentine. 2003. *Cyberkids: Children in the Information Age* Psychology Press. Sonia Livingstone and Moira Bovill. 1999. *Young People, New Media: Summary Report of the Research Project Children, Young People and the Changing Media Environment*. Media@LSE. eprints.lse.ac.uk/21177/. Keri Facer, John Furlong, Ruth Furlong, and Rosamund Sutherland. 2003. *Screenplay: Children and Computing in the Home*. Psychology Press.

74 Victoria Rideout. 2006. "Social Media, Social Life." Common Sense Media. www. commonsensemedia.org/sites/default/files/research/socialmediasociallife-final-061812. pdf.

75 danah boyd. 2015. *It's Complicated: The Social Lives of Networked Teens*. Yale University Press.

76 danah boyd. December 8, 2013. "How 'Context Collapse' Was Coined: My Recollection." *Apophenia*. www.zephoria.org/thoughts/archives/2013/12/08/coining-context-collapse. html.

77 미셸 맥스위니의 예 중에는 스페인어로 되어 있는 것도 있다. 나는 미셸 맥스위니가 제시한 영어 번역을 그대로 사용했다. Michelle McSweeney. January 6, 2017. "lol i didn't mean it! Lol as a Marker of Illocutionary Force." Presented at the Annual Meeting of the Linguistics Society of America, January 4~7, 2018, Salt Lake City.

78 Robert R. Provine. 1993. "Laughter Punctuates Speech: Linguistic, Social and Gender Contexts of Laughter." *Ethology* 95(4). pp. 291~298.

3장 문자의 목소리가 들리는 세계

1 Jacob Kastrenakes. March 30, 2016. "Google Now's Voice Is Starting to Sound Way More Natural." *The Verge*. www.theverge.com/2016/3/30/11333524/google-now-voice-improved-smoother-sound.

2 Kathryn Sutherland, ed. July 31, 2012. Jane Austen's Fiction Manuscripts Digital Edition. janeausten.ac.uk/index.html.

3 Edith Wylder. 2004. "Emily Dickinson's Punctuation: The Controversy Revisited."

American Literary Realism 36(3). pp. 6~24.

4   Jeff Wilser. June 18, 2013. "10 Ways That Men Text Women." *The Cut*. nymag.com/
    thecut/2013/06/10-ways-that-men-text-women.html. Ben Crair. November 25, 2013.
    "The Period Is Pissed." *New Republic*. newrepublic.com/article/115726/period-our-
    simplest-punctuation-mark-has-become-sign-anger.

5   *Jezebel, The Washington Post, the Toronto Star, Salon, The Telegraph (UK), Yahoo! News, The*
    Harvard Crimson.

6   The Bishop of Turkey. December 13, 2006. "Why Are People Using Ellipses instead of a
    Period?" *Ask Metafilter*. ask.metafilter.com/53094/Why-are-people-using-ellipses-instead-
    of-a-period.

7   Paris Martineau. February 8, 2018. "Why . . . Do Old People . . . Text . . . Like This . . .
    ? An Investigation . . ." *The Outline*. theoutline.com/post/3333/why-do-old-people-text-
    like-this-an-investigation.

8   Infovore. May 3, 2011. "Using Commas as Ellipses." *The Straight Dope*. boards.
    straightdope.com/sdmb/showthread.php?t=607076. Bfactor. January 3, 2011. "Why do
    some people do this,,, instead of this..." *PocketFives*. www.pocketfives.com/f13/why-do-
    some-people-do-instead-614200/. Starwed. February 24, 2015. "Origin of the 'Triple
    Comma' or 'Comma Ellipsis.'" *Stackexchange, English Language & Usage*. english.stackex
    change.com/questions/230189/origin-of-the-triple-comma-or-comma-ellipsis.

9   Mark Liberman. November 26, 2013. "Aggressive Periods and the Popularity of Linguistics."
    Language Log. languagelog.ldc.upenn.edu/nll/?p=8667.

10 Katy Steinmetz. September 24, 2016. "Why Technology Has Not Killed the Period.
    Period." *Time*. time.com/4504994/period-dying-death-puncuation-day/.

11 Stephen R. Reimer. 1998. *Paleography: Punctuation*. University of Alberta. sites.ualberta.
    ca/~sreimer/ms-course/course/punc.htm.

12 Daniel Zalewski. 1998. "No Word Unspoken." *Lingua Franca*. linguafranca.mirror.
    theinfo.org/9804/ip.html.

13 Edmund Weiner. (No date cited.) "Early Modern English Pronunciation and Spelling."
    Oxford English Dictionary blog. public.oed.com/aspects-of-english/english-in-time/early-
    modern-english-pronunciation-and-spelling/. John Simpson. (No date cited.) "The First
    Dictionaries of English." *Oxford English Dictionary* blog. public.oed.com/aspects-of-
    english/english-in-time/the-first-dictionaries-of-english/.

14 Maria Heath. January 6, 2018. "Orthography in Social Media: Pragmatic and Prosodic
    Interpretations of Caps Lock." Presented at the Annual Meeting of the Linguistic Society

of America, January 4~7, 2018, Salt Lake City.

15 Alice Robb. April 17, 2014. "How Capital Letters Became Internet Code for Yelling." *New Republic*. newrepublic.com/article/117390/netiquette-capitalization-how-caps-became-code-yelling.

16 Lucy Maud Montgomery. 1925. *Emily Climbs*. Frederick A. Stokes. Lucy Maud Montgomery. 1927. *Emily's Quest*. Frederick A. Stokes.

17 (No author cited.) April 17, 1856. "The Dutchman Who Had the Small Pox." *The Yorkville Enquirer* (South Carolina). In Library of Congress, ed., *Chronicling America: Historic American Newspapers*. chroniclingamerica.loc.gov/lccn/sn84026925/1856-04-17/ed-1/seq-4/.

18 (개인적 대화에서) FORTRAN과 COBOL의 사례로 이 사실을 확인해준 가이 잉글리시 (Guy English)에게 고맙다.

19 구글북스엔그램뷰어에서 1800년~2000년 사이 block capitals, block letters, all caps, all uppercase, caps lock의 사용 빈도를 조사한 결과다. books.google.com/ngrams/graph?content=block+capitals%2Cblock+letters%2Call+caps%2Call+uppercase%2Ccaps+lock&year_start=1800&year_end=2000 &corpus=15&smoothing=3. Jean-Baptiste Michel, Yuan Kui Shen, Aviva Presser Aiden, Adrian Veres, Matthew K. Gray, The Google Books Team, Joseph P. Pickett, Dale Hoiberg, Dan Clancy, Peter Norvig, Jon Orwant, Steven Pinker, Martin A. Nowak, and Erez Lieberman Aiden. 2010. "Quantitative Analysis of Culture Using Millions of Digitized Books." *Science*. American Association for the Advancement of Science.

20 Mark Davies. 2010. *Corpus of Historical American English: 400 Million Words, 1810~2009*. Brigham Young University. corpus.byu.edu/coha/.

21 Maturin Murray Ballou. 1848. *The Duke's Prize; a Story of Art and Heart in Florence*. (No publisher cited.) www.gutenberg.org/ebooks/4956.

22 Samuel Brody and Nicholas Diakopoulos. 2011. "Cooooooooooooooolllllllllllll!!!!!!!!!!! Using Word Lengthening to Detect Sentiment in Microblogs." *Proceedings of the 2011 Conference on Empirical Methods in Natural Language Processing*. Association for Computational Linguistics. pp. 562~570.

23 Tyler Schnoebelen. January 8, 2013. "Aww, hmmm, ohh heyyy nooo omggg!" *Corpus Linguistics*. corplinguistics.wordpress.com/2013/01/08/aww-hmmm-ohh-heyyy-nooo-omggg/. Jen Doll. 2016. "Why Drag It Out?" *The Atlantic*. www.theatlantic.com/magazine/archive/2013/03/dragging-it-out/309220/. Jen Doll. February 1, 2013. "Why Twitter Makes Us Want to Add Extra Letterssss." *The Atlantic*. www.thewire.com/

entertainment/2013/02/why-twitter-makes-us-want-add-extra-lettersssss/62348/.

24 Claudia Brugman and Thomas Conners. 2016. "Comparative Study of Register Specific Properties of Indonesian SMS and Twitter: Implications for NLP." Presented at the 20th International Symposium on Malay/Indonesian Linguistics, July 14~16, 2016, Melbourne, Australia. Claudia Brugman and Thomas Conners. 2017. "Querying the Spoken/Written Register Continuum through Indonesian Electronic Communications." Presented at the 21st International Symposium on Malay/Indonesian Linguistics, May 4~6, 2017, Langkawi, Malaysia. Moti Lieberman. January 26, 2016. "Writing in Texts vs. Twitter." *The Ling Space* blog. thelingspace.tumblr.com/post/138053815679/writing-in-texts-vs-twitter.

25 Lori Foster Thompson and Michael D. Coovert. 2003. "Teamwork Online: The Effects of Computer Conferencing on Perceived Confusion, Satisfaction and Postdiscussion Accuracy." *Group Dynamics: Theory, Research, and Practice* 7(2). pp. 135~151. Caroline Cornelius and Margarete Boos. 2003. "Enhancing Mutual Understanding in Synchronous Computer-Mediated Communication by Training: Trade-offs in Judgmental Tasks." *Communication Research* 30(2). pp. 147~177. Radostina K. Purvanova and Joyce E. Bono. 2009. "Transformational Leadership in Context: Face-to-Face and Virtual Teams." *The Leadership Quarterly* 20(3). pp. 343~357. Erika Darics. 2014. "The Blurring Boundaries between Synchronicity and Asynchronicity: New Communicative Situations in Work-Related Instant Messaging." *International Journal of Business Communication* 51(4). pp. 337~358.

26 Susan E. Brennan and Justina O. Ohaeri. 1999. "Why Do Electronic Conversations Seem Less Polite? The Costs and Benefits of Hedging." *Proceedings of the International Joint Conference on Work Activities, Coordination, and Collaboration (WACC'99)*. pp. 227~235. www.psychology.stonybrook.edu/sbrennan-/papers/brenwacc.pdf.

27 Cristian Danescu-Niculescu-Mizil, Moritz Sudhof, Dan Jurafsky, Jure Leskovec, and Christopher Potts. 2013. "A Computational Approach to Politeness with Application to Social Factors." Presented at 51st Annual Meeting of the Association for Computational Linguistics. arxiv.org/abs/1306.6078.

28 Carol Waseleski. 2006. "Gender and the Use of Exclamation Points in Computer-Mediated Communication: An Analysis of Exclamations Posted to Two Electronic Discussion Lists." *Journal of Computer-Mediated Communication* 11(4). pp. 1012~1024.

29 (No author cited.) May 12, 2014. "Stone-Hearted Ice Witch Forgoes Exclamation Point." *The Onion*. www.theonion.com/article/stone-hearted-ice-witch-forgoes-exclamation-

point-36005.

30 emotional-labor.email/. Reviewed in Jessica Lachenal. February 17, 2017. "Emotional Labor Is a Pain in the Butt, so This Gmail Add-On Does It for You on Your E-Mails." *The Mary Sue*. www.themarysue.com/gmail-emotional-labor-add-on/.

31 Anthony Mitchell. December 6, 2005. "A Leet Primer." *E-commerce Times*. www.technewsworld.com/story/47607.html.

32 Katherine Blashki and Sophie Nichol. 2005. "Game Geek's Goss: Linguistic Creativity in Young Males Within an Online University Forum (94/\/\3 933k'5 9055oneone)." *Australian Journal of Emerging Technologies and Society* 3(22). pp. 77~86. 이 번역을 확인해준 소피 니콜(Sophie Nichol)에게 고맙다.

33 Julie Beck. June 27, 2018. "Read This Article!!!" *The Atlantic*. www.theatlantic.com/technology/archive/2018/06/exclamation-point-inflation/563774/.

34 Erika Darics. 2010. "Politeness in Computer-Mediated Discourse of a Virtual Team." *Journal of Politeness Research* 6(1). De Gruyter. pp. 129~150.

35 Erika Darics. February 6, 2014. "Watch Where You Put That Emoticon AND KEEP YOUR VOICE DOWN." *The Conversation*. theconversation.com/watch-where-you-put-that-emoticon-and-keep-your-voice-down-22512.

36 Eric S. Raymond, ed. December 29, 2003. "The-P Convention." The on-line hacker Jargon File, version 4.4.7. catb.org/jargon/html/p-convention.html.

37 Byron Ahn. April 10, 2017. twitter.com/lingulate/status/851576612927803392.

38 Chris Messina. August 23, 2007. twitter.com/chrismessina/status/223115412.

39 Lexi Pandell. May 19, 2017. "An Oral History of the #Hashtag." *Wired*. www.wired.com/2017/05/oral-history-hashtag/.

40 Gretchen McCulloch. April 5, 2017. twitter.com/GretchenAMcC/status/849745556188672000.

41 Ben Zimmer. November 21, 2009. "Social Media Dialects: I Speak Twitter . . . You?" Archived at Internet Archive Wayback Machine. web.archive.org/web/20140423112918/mykwblog.wordpress.com/2009/11/21/social-media-dialects-i-speak-twitter-you/.

42 Gretchen McCulloch. March 25, 2017. twitter.com/Gretchen AMcC/status/845844245047070720.

43 Alexandra D'Arcy. March 26, 2017. twitter.com/Lang Maverick/status/845863180534349824.

44 Lady_Gardener. March 25, 2017. twitter.com/daisy_and_me/status/845559701207166978.

45 Richard Hovey. 1898. *Launcelot and Guenevere*. Small, Maynard.

46 Paul Leicester Ford. 1894. *The Honorable Peter Stirling and What People Thought of Him*. Grosset & Dunlap.

47 nentuaby. July 7, 2014. allthingslinguistic.com/post/95133324733/hey-whats-up-with-the-in-fandoms-ie. (No author cited.) June 18, 2017. "!." Fanlore wiki. fanlore.org/wiki/!. robert_columbia. January 17, 2011. Can You Still Send an Email Using a "Bang Path"? *The Straight Dope* message board. boards.straightdope.com/sdmb/showthread.php?t=593495. Robert L. Krawitz. February 15, 1985. "Symphony for the Devil (sic)." *Ask Mr. Protocol*. www.textfiles.com/humor/COMPUTER/mr.prtocl.

48 (No author cited.) Draft additions September 2004. scare quotes. OED Online. Oxford University Press. Citing Gertrude Elizabeth Margaret Anscombe. 1956. *Mr. Truman's Degree*. Oxonian Press. Greg Hill. 1963. *Principia Discordia*.

49 텀블러 유저 uglyfun이 처음으로 이 연관성을 제안했다. uglyfun. May 10, 2017. uglyfun. tumblr.com/post/160525273744/hi-im-here-to-propose-that-aa-milnes, quoting chapter 4 of A. A. Milne. 1926. *Winnie-the-Pooh*. Methuen.

50 Anonymous. August 7, 2012. "Leading tilde?" *Fail. Fandom. Anon*. fail-fandomanon. livejournal.com/38277.html?thread=173014917#t173014917. Wayback Machine/archive.org 구글 검색에서 해당 사이트는 검색이 불가능하나, 이 포럼의 검색 가능한 아카이브는 구글그룹스에서 확인할 수 있다. groups.google.com/forum/#!topic/sock_gryphon_group/c0juZF--BL8%5B551-575%5D.

51 Seasontoseason. July 12, 2010. "Tilde in Internet Slang." Linguaphiles LiveJournal group. linguaphiles.livejournal.com/5169778.html.

52 Anonymous. August 7, 2012. "Leading tilde?" *Fail. Fandom. Anon*. fail-fandomanon. livejournal.com/38277.html?thread=173014917 #t173014917. Wayback Machine/archive.org 구글 검색에서 해당 사이트는 검색이 불가능하나, 이 포럼의 검색 가능한 아카이브는 구글그룹스에서 확인할 수 있다. groups.google.com/forum/#!topic/sock_gryphon_group/c0juZF--BL8%5B551-575%5D.

53 Seasontoseason. July 12, 2010. "Tilde in Internet Slang." Linguaphiles LiveJournal group. linguaphiles.livejournal.com/5169778.html.

54 Joseph Bernstein. January 5, 2015. "The Hidden Language of the ~Tilde~." *BuzzFeed*. www.buzzfeed.com/josephbernstein/the-hidden-language-of-the-tilde#.ut0PpRAL3.

55 The Open Group. (No date cited.) "History and Timeline." Unix.org. www.unix.org/what_is_unix/history_timeline.html.

56 Eric S. Raymond, ed. December 29, 2003. "Hacker Writing Style." The on-line hacker

Jargon File, version 4.4.7. www.catb.org/jargon/html/writing-style.html.

57 Chris Pirillo. 1999. "E-mail Etiquette (Netiquette)." *The Internet Writing Journal*. www.
writerswrite.com/journal/dec99/e-mail-etiquette-netiquette-12995.

58 Damian. May 4, 2000. "People Who Don't Capitalize Their I's." *Everything2*. everything2.
com/title/People+who+don%2527t+capitalize+their+I%2527s.

59 Norm De Plume. September 26, 2004. "Why do some people write entirely in
lowercase?" *DVD Talk*. forum.dvdtalk.com/archive/t-387605.html. Postroad. August 4,
2006. "Why do so many people always use lower case letters when using the net?" *Ask
Metafilter*. ask.metafilter.com/43656/Why-do-so-many-people-always-use-lower-case-
letters-when-using-the-net.

60 Ben Crair. November 25, 2013. "The Period Is Pissed." *New Republic*. newrepublic.com/
article/115726/period-our-simplest-punctuation-mark-has-become-sign-anger. Brittany
Taylor. March 4, 2015. "8 Passive Aggressive Texts Everybody Sends (and What to Type
Instead!)." *Teen Vogue*. www.teenvogue.com/story/passive-aggressive-texts-everyone-
sends. Dan Bilefsky. June 9, 2016. "Period. Full Stop. Point. Whatever It's Called, It's
Going out of Style." *The New York Times*. www.nytimes.com/2016/06/10/world/europe/
period-full-stop-point-whatever-its-called-millennials-arent-using-it.html?_r=0. Jeff
Guo. June 13, 2016. "Stop Using Periods. Period." *The Washington Post*. medium.com/
thewashingtonpost/stop-using-periods-period-93a6bb357ed0#.fqi6as3ly.

61 Peter Svensson. April 28, 2013. "Smartphones Now Outsell 'Dumb' Phones." *Newshub*.
www.newshub.co.nz/technology/smartphones-now-outsell-dumb-phones-2013042912.

62 Gretchen McCulloch. December 9, 2016. twitter.com/GretchenAMcC/status/
807321178713059328.

63 Anne Curzan. April 24, 2013. "Slash: Not Just a Punctuation Mark Anymore." *The
Chronicle of Higher Education, Lingua Franca* blog. www.chronicle.com/blogs/linguafranca/
2013/04/24/slash-not-just-a-punctuation-mark-anymore/.

64 Sali Tagliamonte. 2011. *Variationist Sociolinguistics: Change, Observation, Interpretation*.
John Wiley & Sons.

65 Harley Grant. 2015. "Tumblinguistics: Innovation and Variation in New Forms of
Written CMC." Master's thesis, University of Glasgow.

66 Molly Ruhl. 2016. "Welcome to My Twisted Thesis: An Analysis of Orthographic
Conventions on Tumblr." Master's thesis, San Francisco State University.

67 그랜트와 룰이 전자의 예이며, 후자의 예는 다음에서 찾아볼 수 있다. Elli E. Bourlai. 2017.
"'Comments in Tags, Please!' Tagging Practices on Tumblr." *Discourse Context Media*.

68 Cooper Smith. December 13, 2013. "Tumblr Offers Advertisers a Major Advantage: Young Users, Who Spend Tons of Time on the Site." *Business Insider*. www.businessinsider.com/tumblr-and-social-media-demographics-2013-12.

69 copperbooms. July 30. 2012. "when did tumblr collectively decide not to use punctuation like when did this happen why is this a thing." *Copperbooms*. copperbooms.tumblr.com/post/28333799478/when-did-tumblr-collectively-decide-not-to-use.

70 tumblinguistics. tumblinguistics.tumblr.com/post/113810945986/tumblinguistics-apocalypsecanceled-sunfell.

71 Original post by user eternalgirlscout. May 20, 2016. eternalgirlscout.tumblr.com/post/144661931903/i-think-its-really-cool-how-there-are-so-many. First reply by user takethebulletsoutyourson. July 25, 2016. takethebulletsoutyourson.tumblr.com/post/147975554937l/eternalgirlscout-i-think-its-really-cool-how. Second reply by user eternalgirlscout. July 25, 2016. eternalgirlscout.tumblr.com/post/147978362708/takethebulletsoutyourson-eternalgirlscout-i. Archive by Molly Ruhl: amollyakatrina.tumblr.com/post/150704937613/eternalgirlscout-takethebulletsoutyourson.

72 Jonny Sun. October 1, 2014. twitter.com/jonnysun/status/517461703630794752.

73 Jerome Tomasini. October 22, 2016. "How a Tweet by @jonnysun Resonated with People & Inspired More Art." twitter.com/i/moments/789936594480427008.

74 Sophie Chou. September 27, 2017. "How to Speak Like an aliebn—No, That's Not a Typo." *The World in Words*. www.pri.org/stories/2017-09-27/How-Speak-Aliebn-No-Thats-Not-Typo.

75 Jeffrey T. Hancock. 2004. "Verbal Irony Use in Face-to-Face and Computer-Mediated Conversations." *Journal of Language and Social Psychology* 23(4). pp. 447~463.

76 Molly Ruhl. 2016. "Welcome to My Twisted Thesis: An Analysis of Orthographic Conventions on Tumblr." Master's thesis, San Francisco State University.

77 tangleofrainbows. August 17, 2015. "re: how teens and adults text, I would be super interested for you to explain your theory!" *Tangleofrainbows*. tangleofrainbows.tumblr.com/post/126889100409/re-how-teens-and-adults-text-i-would-be-super.

78 Jeffrey T. Hancock. 2004. "Verbal Irony Use in Face-to-Face and Computer-Mediated Conversations." *Journal of Language and Social Psychology* 23(4). pp. 447~463.

79 Alexis C. Madrigal. January 10, 2013. "IBM's Watson Memorized the Entire 'Urban Dictionary,' Then His Overlords Had to Delete It." *The Atlantic*. www.theatlantic.com/technology/archive/2013/01/ibms-watson ~memorized-the-entire-urban-dictionary-then-his-overlords-had-to-delete-it/267047/.

4장 이모지의 언어학

1 린든랩이 2013년에 제공한 통계에 따르면 총 3600만 계정이 개설되었고, 월간 활성 이용자수는 백 만 명이었다. (No author cited.) June 20, 2013. "Infographic: 10 Years of Second Life." Linden Lab. www.lindenlab.com/releases/infographic-10-years-of-second-life. 다음의 기사는 일상적 사용자 수를 60만 명으로 추산했다. Leslie Jamison. November 11, 2017. "The Digital Ruins of a Forgotten Future." *The Atlantic*. www.theatlantic.com/magazine/archive/2017/12/second-life-leslie-jamison/544149/.

2 Mark Davis and Peter Edberg, eds. May 18, 2017. "Unicode® Technical Standard #51 UNICODE EMOJI." *The Unicode Consortium*. www.unicode.org/reports/tr51/#Introduction.

3 Ben Medlock and Gretchen McCulloch. 2016. "The Linguistic Secrets Found in Billions of Emoji." Presented at SXSW, March 11~20, 2016, Austin, Texas. www.slideshare.net/SwiftKey/the-linguistic-secrets-found-in-billions-of-emoji-sxsw-2016-presentation-59956212.

4 Lauren Gawne and Gretchen McCulloch. 2019. "Emoji Are Digital Gesture." *Language@Internet*.

5 Paul Ekman and Wallace V. Friesen. 1969. "The Repertoire of Nonverbal Behavior: Categories, Origins, Usage, and Coding." *Semiotica* 1. pp. 49~98.

6 Lauren Gawne. October 8, 2015. "Up Yours: The Gesture That Divides America and the UK." *Strong Language*. stronglang.wordpress.com/2015/10/08/up-yours-the-gesture-that-divides-america-and-the-uk/.

7 Desmond Morris, Peter Collett, Peter Marsh, and Marie O'Shaughnessy. 1979. *Gestures, Their Origin and Distribution*. Jonathan Cape.

8 Regan Hoffman. June 3, 2015. "The Complete (and Sometimes Sordid) History of the Eggplant Emoji." *First We Feast*. firstwefeast.com/features/2015/06/eggplant-emoji-history.

9 Lauren Schwartzberg. November 18, 2014. "The Oral History of the Poop Emoji (Or, How Google Brought Poop to America)." *Fast Company*. www.fastcompany.com/3037803/the-oral-history-of-the-poop-emoji-or-how-google-brought-poop-to-america.

10 Jason Snell. January 16, 2017. "More Emoji Fragmentation." *Six Colors*. sixcolors.com/link/2017/01/more-emoji-fragmentation/.

11 "2018: The Year of Emoji Convergence." February 13, 2018. Emojipedia. https://blog.emojipedia.org/2018-the-year-of ~emoji-convergence/.

12 Mary Madden, Amanda Lenhart, Sandra Cortesi, Urs Gasser, Maeve Duggan, Aaron

Smith, and Meredith Beaton. May 21, 2013. "Teens, Social Media, and Privacy." Pew Research Center. www.pewinternet.org/2013/05/21/teens-social-media-and-privacy/.

13 Saeideh Bakhshi, David A. Shamma, Lyndon Kennedy, Yale Song, Paloma de Juan, and Joseph Kaye. 2016. "Fast, Cheap, and Good: Why Animated GIFs Engage Us." *Proceedings of the 2016 CHI Conference on Human Factors in Computing Systems*. pp. 575~586.

14 Tomberry. January 12, 2015. "Popcorn GIFs." Know Your Meme. knowyourmeme.com/memes/popcorn-gifs.

15 Geneva Smitherman. 2006. *Word from the Mother: Language and African Americans*. Taylor & Francis.

16 John Mooallem. April 12, 2013. "History of the High Five." ESPN.com. www.espn.com/espn/story/_/page/Mag15historyofthehighfive/who-invented-high-five.

17 LaMont Hamilton. September 22, 2014. "Five on the Black Hand Side: Origins and Evolutions of the Dap." *Folklife*. folklife.si.edu/talkstory/2014/five-on-the-black-hand-sideorigins-and-evolutions-of-the-dap.

18 Alexander Abad-Santos and Allie Jones. March 26, 2014. "The Five Non-Negotiable Best Emojis in the Land." *The Atlantic*. www.theatlantic.com/entertainment/archive/2014/03/the-only-five-emojis-you-need/359646/. www.merriam-webster.com/words-at-play/shade.

19 Sianne Ngai. 2005. *Ugly Feelings*. Harvard University Press.

20 Frances H. Rauscher, Robert M. Krauss, and Yihsiu Chen. 1996. "Gesture, Speech, and Lexical Access: The Role of Lexical Movements in Speech Production." *Psychological Science* 7(4). pp. 226~231.

21 Pierre Feyereisen and Jacques-Dominique De Lannoy. 1991. *Gestures and Speech: Psychological Investigations*. Cambridge University Press. David McNeill. 1992. *Hand and Mind: What Gestures Reveal About Thought*. University of Chicago Press.

22 Akiba A. Cohen and Randall P. Harrison. 1973. "Intentionality in the Use of Hand Illustrators in Face-to-Face Communication Situations." *Journal of Personality and Social Psychology* 28(2). pp. 276~279.

23 Jana M. Iverson and Susan Goldin-Meadow. 1997. "What's Communication Got to Do with It? Gesture in Children Blind from Birth." *Developmental Psychology* 33(3). pp. 453~467. Jana M. Iverson and Susan Goldin-Meadow. 1998. "Why People Gesture When They Speak." *Nature* 396(6708). p. 228.

24 Pierre Feyereisen and Jacques-Dominique De Lannoy. 1991. *Gestures and Speech: Psychological Investigations*. Cambridge University Press. David McNeill. 1992. *Hand and*

Mind: What Gestures Reveal about Thought. University of Chicago Press.

25 Robert M. Krauss, Yihsiu Chen, and Rebecca F. Gottesman. 2000. "Lexical Gestures and Lexical Access: A Process Model." In D. McNeill, ed., *Language and Gesture: Window into Thought and Action*. Cambridge University Press. pp. 261~283.

26 Mingyuan Chu and Sotaro Kita. 2011. "The Nature of Gestures' Beneficial Role in Spatial Problem Solving." *Journal of Experimental Psychology: General* 140(1). pp. 102~116. Sara C. Broaders, Susan Wagner Cook, Zachary Mitchell, and Susan Goldin-Meadow. 2007. "Making Children Gesture Brings Out Implicit Knowledge and Leads to Learning." *Journal of Experimental Psychology: General* 136(4). pp. 539~550. Susan Wagner Cook, Zachary Mitchell, and Susan Goldin-Meadow. 2008. "Gesturing Makes Learning Last." *Cognition* 106(2). pp. 1047~1058.

27 David McNeill. 2006. "Gesture and Communication." In J. L. Mey, ed., *Concise Encyclopedia of Pragmatics*. Elsevier. pp. 299~307.

28 Ben Medlock and Gretchen McCulloch. 2016. "The Linguistic Secrets Found in Billions of Emoji." Presented at SXSW, March 11~20, 2016, Austin, Texas. www.slideshare.net/SwiftKey/the-linguistic-secrets-found-in-billions-of-emoji-sxsw-2016-presentation-59956212.

29 Gretchen McCulloch. January 1, 2019. "Children Are Using Emoji for Digital-Age Language Learning." *Wired*. https://www.wired.com/story/children-emoji-language-learning/.

30 David McNeill. 2006. "Gesture and Communication." In J. L. Mey, ed., *Concise Encyclopedia of Pragmatics*. Elsevier. pp. 299~307.

31 Gretchen McCulloch and Lauren Gawne. 2018. "Emoji Grammar as Beat Gestures." Presented at Emoji 2018: 1st International Workshop on Emoji Understanding and Applications in Social Media, co-located with the 12th International AAAI Conference on Web and Social Media (ICWSM-18), June 25, 2018, Palo Alto, California.

32 Robin Thede. March 17, 2016. "Women's History Month Report: Black Lady Sign Language." *The Nightly Show with Larry Wilmore*. www.youtube.com/watch?v=34Pj KtcVhVE.

33 Kara Brown. April 6, 2016. "Your Twitter Trend Analysis Is Not Deep, and It's Probably Wrong." *Jezebel*. jezebel.com/your-twitter-trend-analysis-is-not-deep-and-it-s-proba-1769411909.

34 Chaédria LaBouvier. May 16, 2017. "The Clap and the Clap Back: How Twitter Erased Black Culture from an Emoji." *Motherboard*. motherboard.vice.com/en_us/article/jpyajg/

the-clap-and-the-clap-back-how-twitter-erased-black-culture-from-an-emoji.

35 (No author cited.) September 26, 2013. "Knight v Snail." *British Library Medieval Manuscripts Blog*. britishlibrary.typepad.co.uk/digitisedmanuscripts/2013/09/knight-v-snail.html.

36 D. G. Scragg. 1974. *A History of English Spelling*. Manchester University Press.

37 William H. Sherman. 2005. "Toward a History of the Manicule." In Robin Myers, Michael Harris, and Gile Mandebrote, eds., *Owners, Annotators and the Signs of Reading*. Oak Knoll Press and The British Library. pp. 19~48. William H. Sherman. 2010. *Used Books: Marking Readers in Renaissance England*. University of Pennsylvania Press.

38 Robert J. Finkel. April 1, 2015. "History of the Arrow." American Printing History Association. printinghistory.org/arrow/. Robert J. Finkel. 2011. "Up Down Left Right." Master's thesis, University of Florida.

39 Maria Popova. November 6, 2013. "Sylvia Plath's Unseen Drawings, Edited by Her Daughter and Illuminated in Her Private Letters." *Brain Pickings*. www.brainpickings. org/2013/11/06/sylvia-plath-drawings-2/. Richard Watts. October 27, 2016. "UVic Purchases Rare Volume of Plath Novel, plus Doodles for $8,500 US." *Times Colonist* (Victoria, BC, Canada). www.timescolonist.com/news/local/uvic-purchases-rare-volume-of-plath-novel-plus-doodles-for-8-500 –us-1.2374834.

40 (No author cited.) (No date cited.) Lewis Carroll's *Alice's Adventures Under Ground*-Introduction. British Library Online Gallery. www.bl.uk/onlinegallery/ttp/alice/accessible/introduction.html.

41 Patrick Gillespie. Text to ASCII Art Generator. patorjk.com. patorjk.com/software/taag/#p=display&h=2&f=Standard&t=ASCII%20art.

42 Scott E. Fahlman. September 19, 1982. "Original Bboard Thread in which :-) was proposed." Carnegie Mellon University messageboards. www.cs.cmu.edu/~sef/Orig-Smiley.htm.

43 둥근 노란색 바탕에 검은색으로 웃는 얼굴을 처음으로 묘사한 사람은 그래픽아티스트 하비 로스 볼(Harvey Ross Ball)로 알려져 있다. 1963년 한 보험 회사에서 직원들의 사기를 북돋기 위한 캠페인의 일환으로 만들었다고 한다. 그러나 단순화된 미소 띤 얼굴들 중에는 그보다 앞서 나타난 것들도 있다. Jimmy Stamp. March 13, 2013. "Who Really Invented the Smiley Face?" *Smithsonian*. www.smithsonianmag.com/arts-culture/who-really-invented-the-smiley-face-2058483/. Luke Stark and Kate Crawford. 2015. "The Conservatism of Emoji: Work, Affect, and Communication." *Social Media + Society* 1(11).

44 Tyler Schnoebelen. 2012. "Do You Smile with Your Nose? Stylistic Variation in Twitter

Emoticons." *University of Pennsylvania Working Papers in Linguistics* 18(2). Penn Graduate Linguistics Society. repository.upenn.edu/cgi/viewcontent.cgi?article=1242&context=pwpl.

45 Kenji Rikitake. February 25, 1993. "The History of Smiley Marks." Archived at Internet Archive Wayback Machine. web.archive.org/web/20121203061906/staff.aist.go.jp:80/ k.harigaya/doc/kao_his.html. Ken Y-N. September 19, 2007. ":-) Turns 25, but How Old Are Japanese Emoticons (?_?)." *What Japan Thinks*. whatjapanthinks.com/2007/09/19/ turns-25-but-how-old-are-japanese-emoticons/.

46 Masaki Yuki, William W. Maddux, and Takahiko Masuda. 2007. "Are the Windows to the Soul the Same in the East and West? Cultural Differences in Using the Eyes and Mouth as Cues to Recognize Emotions in Japan and the United States." *Journal of Experimental Social Psychology* 43(2). pp. 303~311.

47 Amanda Brennan. April 24, 2013. "Hold My Flower." Know Your Meme. knowyourmeme. com/memes/hold-my-flower.

48 nycto. July 8, 2011. "Flipping Tables/ (ʻ °□°)ʼ ︵ ┻━┻." Know Your Meme. knowyourmeme. com/memes/flipping-tables.

49 Jeremy Burge. March 8, 2019. "Correcting the Record on the First Emoji Set." *Emojipedia*. https://blog.emojipedia.org/correcting-the-record-on-the-first-emoji-set/.

50 Sam Byford. April 24, 2012. "Emoji Harmonization: Japanese Carriers Unite to Standardize Picture Characters." *The Verge*. www.theverge.com/2012/4/24/2971039/ emoji-standardization-japan-kddi-docomo-eaccess.

51 Ritchie S. King. July 2012. "Will Unicode Soon Be the Universal Code?" *IEEE Spectrum* 49(7). p. 60. ieeexplore.ieee.org/document/6221090/.

52 Jonathon Keats. 2007. *Control + Alt + Delete: A Dictionary of Cyberslang*. Globe Pequot.

53 "Harte Nuß im Zeichensalat." *Der Spiegel*. June 8, 1998. www.spiegel.de/spiegel/print/ d-7907491.html.

54 Ilian Minchev. July 2, 2015. "Как субтитрите, да не ми излизат на маймун ица?" (How do the subtitles do not go to a monkey?). Блогът на Илиян Минче в (The blog of Ilian Minchev). iliqnktz.blogspot.com/2015/07/blog-post.htm. vik-45. April 21, 2009. "Надписи с 'маймуница'" (Captions with "monkey"). *SETCOMBG forum*. forum.setcombg.com/windows/30330-%D0%BD%D0%B0%D0%B4%D0 %BF%D0%B8%D1%81%D0%B8-%D1%81-%D0%BC%D0%B0%D0%B9%D0 %BC%D1%83%D0%BD%D0%B8%D1%86%D0%B0.html.

55 다음의 링크에 따르면 2017년 기준으로 615개의 화살표 유니코드가 있다. (No author cited.) (No date cited.) "Unicode Utilities: UnicodeSet." *The Unicode Consortium*. unicode.

org/cldr/utility/list-unicodeset.jsp?a=%5Cp%7 Bname=/%5CbARROW/%7D&g=gc.

56 Mark Davis and Peter Edberg, eds. May 18, 2017. "Unicode Technical Standard #51 UNICODE EMOJI." *The Unicode Consortium*. www.unicode.org/reports/tr51/.

57 (No author cited.) (No date cited.) "Emoji and Pictographs." *The Unicode Consortium*. www.unicode.org/faq/emoji_dingbats.html.

58 Ben Medlock and Gretchen McCulloch. 2016. "The Linguistic Secrets Found in Billions of Emoji." Presented at SXSW, March 11~20, 2016, Austin, Texas. www. slideshare.net/SwiftKey/the-linguistic-secrets-found-in-billions-of-emoji-sxsw-2016-presentation-59956212.

59 Thomas Dimson. May 1, 2015. "Emojineering Part 1: Machine Learning for Emoji Trends." Medium. engineering.instagram.com/emojineering-part-1-machine-learning-for-emoji-trendsmachine-learning-for ~emoji-trends-7f5f9cb979ad.

60 Umashanthi Pavalanathan and Jacob Eisenstein. 2016. "More Emojis, Less :) The Competition for Paralinguistic Function in Microblog Writing." *First Monday* 1(1).

61 Erving Goffman. 1959. *The Presentation of Self in Everyday Life*. Doubleday/Anchor.

62 Eli Dresner and Susan C. Herring. "Functions of the Non-Verbal in CMC: Emoticons and Illocutionary Force." *Communication Theory* 20. pp. 249~268.

63 Monica Ann Riordan. 2011. "The Use of Verbal and Nonverbal Cues in Computer-Mediated Communication: When and Why?" PhD dissertation, University of Memphis.

64 Mary H.K. Choi. August 25, 2016. "Like. Flirt. Ghost. A Journey into the Social Media Lives of Teens." *Wired*. www.wired.com/2016/08/how-teens-use-social-media/.

65 Adam Kendon. 1995. "Gestures as Illocutionary and Discourse Markers in Southern Italian Conversation." *Journal of Pragmatics* 23(3). pp. 249~279.

66 Deborah Cicurel. October 27, 2014. "Deep-Liking: What Do You Make of the New Instagram Trend?" *Glamour*. www.glamour magazine.co.uk/article/deep-liking-instagram-dating-trend.

67 Carl Rogers and Richard E. Farson. 1957. *Active Listening*. University of Chicago Industrial Relations Center. www.gordontraining.com/free-workplace-articles/active-listening/.

68 Ryan Kelly and Leon Watts. 2015. "Characterising the Inventive Appropriation of Emoji as Relationally Meaningful in Mediated Close Personal Relationships." Presented at Experiences of Technology Appropriation: Unanticipated Users, Usage, Circumstances, and Design, September 20, 2015, Oslo. projects.hci.sbg.ac.at/ecscw2015/wp-content/uploads/sites/31/2015/08/Kelly_Watts.pdf.

69 Jessica Gall Myrick. 2015. "Emotion Regulation, Procrastination, and Watching Cat

Videos Online: Who Watches Internet Cats, Why, and to What Effect?" *Computers in Human Behavior* 52. pp. 168~176.

70 Jessika Golle, Stephanie Lisibach, Fred W. Mast, and Janek S. Lobmaier. March 13, 2013. "Sweet Puppies and Cute Babies: Perceptual Adaptation to Babyfacedness Transfers across Species." *PLOS ONE*. journals.plos.org/plosone/article?id=10.1371/journal.pone.0058248.

71 Arika Okrent. 2010. *In the Land of Invented Languages*. Spiegel & Grau.

72 CMO.com Staff. November 22, 2016. "Infographic: 92% of World's Online Population Use Emojis." CMO.com. www.cmo.com/features/articles/2016/11/21/report-emoji-used-by-92-of-worlds-online-population.html#gs.X8X1e_g.

73 Sarah Begley. August 12, 2016. "The Magic Is Gone but Harry Potter Will Never Die." *Time*. time.com/4445149/harry-potter-cursed-child-jk-rowling/.

74 Lauren Gawne. October 5, 2015. "Emoji Deixis: When Emoji Don't Face the Way You Want Them To." *Superlinguo*. www.superlinguo.com/post/130501329351/emoji-deixis-when-emoji-dont-face-the-way-you.

75 Diana Fussell and Ane Haaland. 1978. "Communicating with Pictures in Nepal: Results of Practical Study Used in Visual Education." *Educational Broadcasting International* 11(1). pp. 25~31.

76 Gretchen McCulloch. June 29, 2016. "A Linguist Explains Emoji and What Language Death Actually Looks Like." *The Toast*. the-toast.net/2016/06/29/a-linguist-explains-emoji-and-what-language-death-actually-looks-like/.

77 Juliet Lapidos. November 16, 2009. "Atomic Priesthoods, Thorn Landscapes, and Munchian Pictograms." *Slate*. www.slate.com/articles/health_and_science/green_room/2009/11/atomic_priesthoods_thorn_landscapes_and_munchian_pictograms.html.

78 Eric Goldman. 2018. "Emojis and the Law." Santa Clara University Legal Studies Research Paper 2018(06).

79 Eric Goldman. 2017. "Surveying the Law of Emojis." Santa Clara University Legal Studies Research Paper 2017(08).

80 Eli Hager. February 2, 2015. "Is an Emoji Worth a Thousand Words?" The Marshall Project. www.themarshallproject.org/2015/02/02/is-an-emoji-worth-1-000-words.

81 Julie Sedivy. April 27, 2017. "Why Doesn't Ancient Fiction Talk About Feelings?" *Nautilus*. nautil.us/issue/47/consciousness/why-doesnt-ancient-fiction-talk-about-feelings.

1   (No author cited.) July 12, 2017. "Google's DeepMind AI Just Taught Itself to Walk."
    Tech Insider YouTube channel. www.youtube.com/watch? v=gn4nRCC9TwQ.

2   (No author cited.) (No date cited.) "How to Teach a Robot to Walk." *Smithsonian
    Channel*. www.smithsonianmag.com/videos/category/innovation/how-to-teach-a-robot-
    to-walk/.

3   Ammon Shea. 2010. *The Phone Book: The Curious History of the Book That Everybody Uses
    but No One Reads*. Perigee/Penguin. Robert Krulwich. February 17, 2011. "A (Shockingly)
    Short History of 'Hello.'" NPR. www.npr.org/sections/krulwich/2011/02/17/133785829/
    a-shockingly-short-history-of-hello.

4   William Grimes. March 5, 1992. "Great 'Hello' Mystery Is Solved." *The New York Times*.
    www.nytimes.com/1992/03/05/garden/great-hello-mystery-is-solved.html.

5   Douglas Harper. 2001~2018. "Good-bye." *Online Etymology Dictionary*. www.
    etymonline.com/word/good-bye.

6   BBC One. January 25, 2015. twitter.com/bbcone/status/559443111936798721.

7   Claude S. Fischer. 1994. *America Calling: A Social History of the Telephone to 1940*.
    University of California Press.

8   (No author cited.) (No date cited.) "Expressions (Such as 'Hello') Used When You Meet
    Somebody You Know Quite Well." *Dictionary of American Regional English*. dare.wisc.
    edu/survey-results/1965-1970/exclamations/nn10a.

9   Allan Metcalf. November 7, 2013. "Making Hey." *The Chronicle of Higher Education*.
    chronicle.com/blogs/linguafranca/2013/11/07/making-hey/.

10 J. C. R. Licklider and Albert Vezza. 1978. "Applications of Information Networks."
    Proceedings of the IEEE (Institute of Electrical and Electronics Engineers) 66(11). archive.
    org/stream/ApplicationsOfInformation Networks/AIN.txt.

11 Naomi S. Baron. 1998. "Letters by Phone or Speech by Other Means: The Linguistics of
    Email." *Language & Communication* 18. pp. 156~157.

12 David Crystal. 2006. *Language and the Internet*. Cambridge University Press.

13 Gillian Sankoff and Hélène Blondeau. 2007. "Language Change across the Lifespan:/r/ in
    Montreal French." *Language* 83(3). pp. 560~588. Gillian Sankoff and Helene Blondeau.
    2010. "Instability of the [r]~[R] Alternation in Montreal French: The Conditioning of a
    Sound Change in Progress." In Hans van de Velde, Roeland van Hout, Didier Demolin,
    and Wim Zonneveld, eds., *VaRiation: Sociogeographic, Phonetic and Phonological*

Characerics of /r/. John Benjamins.

14   Edmund Spenser. 1590. "A Letter of the Authors expounding his whole Intention in the course of this Worke." *The Faerie Queene. Disposed into Twelve Books, fashioning XII Morall Vertues*. spenserians.cath.vt. edu/TextRecord.php?textsid=102.

15   Alexander Hamilton and Aaron Burr. 1804. Hamilton-Burr duel correspondences. Wikisource. en.wikisource.org/wiki/Hamilton%E2%80%93Burr_duel_correspondences.

16   Maeve Maddox. January 27, 2015. "Starting a Business Letter with Dear Mr." *Daily Writing Tips*. www.dailywritingtips.com/starting-a-business-letter-with-dear-mr/. Lynn Gaertner-Johnson. August 16, 2005. "Do I Have to Call You 'Dear'?" *Business Writing*. www.businesswritingblog.com/business_writing/2005/08/do_i_have_to_ca.html. Susan Adams. August 8, 2012. "Hi? Dear? The State of the E-Mail Salutation." *Forbes*. www.forbes.com/sites/susanadams/2012/08/08/hi-dear-the-state-of-the-e-mail-salutation/.

17   Antony J. Liddicoat. 2007. *An Introduction to Conversation Analysis*. Continuum.

18   Deborah Tannen. 1992. *That's Not What I Meant! How Conversational Style Makes or Breaks Your Relations with Others*. Virago.

19   Antony J. Liddicoat. 2007. *An Introduction to Conversation Analysis*. Continuum.

20   Brian Dear. 2002. "Origin of 'Talk' Command." *OSDIR.com Forums*. web.archive.org/web/20160304060338/osdir.com/ml/culture.internet.history/2002-12/msg00026.html.

21   Paul Dourish. (No date cited.) "The Original Hacker's Dictionary." Dourish.com. www.dourish.com/goodies/jargon.html.

22   (No author cited.) (No date cited.) Unix talk screenshot. Wikipedia. en.wikipedia.org/wiki/File:Unix_talk_screenshot_01.png.

23   Brian Dear. 2017. *The Friendly Orange Glow: The Untold Story of the PLATO System and the Dawn of Cyberculture*. Pantheon. David R. Wooley. 1994. "PLATO: The Emergence of Online Community." *Matrix News*. Talkomatic의 현대식 웹 버전은 다음에서 찾아볼 수 있다. talko.cc/talko.html.

24   Ben Parr. May 28, 2009. "Google Wave: A Complete Guide." *Mashable*. mashable.com/2009/05/28/google-wave-guide/#sHbYql _QFqq4.

25   Keith Rayner, Timothy J. Slattery, and Nathalie N. Belanger. 2010. "Eye Movements, the Perceptual Span, and Reading Speed." *Psychonomic Bulletin & Review* 17(6). pp. 834~839. Teresia R. Ostrach. 1997. *Typing Speed: How Fast Is Average: 4,000 Typing Scores Statistically Analyzed and Interpreted*. Five Star Staffing. dev.blueorb.me/wp-content/uploads/2012/03/Average-OrbiTouch-Typing-Speed.pdf.

26   Dylan Tweney. September 24, 2009. "September 24, 1979: First Online Service for

Consumers Debuts." *Wired*. www.wired.com/2009/09/0924compuserve-launches/.

27 Michael Banks. 2012. *On the Way to the Web: The Secret History of the Internet and Its Founders*. Apress.

28 Jarkko Oikarinen. (No date cited.) Founding IRC. mIRC website. www.mirc.com/jarkko. html.

29 John C. Paolillo and Asta Zelenkauskaite. 2013. "Real-Time Chat." In Susan C. Herring, Dieter Stein, and Tuija Virtanen, eds., *Pragmatics of Computer-Mediated Communication*. Mouton de Gruyter. pp. 109~133. Susan Herring. 1999. "Interactional Coherence in CMC." *Journal of Computer-Mediated Communication* 4(4).

30 John C. Paolillo. "'Conversational' Codeswitching on Usenet and Internet Relay Chat." *Language@Internet* Volume 8 (2011). http://www.languageatinternet.org/articles/2011/ Paolillo.

31 David Auerbach. February 12, 2014. "I Built That 'So-and-So Is Typing' Feature in Chat and I'm Not Sorry." *Slate*. www.slate.com/articles/technology/bitwise/2014/02/typing_ indicator_in_chat_i_built_it_and _i_m_not_sorry.html.

32 Kent German and Donald Bell. June 30, 2007. Apple iPhone review. CNET. www.cnet. com/products/apple-iphone/review/. Sam Costello. October 19, 2016. First-generation iPhone review. Lifewire. www.lifewire.com/first-generation-iphone-review-2000196.

33 Jesse Ariss. July 27, 2015. "10 Years of BBM." *INSIDE BlackBerry*. blogs.blackberry. com/2015/07/10-years-of-bbm/.

34 Adam Howorth. June 6, 2011. "New Version of iOS Includes Notification Center, iMessage, Newsstand, Twitter Integration Among 200 New Features." *Apple Newsroom*. www.apple.com/uk/newsroom/2011/06/06New-Version-of-iOS-Includes-Notification-Center-iMessage-Newsstand-Twitter-Integration-Among-200-New-Features/.

35 Robert Hopper. 1992. *Telephone Conversation*. Indiana University Press.

36 Gretchen McCulloch. December 22, 2017. twitter.com/GretchenAMcC/status/9443953 70188234753.

37 Gretchen McCulloch. December 22, 2017. twitter.com/GretchenAMcC/status/9444004 62861783041.

38 Anthony Ramirez. April 4, 1992. "Caller ID: Consumer's Friend or Foe?" *The New York Times*. www.nytimes.com/1992/04/04/news/caller-id-consumer-s-friend-or-foe.html.

39 Paul F. Finnigan. 1983. "Voice Mail." *AFIPS '83 Proceedings of the May 16~19, 1983, National Computer Conference*. American Federation of Information Processing Societies. pp. 373~377. Linda R. Garceau and Jayne Fuglister. 1991. "Making Voicemail a Success."

The CPA Journal 61(3). p. 40.

40 Jeff Hancock, Jeremy Birnholtz, Natalya Bazarova, Jamie Guillory, Josh Perlin, and Barrett Amos. 2009. "Butler Lies: Awareness, Deception and Design." *Proceedings of the SIGCHI Conference on Human Factors in Computing Systems*. pp 517~526.

41 Ian Shapira. August 8, 2010. "Texting Generation Doesn't Share Boomers' Taste for Talk." *The Washington Post*. www.washingtonpost.com/wp-dyn/content/article/2010/08/07/AR2010080702848.html. Sally Parker. October 23, 2015. "Dear Old People: Why Should I Turn Off My Phone?" *The Telegraph*. www.telegraph.co.uk/technology/social-media/11951918/Dear-old-people-why-should-I-turn-off-my-phone.html.

42 Stephen DiDomenico and Jeffrey Boase. 2013. "Bringing Mobiles into the Conversation: Applying a Conversation Analytic Approach to the Study of Mobiles in Co-Present Interaction." In Deborah Tannen and Anna Marie Trester, eds., *Discourse 2.0: Language and New Media*. Georgetown University Press. pp. 119~132.

43 Matthew Dollinger. June 11, 2008. "Starbucks, 'The Third Place,' and Creating the Ultimate Customer Experience." *Fast Company*. www.fastcompany.com/887990/starbucks-third-place-and-creating-ultimate-customer-experience.

44 Ray Oldenburg. 1989. *The Great Good Place: Cafes, Coffee Shops, Community Centers, Beauty Parlors, General Stores, Bars, Hangouts, and How They Get You Through the Day*. Paragon House.

45 Leo W. Jeffres, Cheryl C. Bracken, Guowei Jian, and Mary F. Casey. 2009. "The Impact of Third Places on Community Quality of Life." *Applied Research in the Quality of Life* 4(4). pp. 333~345.

46 Clive Thompson. September 5, 2008. "Brave New World of Digital Intimacy." *The New York Times*. www.nytimes.com/2008/09/07/magazine/07awareness-t.html.

47 2006 tweets are via the bot @VeryOldTweets, twitter.com/veryoldtweets, which retweets tweets from 2006. Tweets: Ray McClure. March 30, 2006. twitter.com/rayreadyray/status/696. Biz Stone. April 13, 2006. twitter.com/biz/status/2033. Sharon. May 9, 2006. twitter.com/sharon/status/3913. Telene. June 18, 2006. twitter.com/telene/status/7030. (The last is a quote of @jack's first status.) Jason_G. June 8, 2006. twitter.com/jason_g/status/6335. Sara M. Williams. April 7, 2006. twitter.com/sara/status/1483. Note the lack of @mentions: Jack. May 3, 2006. twitter.com/jack/status/3431. Jeremy. May 16, 2006. twitter.com/jeremy/status/4532. Dom Sagolla. April 8, 2006. twitter.com/dom/status/1607.

48 James B. Stewart. May 5, 2016. "Facebook Has 50 Minutes of Your Time Each Day. It

Wants More." *The New York Times*. www.nytimes.com/2016/05/06/business/facebook-bends-the-rules-of-audience-engagement-to-its-advantage.html.

49   J. J. Colao. November 27, 2012. "Snapchat: The Biggest No-Revenue Mobile App Since Instagram." *Forbes*. www.forbes.com/sites/jjcolao/2012/11/27/snapchat-the-biggest-no-revenue-mobile-app-since-instagram/#1499ff0e7200.

50   Somini Sengupta, Nicole Perlroth, and Jenna Wortham. April 13, 2012. "Behind Instagram's Success, Networking the Old Way." *The New York Times*. www.nytimes.com/2012/04/14/technology/instagram-founders-were-helped-by-bay-area-connections.html.

51   Robinson Meyer. August 3, 2016. "Why Instagram 'Borrowed' Stories from Snapchat." *The Atlantic*. www.theatlantic.com/technology/archive/2016/08/cameras-with-constraints/494291/. Ian Bogost. May 3, 2018. "Why 'Stories' Took Over Your Smartphone." *The Atlantic*. www.theatlantic.com/technology/archive/2018/05/smartphone-stories-snapchat-instagram-facebook/559517/.

52   Ray Oldenburg. 1989. *The Great Good Place: Cafes, Coffee Shops, Community Centers, Beauty Parlors, General Stores, Bars, Hangouts, and How They Get You Through the Day*. Paragon House.

53   (No author cited.) January 7, 2000. "Mailing List History." *Living Internet*. www.livinginternet.com/l/li.htm.

54   Lori Kendall. 2002. *Hanging Out in the Virtual Pub: Masculinities and Relationships Online*. University of California Press. Eric Thomas and L-Soft International, Inc. 1996. Early History of LISTSERV. *L-Soft International*. www.lsoft.com/products/listserv-history.asp. David Barr. 1995. "So You Want to Create an Alt Newsgroup." FAQs.org. www.faqs.org/faqs/alt-creation-guide/.

55   Constance A. Steinkuehler and Dimitri Williams. 2006. "Where Everybody Knows Your (Screen) Name: Online Games as 'Third Places.'" *Journal of Computer-Mediated Communication* 11. pp. 885~909.

56   Valentina Rao. 2008. "Facebook Applications and Playful Mood: The Construction of Facebook as a 'Third Place.'" In Artur Lugmayr, Frans Mayra, Helja Franssila, and Katri Lietsala, eds., *Proceedings of the 12th International Conference on Entertainment and Media in the Ubiquitous Era*. ACM. pp. 8~12.

57   Alexa Internet, Inc. Visited May 2018. "The Top 500 Sites on the Web." Alexa. www.alexa.com/topsites.

58   각각 r/ShowerThoughts와 r/IAmA이 그 예다.

59 Amanda Lenhart and Susannah Fox. July 19, 2006. "Bloggers." Pew Research Center. www.pewinternet.org/2006/07/19/bloggers/.

60 Jakob Nielsen. October 9, 2006. "The 90-9-1 Rule for Participation Inequality in Social Media and Online Communities." Nielsen Norman Group. www.nngroup.com/articles/participation-inequality/.

61 Jess Kimball Leslie. 2017. *I Love My Computer Because My Friends Live in It*. Running Press.

62 Georgia Webster. May 26, 2012. "Sparkly Unicorn Punctuation Is Invading the Internet." *Superlinguo*. www.superlinguo.com/post/23773752322/sparkly-unicorn-punctuation-is-invading-the. Eric S. Raymond, ed. December 29, 2003. "studlycaps." The on-line hacker Jargon File, version 4.4.7. www.catb.org/jargon/html/S/studlycaps.html.

63 *The New York Times*. December 14, 2017. twitter.com/nytimes/status/941337112598675458, linking to: Daniel Victor. October 6, 2017. "A Going-Away Message: AOL Instant Messenger Is Shutting Down." *The New York Times*. www.nytimes.com/2017/10/06/technology/aol-aim-shut-down. html. Emma Gray. September 18, 2012. "'Your Away Message' Twitter Makes Us Nostalgic for Our AIM Days (BRB! LOL! A/S/L?)." *The Huffington Post*. www.huff ingtonpost.ca/entry/your-away-message-twitter-millenials-nostalgia_n_1893749.

64 Jean W. Twenge. December 27, 2017. "Why Teens Aren't Partying Anymore." *Wired*. www.wired.com/story/why-teens-arent-partying-anymore/. (No author cited.) January 11, 2018. "Cutting Adolescents' Use of Social Media Will Not Solve Their Problems." *The Economist*. www.economist.com/news/leaders/21734463-better-give-them-more – homework-and-let-them-hang-out-more-friends-unsupervised-cutting.

65 Robert Kraut, Carmen Egido, and Jolene Galegher. 1988. "Patterns of Contact and Communication in Scientific Research Collaboration." In *Proceedings of the 1988 ACM Conference on Computer-Supported Cooperative Work*. ACM. pp. 1~12.

66 Philipp K. Masur and Michael Scharkow. 2016. "Disclosure Management on Social Network Sites: Individual Privacy Perceptions and User-Directed Privacy Strategies." *Social Media + Society* 2(1). Natalya N. Bazarova. 2012. "Public Intimacy: Disclosure Interpretation and Social Judgments on Facebook." *Journal of Communication* 62(5). pp. 815~832. Natalya N. Bazarova and Yoon Hyung Choi. 2014. "Self-Disclosure in Social Media: Extending the Functional Approach to Disclosure Motivations and Characteristics on Social Network Sites." *Journal of Communication* 64(4). pp. 635~657.

67 Woodrow Hartzog and Frederic D. Stutzman. 2013. "Obscurity by Design." *Washington*

Law Review 88. University of Washington School of Law. pp. 385~418.

68 Egle Oolo and Andra Siibak. 2013. "Performing for One's Imagined Audience: Social Steganography and Other Privacy Strategies of Estonian Teens on Networked Publics." *Cyberpsychology: Journal of Psychosocial Research on Cyberspace* 7(1).

69 Stefanie Duguay. 2014. "'He Has a Way Gayer Facebook Than I Do': Investigating Sexual Identity Disclosure and Context Collapse on a Social Networking Site." *New Media & Society* 18(6). pp. 891~907.

70 danah boyd and Alice Marwik. 2011. "Social Steganography: Privacy in Networked Publics." Presented at International Communication Association conference, May 28, 2011, Boston. www.danah.org/papers/2011/Steganography-ICAVersion.pdf. danah boyd. August 23, 2010. "Social Steganography: Learning to Hide in Plain Sight." Originally posted to *Digital Media & Learning*. Archived at www.zephoria.org/thoughts/archives/2010/08/23/social-steganography-learning-to-hide-in-plain-sight.html.

71 Autumn Edwards and Christina J. Harris. 2016. "To Tweet or 'Subtweet'? Impacts of Social Networking post Directness and Valence on Interpersonal Impressions." *Computers in Human Behavior* 63. pp. 304~310.

72 An Xiao Mina. 2014. "Batman, Pandaman and the Blind Man: A Case Study in Social Change Memes and Internet Censorship in China." *Journal of Visual Culture* 13(3).

73 Jason Q. Ng. 2013. *Blocked on Weibo: What Gets Suppressed on China's Version of Twitter (and Why)*. New Press. Victor Mair. August 23, 2013. "Blocked on Weibo." *Language Log*. languagelog.ldc.upenn.edu/nll/?p=6163.

74 Eshwar Chandrasekharan, Umashanthi Pavalanathan, Anirudh Srinivasan, Adam Glynn, Jacob Eisenstein, and Eric Gilbert. 2017. "You Can't Stay Here: The Efficacy of Reddit's 2015 Ban Examined Through Hate Speech." *Proceedings of the ACM on Human-Computer Interaction* 1(2). pp. 31~53.

75 Leonie Rosner and Nicole C. Kramer. 2016. "Verbal Venting in the Social Web: Effects of Anonymity and Group Norms on Aggressive Language Use in Online Comments." *Social Media + Society* 2(3). Anil Dash. July 20, 2011. "If Your Website's Full of Assholes, It's Your Fault." *Anil Dash: A blog about making culture. Since 1999*. anildash.com/2011/07/20/if_your_websites_full_of_assholes_its_your_fault-2/.

6장 밈과 인터넷 문화

1 Richard Dawkins. 1976. *The Selfish Gene*. Oxford University Press.

2   Philip Hensher. October 12, 2012. "Invoke the Nazis and You've Lost the Argument."
    The Independent. www.independent.co.uk/voices/comment/invoke-the-nazis-and-you-ve-
    lost-the-argument-8209712.html.

3   Mike Godwin. October 1, 1994. "Meme, Counter-Meme." *Wired*. www.wired.com/1994/
    10/godwin-if-2/.

4   Eric S. Raymond, ed. December 29, 2003. "September that never ended." The on-line
    hacker Jargon File, version 4.4.7. www.catb.org/jargon/html/S/September-that-never-
    ended.html.

5   Limor Shifman. 2014. *Memes in Digital Culture*. MIT Press.

6   Bill Lefurgy. May 28, 2012. "What Is the Best Term to Categorize a Lolcat Image and Text?"
    English Language & Usage Stack Exchange. english.stackexchange.com/questions/69210/
    what-is-the-best-term-to-categorize-a-lolcat-image-and-text. Hugo. September 11, 2008.
    "Antedatings of 'image macro.'" LINGUIST List. listserv.linguistlist.org/pipermail/ads-
    l/2013-September/128420.html, via Ben Zimmer. 2011. "Among the New Words."
    American Speech 86(4). pp. 454~479.

7   Lev Grossman. July 16, 2007. "Lolcats Addendum: Where I Got the Story Wrong."
    Techland, *Time*. techland.time.com/2007/07/16/lolcats_addendum_where_i_got_t/.

8   Lev Grossman. July 12, 2007. "Creating a Cute Cat Frenzy." *Time*. content.time.com/
    time/magazine/article/0,9171,1642897,00.html.

9   Jerry Langton. September 22, 2007. "Funny How 'Stupid' Site Is Addictive." *Toronto
    Star*. www.thestar.com/life/2007/09/22/funny_how_stupid_site_is_addictive.html.

10 Kate Brideau and Charles Berret. 2014. "A Brief Introduction to Impact: 'The Meme
    Font.'" *Journal of Visual Culture* 13(3). pp. 307~313.

11 Kate Miltner. 2014. "There's No Place For Lulz on LOLCats: The Role of Genre, Gender,
    and Group Identity in the Interpretation and Enjoyment of an Internet Meme." *First
    Monday* 19(8). www.ojphi.org/ojs/index.php/fm/article/view/5391/4103.

12 Lauren Gawne and Jill Vaughn. 2012. "I Can Haz Language Play: The Construction of
    Language and Identity in LOLspeak." *Proceedings of the 42nd Australian Linguistic Society
    Conference*. pp. 97~122. digitalcollections.anu.edu.au/bitstream/1885/9398/5/Gawne_
    ICanHaz2012.pdf. Jordan Lefler. 2011. "I Can Has Thesis?" Master's thesis, Louisiana
    State University and Agricultural and Mechanical College. assets.documentcloud.org/
    documents/282753/lefler-thesis.pdf. Aliza Rosen. 2010. "Iz in Ur Meme/ Aminalizin
    Teh Langwich: A Linguistic Study of LOLcats." *Verge 7*. mdsoar.org/bitstream/
    handle/11603/2606/Verge_7_Rosen.pdf?sequence=1&isAllowed=y.

13 triscodeca. June 26, 2000. *Quoteland* forums. forum. quoteland.com/eve/forums/a/tpc/
f/487195441/m/840191541. 철학자 랩터 이미지는 2008년까지는 등장하지 않았다.

14 Tim Hwang and Christina Xu. 2014. "'Lurk More': An Interview with the Founders of
ROFLCon." *Journal of Visual Culture* 13(3). pp. 376~387.

15 Kyle Chayka. December 31, 2013. "Wow this is doge." *The Verge*. www.theverge.
com/2013/12/31/5248762/doge-meme-rescue-dog-wow.

16 Gretchen McCulloch. February 6, 2014. "A Linguist Explains the Grammar of Doge.
Wow." *The Toast*. the-toast.net/2014/02/06/linguist-explains-doge-wow/.

17 Ryan M. Milner. 2016. *The World Made Meme: Public Conversations and Participatory
Media*. MIT Press.

18 Whitney Phillips. 2015. *This Is Why We Can't Have Nice Things*. MIT Press.

19 Dawn Chmielewski. September 30, 2016. "Internet Memes Emerge as 2016 Election's
Political Dog Whistle." *USA Today*. www.usatoday.com/story/tech/news/2016/09/30/
internet-memes-white-house-election-president/91272490/. Douglas Haddow.
November 4, 2016. "Meme Warfare: How the Power of Mass Replication Has Poisoned
the US Election." *The Guardian*. www.theguardian.com/us-news/2016/nov/04/political-
memes-2016-election-hillary-clinton-donald-trump. Gabriella Lewis. March 20, 2016.
"We Asked an Expert If Memes Could Determine the Outcome of the Presidential
Election." *Vice*. www.vice.com/en_us/article/kwxdqa/we-asked-an-expert-if-memes-
could-determine-the-outcome-of-the-presidential-election.

20 Mom Rivers. February 22, 2016. "2016 United States Presidential Election." *Know Your
Meme*. knowyourmeme.com/memes/events/2016-united-states-presidential-election.

21 Elizabeth Chan. September 12, 2016. "Donald Trump, Pepe the Frog, and White
Supremacists: An Explainer." The Office of Hillary Rodham Clinton. www.hillaryclinton.
com/feed/donald-trump-pepe-the-frog-and-white-supremacists-an-explainer/.

22 Mike Godwin. August 13, 2017. twitter.com/sfmnemonic/status/896884949634232320.

23 Brian Feldman. August 10, 2016. "The Next Frontier in Internet Culture Is Wholesome
Memes About Loving Your Friends." *New York*. nymag.com/selectall/2016/08/the-next-
frontier-in-internet-culture-is-wholesome-memes.html knowyourmeme.com/memes/
wholesome-memes.

24 Taylor Lorenz. April 27, 2017. "Inside the Elite Meme Wars of America's Most Exclusive
Colleges." *Mic*. mic.com/articles/175420/ivy-league-college-meme-wars.

25 Aja Romano. May 15, 2018. "'Is This a Meme?' The Confused Anime Guy and His
Butterfly, Explained." *Vox*. www.vox.com/2018/5/15/17351806/is-this-a-pigeon-anime-

butterfly-meme-explained.

26 Martin Foys. 2009. *Pulling the Arrow Out: The Legend of Harold's Death and the Bayeux Tapestry*. Boydell and Brewer. pp. 158~175.

27 Reading Borough Council. 2014. "Britain's Bayeux Tapestry at Reading Museum." www. bayeuxtapestry.org.uk/bayeuxinfo.htm.

28 www.ireland.com/game-of-thrones-tapestry/. Felicity Campbell. July 25, 2017. "Northern Ireland Unveils Giant Game of Thrones Tapestry." *The National*. www.thenational.ae/arts-culture/television/northern-ireland-unveils-giant-game-of-thrones-tapestry-1.614078.

29 Alex Soojung-Kim Pang. September 8, 2000. "Interview with Susan Kare." *Making the Macintosh: Technology and Culture in Silicon Valley*. web.stanford.edu/dept/SUL/library/mac/primary/interviews/kare/trans.html. Alexandra Lange. April 19, 2018. "The Woman Who Gave the Macintosh a Smile." *The New Yorker*. www.newyorker.com/culture/cultural-comment/the-woman-who-gave-the-macintosh-a-smile.

30 William Dwight Whitney. 1902. *The Century Dictionary and Cyclopedia*. Century.

31 Daniel W. VanArsdale. 1998. "Chain Letter Evolution." www.silcom.com/~barnowl/chain-letter/evolution.html. Daniel W. VanArsdale. June 21, 2014. "The Origin of Money Chain Letters." www.silcom.com/~barnowl/chain-letter/TOOMCL-Final.html.

32 Michael J. Preston. 1974. "Xerox-lore." *Keystone Folklore* 19(1). babel.hathitrust.org/cgi/pt?id=inu.30000108623293;view=1up ;seq=19.

33 Eric S. Raymond, ed. December 29, 2003. "blinkenlights." The on-line hacker Jargon File, version 4.4.7. www.catb.org/jargon/html/B/blinkenlights.html.

34 Jimmy Stamp. October 23, 2012. "Political Animals: Republican Elephants and Democratic Donkeys." *Smithsonian*. www.smithsonianmag.com/arts-culture/political-animals-republican-elephants-and-democratic-donkeys-89241754/.

35 Dan Backer. 1996. "A Brief History of Political Cartoons." xroads.virginia.edu/~ma96/puck/part1.html.

36 David M. Robinson. 1917. "Caricature in Ancient Art." *The Bulletin of the College Art Association of America* 1(3). pp. 65~68.

37 Ronald de Souza. 1987. "When Is It Wrong to Laugh?" In J. Morreall, ed. *The Philosophy of Laughter and Humor*. State University of New York Press. pp. 226~249.

38 Alice Marwick and Rebecca Lewis. May 15, 2017. "Media Manipulation and Disinformation Online." Data & Society. datasociety.net/output/media-manipulation-and-disinfo-online/.

39 Erin McKean. June 21, 2017. twitter.com/emckean/status/877711672684584960.

40 An Xiao Mina. January 26, 2017. "How Pink Pussyhats and Red MAGA Caps Went

Viral." *Civicist*. civichall.org/civicist/how-pink ~pussyhats-and-red-maga-caps-went-viral/.

41 Erin Blakemore. June 15, 2017. "Why the Library of Congress Thinks Your Favorite Meme Is Worth Preserving." *Smithsonian*. www.smithsonianmag.com/smart-news/library-of-congress-meme-preserve-180963705/. (No author cited.) (No date cited.) Web Cultures Web Archive. Library of Congress. www.loc.gov/collections/web-cultures-web-archive/.

42 Justin Caffier. May 19, 2017. "Meme Historians Are an Inevitability." *Vice*. www.vice.com/en_us/article/meme-historians-are-an-inevitability.

43 Whitney Phillips and Ryan M. Milner. 2017. *The Ambivalent Internet*. John Wiley & Sons.

44 Limor Shifman. 2014. *Memes in Digital Culture*. MIT Press.

45 영어로 된 문서는 550만 개가 있다. Wikimedia Foundation. February 25, 2018. "Wikipedia: Size comparisons." Wikipedia. en.wikipedia.org/wiki/Wikipedia:Size_comparisons.

46 Anne Jamison. 2013. *Fic: Why Fanfiction Is Taking Over the World*. Smart Pop.

47 2018년 2월 추산으로 '우리만의 아카이브'에는 360만 개의 작품이 있으며, Fanfiction.net에는 810만 개의 작품이 있다. Charles Sendlor. July 18, 2010. "FanFiction.Net Member Statistics." *Fan Fiction Statistics ~FFN Research*. ffnresearch.blogspot.ca/2010/07/fanfictionnet-users.html. ffffinnagain. November 23, 2017. "Lost Works and Posting Rates on fanfiction.net and Archive of Our Own." *Sound Interest*. ffffinnagain.tumblr.com/post/167805956488/lost-works-and-posting-rates-on-fanfictionnet-and. destinationtoast. January 2, 2016. "2015 a (statistical) year in fandom." *Archive of Our Own*. archiveofourown.org/works/5615386. ffffinnagain과 destinationtoast가 팬픽에 관한 통계를 가늠해볼 수 있도록 도와주었다. 왓패드의 경우, 그들이 내놓은 숫자가 의미하는 바를 분명히 파악하기 위해 몇 번의 문의를 했으나 답을 얻지 못해, 여기서는 그 수치를 언급하지 않았다. Gavia Baker-Whitelaw. January 21, 2015. "Tumblr Launches Tool to Measure the Most Popular Fandoms." *The Daily Dot*. www.dailydot.com/parsec/tumblr-fandometrics-trends/.

7장 언어에 대한 새로운 은유

1 Getty Images, Shutterstock, iStock, Adobe Stock, Pixabay, Bigstock, Fotolia, StockSnap.io, Fotosearch, ImageZoo, Solid Stock Art, Pexels, Crestock, Alamy, SuperStock, Stock Photo Secrets, Depositphotos, Thinkstock, Stock Free Images, Unsplash. 주요 사진 사이트에서 찾은 결과를 비교하였으며, 'English language'라고 입력했을 때 10개 이하의 결과가 나온 사이트들은 제외하였다.

2   Gary Marcus. June 27, 2015. "Face It, Your Brain Is a Computer." *The New York Times*. www.nytimes.com/2015/06/28/opinion/sunday/face-it-your-brain-is-a-computer.html.

3   Wikipedia Foundation. As of March 2019. "List of Wikipedias." Wikimedia. meta. wikimedia.org/wiki/List_of_Wikipedias.

4   Google Translate: Languages. translate.google.com/intl/en/about/languages/. As of March 1, 2018.

5   (No author cited.) (No date cited.) "Localization." *Facebook for Developers*. developers. facebook.com/docs/internationalization. (No author cited.) (No date cited.) "About the Twitter Translation Center." Twitter Help Center. support.twitter.com/articles/434816.

6   Jon Henley. February 26, 2018. "Icelandic Language Battles Threat of 'Digital Extinction.'" *The Guardian*. www.theguardian.com/world/2018/feb/26/icelandic-language-battles-threat-of-digital-extinction.

7   2016년 8월과 2019년 3월 모두 구글 번역기가 지원하는 언어는 103개였으며, 위키피디아의 표제어는 2016년 8월 283개, 2019년 3월에는 293개의 언어로 이루어져 있었다.

8   https://www.theringer.com/ tech/2018/11/5/18056776/voice-texting-whatsapp-apple-2018.

9   Molly Sauter. July 31, 2017. "When WWW Trumps IRL: Why It's Now Impossible to Pretend the Internet Is Somehow Less Real." *National Post*. nationalpost.com/entertainment/books/book-reviews/when-www-trumps-irl-why-its-now-impossible-to-pretend-the-internet-is-somehow-less-real.

인터넷 때문에

초판 1쇄 발행 2022년 6월 22일

지은이 | 그레천 매컬러
옮긴이 | 강동혁
발행인 | 김형보
편집 | 최윤경, 강태영, 이경란, 임재희, 곽성우
마케팅 | 이연실
경영지원 | 최윤영
발행처 | 어크로스출판그룹(주)
출판신고 | 2018년 12월 20일 제 2018-000339호
주소 | 서울시 마포구 양화로10길 50 마이빌딩 3층
전화 | 070-4808-0660(편집) 070-8724-5877(영업)
팩스 | 02-6085-7676
이메일 | across@acrossbook.com

만든 사람들
편집 | 이경란
교정교열 | 하선정
표지디자인 | 올리브유
본문디자인 | 송은비
조판 | 박은진